本书获

中央高校基本科研业务费专项资金资助

（Supported by the Fundamental Research Funds for the Central Universities），

项目名称"制定法解释的理念、制度与方法"（20720181025）

THE PUBLIC USE DOCTRINE IN
U.S. EMINENT DOMAIN LAW

美国征收法中的
公用教义

刘玉姿 著

图书在版编目(CIP)数据

美国征收法中的公用教义/刘玉姿著. —厦门:厦门大学出版社,2020.7
ISBN 978-7-5615-4243-9

Ⅰ.①美… Ⅱ.①刘… Ⅲ.①土地征用－土地法－研究－美国 Ⅳ.①D971.223

中国版本图书馆 CIP 数据核字(2020)第 122483 号

出 版 人	郑文礼
责任编辑	李　宁
封面设计	李嘉彬
技术编辑	许克华

出版发行　厦门大学出版社
社　　址　厦门市软件园二期望海路 39 号
邮政编码　361008
总　　机　0592-2181111　0592-2181406(传真)
营销中心　0592-2184458　0592-2181365
网　　址　http://www.xmupress.com
邮　　箱　xmup@xmupress.com
印　　刷　厦门集大印刷厂

开本　720 mm×1 000 mm　1/16
印张　18.75
插页　2
字数　352 千字
版次　2020 年 7 月第 1 版
印次　2020 年 7 月第 1 次印刷
定价　88.00 元

本书如有印装质量问题请直接寄承印厂调换

厦门大学出版社
微信二维码

厦门大学出版社
微博二维码

捕捉征收法上的幽灵：如何让公用标准现形
——刘玉姿《美国征收法中的公用教义》序

征收法上的公用标准是个幽灵，经常出没，却没人能给出一个让大家满意的画像。公正补偿作为征收法上的另一个概念，尽管也聚讼纷纭，但好歹有公平市场价值作为衡量方法：被征收的不动产市场价值几何，公众不需要太多的思辨，会有基本的判断。公用标准就不同了，法官皓首穷经，力图勾勒这个概念的基本轮廓，以判断政府的某项征收是否合宪，但民众似乎并不买账。在公共目的已成公用标准正解，成片开发也是公共利益样态的当下，幽灵早已遁形，还需要使尽浑身解数捕捉幽灵吗？

或许，这个幽灵就是某种修辞，用来吓唬不听话的财产权人？就是那头从不会真来的"狼"，用来恐吓希望通过哭闹多喝奶的孩子？于启动征收的政府而言，公用是一个极好的包装，可以藏匿各种摆不上台面的自肥，至于公用到底是什么，并不关心；于公众而言，只要幽灵不找上门，自己的财产不被征收，就乐观其成。只有财产被征收的财产权人，面对不能说不的高大上理由，面对不明就里的语词暴力，时常困惑：什么是公用？如果什么都是公用，这个概念还有意义吗？为什么政府以公用为名，就可以要求财产权人承受不合比例的负担？对公用标准的关切，必然立足于保护财产权的基本立场。如果公用标准无所不包，财产权随时都可能丧生于征收的铁蹄。公用公用，多少掠夺假汝之名！尽管抓鬼一般都不讨好，面目狰狞，还很难证明自己真的抓到了鬼，但"学术生涯乃是一场疯狂的冒险"，[①]刘玉姿博士《美国征收法中的公用教义》就是一部探险之作。

[①] ［德］马克斯·韦伯.学术与政治[M].钱永祥等，译.桂林：广西师范大学出版社，2004：161.

一

　　游弋在规范构造的编码世界里,法律人很容易将符码世界混同于经验世界,沉醉于某种逻辑上的圆融自洽,以为世界就此圆满。在这个意义上,法律人的宗教情结比教徒更甚:教徒将圆满寄托于来世,法律人则坚信整全就在当下。法律人以文本为圣经,以为那里蕴藏了所有救赎的密钥。殊不知,"山中方一日,世上已千年",法律人尽可优雅,但变是这世界唯一不变的真理。无论我们将文本描述得如何神秘——先人智慧,岁月淬火,法律终究要因应世俗,晚祷晨诵式的修炼,与芸芸众生的苦难相去甚远。激活僵硬文字,不时给文本补血续命,是法官的使命;解密法官妙笔,梳理散落在判决中如丝如缕的智慧,是学者的担当。经由法官和学者的合作,法学上接神启,下拂众生,冰清玉洁,低调入世。

　　以德国法为知识谱系的法教义学在中国法学界如火如荼,但"教义"这个词在中文语境里其实不太受人待见,出版发表都得苦口婆心甚至对天盟誓:真的不是以法学为名传教,真的不是宗教著作。完了还得继续完成附加题:为什么不用原则或者原理?为什么故弄玄虚?在美国法文献里,"教义"对应的语词是 Doctrine,指法官在裁判案件的过程中,通过对文本的阐释,发展出的一系列具象化的裁判规则。原则、原理对应的语词通常是 Principle,具象程度不及 Doctrine,而且与司法的关联度不高。将 Doctrine 翻译为教义,颇为传神:它不是文本本身,是对文本的解释,必须服从文本;教义是对文本的解释,但依然约束后来者,尽管后来者也可以发展教义。

　　专注于解释作业的法学研究为什么要聚焦司法?为什么要凝视个案?为什么不挖掘法律背后的哲学,甚至美学?研究法律背后的哲学,甚至美学,不是不可以,只是法律人不擅长:那是"向内求",面向心灵的学问,法学总体上是"向外求",面向俗世的技术。法律文本就在那里,规范的含义看似确定无疑,但一旦遭遇个案,规范的含义射程就不再一览无余:政府将征收的土地转移给另一个私人是否为公用?强迫财产权人建设低密度住宅的管制是否构成征收?正是个案,揭开了规范中最具张力的部分,教义研究成为法学研究的重镇。

　　当然,法官专注于个案解决,发展教义是个案裁判的副产品。学者对个案裁判的结果无感,但对法官的裁判逻辑情有独钟。学者是法官的应声虫吗?学者的批判精神何处安放?学术又如何反哺实践?法官接手一个案件,先例是裁判绕不开的门槛,但法官不可能遇到每一个案件都搬出联邦最高法院数百本判例集(很多判例集也是学术机构编辑的),青灯黄卷,闭目成诵,学界的研究成果粉墨登场:教义出自法官之手,体系化在学界,学者是教义的接生婆和助产士。学者为法官亮起一盏明灯,在汗牛充栋的判例中画出坐标,让法官在浩如烟海的判例中直击目标,法官甚至援引学者的论述作为判决说理的一部分。借用经典句式,我们可以这样表述教义和法学的关系:"没有教义的法学是空洞的,没有法学的教义是盲目的。"

二

研究美国联邦最高法院有关"公用"的教义,最通常的方法是以时间为轴,纵向铺陈,在多数意见、协同意见和反对意见中纵横捭阖,架构出前后判例的递嬗关系。这种递嬗关系的架构,有解释,也有建构,是阐释性的。中国学者阅读美国法文献,常有"抓瞎"的烦恼:文章的中心是什么?作者的观点到底是什么?美国法文献多为纵向的铺陈,从历史,而不是从逻辑中寻找智慧,时不时蹦出开国之父的箴言,美国学界遂有"活的宪法"与"原旨主义"之争。"活的宪法"与"原旨主义"孰优孰劣姑且不论,"原旨主义"正当性的证明负担轻却是不争的事实,有学者惊呼,"我们现在都是原旨主义者"。[①] 美国法学界叙事的路径依赖与法官的裁判逻辑大抵是一致的,既然裁判的过程伴随着对规范原旨的探求,学者就应服膺这种逻辑,按照时间的顺序整理教义。所谓 Review,我们翻译为"评论",从词根上看,就是回头看,回头看的一定是历史。法律与法学同质,实践和理论互养,是美国法律(法学)界的基本图景。

国内学界研究美国法,也大体是这个思路。既然是捕捉幽灵,说清楚幽灵的前世今生,让主人收了去,这就行了。刘玉姿博士还是刘玉姿硕士研究生时,也基本遵从纵向叙事的逻辑,截取美国联邦最高法院有关征收

---

① Lawrence B. Solum & Robert W. Bennett. Constitutional Originalism: A Debate[M]. Ithaca: Cornell University Press, 2011: 1.

案件裁判的某一段历史,梳理公用教义的变迁。① 这种叙事进路的好处在于"原汁原味"——尽管行文也有作者偏好和情感,但大体格局总是一样的,弊端是没有照顾中国读者的阅读体验——如果不是法律史学者,多半会直接跳过历史读最后的结论。记得几年前的一次学术会议,我报告"土地属于集体所有"的规范面向时谈到,"'土地集体所有'是个动词",意思是"土地集体所有"在不同的历史时期,有不同的规范面向——开始是国家权力,随后演变为国家政策,正在成长为基本权利。② 与会同仁基本都问:你总要告诉我们一个大体确定的概念啊! 写作就是作者与读者的对话,不是自饮自酌。我们无法改变读者的阅读偏好,作者在作为对话的写作过程中就必须调频,教育读者和消费读者大体上都是读书人的自嗨。但调频有风险:不调频,听众可能不爱听,但总还是一支曲子;调频,听众可能爱听,但极有可能荒腔走板。

刘玉姿博士的这本书,是调频之作,而且是成功的调频之作。将公用教义的变迁与联邦最高法院司法哲学的演进勾连,将公用教义置身于分权理论与联邦主义原则的演进历程,并将公用教义与财产权概念的演进贯通,甚至通过归纳联邦最高法院对公用教义的形塑,展现权力与权利关系如何在美国法历史长河中百转千回。公用是公用,是征收法中的公用,是作为财产权限制理由的公用,是美国宪法中的公用。将普通法上的案例和材料进行潘德克顿式的续造,企盼与读者共鸣,这是读者立场的对话节奏。如此宏大的叙事,需要大历史观,需要历史的哲学观,需要整体观,是不拘泥细节的"大制作"。

三

研究外国法,是祛魅,也是返魅,研究征收法,这种体会更深。

以外国法为研究对象,总会遭遇这样的追问:对我们有用吗? 能借鉴吗? 外国法一定就是父母眼中"别人家的孩子"? 在移译艰难的当下,研究

---

① 刘玉姿. 后凯洛时代作为征收理由的公用判断标准——以州法院的判决为线索[M].//章剑生. 公法研究. 杭州:浙江大学出版社,2015,(14):104—109.

② 刘连泰. 土地属于集体所有的规范属性[J]. 中国法学,2016(3):106—124.

外国法是一件性价比不高的营生。

　　剥离征收法上的那些枝蔓，中、美征收法的基本骨架其实大体相似，甚至与德国征收法的很多概念也相近——美国法上的"不合比例负担"与德国法上的"特别牺牲"含义基本相同；中国征收法上的"市场价值"与美国法上的"公平市场价值"标准几无二致。有时候我们会讶异于人类的制度智慧如此"英雄所见略同"，借用不尽恰当的表述，冥冥中真有"山川异域，日月同天"的制度互通。回到征收法中的公用教义，"公共利益"与"公用"并无霄壤之别，我们有时甚至会颇感意外地惊呼：原来美国人也这么干呀！为了商业利益的剥夺，旧城改造的摧枯拉朽，打着各种高大上旗号的"幌子征收"，让财产权人觉得财产就是鸡肋的管制，美国法上并不鲜见，对征收高喊"NO"的"钉子户"也偶有耳闻。"以夷为师"的卑微，"月亮外国圆"的偏见烟消云散，外国法的研究就不再是一场单膝下跪的仰望，而是相谈甚欢的互通有无。只是因为作者的本国法立场，常常只讨论外国法对中国法的借鉴意义，至于中国法对外国法的他山之石功效，由外国学者讨论可能更为合适。所有的外国法研究，最终总要落脚到"我们怎么做更好"的行动方案。

　　面对的问题相似，处理的思路接近，差别最大的是法律人的解释。以用于商业开发目的的征收为例，一些国内学者斩钉截铁地说：商业开发目的不是公共利益，征收违宪。殊不知，以商业开发为目的的征收涉及公共利益的多重维度，需要区分各种情形作出各种不同的判断，美国法和德国法有丰富的教义，而且几乎殊途同归。对正在城市化进程中的中国，在将商业开发作为城市改造基本路径的当下，这种说法既不科学，也特别不合时宜。不加分析的愤激之词弥漫在各大媒体，对法律问题的泛道德化思考充斥在各类讲坛，至少在征收法领域，学界对征收实践的反哺乏善可陈：建议沦为空谈，批评沦为骂街。心怀"帮忙"的理想，干着"帮闲"的营生，收获"添乱"的口碑，受众甚至看不出专家的知识和普通民众的直觉到底有何不同。从历史里钩沉智慧，从文本里挖掘标准，从实践里寻求解释，最终演化为环环相扣的教义，我们甚至还没有出发。

　　刘玉姿博士的这本书，至少可以看成行囊里的那一小瓶藿香正气水，帮助我们醒脑，提醒我们以谦卑之心，以同理之情，善待正在中国大地上发生的方兴未艾的征收。如果有一天，征收理论与实践不再各怀心思，不再彼此不屑，而是在竞争中携手，在共进中互养，久久为功，中国征收法中的公共利益教义之形成就指日可待。

四

  幽灵总会有,幽灵总会戴上面具;法律人捕捉幽灵,也研究面具。"公用"教义闪转腾挪,吞没过无数学人的智识努力。刘玉姿博士立志耕耘财产法,与"公用"这个幽灵较劲,力图拆解幽灵的面具,这本书可以看作她首轮大型战役的战报。当然,战役是否告捷,有待读者评说。作为屡败屡战(屡战屡败)的前辈和同事,我只能说一句:玉姿,加油!

刘连泰

2020 年 6 月 26 日于厦门君悦山

目　录

引　言 ·· 1
　　问题意识:征收程序中的公共利益 ··· 1
　　选题依据与意义 ·· 7
　　研究现状 ··· 13
　　研究方法 ··· 24

第一章　公用概念的基本内涵 ··· 26
　　第一节　公用的原旨主义解释 ·· 27
　　第二节　公用含义的历史演变 ·· 39

第二章　公用判断的背景性问题 ·· 66
　　第一节　立法权与司法权的纠葛 ··· 67
　　第二节　联邦法院与州法院的关系 ······································ 80
　　第三节　背景性问题的反思与重构 ······································ 89

第三章　公用判断的参照系 ·· 106
　　第一节　公用与"take" ··· 107
　　第二节　公用与私有财产 ·· 141
　　第三节　公用与公正补偿 ·· 160
　　第四节　公用审查的整体性路径 ··· 172

第四章 公用判断的基本维度 ············· 177
第一节 主体论 ············· 177
第二节 程序论 ············· 187
第三节 时间论 ············· 195
第四节 空间论 ············· 200
第五节 过程导向的公用审查路径 ············· 206

第五章 美国经验的中国意义 ············· 208
第一节 衰败区征收 ············· 209
第二节 以商业开发为目的的征收 ············· 221
第三节 公用审查路径（一）——幌子征收 ············· 235
第四节 公用审查路径（二）——征收的规划控制 ············· 246

结　语 ············· 261
参考文献 ············· 263
后　记 ············· 291

引 言

问题意识:征收程序中的公共利益

征收权作为一种主权性权力,一直是政府履行职能的重要手段。近年来,政府部门频频发文,逐渐将征收权塑造为推进城市化进程的一柄利器。2013年7月14日,《国务院关于加快棚户区改造工作的意见》明确指出加快推进以资源枯竭型城市及独立工矿棚户区、三线企业集中地区为重点的各类棚户区改造,稳步实施城中村改造,不断改善居民住房条件,提升公共服务与基础设施建设水平。2014年3月12日,《国家新型城镇化规划(2014—2020年)》发布,要求应当着实强化对城镇化工作的指导,重点解决好城镇棚户区、城中村改造、农业转移人口落户城镇以及中西部地区城镇化问题。根据2015年6月25日发布的《国务院关于进一步做好城镇棚户区和城乡危房改造及配套基础设施建设有关工作的意见》,截至2014年年底,棚户区住房、农村危房改造取得重大进展,尤其是2013—2014年间,累计改造各种棚户区住房820万套,农村危房532万户。

与此同时,国家对公民财产权的关注也有增无减,尤其强调对集体土地权利的确认与保障。2013年11月12日,《中共中央关于全面深化改革若干重大问题的决定》发布,一方面要求应当从征地范围、征地程序、被征地农民保障机制等方面改革集体土地征收制度,另一方面强调要赋予并保障农民更多的财产权利。2014年8月1日,国土资源部、财政部等发布《关于进一步加快推进宅基地和集体建设用地使用权确权登记发证工作的通知》,强调加快实施集体建设用地和宅基地使用权的确权登记工作,更好地完善农民集体土地权利的保障机制。2015年2月27日,全国人民代表大会常务委员会正式开启集体土地制度改革的序幕,在33个试点地区暂时调整集体土地制度相关规范的适用,首先以地方试验方式着力推进集体土地征收、集体经营性建设用地入市以及宅基地管理制度的改革。① 2019年8月26日,全国人大常委会发布修改《土地管理法》的决定,大幅修改征地程序,明确征地的公共利益要求。

中国财产法处于征收权与财产权关系颇为紧张的历史节点。无论是改造棚户区,还是推进城镇化,无论是变革征收制度,还是保障财产权利,都必须恰当平衡征收权与财产权的关系。在一端为征收权,另一端为财产权的跷跷板上,公共利益就是宪法和法律规定的平衡点。②

一、公共利益的规范境遇

(一)《征收补偿条例》中的公共利益条款

2011年1月19日,《国有土地上房屋征收与补偿条例》(以下简称《征收补偿条例》)千呼万唤始出来。《征收补偿条例》第8条第一次以"一般条款+列举+兜底条款"的方式相对具体地规定了作为征收限制的公共利益。③ 有论者拍手称贺,认为这彻底终结了商业利益与公共利益之间的纠葛——公共

---

① 2015年2月27日,全国人大发布《关于授权国务院在北京市大兴区等三十三个试点县(市、区)行政区域暂时调整实施有关法律规定的决定》,其规定"暂时调整实施《中华人民共和国土地管理法》《中华人民共和国城市房地产管理法》关于农村土地征收、集体经营性建设用地入市、宅基地管理制度的有关规定"。
② 《中华人民共和国宪法》第10条第3款、第13条第3款,《土地管理法》第4条第2款、第58条第1款,《物权法》第42条以及《国有土地上房屋征收与补偿条例》第8条等。
③ 《国有土地上房屋征收与补偿条例》第8条规定:"为了保障国家安全、促进国民经济和社会发展等公共利益的需要,有下列情形之一,确需征收房屋的,由市、县级人民政府作出房屋征收决定:(一)国防和外交的需要;(二)由政府组织实施的能源、交通、水利等基础设施建设的需要;(三)由政府组织实施的科技、教育、文化、卫生、体育、环境和资源保护、防灾减灾、文物保护、社会福利、市政公用等公共事业的需要;(四)由政府组织实施的保障性安居工程建设的需要;(五)由政府依照城乡规划法有关规定组织实施的对危房集中、基础设施落后等地段进行旧城区改建的需要;(六)法律、行政法规规定的其他公共利益的需要。"

利益交予法律、行政法规界定的同时，商业利益完全从公共利益中剥离出来。① 但这很可能只是一厢情愿，百姓眼中的商业利益或商业开发可能转化为政府的经济发展需求，继续影响公共利益问题。《征收补偿条例》第8条首先以抽象的语言指出，征收限于"保障国家安全、促进国民经济和社会发展"确实需要时，尽管部分学者指出，"国民经济"本身与具体商业开发项目不能直接等同，主要指诸如基础设施建设、公共事业建设等对经济发展起基础性、支持性作用的公共经济发展。② 但以旧城改造为例，这种观点事实上无法适用，正如有学者指出的，旧城改造涉及土地用途的重新分配，现行实践中往往将与房屋改造相关的部分土地直接用于商业、娱乐、工业、旅游等，而显然不能直接否认此种以旧城改造为目的的征收的公共利益性质；就此而言，我们既应该严格限定与征收活动相关的事项，诸如征收程序与补偿问题，也要注意不应过分地限制拟征土地的用途，否则旧城改造将难以实现作为主要目的的公共利益。③ 兜底条款本身也为界定公共利益提供了很大的余地。职是之故，要想有效适用《征收补偿条例》中的公共利益条款，还需要复杂的法律解释作业。也就是说，即使存在这样的公共利益条款，但因其表述的模糊性以及规范与事实之间的裂隙，商业开发与公共利益的关系并未愈辩愈明，甚至很可能因为不断发展的社会经济情况，更为剪不断，理还乱。

值得注意的是，《征收补偿条例》第9条为征收的公共利益限制设定了第二重保险。④ 据其规定，符合第8条公共利益条款的征收活动还必须符合相应的规划要求，包括国民经济和社会发展规划、土地利用总体规划、城乡规划

---

① 人民论坛网.中国从"拆迁"到"征收"付出的代价[EB/OL].[2014-12-23].http://www.rmlt.com.cn/News/201103/201103231417146957_2.html；网易新闻.《国有土地上征收与补偿条例》正式施行，非"公共利益"不得征收房屋[EB/OL].[2014-12-23].http://news.163.com/11/0123/06/6R2IFN3B00014AED.html.

② 王锡锌.《国有土地上房屋征收与补偿条例》专家解读与法律适用[M].北京：中国法制出版社，2011：42. 此外，《征收补偿条例》通过之前，北大学者曾就新拆迁条例再次上书，指出"保障国家安全、促进国民经济和社会发展"作为公共利益的限定笼统宽泛，应当增设排他性条款：以商业开发为内容的征收不得认定为公共利益的需要。MSN中国.北大学者就新拆迁条例再上书，强调公共利益[EB/OL].[2014-12-23].http://msn.ent.ynet.com/view.jsp? oid=75722523&pageno=1.

③ 于宏伟.《国有土地上房屋征收与补偿条例》焦点问题解析[M].北京：法律出版社，2011：77.

④ 江必新.《国有土地上房屋征收与补偿条例》理解与适用[M].北京：中国法制出版社，2011：98.

和专项规划,而且这些规划的制定必须保证广泛的公共参与,兼备民主正当性与科学性。① 学界普遍称该条款为征收的规划控制条款。② 由于规划本身必须符合一定的公共利益要求,征收遵循规划控制,事实上将强化征收活动本身的公共利益性。尤其在司法审查中,征收者如果能够说明征收活动是在恰当规划之下展开的,将会有效巩固其公共利益主张。然而,相较于第8条公共利益条款,征收的规划控制条款不仅存在语言模糊与过于原则的问题,也因为诸般规划之间的关系以及规划司法审查的局限,面临适用难题。首先,《征收补偿条例》第9条明确规定征收应当符合规划,并一揽子列举了诸种土地利用过程中需遵循的规划,但实际上在现行规划法制中,各项规划之间的关系往往错综复杂,尤其当"同一建设活动涉及的多个规划之间出现冲突和脱节"时,③该条款将面临解释或适用困境;其次,第9条对公众参与和科学性的要求与《城乡规划法》等涉及规划问题的法律规范一脉相承,但不如人意的是,这些规划相关规范本身也是大而化之,基本上没有明确公众参与规划制定过程的程序设置,甚至司法审查亦规避此种问题,因没有可资参照或援引的具体规定,此种要求最终也难免虚置。

(二)《土地管理法》中的公共利益条款

《土地管理法》第45条第1款首次明确集体土地征收的公共利益要求。在立法体例上,基本模仿《征收补偿条例》第8条之公共利益条款,不同之处在于没有规定公共利益的一般条款——"为了保障国家安全、促进国民经济和社会发展等公共利益的需要",而是仅仅规定"为了公共利益的需要",在此之后接着以列举结合兜底条款的方式明确了集体土地征收中的具体公共利益要求。在立法内容上,亦仿照《征收补偿条例》第8条之规定,先后列举了军事和外交用地、基础设施建设用地、公共事业用地、扶贫搬迁及保障性安居工程建设用地,有所

---

① 《国有土地上房屋征收与补偿条例》第9条规定:"依照本条例第八条规定,确需征收房屋的各项建设活动,应当符合……保障性安居工程建设、旧城区改建,应当纳入市、县级国民经济和社会发展年度计划。制定国民经济和社会发展规划、土地利用总体规划、城乡规划和专项规划,应当广泛征求社会公众意见,经过科学论证。"

② 王锡锌.《国有土地上房屋征收与补偿条例》专家解读与法律适用[M].北京:中国法制出版社,2011:54.还有学者称之为"合规划性"条款,参见江必新.《国有土地上房屋征收与补偿条例》理解与适用[M].北京:中国法制出版社,2011:97. 此外,已被废止的《城市房屋拆迁管理条例》也存在类似的规定,其第3条要求"城市房屋拆迁必须符合城市规划"。

③ 江必新.《国有土地上房屋征收与补偿条例》理解与适用[M].北京:中国法制出版社,2011:104.

区别的是《土地管理法》新纳入了成片开发建设这种公共利益情形。

因立法体例与内容上的相似,《土地管理法》的公共利益条款难免和《征收补偿条例》面临通常的困境。而又因为立法体例和内容上的差异,《土地管理法》的公共利益条款可能在适用上面临更大的问题,尤其是就以成片开发建设为目的的征收而言。一方面,成片开发建设既非在内涵上,也非在外延上界定公共利益,而是以政府行为方式来言说公共利益,实质上将一种土地开发方式构造为公共利益;另一方面,按照立法原意,成片开发建设作为一种公共利益纳入集体土地征收制度乃是对一直存在且未来亦需要的土地征收方式的确认——"将成片开发纳入可以征地的情形,以免对经济社会发展影响过大"[①],这是"一个重大的政治和经济决断,而不是一个抽象的理论命题"[②]。故而,作为一种以土地开发促发展的行政活动,成片开发建设实质上足以囊括任何符合国民经济和社会发展的建设需要。相较于同款规定的其他各项典型公共利益,成片开发建设为以非典型公共利益为目的征地的情形打开了方便之门。

相较于原《土地管理法》因缺乏公共利益条款而备受诟病之处境,新修正的《土地管理法》首次明确了征地的公共利益限制,至少为法院审查集体土地征收是否符合公共利益提供了直接依据,但其实效仍有待观察。

二、公共利益的适用现状

公共利益问题虽然备受学界青睐,但是无论是《征收补偿条例》明确公共利益的基本内涵之前,还是之后,相较于补偿问题,公共利益问题并不是司法实践的宠儿,尽管征收实践中各种纷争却常常因公共利益问题而起。[③] 2014 年 8 月 29 日,最高人民法院公布全国法院征收拆迁 10 大典型案例,其中 6 个案件涉及补偿问题,除杨瑞芬诉株洲市人民政府房屋征收决定案间接涉及征收的规划控制外,[④]并无涉及公共利益问题的案件。也无怪乎,不少学者呼吁重视并关注针

[①] 自然资源部部长陆昊 2018 年 12 月 23 日在第十三届全国人民代表大会常务委员会第七次会议上所作关于《〈中华人民共和国土地管理法〉、〈中华人民共和国城市房地产管理法〉修正案(草案)》的说明。

[②] 程雪阳.《土地管理法》的修改与集体土地征收补偿制度的完善[J]. 土地科学动态, 2019(6):5.

[③] 王才亮. 2015 年中国拆迁年度报告[EB/OL]. [2016-03-31]. http://blog.sina.com.cn/s/blog_49858b220102w26k.html.

[④] 值得注意的是,该案虽然涉及征收与规划的关系,但是并未直接引用《征收补偿条例》第 9 条征收的规划控制条款。

对征收案件的公共利益审查。① 观诸征收实践,之所以钉子户事件不断,征收活动的利益勾结频见报端,开发商与所谓"暴民"轮番搅乱征收秩序,部分正是源于作为征收活动门槛的公共利益要件屡被虚置,过分依赖补偿手段。②

《征收补偿条例》《土地管理法》先后规定了征收之公共利益条款,这虽然部分平息了公共利益论争,但是诚如前文所述,如此宽泛的、模糊的规定,仍有待实践尤其是司法实践的具体化发展,否则,难以避免公共利益仅仅是幌子的现象。而且,征收的规划控制条款尚未有效发挥控制作用,对征收与规划关系的整合性研究还不多见。征收为什么要承受规划控制、规划体制乃至具体规划活动将会如何影响征收,这些问题亟须理论上的充分阐释。③ 在司法实践中,法院往往直接依据政府提交的证据认定系争征收活动符合规划要求,还没有形成征收之规划控制的系统审查技术,亦没有触及征收与规划关系的实质层面。④ 公共利益限制要想真正发挥作用,还有很长的路要走。

---

① 黄卉,毛亚满. 城市房屋征收中的"公共利益"概念及其界定[M]//郑永流,等. 中国法律中的公共利益. 北京:北京大学出版社,2014:98-119.

② 王锡锌.《国有土地上房屋征收与补偿条例》专家解读与法律适用[M]. 北京:中国法制出版社,2011:51.

③ 李成玲. 对城市规划中的房屋征收与损失补偿的规制思考[J]. 法治论丛,2011,(5):12-16. 此外,论及征收与规划关系的资料主要是一些针对《国有土地上房屋征收与补偿条例》的学者解读,如沈开举.《国有土地上房屋征收与补偿条例》条文解读与案例评点[M]. 北京:中国法制出版社,2011:87-88;王锡锌.《国有土地上房屋征收与补偿条例》专家解读与法律适用[M]. 北京:中国法制出版社,2011:55;薛刚凌.《国有土地上房屋征收与补偿条例》理解与运用[M]. 北京:中国法制出版社,2011:51-57;于宏伟.《国有土地上房屋征收与补偿条例》焦点问题解析[M]. 北京:法律出版社,2011:72;江必新.《国有土地上房屋征收与补偿条例》理解与适用[M]. 北京:中国法制出版社,2011:97-104. 但这些解读多点到为止,失之笼统,要么视规划为征收的形式要件,是"预征收",要么认为征收是对规划的宏观和外在控制。值得注意的是,郑磊在近期文章中对征收与规划的关系做了系统的解读,参见郑磊. 征收权的规划控制之道[J]. 浙江社会科学,2019(10).

④ 涉及征收之规划控制条款的,法院多聚焦规划是否存在,只要政府提供了所依据的相关规划,法院即认可征收符合规划,且政府不需要提供证据证明规划制定时已经广泛征求公众意见,如李凤芹诉夏津县人民政府征收决定案。此案中,原审法院直接指出,根据被告提供的《夏津县国民经济和社会发展第十二个五年规划纲要和夏津县人民代表大会常务委员会决议》《夏津县土地利用总体规划》《夏津县城乡规划》,可以认定征收活动符合相关规划;同时,被告虽未提供证据证明系争规划在编制过程中征求了公众意见,但并不能就此认定无效,因为系争规划经由夏津县第十五届人民代表大会第五次决议通过,具有法律效力。二审法院认可了一审法院的判断,但跳过征求公众意见的程序要求,直接指出系争规划经夏津县人民代表大会研究通过,具有法律效力。

选题依据与意义

《征收补偿条例》《土地管理法》有关公共利益的规定宽泛且模糊,舆论与实践又过分热衷于补偿问题,严重消解了公共利益在限制征收权、保护财产权中的作用——公共利益从拟制走向虚无。① 然而,公共利益条款并非掩耳盗铃的把戏,而是针对征收权的关键限制。在缺乏充分的本土司法滋养的情况下,美国征收法中的公共利益标准可以为我们提供一定的智识供给。事实上,学界对美国征收之公用(public use)教义的关注从未间断,②尤其在联邦最高法院于2005年作出凯洛诉新伦敦市案(以下简称"凯洛案")判决后,更是掀起了讨论的热潮。③ 在美国征收法历史上,公用概念曾经被赋予两种含义:一是狭义的"由公众使用"和"公共所有";二是广义的"公共目的"或"公共利益"。

---

① 蔡乐渭.从拟制走向虚无——土地征收中"公共利益"的演变[J].政法论坛,2012(6):51-61.

② 代表性著作及译著:刘连泰.宪法文本中的征收规范解释——以中国宪法第十三条第三款为中心[M].北京:中国政法大学出版社,2014;冯桂.美国财产法——经典判例与理论研究[M].北京:人民法院出版社,2010;章彦英.土地征收救济机制研究:以美国为参照系[M].北京:法律出版社,2011;理查德·A.艾珀斯坦.征收:私人财产和征用权[M].李昊,刘刚,翟小波,译.北京:中国人民大学出版社,2011;邢益精.宪法征收条款中公共利益要件之界定[M].杭州:浙江大学出版社,2008.薛源.美国财产法[M].北京:对外经济贸易大学出版社,2006.代表性论文如:张千帆."公共利益"困境与出路:美国公用征收条款的宪法解释及其对征收权的启示[J].中国法学,2005(5):36-45;姚佐莲.公用征收中的公共利益标准——美国判例的发展演变[J].环球法律评论,2006(1):107-115;刘连泰.将征收的不动产用于商业开发是否违宪——对美国相关判例的考察[J].法商研究,2009(3):145-151;林来梵,陈丹.城市房屋拆迁中的公共利益界定——中美"钉子户"案件的比较[J].法学,2007(8):25-30.

③ Kelo v. City of New London,545 U.S. 469 (2005).代表性的文章有:王静.美国财产征收中的公共利益——从柯罗诉新伦敦市政府案说起[J].国家行政学院学报,2010(3):129-132;汪庆华.土地征收、公共使用与公平补偿——评 Kelo v. City of New London 一案的判决[J].北大法律评论,2007(8):479-503;钱天国."公共使用"与"公共利益"的法律解读——从美国新伦敦市征收案谈起[J].浙江社会科学,2006(6):79-83;耿利航.如何界定公共利益——美国联邦最高法院"凯洛诉新伦敦市案"的剖析和启示[J].法学杂志,2007(2):135-137.

20世纪中叶前后,联邦最高法院最终确立广义公用的主导地位。尤其在凯洛案后,普遍认为公用教义严重虚化,出现了前所未有的立法和司法反制。然而,仔细审读凯洛案的法律意见书,联邦最高法院并未在公用问题上自暴自弃,而是开辟出了一条新的司法审查路径。探讨公用标准在美国征收法中的演进,可以为中国征收之公共利益要件的适用提供借鉴。

一、凯洛诉新伦敦市案带来的反思

(一)凯洛诉新伦敦市案

20世纪90年代末,经济上严重受挫的新伦敦市决定通过开发宝特朗布尔区实现城市复兴,①授权新伦敦市开发公司制定相应的开发规划。1998年2月,辉瑞制药公司(Pitzer)宣布将在宝特朗布尔区附近建造3亿美元的研究设施,揭开了新伦敦市经济复兴的序幕。新伦敦市开发公司打算抓住辉瑞公司进驻所带来的商机,除了促进就业与税收外,也想打造滨水及公园休闲娱乐胜地,进一步提升城市魅力。2000年1月,市议会批准了开发规划,并授权新伦敦市开发公司负责规划的实施——有权购买所需财产或以新伦敦市的名义征收财产。新伦敦市开发公司以协商方式成功购买了宝特朗布尔区的大部分不动产,但与凯洛等9名上诉人商谈未果,遂于2000年11月启动了征收程序。该案最终诉至联邦最高法院。

2005年6月,联邦最高法院以5∶4的微弱优势作出判决,史蒂文斯(Stevens)大法官执笔多数意见,肯尼迪(Kennedy)大法官持协同意见,奥康纳(O'Connor)大法官、伦奎斯特(Rehnquist)大法官、斯卡利亚(Scalia)大法官和托马斯(Thomas)大法官持反对意见,其中奥康纳大法官与托马斯大法官提交了反对意见。肯尼迪大法官的协同意见初步明确了幌子征收(pretextual takings)的检验标准;奥康纳大法官反对意见的核心在于指责多数意见采用极端遵从的司法审查路径无限扩大了公用内涵,严重危及财产权保护;托马斯大法官反对意见强调应当采纳狭义的公用含义——由公众使用或公共所有,关注弱势群体的利益保护。

史蒂文斯大法官撰写的多数意见实际上是两百多年来美国征收之公用教

---

① 由于数十年的经济衰退,新伦敦市于1990年被州政府认定为"贫困市"。1996年,联邦政府关闭了位于新伦敦市宝特朗布尔区的海军水下作战中心。该中心曾带来1500多个就业岗位,这无疑是雪上加霜。1998年,经济低迷达至顶峰,失业率两倍于康涅狄格州,人口也锐减,陷入前所未有的低谷。

义变迁的缩影。凯洛案亦因下述两个方面,备受关注。首先,史蒂文斯大法官肯定以商业开发为目的的征收合宪,延续了自殖民地时期以来,征收权被政府广泛用于履行经济职能的传统——"促进商业开发是一项传统且长久公认的政府功能,区别商业开发与我们所认可的其他公共目的并无原则性的方法……显然毫无理由将商业开发排除在我们对公共目的的传统宽泛理解之外"①。其次,多数意见强调公用内涵因地域需要的不同而有差别,历来的判例也具有浓厚的联邦主义色彩,因此应当高度尊重立法机关及州法院关于地方公共需要的判断,明智地避免僵化且干涉性的司法审查,在判断征收权应为何种公用而行使上给予立法机关宽泛的裁量空间,从而承继伯尔曼诉帕克案(以下简称"伯尔曼案")和夏威夷住房局诉米德基夫案(以下简称"米德基夫案"),②进一步明确了极端遵从的司法审查路径。

(二)凯洛案的立法与司法反制

联邦最高法院对凯洛案作出判决后,新伦敦市并未从此走上经济腾飞之路:曾经房屋林立而被夷为平地的土地仍然处于闲置状态,没有任何人指明或引导土地开发;③在新伦敦市开发规划中扮演关键角色的辉瑞制药公司也于2009年11月宣告关闭在新伦敦市的全球研发中心。④ 喧嚣一时的新伦敦市经济复兴最终以悲剧落幕,但凯洛案在美国法律史上引起了前所未有的冲击。⑤ 民意测验表明,超过80%的民众极力反对凯洛案;凯洛案后的短短几年内,许多州以宪法修正案或立法改革的形式展开对凯洛案的广泛反制;诸多州

---

① Kelo v. City of New London, 545 U.S. 469, 484-485 (2005).
② Berman v. Parker, 348 U.S. 26 (1954); Hawaii Housing Authority v. Midkiff, 467 U.S. 229 (1984).
③ Richard A. Epstein. Public Use in a Post-Kelo World [J]. Supreme Court Economic Review, 2009, 17: 151-172.
④ Amanda Minor. From New London to New Directions in Eminent Domain Law: Kelo and the Future Exercise of Eminent Domain by the Federal Government[J]. George Mason University Civil Rights Law Journal, 2012, 22 (2): 177-218.
⑤ 最近的可比判例如,Furman v. Georgia, 408 U.S.238 (1972)。联邦最高法院在该案中宣告当时存在的所有死刑法律无效,这导致1972—1976年,约35个州及联邦政府制定了新的死刑法规。又如 Goodridge v. Department of Public Health, 798 N.E.2d 941 (Mass. 2003)。马萨诸塞州最高法院在该案中,根据州宪法批准了同性婚姻,导致2003—2008年,约30个州制定了禁止同性婚姻的宪法修正案。相比之下,这两个案件都没有产生像凯洛案那样广泛的冲击——凯洛案引发了44个州以宪法修正案或立法改革方式的反制。

法院也纷纷在征收案件中立场鲜明地反对凯洛案的判决。①

在联邦层面,2005 年,美国国会众议院以 376 票对 38 票的压倒多数通过了《私有财产权保护法案》(*Private Property Rights Protection Act of 2005*),②禁止州或州的下级行政机关在接受联邦商业开发基金期间的任何财政年度内,为商业开发或间接为商业开发而强制征收或者委托他人强制征收财产。2006 年 7 月 23 日,布什总统发布了一项意在禁止凯洛式征收的行政命令。③ 该行政命令指出,保护财产权是美国的政策,联邦政府对私有财产的征收应限于仅为公用且支付公正补偿,以及以公众受益为目的,而非仅仅为了促进私主体获得所有权或使用被征收的财产获益。

在州层面,凯洛案后,已有 44 个州制定了新法,以限制像凯洛案那样的商业开发项目,④大致可以分为三类:(1)以宽泛界定的衰败(blight)概念作为以商业开发为目的的私人征收的限制;(2)以狭隘界定的衰败概念作为以商业开发为目的的私人征收的限制;(3)完全禁止以商业开发为目的的私人征收。⑤总趋势是,大多数州选择以衰败概念来限制凯洛式征收。同时,多数州法院通过直接或间接方式反制凯洛式以商业开发为目的的征收,如俄亥俄州最高法院、俄克拉荷马州最高法院均直接论及是否允许以商业开发为目的的征收,并旗帜鲜明地裁决本州宪法禁止此类征收。⑥ 在葛林森房地产开发公司诉保罗斯伯勒镇案⑦(以下简称"葛林森案")中,新泽西州最高法院对作为征收之正

---

① Ilya Simon. The Limits of Backlash: Assessing the Political Response to Kelo[J]. Minnesota Law Review, 2008-2009, 93 (6): 2100-2178.该文指出,根据 Zogby 与 Saint Index 所作的民意调查,无论是按地域还是按其他分类,对凯洛案的不支持度基本保持在 80% 左右。

② H.R.4128,109th Cong.(2005) (enacted).

③ Exec. Order No.13, 406, 71 Fed.Reg.36, 973 (June 23, 2006).

④ 网站"Castle coalition"(http://www.castlecoalition.org/legislativecenter)系统跟踪了凯洛案后各州的立法回应,并在其他部分讨论了拟议或已经通过的联邦立法。

⑤ Amanda W. Goodin. Rejecting The Return To Blight in Post-Kelo State Legislation[J]. New York University Law Review, 2007, 82(1): 177-208. 第(1)类如弗吉尼亚州、南卡罗来纳州、加利福尼亚州、纽约州等;第(2)类如宾夕法尼亚州、艾奥瓦州、明尼苏达州等;第(3)类如佛罗里达州、佐治亚州、印第安纳州等。

⑥ City of Norwood v. Horney, 853 N.E.2d 1115 (2006). Bd. of County Comm'rs v. Lowery, 136 P.3d 639 (2006).

⑦ Gallenthin Realty Development, Inc v. Borough of Paulsboro, 924 A.2d 447 (2007).

当理由的衰败概念作了限制性解释,认为商业开发不足本身不构成征收必须满足的衰败要件。当然,也有少数州事实上支持凯洛式征收,例如,虽然纽约州上诉法院承认对凯洛式征收的商业开发限制,但是认为土地开发不足本身就构成足以导致征收的衰败。

(三)公用在虚实之间重生

凯洛案在美国征收法发展中具有里程碑意义,许多学者直接以"后凯洛时代"(a post-kelo era)冠名此后的征收发展。① 学者多认为凯洛案导致公用进一步虚置,难以发挥保护财产权、防止征收权滥用的作用,财产权地位显著降低。② 然而,深入探究联邦最高法院对凯洛案的判决,却得出相反的结论——公用要件改头换面,置之死地而后生。

历史地看,公用概念曾经被解释为"由公众使用"和"公共利益",但随着联邦最高法院的判例演进,后者逐渐占据支配地位。③ 两者之间的分歧最终可以归结为如何通过解释求取公用的原初含义。④ 一种观点即托马斯大法官在凯洛案的反对意见中所展示的"狭义观点"(narrow view),或称之为狭义公用。托马斯大法官从"use"的文义解释出发,从保护公民私有财产的角度指出,公用应当解释为"由公众使用",才符合联邦宪法第五修正案征收条款的原初含义。另一种观点为伯尔曼案和米德基夫案所支持,主张广义观点(broad view)或广义公用——公用即公共利益或公共目的,征收只要合理关联于一定的公共目的,就是合宪的。持该观点者甚至认为,公用从原初含义上来说仅仅

---

① 凯洛案后的相关讨论文章中,类似的用语还有"Post-Kelo World"或"After Kelo"。如 George Lefcoe. Redevelopment Takings after Kelo: What's Blight Got To Do With It?[J]. Southern California Review of Law and Social Justice,2008,17(3):803-854;Richard A. Epstein. Public Use in a Post-Kelo World[J]. Supreme Court Economic Review,2009,17:151-172.

② Janet Thompson Jackson. What Is Property? Property is Theft: the Lack of Social Justice in U.S. Eminent Domain Law[J]. St. John's Law Review,2010,84(1):63-116.

③ 姚佐莲.公用征收中的公共利益标准——美国判例的发展演变[J].环球法律评论,2006(1):107-115.该文对美国法上的公用标准之演变作了详尽的介绍。相关英文文献可参考 Nicholson Bernt & Sue Ann Mota. From Public Use to Public Purpose: The Supreme Court Stretches the Takings Clause in Kelo v. City of New London[J]. Gonzaga Law Review,2005-2006,41(1):81-102.

④ 关于这两种观点的详细讨论,请参考 Shaun A. Goho. Process-oriented Review and the Original Understanding of the Public Use Requirement[J]. Southwestern Law Review,2008,38(1):37-88.

是描述性的,并不构成对征收权的独立限制。①

在凯洛案中,多数意见反复衡量这两种观点,形式上最终采用了第二种观点。但仔细审视,多数意见其实选择了一种折中路径,转而考察公用是否仅仅是系争征收展开的幌子。整体观之,凯洛案多数意见依托社会经济的发展变化,将公用解释为公共利益的同时,考虑到私人征收中开发商追逐私人利益的本性,为了防止公用成为达成私人目的的工具,引入幌子问题的分析,尤其强调征收须遵循审慎制定的综合规划,即整个征收过程应当遵循正当程序。肯尼迪大法官在协同意见中进一步细化出四项判断标准:(1)经济利益是否显著;(2)受益人的身份在开发规划制定前是否已经确知,是否存在事先确定受益人的情况;(3)征收者是否遵循了复杂的程序;(4)是否存在综合开发规划。也就是说,凯洛案本身似乎已经摆脱了狭义观点与广义观点所表明的纯粹实体审查的路径,反而更加关注征收程序问题。联邦最高法院实际上并未置公用于不顾,而是渐趋疏离纷繁复杂的实体考量,转向更为客观的程序导向的司法审查,公用在虚实之间重生。

二、公共利益:不能逾越的坎

征收与公正补偿被誉为唇齿条款,②公共利益是征收启动的核心要件。从时间顺序来看,公共利益是对征收权的事先限制,公正补偿则是对被征收者的事后救济。③ 从更好地保护私有财产的角度来看,事先限制显然优于事后救济。历经二百多年的发展,美国法上的公用标准沉沉浮浮,但始终是征收条款的定舱之锚。无论是实体导向,还是程序导向的司法审查路径,公用始终是司法审查与征收权行使不能且不可逾越的坎。

与联邦宪法第五修正案关于公用的消极表述——"未经公正补偿,不得因公用征收私有财产"④相比,我国宪法以及相关法律更积极地要求征收活动必须符合公共利益——为了公共利益的需要,国家可以依照法律规定征收或征

---

① Matthew P. Harrington. "Public Use" and the Original Understanding of the So-Called "Takings" Clause[J]. Hastings Law Journal, 2002, 53(6): 1245-1302.
② 刘连泰. 集体土地征收制度变革的宪法空间[J]. 法商研究, 2014(3): 7-10.
③ 倪斐. 公共利益法律化:理论、路径与制度完善[J]. 法律科学(西北政法大学学报), 2009(6): 38-50.
④ Amend. V of U.S. Constitution.

用公民的私有财产或土地并给予补偿。① 美国法上的公用通过个案发展形成了颇为详尽的公用判断谱系,而在我国的征收中,因其抽象、模糊性且缺乏司法土壤的充分滋养,公共利益限制征收权的作用不彰。随着中国城市化进程的推进,在征收已经成为一种百试不爽的城市发展手段的情况下,各类征收矛盾此起彼伏。② 纯粹地依赖补偿条款,征收将演变为赤裸裸的金钱交易,实质上默许了权力滥用,甚至导致征收冲突源于公民抵抗的错误认识;因为无法有效限制征收权,公民的财产权难以防御权力的侵犯,亦不利于有序地城市化的进程。重申并重视征收的公共利益限制,实有必要且为时未晚。

宪法中的征收条款并非对征收的授权,而是限制,③只有重视公共利益对征收的限制作用,才能更好地发挥征收条款的限制功能。美国法上的公用标准与我国征收中的公共利益要件可以通约。中国也在经历着美国曾经的经济发展和城市化道路,征收权也是政府为发展经济而普遍诉诸的工具。尤其是近年来,逐渐高涨的旧城改造热潮更是离不开征收权的行使。两相对照,美国法上的经验能够为中国征收之公共利益标准的塑造提供借鉴。

研究现状

公共利益概念作为一座学术富矿,尤其在征收领域,备受偏爱。无论是大陆法系,还是英美法系,公共利益都是征收条款不可或缺的一部分。中国《宪法》第 10 条第 3 款与第 13 条第 3 款均规定,公共利益是征收或征用发生的必要前提。美国联邦宪法第五修正案最后一款规定:"未经公正补偿,不得因公

---

① 《中华人民共和国宪法》第 10 条第 3 款、第 13 条第 3 款,《中华人民共和国土地管理法》第 4 条第 2 款,《物权法》第 42 条,《国有土地上房屋征收与补偿条例》第 2 条。

② 从湖南嘉禾"影响你一辈子"的野蛮拆迁事件到安徽省马鞍山市的"全国首例城市商业开发由政府充当拆迁人的强制拆迁闹剧疯狂上演";从成都唐福珍的抗拆无助而绝望自焚到江西宜黄的拆迁自焚事件;从安徽芜湖借土地储备之名行商业拆迁之实到上海静安区为建 603 平方米的地铁出口而征用 3.5 万平方米土地;从 2013 年的"平度事件"到近日的"平度纵火案";从此起彼伏的"钉子户事件"到频占舆论头条的"强拆事件",关于不动产征收的故事不断挑战着公众的忍受极限。

③ Martin J. King. Rex Non Protest Peccare —The Decline and Fall of the Public Use Limitation on Eminent Domain[J]. Dickinson Law Review, 1972, 76 (2): 266-281.

用征收私有财产。"《德国基本法》第 14 条第 3 款规定:"财产之征收,必须为公共福利始得为之。"① 本书以美国征收法中的公用教义为选题,将重点综述公共利益研究整体背景下,国内学界对征收之公共利益限制的论述,以及美国法学界对公用教义的论述。

一、国内文献综述

国内法学界研究公共利益问题,尤其是征收法中的公共利益问题的路径,大体包括四类,分别是:实质主义路径、程序主义路径、综合判断路径、规范主义路径。

实质主义路径关注公共利益概念的基本内涵。② 一种观点主张从正面定义,将"公共利益"拆解为"公共"和"利益",重点参考德国法上的理论。就"公共"而言,主要包括三种标准:数量说、地域说、正义说。数量说,又称不确定多数人理论,认为公共系以不确定多数人为特征的集合体;地域说认为,公共利益涉及一个相关空间内大多数人的利益;正义说认为,除了代表不确定多数人的利益和具有一定的地域特征外,公共利益还须满足社会公平、正义。③ "利益"定义主要关乎人与人的关系。主观论认为,利益即人类个别地或在集团社会中获取满足的欲望或要求;客观论认为,利益与主观意识无关;主客观统一论认为,利益内容是客观的,但以主观形式表现出来;关系论认为,利益是物质关系、经济关系、社会关系的体现。④ 据此,公共利益的主要特点也是难点在于利益主体与利益内容的不确定性。另一种观点从反面入手,以区别于其他利益的方式来界定公共利益——公共利益与政府自身的利益、商业利益、特殊

---

① 《德国基本法》第 14 条第 3 款。
② 有关这方面的研究著述颇为丰硕,例如,胡鸿高.公共利益的法律界定[J].中国法学,2008(4):56-67;黄学贤.公共利益界定的基本要素及应用[J].法学,2004(10):10-13;刘连泰."公共利益"的解释困境及其突围[J].文史哲,2006(2).160-166;刘连泰.我国宪法文本中作为人权限制理由的四个利益范畴之关系[J].法律科学(西北政法大学学报),2006(4):37-44;蔡乐渭.从拟制走向虚无——土地征收中"公共利益"的演变[J].政法论坛,2012(6):51-61;王利明.论征收制度中的公共利益[J].中国法学,2009(2):22-34.
③ 蔡乐渭.论行政法上的公共利益——以土地征收为中心的研究[D].北京:中国政法大学,2007:44-49;王灵慧.公共利益的界定及其实现机制[D].上海:华东政法大学,2012:11.
④ 肖顺武.公共利益研究——一种分析范式及其在土地征收中的运用[M].北京:法律出版社,2010:13-15;王灵慧.公共利益的界定及其实现机制[D].上海:华东政法大学,2012:11.

利益集团的利益不同,公共利益是消费不排他的利益。① 其中争议最多的是,公共利益与商业利益之关系。刘连泰认为,公共利益与商业利益有区隔,因为"商业利益应该是通过市场而不是通过政府手段攫取的利益,作为征收和征用财产理由的'公共利益'是市场手段低效或无效后必须通过政府促进的利益",但两者并非截然对立,不应排斥可能产生附带性商业利益的征收活动;②房绍坤、王洪平也持类似的观点,尤其关注如何通过立法来处理公共利益与商业利益之间的关系,"在公共利益的规范模式上,我国物权法应采折中主义立法例,不应明文禁止商业征收,但应明文规定公共利益的决策和形成机制,并建立相应的行政和司法救济途经"③。但也有学者认为,应当严格禁止存在商业利益的征收活动,④甚至强调区分商业利益需要的拆迁与公共利益需要的拆迁。⑤

程序主义路径主要围绕"公共"概念展开,一方面从立法过程乃至行政过程入手,尝试通过建构诸如听证程序、公开程序、监督程序等符合民主正当性的立法程序与决策程序,明确公共利益的基本意涵;另一方面关注司法机关在公共利益认定中的作用,强调程序导向的司法审查。⑥ 杨寅认为,公共利益之

---

① 刘连泰. "公共利益"的解释困境及其突围[J]. 文史哲,2006(2):160-166.

② 刘连泰. 将征收的不动产用于商业开发是否违宪——对美国相关判例的考察[J]. 法商研究,2009(3):145-151.

③ 房绍坤,王洪平. 论我国征收立法中公共利益的规范模式[J]. 当代法学,2006(1):68-73.

④ 持类似观点者又如高志宏. 公共利益的非营利性研究——以公共利益与商业利益的关系为视角[J]. 法治研究,2012(4):74-79;欧阳君君,集体土地征收中的公共利益及其界定[J]. 苏州大学学报,2013(1):79-85.

⑤ 梁慧星教授指出,国家征收必须为了公共利益,商业利益绝对不行。参见新京报. 人大代表建议废除拆迁条例[EB/OL]. [2012-06-01]. http://finance.qq.com/a/20091211/000327.htm;费安玲教授认为,征收只能以公共利益为直接目的,排除任何商事性质的利益,参见费安玲. 对不动产征收的私法思考[J]. 政法论坛,2003(1):116-124;又如,孙宪忠. 论城市房屋拆迁中的物权问题[EB/OL]. [2012-06-01]. http://www.civillaw.com.cn/article/default.asp?id=52665.

⑥ 除下文详细论及的外,相关文章如吴春燕. 我国土地征收中公共利益的厘定与处置[J]. 现代法学,2008(6):89-96;高志宏. 土地征收中法院的角色功能及实现——以《国有土地上房屋征收与补偿条例》为核心[J]. 时代法学,2015(2):66-73;方乐坤. 我国土地征收中的公共利益评断模式分析——兼及代议均衡型公益评断模式的成立[J]. 河南社会科学,2010(5):218-220;程洁. 土地征收征用中的程序失范与重构[J]. 法学研究,2006(1):62-78;黄毅,汪厚冬. 土地征收中公益控制的司法途径[J]. 国家检察官学院学报,2010(4):70-79.

正当性与合法性命题的核心在于程序系统的设置,因为"公共利益这一概念在实体方面具有相对性"①。陈年冰等强调司法机关介入公共利益认定的重要性,并主张建立健全土地征收听证程序。② 房绍坤认为,就公共利益概念而言,应当在明确界定主体的前提下,设计一种具体的程序界定机制。③ 就界定主体而言,其与郑贤君观点一致,将征收或公共利益问题作为一个宪法分权问题对待,须由立法、行政、司法机关通力协作。④ 在程序界定机制上,房绍坤还提出三个需要着重考量的问题:首先,将公共利益调查与审查作为征收决定作出前的一个独立程序阶段;其次,将民主商谈确立为公益界定必须遵守的实质性程序原则;最后,确立听证为公益界定中必须遵循的一个程序环节。⑤

综合判断路径以余军为代表,其认为实质主义进路忽视了公共利益概念具有不确定性和不可言说性,程序主义进路过于理想化,偏重立法过程,忽视法律适用需要,进而提出将实质主义判断、程序主义判断纳入个案语境的论证方法。公共利益概念的完整论证过程应当经过价值填充与类型化、个案权衡两个阶段,最终结果将产生以个案事实为前提且与公共利益含义相关的明确的法律规则。⑥ 两个阶段兼具实体与程序导向,不但关注个案正义,而且体现正当程序理念。这种路径包含了整合抽象界定与具体适用的意图,但其最终落脚于个案判断,关注司法适用而非立法界定,与前两者相比更具可操作性。

规范主义路径立足于中国宪法和法律文本中的公共利益规定,一方面,试图通过宪法解释或法律解释明确公共利益的含义;另一方面,试图运用类型化研究方法,深化对法律文本中的公共利益的认识。运用前一种路径的学者关注不同法律领域的公共利益解释,尤其是宪法领域、民法领域(合同法、物权法)、行政法领域等。例如,朱庆育以《民法通则》第 7 条为中心,强调公共利益的民法功能——控制法律行为之效力与构成私法权利之限制手段。⑦ 黄卉等尤其关注

---

① 杨寅. 公共利益的程序主义考量[J]. 法学,2004(10):8-10.
② 陈年冰,王凯锋. 论集体土地征收中"公共利益"的程序控制——以农民土地权利的保护为视角[J]. 暨南学报:哲学社会科学版,2009(5):47-52.
③ 房绍坤. 论征收中"公共利益"界定的程序机制[J]. 法学家,2010(6):46-52.
④ 郑贤君. "公共利益"的界定是一个宪法分权问题——从 Eminent Domain 的主权属性谈起[J]. 法学论坛,2005(1):20-23.
⑤ 房绍坤. 论征收中"公共利益"界定的程序机制[J]. 法学家,2010(6):46-52.
⑥ 余军. "公共利益"的论证方法探析[J]. 当代法学,2012(4):17-24.
⑦ 朱庆育. 公共利益的民法意义——以《民法通则》第 7 条为中心[M]//郑永流,等. 中国法律中的公共利益. 北京:北京大学出版社,2014:38-49.

《征收补偿条例》中公共利益的立法模式及其与商业目的的关系解释,并罕见地借助案例剖析了公共利益的司法审查,最终强调公共利益的程序控制,呼吁关注公共利益的个案裁判。① 褚江丽指出,宪法中的公共利益原则主要体现于征收条款中,为实现公共利益和保障基本权利提供了依据,但其作用的发挥仰赖于具体的条件,诸如宪法实施的政治、经济、思想意识等外部条件,以及宪法文本自身规定的实施机制。② 遵循后一路径的学者认为,虽然公共利益是一个不确定法律概念,但是仍然存在也正因为如此更需要采用一种类型化的方式。倪斐认为,公共利益概念虽然具有不确定性,但是因其并非完全不确定,仍可从立法上予以法律化,③并基于"法律概念的意涵应当结合其所处规范的目的来确定"的认识,系统归纳了国内法律文本中的公共利益类型,大致可分为立法目的型、权力依据型、权利界限型和法律客体型。④ 但对于征收法中的公共利益而言,这些分类难以直接适用,因为任何一种类型的归属都可能背离公共利益在征收法中限制征收权与保护财产权的角色定位。基于法律规范内容的不同,张玉洁将我国现行法中的公共利益规范模式区分为立法目的型、权力界限型、权利限制型、例示型,并指出"在公共利益类型的认定上,我国现行法尚缺乏完整的认定体系",且因此强调应当明确立法机关的认定职能,增加法律文本中"公共利益"的确定性。⑤ 也有学者的类型化路径部分超出了规范本身,例如高志宏对公共利益作了抽象类型化,其认为"公共利益类型非常丰富,不仅包括经济利益,还包括非经济利益;不仅包括物质形式的公共利益,还包括精神层面的公共利益"⑥。这种路径略显大而化之,对于征收法中公共利益判断而言,缺乏充分的指导和操作意义。类型化路径虽然有助于明确公共利益的规范功能,但是就相关研究

---

① 黄卉,毛亚满. 城市房屋征收中的"公共利益"概念及其界定[M]//郑永流,等. 中国法律中的公共利益. 北京:北京大学出版社,2014:98-119. 其他类似文献还可参见刘忠群,齐雪.《国有土地上房屋征收与补偿条例》中的"公共利益"解读[J]. 华中师范大学学报(人文社会科学版),2011(2):74-77.

② 褚江丽. 中国宪法公共利益原则研究[M]. 北京:中国社会科学出版社,2013:200.

③ 倪斐. 公共利益作为不确定概念的法律化思考[J]. 安徽师范大学学报(人文社会科学版),2010(5):565-570.

④ 倪斐. 公共利益的法律类型化研究——规范目的标准的提出与展开[J]. 法商研究,2010(3):3-8.

⑤ 张玉洁. 法律文本中的"公共利益"的法规范分析——以类型理论为视角[J]. 大连理工大学学报(社会科学版),2014(4):114-119.

⑥ 高志宏. 公共利益类型化研究——一种实证分析的研究进路[J]. 南京财经大学学报,2014(5):88-93.

而言,尚缺乏对各类型公共利益的充分阐述,尤其就征收法中的公共利益而言,无法有效指导其界定和适用。

  国内学界同样关注域外征收理论,尤其以美国征收法为主。相关研究主要集中于公用内涵历史脉络梳理与重点判例研究,多旨在从美国经验的利弊得失出发,构建符合国情的公共利益界定机制。张千帆、高建伟等系统梳理了公用要件在美国判例史上的嬗变与近期趋势,最终得出相似的结论:美国征收法中的公用界定及保障主要依赖司法审查,但由于其不确定性,即使法院也难以发展出具有可操作性的判断标准,①"难以在'公益私用征收'和'纯粹私用征收'之间划定一条清晰的界线,这使人们对私用征收的泛滥以至公权对私权的过度侵犯充满忧虑"②。陈晓芳总结了美国法上涉及公用界定的系列判例,尤其关注经济发展与公共利益之间的关系,主张立足立法和执法程序上的制度改进,从利益、交易费用、损失、分配等四个方面来设计符合国内实践的公共利益界定规则。③ 重点判例研究以 2005 年的凯洛案为代表,集中关注凯洛案中多数意见、反对意见、协同意见的交锋对峙,或者类比国内的钉子户案件,寻找解决之道;④或者从中寻求协调商业利益与公共利益关系的路径;⑤又或者纯粹讨论国外判例,考察征收权与财产权之间的关系。⑥ 然而,现有关于凯洛案的研究仅仅局限于案件本身,并未置于更广泛的美国征收法语境或历史中,不免多有误解。除此之外,也有文章关注美国征收法中的具体征收类型,如以

---

  ① 张千帆."公共利益"困境与出路:美国公用征收条款的宪法解释及其对征收权的启示[J]. 中国法学,2005(5):36-45.
  ② 高建伟. 美国土地征收中的"公共利益"[J]. 美国研究,2011(3):126-141;高建伟. 中国集体所有土地征收研究——基于法经济学的分析[D]. 天津:南开大学,2009:97.
  ③ 陈晓芳. 土地征收中的"公共利益"界定[J]. 北京大学学报(哲学社会科学版),2013(6):115-124.
  ④ 林来梵,陈丹. 城市房屋拆迁中的公共利益界定——中美"钉子户"案件的比较[J]. 法学,2007(8):25-30.
  ⑤ 程铁锁. 作为财产征收理由的公共利益之限制解释[D]. 厦门:厦门大学,2008.
  ⑥ 林彦,姚佐莲. 美国土地征收中公用用途的司法判定——财产权地位降格背景下的思考兼对我国的启示[J]. 交大法学,2010(1):211-221;王静. 美国财产征收中的公共利益——从柯罗诉新伦敦市政府案说起[J]. 国家行政学院学报,2010(3):129-132;汪庆华. 土地征收、公共使用与公平补偿——评 Kelo v. City of New London 一案的判决[J]. 北大法律评论,2007(8):479-503;钱天国."公共使用"与"公共利益"的法律解读——从美国新伦敦市征收案谈起[J]. 浙江社会科学,2006(6):79-83;耿利航. 如何界定公共利益——美国联邦最高法院"凯洛诉新伦敦市案"的剖析和启示[J]. 法学杂志,2007(2):135-137.

城市更新为目的的征收①、以商业开发为目的的征收②等。

除关注美国法之外,也有学者聚焦德国法、法国法、英国法以及中国港澳台地区的征收制度。③ 陈新民系统地梳理了德国法上,尤其是征收法中的公共利益概念,兼用实质主义路径和规范分析路径。据其论述,公益理念拥有宪法层次,国家任务、国家基本原则都可以构成公共利益,④但《基本法》第14条第3款的"公益征收的公益考虑应该在公益程度上,有其特殊性,也就是必须是有重大公益,方可以作为征收人民财产之理由"⑤。部分学者介绍了法国征收法中的公共利益要件,尤其关注公益审查机制和程序控制机制。例如,陈海燕在其硕士论文中粗略勾勒了法国征收法的基本情况。⑥ 张莉指出:"在法国,只有国家可以为了公共利益的需要征收私人土地,并且按照司法最终原则,由行政法官判断土地征收的公用目的性。最高行政法院在长期审判实践中形成了'损益对比分析理论'。"⑦损益对比分析理论与余军提出的公共利益论证路径颇有相似之处。许中缘以法国不动产征收为比较对象,归纳我国公共利益的程序界定之道,主张应当完善司法机关对征收程序的介入机制,合理

---

① 魏洁.征收权发动的要件研究——美国城市更新中"破败"的概念构成[D].上海:上海交通大学,2010;卢超.都市更新判断中的民主过程与司法审查——基于美国法的考察比较[J].行政法学研究,2012(4):129.

② 刘连泰.将征收的不动产用于商业开发是否违宪——对美国相关判例的考察[J].法商研究,2009(3):145-151;忻诚.美国宪政视野下的征收制度法理研究[D].上海:复旦大学,2011.

③ 其他文献如吴高盛.公共利益的界定与法律规制研究[M].北京:中国民主法制出版社,2009;欧阳君君,杨国永.台湾地区土地征收中的公共利益界定程序及其争论[J].江汉学术,2014(6):77-82;陈新民.台湾土地征收法制的困境与前瞻[J]//姜明安.行政法论丛.2011(14);袁治杰.德国土地征收中的公共利益[J].行政法学研究,2010(2):119-125;康贞花.韩国土地征收补偿法律制度及其对中国的启示[J].延边大学学报(社会科学版),2011(3):85-89.

④ 陈新民.德国公法学基础理论:增订新版·上卷[M].北京:法律出版社,2010:228-260.

⑤ 陈新民.德国公法学基础理论:增订新版·上卷[M].北京:法律出版社,2010:508.

⑥ 陈海燕.法国公用征收制度研究[D].上海:复旦大学,2010.

⑦ 张莉.法国土地征收公益性审查机制及其对中国的启示[J].行政法学研究,2009(1):135-140.

限制行政机关的权力,构建司法机关与行政机关相互协同的公益保障机制。①这种程序路径与国内理论建构中普遍关注民主控制的倾向有很大的差别,但除法国之外,美国法上亦采用此种路径。

无论是正向的,还是反向的,实质主义路径最终无法克服公共利益的抽象不确定性;程序主义路径诉诸民主过程,忽视了公民参与的现实情况;规范主义路径聚焦法律文本中的公共利益规范,有助于明确公共利益的法律含义与规范功能,但这种类型化仍有待细致雕琢,指导意义略显不足;综合判断路径整合了前三种路径,不失为一种恰当的论证方法,但仍有赖于司法实践的检验。总的来说,国内研究集中于理论建构与比较借鉴。公共利益概念的不确定特质决定了一般性阐释只会华而不实,基于个案的权衡才是正道。诚如部分学者呼吁的,当前研究仍需要扩大对公共利益司法审查的剖析与总结。遗憾的是,虽然公共利益问题往往成为征收冲突的导火索,但是司法实践及冲突的解决往往归结于补偿问题,公共利益之廓清愈加迷雾重重。比较借鉴主要以笼统介绍美国法上的公用概念为主,个案分析也仅局限于众所周知的伯尔曼案、凯洛案、米德基夫案等,尚缺乏整体性、历史性的全面深入考察。值得一提的是,《宪法文本中的征收规范解释——以中国宪法第十三条第三款为中心》一书立足于本体论与关系论,深度结合美国法上的征收理论,切入征收中的热点问题——将征收的不动产用于商业开发是否违宪,对我国宪法征收条款中的"公共利益"标准做了颇为系统的介绍,为本书相关内容的展开提供了借鉴。②

二、美国文献综述

美国征收法上的公用与中国征收法中的公共利益可以通约。美国联邦宪法第五修正案规定:"未经公正补偿,不得因公用征收私有财产。"征收权作为一项主权性权力,初起就带有鲜明的经济色彩,是农业、工业及城市发展的重

---

① 许中缘. 论公共利益的程序控制——以法国不动产征收作为比较对象[J]. 环球法律评论,2013(3):23-31.

② 刘连泰. 宪法文本中的征收规范解释——以中国宪法第十三条第三款为中心[M]. 北京:中国政法大学出版社,2014.

要手段。公用要求因之被设计成防止征收权滥用、保护私有财产的关键屏障。① 经由二百多年的判例演变,美国逐渐发展出了系统、丰富的公用理论。美国征收法中对公用要件的探究主要包含两个问题:何谓公用和由谁来判断公用。对于这两个问题的探讨主要围绕判例展开,有分析,也有批判。

就何谓公用而言,判例法上主要包括广义公用与狭义公用两种理论。② 广义观点认为,公用就是公共利益;狭义观点认为,公用应为由公众使用。两者之间的差异不在于对"公共"的理解,而在于公用产生的方式。两种观点都认同,所谓"公共"包含了普遍性与平等性的价值意蕴,但前者认为公用不需要直接产生于征收,只要被征收的财产所作的用途能够产生公民能普遍且平等地享受的利益即可;后者认为公用要件需要公众能够直接地、普遍且平等地利用被征收的财产。③ 从判例演进的角度来看,广义公用教义在当下占支配地位。从外延上看,公用类型随社会经济的发展而变迁,并不局限于诸如铁路、高速公路、运河等传统目的,还可以是城市更新、打破土地垄断、促进技术革新,甚至在特定情况下,纯粹的商业开发也符合公用。公用与财产权紧密关联,两者呈反比关系,公用范围的扩大意味着征收范围的扩大,财产权地位显

---

① E.g., Errol E. Meidinger. The "Public Uses" of Eminent Domain: History and Policy[J]. Environmental Law, 1980, 11 (1): 1-66; Lawrence Berger. The Public Use Requirement in Eminent Domain[J]. Oregon Law Review, 1978, 57 (2): 203-246; John Lewis. A Treatise of Eminent Domain in the United States (Ⅰ/Ⅱ)[M]. Chicago: Callaghan & Company, 1900.

② E.g., Nicholson Bernt & Sue Ann Mota. From Public Use to Public Purpose: The Supreme Court Stretches the Takings Clause in Kelo v. City of New London[J]. Gonzaga Law Review, 2005-2006, 41 (1): 81-102; Steven M. Crafton. Taking the Oakland Raiders: A Theoretical Reconsideration of the Concepts of Public Use and Just Compensation[J]. Emory Law Journal, 1983, 32 (3): 857-900; Suzanne Laberge. The Public Use Requirement in Eminent Domain: A Constantly Evolving Doctrine[J]. Stetson Law Review, 1984-1985, 14 (3): 649-664; Jonathanneal Portner. The Continued Expansion of the Public Use Requirement in Eminent Domain[J]. Baltimore Law Review, 1987-1988, 17: 542-557.

③ Nathan Alexander Sales. Classical Republicanism and the Fifth Amendment's Public Use Requirement[J]. Duke Law Journal, 1999, 49 (1): 339-382.

著降格。① 广义公用观点，尤其是商业开发目的，遭受理论及实务的广泛批判，部分学者或法院纷纷要求回归狭义公用观点。②

就由谁来判断公用而言，焦点主要在于立法权与司法权之间的关系。囿于分权原则与反多数困境的制约，法院应当在何种程度上介入公用问题，备受争议。从判例的角度来看，在现代公用教义中，联邦最高法院采取一种极端遵从的司法审查路径——公用问题很大程度上是一个立法问题。理由主要是，立法机关既是民选机关，也具有更为充分的知识和能力来界定公用。这种司法审查路径基本上清除了司法机构在公用问题中应当发挥的权利保障功能。征收权与财产权之间的关系失衡，财产权地位严重降格。立法机关主导的公用界定模式与国内程序主义的公共利益界定路径相似，同时也表明了缺乏司法监督，忽视公用的司法适用，可能导致的严峻后果。

伴随着社会经济的发展，公用教义的持续扩张，法院角色的不断限缩，征收权与财产权之间的关系愈加失衡。直至2005年的凯洛案，这些问题集中爆发。联邦最高法院以5∶4的相对多数作出判决，表明了在处理公用问题上的纠结与踟躇。形式上，自凯洛案肯定以商业开发为目的的征收以来，公用标准渐趋虚化，财产权地位严重降格，招致立法层面与州司法层面的普遍反制；实质上，经由审慎分析，部分学者认为凯洛案在某种程度上表明了公用审查的转向，以及联邦最高法院司法审查态度的微妙变化：公用之司法审查逐渐由实质层面转向程序层面，强调征收程序的合理性。③ 公用教义深受社会经济环境的影响，具有动态性和社会性。事实上，自新政以来，公用教义的发展趋势就已经注定。在此背景下，征收权与财产权的张力日渐凸显，强化司法审查、重

---

① E.g., Janet Thompson Jackson. What Is Property? Property is Theft: the Lack of Social Justice in U.S. Eminent Domain Law[J]. St. John's Law Review, 2010, 84 (1): 63-116; Richard A. Epstein. Public Use in a Post-Kelo World[J]. Supreme Court Economic Review, 2009, 17: 151-172; Carla T. Main. Bulldozed: "Kelo", Eminent Domain and the American Lust for Land[M]. New York: Encounter Books, 2007.

② E.g., Kelo v. City of New London, 545 U.S. 469 (2005)(Thomas, J. dissenting); Matthew P. Harrington. "Public Use" and the Original Understanding of the So-Called "Takings" Clause[J]. Hastings Law Journal, 2002, 53 (6): 1245-1302; Emily L. Madueno.The Fifth Amendment's Takings Clause: Public Use and Private Use: Unfortunately, There Is No Difference[J]. Loyola of Los Angeles Law Review, 2007, 40 (2): 809-852.

③ E.g., Shaun A. Goho. Process-oriented Review and the Original Understanding of the Public Use Requirement[J]. Southwestern Law Review, 2008, 38 (1): 37-88.

塑公用标准的呼声高涨。① 限缩公用含义,提高司法审查标准,是学者普遍诉诸的教义变革路径。② 除此之外,有学者深入解读凯洛案的判决,提出幌子征收理论以及征收的规划控制;③有学者基于公用的原初含义论证,直接提出程序导向的公用审查路径;④有学者反思或重构财产权概念,认为应当区分不同财产适用不同司法审查标准,如拉丁认为针对人格财产的征收应当受到更高的司法审查;⑤还有学者利用经济理论讨论公用问题,如成本-效益分析、⑥公共产品理论,⑦尤其是梅里尔在目的与手段形成的谱系内,在改造财产规则

---

① E.g., Ilya Simon. The Limits of Backlash: Assessing the Political Response to Kelo[J]. Minnesota Law Review, 2008-2009, 93 (6): 2100-2178; Ilya Simon. The Judicial Reaction To Kelo[J]. Albany Government Law Review, 2011, 4 (1): 1-37.

② E.g., Jennifer J. Kruckeberg. Can Government Buy Everything?: The Takings Clause and the Erosion of the "Public Use" Requirement, Can Government Buy Everything: The Takings Clause and the Erosion of the Public Use Requirement[J]. 2002-2003, 87 (2): 543-582; Stephen J. Jones. Trumping Eminent Domain Law: An Argument for Strict Scrutiny Analysis under the Public Use Requirement of the Fifth Amendment[J]. Syracuse Law Review, 2000, 50 (1): 285-314; Timothy Sanderfur. A Natural Rights Perspective on Eminent Domain in California: A Rationale for Meaningful Judicial Scrutiny of "Public Use"[J]. Southwestern University Law Review, 2003, 32 (4): 569-696.

③ E.g., Nicole Stelle Garnett. Planning as Public Use? [J]. Ecology Law Quarterly, 2007, 34 (2): 443-470; Brandon Simmons. Kelo's Planning Mandate: Replacing Clarity With Complication[J]. Real Property, Trust and Estate Law Journal, 2008, 43 (1): 139-168; Daniel B. Kelly. Pretextual Takings: Of Private Developers, Local Governments, and Impermissible Favoritism[J]. Supreme Court Economic Review, 2009, 17: 173-236; Robert H. Thomas. Recent Developments in Public Use and Pretext in Eminent Domain[J]. Urban Lawyer, 2009, 41 (3): 563-578.

④ E.g., Shaun A. Goho. Process-oriented Review and the Original Understanding of the Public Use Requirement[J]. Southwestern Law Review, 2008, 38 (1): 37-88; Eric Rutkow. Case Comment, Kelo v. City of New London[J]. Harvard Environmental Law Review, 2006, 30 (1): 275-276; Thomas W. Merrill. Rescuing Federalism after Raich: The Case for Clear Statement Rules[J]. Lewis & Clark Law Review, 2005, 9 (4): 829.

⑤ Margaret Jane Radin. Property and Personhood[J]. Stanford Law Review, 1982, 34 (5): 957-1015.

⑥ Frank I. Michelman. Property, Utility, and Fairness: Comments on the Ethical Foundations of "Just Compensation" Law[J]. Harvard Law Review, 1967, 80 (6): 1165-1258.

⑦ Richard A. Epstein. Takings: Private Property and the Power of Eminent Domain[M]. Massachusetts: Harvard University Press, 1985: 166-169.

与责任规则之分①的基础上,主张针对不同情况提出了不同程度的司法审查标准——通常而言,应当适用理性基准审查,但在三种情况下应当提高司法审查标准:(1)存在无法补偿的主观损失;(2)财产转移给私主体可能导致次级寻租;(3)可能存在故意规避市场的情形。② 于公用教义而言,法经济学分析主要存在于理论建构意义上,司法实践中言及了了,因而并非本书研究的重点,仅在此作一介绍。

前文综述主要关注公用教义的发展趋势及相关重点问题。在美国征收法上,司法判例既是公用教义的源泉,也是学术批判的对象,更是理论建构的出发点。所谓公用"教义"恰恰主要指,法院通过判例所形成的公用理论。很大程度上正是因为有充实的司法判例为依归,美国法上的公用研究极为丰富多样,规范与判例结合,反思、回应与批判、建构交织,整体性、历史性、系统性特征明显。相较而言,国内征收法上公共利益研究恰恰不具备这些特征,理论化略显不足。本书以典型公用判例为起点,同时紧密结合联邦宪法第五修正案征收条款,揭示美国征收法中的公用教义图景。

研究方法

探讨美国征收法中的公用教义的主要目的是:通过梳理征收条款制定与批准前后的历史资料,解析公用的原初含义;综合联邦与州层面的征收判例,廓清公用教义发展的基本脉络与相关标准;结合中国征收法中的公共利益现状,借鉴美国经验,寻求符合中国语境的公共利益判断路径。研究过程中,本书将综合运用以下方法:

1.案例分析法。案例提供了规范进入真实世界的契机,案例分析有助于明晰规范与事实之间的勾连。公用教义主要由法院,尤其是联邦最高法院的判决形塑。判例本身不仅能够提供问题导向的公用判断标准,也可以有效反映公用审查与社

---

① Guido Calabresi & Douglas A. Melamed. Property Rules, Liability Rules, and Inalienability: One View of the Cathedral[J]. Harvard Law Review, 1972, 85 (6): 1089-1128.

② Thomas W. Merrill. The Economics of Public Use[J]. Cornell Law Review, 1986, 72 (1): 61-116.

会经济发展之间的互动关系。通过系统分析美国历史以来的征收判例,详尽描述联邦最高法院以及州法院形塑的公用判断图景,有助于确立判断与理解公用要件的主要维度以及参照系,为比较借鉴奠定坚实的背景基础。

2.比较分析法。国内法律体系本身带有一定的移植色彩,法学理论研究更是不可避免地参照域外经验。国内征收程序中的公共利益研究正是如此,德国、法国、日本,尤其是美国方面的公益征收问题研究并不少见。以立足中国征收现状为前提,考察中美征收规范以及实践的相通与相异之处,既关注规范文本,也诉诸司法判例,借鉴美国法上成熟的公用理论,通过比较分析其利弊得失,力图推进中国征收法上公共利益标准的形塑。

3.历史分析法。历史分析能够为理论研究提供一种整体性视角,美国征收法中的公用教义也非一日而成,反而奠基于不同时期判例的渐进累积与步步反思之上。历史分析法有助于将公用问题置于变动不居的历史长河中,动静结合,一方面,宏观把握美国法上公用教义发展的历史脉络,明晰社会经济因素对公用要求发展的基本影响,对比分析联邦最高法院司法哲学演进、私有财产权观念变迁对现代公用教义的影响;另一方面,微观上以前后关联的视角廓清不同历史时期、不同社会经济环境下各具特色的公用形态及其相互之间的关系,譬如不同时期如何对待征收语境下公用与私用的关系,征收活动以及征收审查如何应对经济发展的需要。

4.规范分析法。规范本身厘定了法律问题的基本域,既是理论研究的出发点,也是其到达点。虽然早在联邦宪法第五修正案批准之前,征收问题、公用问题就已经普遍出现于美国社会经济中,尽管也有着广泛适用的普通法规则,但是正是第五修正案规范本身明确并凸显了公用要件在防止征收权滥用并保障私有财产权上的独特功能。无独有偶,部分因为规范本身及其理念上的相似性,中美征收法之公共利益问题比较才具有相应的可行性。通过解释宪法与制定法文本中的公用条款,有助于明确美国公用要件的原初含义;通过分析公用与征收条款中的"take""私有财产""公正补偿"关键术语的关系,有助于勾画公用判断的基本谱系;通过理清中国征收条款之公共利益标准的基本意涵,有助于奠定中美征收法比较与借鉴的规范基点。

第一章

公用概念的基本内涵

在凯洛案中,多数意见系统梳理了公用内涵的变迁,试图通过先例证成以商业开发为目的的征收的正当性;持反对意见的托马斯大法官则将公用问题纳入原旨主义(originalism)框架下分析,强调公用的原初含义,反对将之等同于公共目的或公共利益。① 这两种不同的公用分析路径反映了美国宪法解释理论的基本图景:活的宪法(living constitution)与原旨主义割据。然而,原旨主义与活的宪法理论真的不可调和吗? 20 世纪 90 年代以来,面对活的宪法理论的抨击,原旨主义理论不断自我更新,新原旨主义登上舞台。新原旨主义关注原初公共含义,要求区分宪法解释与宪法阐释②,继而有学者据此将原旨主义与活的宪法形塑为一枚硬币的两面。③ 凯洛案及其引发的讨论正是在这样的宪法解释理论背景下发生的,公用的原旨主义解释与历史变迁之间的关系值得反思。

---

① Kelo v. City of New London,545 U.S. 469 (2005)(Thomas, J. dissenting),505-523.
② Keith E. Whittington. The New Originalism[J]. Georgetown Journal of Law & Public Policy, 2004, 2 (2): 599-614.
③ 杰克·M. 巴尔金. 活的原旨主义[M]. 刘连泰,刘玉姿,译.厦门:厦门大学出版社,2015:3.

第一节 公用的原旨主义解释

一、为什么是原旨主义

虽有或零散或统一的制定法,但联邦宪法和州宪法是征收问题的主要展开场域。宪法解释理论对于公用分析至关重要。20世纪80年代以来,宪法解释理论主要在原旨主义与非原旨主义的对峙中发展,及至今日,"我们现在都是原旨主义者"[①]。

(一)原旨主义理论的变迁

虽然对原初意图以及原初含义的追问一直点缀着美国宪法解释的天空,但是直到20世纪70年代,作为反制司法能动主义的理论武器,原旨主义才正式登台亮相。这一阶段的原旨主义理论往往被称为原初意图原旨主义。1985年,时任司法部长的埃德温·米斯(Edwin Meese)在美国律师协会的演讲中勾画出了这一时期原旨主义的缩影:"我们认为,判决的坚实基础只能是'国家在通过和批准宪法时赋予的含义'以及在起草和制定法律时赋予的含义。其他任何标准都不足取,把新义注入旧词,因而创设新的权力和权利,则完全违背了我们的宪法逻辑以及对法治的庄严承诺。"[②]

原初意图原旨主义既蒙受理论与实践的厚爱,也遭到学界汹涌而至的批判。作为一个完整的概念,"原旨主义"一词最早由著名的反原旨主义者保罗·布莱斯特(Paul Brest)提出——"所谓原旨主义指的是一种众所周知的宪法裁决路径,即赋予宪法文本或批准者的意图以约束力"[③]。以其界定的原旨主义为靶子,布莱斯特对原旨主义的抨击集中于两点:(1)集体意图不可得,即难以确定由多元成员组成的公共机构的意图;(2)面临如何解释不断变化的社

[①] Lawrence B. Solum, Robert W. Bennett. Constitutional Originalism: A Debate [M]. Ithaca: Cornell University Press, 2011:1.

[②] 斯蒂芬·卡拉布雷西. 美国宪法的原旨主义——廿五年的争论[M]. 李松锋,译. 北京:当代中国出版社,2014:9.

[③] Paul Brest. The Misconceived Quest for the Original Understanding[J]. Boston University Law Review, 1980, 60 (2): 204-238.

会语境的难题。① 接棒布莱斯特的杰弗逊·鲍威尔(Jefferson Powell)更为犀利,直捣原旨主义理论的根基:制宪者不希望采用原旨主义理论。② 布莱斯特与鲍威尔的批评被随后的大卫·施特劳斯吸收,后者最终将原旨主义的缺陷总结为三点:首先,集体意图问题,制宪者的意图或批准者的理解不可得,从纷繁复杂的史料中寻求原初意图是历史学家,而非律师和法官所擅长的事情;其次,适用问题,即使发现原初意图,也面临如何将制定者和批准者所拥有的对他们世界的理解适用于我们世界的问题;最后,"死人之手"问题,即世界属于活着的人,我们为什么要遵循那些早已逝去数百年的人所作的决定?③

面对集体意图问题,原旨主义最终放弃了对原初意图的坚守,走向原初公共含义,即由制宪者或批准者在宪法条款被采纳时的意图转向推定的理性人在宪法条款被采纳时所理解的宪法文本的含义,摆脱了主观性,确立了客观性。④ 面对适用问题与"死人之手"问题,首先,原旨主义转变了自己的理论目标,即由关注司法谦抑转向强调为当前宪法实践提供正当理由。其次,原旨主义再次更新关键修辞,提出宪法阐释(constitutional construction)概念,将宪法解释与宪法阐释构造为宪法适用过程中前后相接的两个阶段——宪法解释旨在发现文本的原初语义含义,即"通过句法和语法组合起来的单词和词组的惯常含义";宪法阐释则将该原初语义含义适用于具体语境而赋予其法律效

---

① Paul Brest. The Misconceived Quest for the Original Understanding[J]. Boston University Law Review,1980,60(2):204-238.索勒姆更详尽地总结为七个方面:(1)通常要确定一个多数成员组成的公共机构的意图十分困难。(2)与之相关的问题,就原始宪法而言,要确定费城制宪会议成员以及各州参加批准宪法会议的成员的意图;就修正案而言,要确定国会和各州议会的意图。(3)决定制宪者和批准者意图的抽象或具体程度(level of generality or specificity)。(4)从宪法结构中推定意图的问题。(5)要解释长时间不断变化的制宪者和批准者的信仰及价值所面临的困境。(6)民主正当性问题,即1789年宪法在没有女性和奴隶参与的情况下被起草和被批准。(7)不稳定性问题,即僵硬的宪法秩序不足以适应不断变化的情势。See Lawrence B. Solum. What Is Originalism? The Evolution of Contemporary Originalist Theory[EB/OL]. 2015-08-10.http://ssrn.com/abstract=1825543.

② Jefferson H. Powell. The Original Understanding of Original Intent[J]. Harvard Law Review,1985,98(5):885-948.

③ 戴维·施特劳斯.活的宪法[M].毕洪海,译.北京:中国政法大学出版社,2012:16.

④ Keith E. Whittington. Originalism:A Critical Introduction[J]. Fordham Law Review,2013,82(2):375-410.

果，其结果就是法院阐明的宪法教义以及非司法机构阐明的宪法规范。①

宪法阐释概念直接将原旨主义理论推向更为广阔的宪法变迁领域，为活的宪法理论进入原旨主义论域打开了大门。首先，宪法阐释以文本含义与文本适用之区分为存在前提，宪法条款的含义始终不变，其适用却与时俱进。其次，宪法的成文性及其文本的不确定性意味着并非总能通过宪法解释直接推导出宪法适用，宪法阐释无处不在，"当文本的原初公共含义'耗尽'时，将宪法文本适用于一个具体争议，还需接受原初含义以外的其他理论的指导"②。最后，宪法阐释之所以能与原旨主义相契合，原因在于宪法阐释的过程受制于宪法解释的约束。宪法阐释并未摧毁原旨主义的理论特性，原旨主义仍然是一个围绕固定命题（the fixation thesis）与约束原则（the constraint principle）的理论家族。③ 所谓固定命题，即宪法的原初含义在其制定或批准时就已经固定下来；所谓约束原则，即宪法教义应受宪法文本原初含义的限制。原旨主义旨在明确宪法条款的原初语义含义，而活的宪法则关注宪法文本语义含义的适用，"是一种从内部视角出发描述宪法体制变迁的过程理论，其本质上就是一种宪法阐释理论"，两者彼此兼容。④ 当宪法文本明确时，宪法解释直接决定了宪法阐释的结果，不需借助其他宪法论证模式；当宪法文本模糊或沉默（如宪法文本提供了一项抽象的标准或原则）时，宪法解释不足以解决具体争议，需要借助多元的宪法论证模式（历史、结构、民族精神、先例等），建构与宪法解释一致的宪法阐释。

联邦宪法第五修正案将公用确定为征收权行使的基本要件之一。无论是作为构成部分的"公共的"（public）和"用途/使用"（use），还是作为整体，公用术语的不确定性毋庸置疑。因此，根据原旨主义宪法解释理论，仅仅根据公用的原初语义含义，尚无法直接确定其在具体案件中的适用，还必须综合其他宪法论证模式。公用教义可能受制于不同时期的社会经济环境而不断演进，但公用概念本身始终如一。

---

① Lawrence B. Solum. Originalism and Constitutional Construction[J]. Fordham Law Review,2013,82(2):453-538.

② Lawrence B. Solum. What Is Originalism? The Evolution of Contemporary Originalist Theory[EB/OL]. 2015-08-10.http://ssrn.com/abstract=1825543.

③ Lawrence B. Solum. Originalism and Constitutional Construction[J]. Fordham Law Review,2013,82(2):459.

④ 杰克·M. 巴尔金. 活的原旨主义[M]. 刘连泰，刘玉姿，译.厦门：厦门大学出版社，2015:207.

(二)原旨主义的正当性

正当性问题是原旨主义理论变迁中的永恒话题。原旨主义者认为,自马歇尔大法官通过马伯里诉麦迪逊案[①](以下简称"马伯里案")确定联邦最高法院的宪法解释权以来,司法审查的正当性在于法官所做的正是宪法所要求的,忠于宪法是宪法解释理论的正当性所在。旧原旨主义者主张自己的宪法解释理论是唯一的或首要正当的,并以忠于制宪者的意图或批准者的理解反击沃伦法院的司法能动主义,强调司法谦抑。如在论及第九修正案和第十四修正案的特权或豁免权条款时,博克就指出,不可能相信制宪者意在让非民选的法官来实施宪法没有明确列举的权利。[②] 巴尔金认为,一种宪法解释理论同时也是一种宪法忠诚理论,必须说明现代宪法实践是如何忠于宪法的。[③] 旧原旨主义者着重以忠于宪法来制约司法权力,导致诸如布朗诉教育委员会案[④]这样的先例成为原旨主义理论的"实用主义的例外"(pragmatic exception)、不得不保留的错误,甚至对宪法忠诚的背离。[⑤] 为了克服旧原旨主义导致的理论不融贯性,新原旨主义者开始尤其聚焦于为现代宪法实践提供正当性。他们首先重塑了忠于宪法的内涵,忠于宪法就是忠于宪法的原初公共含义。制宪者与批准者的意图或理解只是挖掘宪法文本原初含义的资源,而非不得不遵从的命令。其次,如前文所述,宪法阐释概念的提出强化了原旨主义理论对宪法变迁的解释力,宪法阐释则受到原初语义含义的约束。由此,原旨主义不仅忠于宪法,具有规范层面上的正当性,同时也符合现代宪法实践,具有经验层面上的正当性。

除了忠于宪法的内涵发生变化外,从旧原旨主义到新原旨主义,原旨主义者不再强调原旨主义作为唯一正当的宪法解释理论是不言自明的,反而承认原旨主义理论也需要规范证成。[⑥] 这些规范证成多从忠于宪法这一基本命题

---

① Marbury v. Madison, 5 U.S.(1 Cranch) 137 (1803).

② Robert H. Bork. The Tempting of America: The Political Seduction of the Law [M]. New York: Free Press, 1997:180-185.

③ 杰克·M.巴尔金. 活的原旨主义[M]. 刘连泰,刘玉姿,译.厦门:厦门大学出版社,2015:14.

④ Brown v. Board of Education, 347 U.S. 483 (1954).

⑤ 杰克·M.巴尔金. 活的原旨主义[M]. 刘连泰,刘玉姿,译.厦门:厦门大学出版社,2015:24.

⑥ James E. Fleming. The Inclusiveness of the New Originalism[M]. Fordham Law Review,2013,82 (2):433-452.

出发,由宪法忠诚派生出来的正当性理由进一步巩固了原旨主义理论的正当性。索勒姆认为,原旨主义更符合法治与人民主权价值,其适用更具有规则性。一般而言,非原旨主义的宪法解释理论强调宪法文本之外的因素甚于宪法文本自身,不但为法官以个人偏好判断提供了空间,而且面临错综复杂的解释作业。相比之下,一方面,原旨主义致力于发现并实施宪法文本的相对具体的原初含义,不需要错综复杂的实用主义判断,更具有确定性和规则性;另一方面,原旨主义强调宪法文本在宪法解释中的根本地位,立足以我们人民的意志对抗基于立法多数产生的法律,更符合民主原则。① 惠廷顿也持有类似的观点,"原旨主义实则促进了民主价值,不过它不是经由对司法谦抑的多数赞同,而是通过将人民主权作为治理国家的理想目标"②。巴尼特则强调原旨主义理论对自由的维护。据其论述,原旨主义理论应当以促进宪法正当性的方式实施,而美国宪法的正当性在于其作为一种自由推定,"一部宪法是正当的,只有当它提供了充分的保证,即它强加于那些异议者身上的法律没有侵犯他们的权利,且必要于保护其他人的权利。当文本太过模糊以至于无法解决争议时,对文本的分析应当确保人民所保留的权利没有被否定或削弱"③。

解释方法的正当性会强化解释结果的正当性。作为政府权力之一,征收权之行使必须以公用为目的,这不仅是社会契约的基本前提,也是当前各国的普遍实践。④ 与其他宪法解释路径相比,原旨主义的公用解释路径更符合美国社会的基本价值,有助于强化公用分析的正当性。

二、公用的原初含义

20 世纪 80 年代以来,原旨主义逐渐成为美国主导性的宪法解释理论,但在公用含义论争中,并未受到充分的关注。⑤ 究其原因,一方面,源于第五修

---

① Lawrence B. Solum, Robert W. Bennett. Constitutional Originalism: A Debate [M]. Ithaca: Cornell University Press, 2011:36-44.

② 基思·E. 惠廷顿. 宪法解释:文本含义、原初意图与司法审查[M]. 杜强强,刘国,柳建龙,译. 北京:中国人民大学出版社, 2009:39.

③ Randy E. Barnett. Is the Constitution Libertarian? [M]. Cato Supreme Court Review, 2008/2009: 9-34.

④ 邢益精. 宪法征收条款中公共利益要件之界定[M]. 杭州:浙江大学出版社, 2008:162-235.

⑤ Shaun A. Goho. Process-oriented Review and the Original Understanding of the Public Use Requirement[J]. Southwestern Law Review, 2008, 38 (1): 37-88.

正案征收条款几乎轻而易举地通过批准,关于公用含义的直接证据少之又少;另一方面,在于经过200多年的判例洗礼,尤其自20世纪50年代以来,公用即公共利益的宪法教义似已板上钉钉。凯洛案重新挑起了公用含义之争,以托马斯大法官的反对意见为先导,公用的原旨主义解释始受重视。

公用的原旨主义解释主要从两个维度展开:首先,聚焦公用的本体内容,以原旨主义论证或抨击历史以来形成的狭义公用(由公众使用)或广义公用(公共利益或公共目的)的正当性;其次,关注公用的结构特征,借助原旨主义理论明确公用是否对征收权施加了实质限制。

(一)狭义公用教义与广义公用教义

"公用"一词可以拆分为"public"与"use"两个部分。塞缪尔·约翰逊的《英语字典》与建国时期大致同时代,是原旨主义者最常诉诸的语义分析工具。① 约翰逊对"public"的界定是:"属于一个政府或者国家;并非私人的;开放的……许多人所做;与私人利益无关,而是共同体的利益(good);开放给一般娱乐。"② 同时,据其界定,"use"的主要含义是"为了某种目的而利用某物的行为";"use"的次要含义还包括诸如获得优势、便利等。③ 在讨论公用的原初含义时,学者的分析主要集中于"use"一词。④ 因此,除了确实表明纯粹以私人用途为目的的征收可能违宪外,"公用"的字面含义并未局限于狭义的公用,反而支持广义的公用。

托马斯大法官认为,在一部宪法文本中,同一语词应当具有相同的含义,因此"use"在联邦宪法第五修正案中的含义应当与《联邦宪法》第1条第8款、

---

① 杰克·M.巴尔金. 活的原旨主义[M]. 刘连泰,刘玉姿,译. 厦门:厦门大学出版社,2015:111.

② Samuel Johnson. A Dictionary of the English Language[Z]. 7th ed. London:W. Tegg & CO., 1850. 579. PUBLICK, (pub'-lik) a. 'Belonging to a state or nation; not private; open; notorious; generally known; general; done by many; regarding not private interest, but the good of the community; open for general entertainment.

③ Samuel Johnson. A Dictionary of the English Language[Z]. 7th ed. London:W. Tegg & CO., 1850. 805. USE, (yuse) n. s. The act of employing anything to any purpose; qualities that make a thing proper for any purpose; need of; occasion on which a thing can be employed; advantage received; power of receiving advantage; convenience; help; usefulness; usage; customary act; practice; habit; custom; common occurrence; interest; money paid for the use of money.

④ Shaun A. Goho. Process-oriented Review and the Original Understanding of the Public Use Requirement[J]. Southwestern Law Review, 2008, 38 (1):37-88.

第 10 款的含义相同。第 1 条第 8 款规定："to raise and support armies, but no appropriation of money to that use shall be for a long term than two years"①，"use"在此意味着利用金钱来招募和供养军队，而非用于直接实现任何目的；第 1 条第 10 款规定："…for the use of the treasury of the United States"②，"use"在此意味着国库将控制税收，而非将之用于任何目的。托马斯大法官据此认为"公用"一词应比字典的完全含义更为狭窄。然而，毫无理由认为某个语词在宪法文本中仅被赋予一种含义，并忽视其他同时代的用法。③ 即使延续托马斯大法官的解读，第五修正案征收条款与第 1 条第 8 款和第 10 款也无法等而视之。第 1 条第 8 款与第 10 款的适用语境远比第五修正案狭窄得多，前者将"use"作为前置词，旨在避免重复"招募和供养军队"，后者更明确地要求由国库实际控制，第五修正案的措辞显然更为模糊。④

广义公用的反对者还认为，如果原初宪法允许为了任何公共目的征收的话，必然会选择更为宽泛的"purpose""benefit""interest"等词，而非更为狭窄且客观的"use"。⑤ 事实上，在建国时代，涉及征税和征收时，人们往往交替使用"use"与"purpose"，甚至在现代人会选择使用"purpose"的地方使用"use"。如约翰·迪金森在区别公共收入和国王的私人收入时，指出前者必须被用于"public purpose"，但后者并未被限制于任何"public use"。⑥ 詹姆斯·威尔逊认为，"理性"（reason）是一种高贵的事物，当在其恰当范围内并适用于恰当的"uses"时，人类就会被提升为高等生物（superior beings）。⑦

建国前后的征收实践也反证了"公用"应具有的宽泛含义——只要一般性

---

① Art. I, sec. 8, cl. 12 of U.S. Constitution.

② Art. I, sec. 10, cl. 2 of U.S. Constitution.

③ Shaun A. Goho. Process-oriented Review and the Original Understanding of the Public Use Requirement[J]. Southwestern Law Review, 2008, 38 (1): 37-88.

④ David L. Breau. Justice Thomas' Kelo Dissent, or, "History as a Grab Bag of Principles"[J]. McGeorge Law Review, 2007, 38 (2): 373-404.

⑤ Gideon Kanner. The Public Use Clause: Constitutional Mandate or "Hortatory Fluff"? [J]. Pepperdine Law Review, 2006, 33 (2): 351.

⑥ John Dickinson. The Political Writings of John Dickinson(I)[M]. Wilmington: Bonsal and Niles, 1801: 242-243.

⑦ James Wilson. The Works of James Wilson(I)[M]. Bird Wilson ed., Philadelphia: Lorenzo Press, 1804: 256.

地有利于共同体的目的，都应被认为符合公用。① 其中最典型的是磨坊法案（Mill Acts）。② 一般而言，根据磨坊法案，为了获得水动力，下游河岸权人有权征收上游河岸权人的财产以修筑水坝，但必须对因洪水泛滥而遭受损失的上游河岸权人提供补偿。在当时国家初创且亟须发展经济的背景下，磨坊法案被赋予了促进经济发展的使命，因而"如果磨坊有着更大的经济利益，法案的起草者对土地所有者权利的忍耐就会少些"③。托马斯大法官认为，因为磨坊主被迫以规定的价格服务公众，所以此种财产征收是为了公众的实际使用。④ 这种观点值得怀疑。首先，早期许多州制定法允许为了私人使用的磨坊而征收财产；其次，无论早期磨坊事实上是否为公众所使用，实际被征收（被淹没）的土地并不为公众所使用，公众从建设磨坊中可能获得的利益也只是征收产生的间接利益。⑤

(二) 描述性与规定性

1787 年《联邦宪法》制定后，一些州部分因其缺乏权利法案而久未批准。⑥ 1789 年 6 月 8 日，权利法案起草者麦迪逊提出了后来成为第五修正案征收条款的修正案，其初衷是修改《联邦宪法》第 1 条第 9 款，纳入下述条款："当可能必要于公用时，未经公正补偿，任何人都不得……被迫放弃其财产。"⑦ 负责审查修正案的筛选委员会（the Select Committee）最终将该条款修

---

① Suzanne Laberge. The Public Use Requirement in Eminent Domain: A Constantly Evolving Doctrine[J]. Stetson Law Review, 1984/1985, 14 (3): 651.

② 磨坊法案可以追溯至美国殖民地时期，最早的磨坊为谷物磨坊，后来包括各种以制造为目的且以水为动力的工厂，诸如造纸厂、锯木厂等。也有学者将之翻译为"作坊法案"，参见莫顿·J. 霍维茨. 美国法的变迁：1780—1860[M]. 谢鸿飞，译. 北京：中国政法大学出版社，2004：72.

③ Buckner F. Melton. Jr. Eminent Domain, "Public Use," and the Conundrum of Original Intent[J]. Natural Resources Journal, 1996, 36 (1): 59-86.

④ Kelo v. City of New London, 545 U.S. 469 (2005), 513-514.

⑤ David L. Breau. Justice Thomas' Kelo Dissent, or, "History as a Grab Bag of Principles"[J]. McGeorge Law Review, 2007, 38 (2): 373-404.

⑥ Matthew P. Harrington. "Public Use" and the Original Understanding of the So-Called "Takings" Clause[J]. Hastings Law Journal, 2002, 53 (6): 1245-1302.

⑦ Charlene Bangs Bickford & Helen E. Veit. Documentary History of the First Federal Congress: Legislative Histories [Z]. Baltimore: The Johns Hopkins University Press, 1986. "No person shall be... obliged to relinquish his property, where it may be necessary for public use, without a just compensation."

改为"未经公正补偿,不得因公用征收私有财产"①,并与禁止双重危险、禁止自证其罪、正当法律程序规定、大陪审团规定打包为完整的第五修正案。1789年8月17日,这项总括性修正案被提交给全体委员会,几乎没有人对征收内容作哪怕最轻微的评论,委员会一致批准将该修正案成文化。1789年8月24日,众议院批准了修正案并提交给参议院考量。1789年9月4日,参议院在修改禁止双重危险条款后,对剩余部分毫无争议地同意,并于几天后返回众议院,征求同意。1789年9月24日,修正案被提交给各州批准,最终形成现在的第五修正案。在整个过程中,麦迪逊的征收条款措辞虽经修改,但并未产生有据可查的争议,仿佛当时对征收问题存在普遍共识。前后比较,经过筛选委员会的修改,"necessary"被删掉,"为了公用"取代独立条款"当可能必要于公用时",由独立的状语变为具有消极性、描述性的短语。这是否意味着公用对征收条款的限制被严重削弱,甚至于不构成实质限制呢?

马修·哈灵顿认为,公用并未对征收权施加实质限制,征收之目的判断完全属于立法权限。据其论述,第五修正案征收条款的知识论渊源在英国,而非大陆法系。在英国早期的征收实践中,基于代议制原则,议会为征收权之所在,"最高权力,未经本人同意,不能取去任何人的财产的任何部分。因为既然保护财产是政府的目的,也是人们加入社会的目的,这就必然假定且要求人民应该享有财产权……诚然,政府没有巨大的经费就不能维持,凡享受保护的人都应该从他的产业中支出他的一份来维持政府。但这仍须得到他自己的同意,即由他自己或他所选出的代表所表示的大多数的同意"②。美国革命之爆发也是源于"无代议士不纳税"。这同样适用于征收领域,即"无代议士不征收"。③ 哈灵顿认为,从第五修正案的语境来看,所谓征收条款应更恰当地称为补偿条款,其不仅确认了一项早已存在的立法性权力,同时也明确了联邦政府行使征收权的方式。如果公用是对立法权的实质性限制的话,那么会限制国会代表人民表示同意的权力,违背同意原则。因此,公用是描述性的,而非规定性的。

哈灵顿的观点始于社会契约原则,却最终违背了社会契约原则。首先,哈

---

① Charlene Bangs Bickford, Helen E. Veit. Documentary History of the First Federal Congress: Legislative Histories [Z]. Baltimore: The Johns Hopkins University Press, 1986.

② 洛克. 政府论:下篇[M]. 叶启芳, 瞿菊农, 译. 北京: 商务印书馆, 2011:87-89.

③ Matthew P. Harrington. "Public Use" and the Original Understanding of the So-Called "Takings" Clause[J]. Hastings Law Journal, 2002, 53 (6): 1245-1302.

灵顿的结论意味着国会垄断征收目的判断,会产生国会恣意征收的风险,背离社会契约的初衷。事实上,建国时期对立法机关的不信任正是源于第一届国会与各州财产立法对私有财产造成的严重侵犯①,"独立揭示了——更实际地说,首次揭示了——代议制政府会危及权利,而非保护权利"②。权利法案的基本意图正是对立法机关加以防范,"因为它最有权力,最可能被滥用"③。其次,国会征收私有财产因此具有推定的正当性,然而这部分私有财产并非人民为了缔结社会契约而应当捐献的公平份额。所以,当国会征收公平份额之外的私有财产时,除了同意理论,还需要额外的正当理由,这就是特定的公用与公正补偿。④ 虽然与征收相伴随的补偿可以视为对征收之前的"公正"的恢复,但是补偿本身实际上无法完全弥补被征收者实际上遭受的损失。⑤ 最后,与英国的议会主权不同,美国以人民主权立国。在议会主权之下,征收权是人民代表基于同意而对主权者的馈赠,而美国政府的典型特征是"将人民集体性地完全排除在政府之外"⑥,人民代表并非人民本身,而只是被委托了有限权力的人民的仆人。⑦ 此外,美国独立始于对虚拟代议制(virtual representation)的反制,但即使在独立之后,这种代议制的虚幻性仍然无法避免。由此,同意原则并不适用于美国。

事实上,哈灵顿的观点也不符合征收条款的制定背景。首先,麦迪逊的原初措辞虽然被筛选委员会修改,但是在缺乏争论和其他直接证据的情况下,仍

---

① Shaun A. Goho. Process-oriented Review and the Original Understanding of the Public Use Requirement[J]. Southwestern Law Review,2008,38(1):37-88.

② Martin S. Flaherty. History "Lite" in Modern American Constitutionalism[J]. Columbia Law Review,1995,95(3):547.

③ 伯纳德·施瓦茨. 美国法律史[M]. 王军,洪德,杨晶辉,译. 潘华仿,校. 北京:法律出版社,2011:28.

④ Armstrong v. United States,364 U.S. 40(1960),49. "第五修正案征收条款的主要目的之一是,禁止政府强迫某些人单独承受按照公平和正义原则应由全体公众承受的公共负担。"

⑤ 刘连泰,左迪. 征收法上按公平市场价值补偿规则的白圭之玷[J]. 浙江社会科学,2013(9):55.

⑥ Gordon S. Wood. The Creation of the American Republic,1776-1789[M]. Chapel Hill:The University of North Carolina Press,1969:407.

⑦ 亚历山大·汉密尔顿,约翰·杰伊,詹姆斯·麦迪逊. 联邦党人文集[M]. 张晓庆,译. 北京:中国社会科学出版社,2011:333. "在民选议会中,人民代表有时似乎臆想自己就是人民本身……"

然是评价公用原初含义的最相关证据,而麦迪逊将之作为实质限制。更何况,与同时代的多数州宪法相比,征收条款并没有规定同意要求。① 其次,英国征收实践对美国的影响并非如哈灵顿强调的那么大,革命时期的美国也深受大陆法系,尤其是自然法思想的影响。首席大法官马歇尔曾指出:"当我们留意早期美国政治家一般追求的阅读过程时,我们必须假定,美国宪法的制定者熟知这些博学者(自然法学家)的著作,他们关于自然和国家法则的著作引导了公众关于义务与契约的观点。"②格劳秀斯最先提出"征收权"术语,"根据征收权,臣民的财产属于国家;结果是,国家或代表国家的人能够使用臣民的财产,甚至破坏或转让它,不仅在直接需要时,而且在出于公共利益(public advantage)时,甚至可以授权私人享有对他人财产的权利;应当认为,那些构成政治团体(body politic)的人希望私人利益屈从于公共利益。但是,仍需指出的是,当此发生之时,国家必须以公众为代价向那些丧失财产的人支付损害赔偿"③。普芬道夫指出:"在国家紧急情况下(national emergency),即使超出臣民赋税,主权者也可以剥夺并将为其尤其需要的任何臣民的财产适用于公用(public use),然而,因此或者通过公共财政,或者通过其他人民的赋税,应当尽可能地补偿超出部分。"④宾刻舒克则强调必要性(necessity)或公共效用(public utility)是征收的前提条件,反对为了那些旨在满足公众娱乐以及美观的用途征收。⑤ 法国《人权与公民权利宣言》第17条是这种征收思想的直观反映,其规定:"财产权是不可侵犯的和神圣的权利,除非当合法认定的公共需

---

① Shaun A. Goho. Process-oriented Review and the Original Understanding of the Public Use Requirement[J]. Southwestern Law Review, 2008, 38 (1): 37-88.征收条款起草时,有两种类型的州宪法:其一且不那么普遍的是,要求支付补偿,即1777年的佛蒙特州宪法和1780年的马萨诸塞州宪法;其二且普遍的是,要求立法同意,即1776年的宾夕法尼亚州权利宣言,以及弗吉尼亚州、特拉华州、新罕布什尔州等。

② Ogden v. Saunders, 25 U.S. (12 Wheat.) 213 (1827) (Marshall, C.J., dissenting), 353-54.

③ Grotius Hugo. 3 The Law of War and Peace[M]. Kelsey, Francis W. trans. New York: Oceana Publications, 1964: 807.

④ Grotius Hugo. On the Duty of Man and Citizen[M]. Tully J. ed. Silverthorne M. trans. Cambridge: Cambridge University Press, 1991:166-167.

⑤ Timothy Sanderfur. A Natural Rights Perspective on Eminent Domain in California: A Rationale for Meaningful Judicial Scrutiny of "Public Use"[J]. Southwestern University Law Review, 2003, 32 (4): 569-696.

要所显然必需时,且在公平而预先赔偿的条件下,任何人的财产权不得受到剥夺。"① 相较而言,在英国早期,基于同意原则,征收似乎并未被视为会严重影响个人基本权利的事项②,甚至可能从来没有承认一种公用要求。③ 美国征收法中的公用要件与大陆法系具有更大的亲缘性,公用系对征收权的实质限制。

(三)广义且规定性的公用

在"我们现在都是原旨主义者"的宪法解释论背景下,公用概念不可避免要被置于原旨主义理论之下检视。原旨主义理论坚持忠于宪法,以此为解释方法能够强化公用分析的正当性。20世纪90年代以来的原旨主义理论多强调区分原初含义与原初被期待适用、宪法解释与宪法阐释、宪法文本与实践中的宪法。在索勒姆、巴尔金等新原旨主义者的眼中,某一宪法术语的原初语义含义是一回事,其适用是另一回事。建国时期的权威字典、殖民地乃至共和国早期的征收实践以及"use"在宪法文本他处的使用表明公用的原初语义含义并不排斥广义公用,狭义公用并非唯一。哈灵顿仅仅依赖英国的征收实践就断定公用要件不构成对征收权的实质限制,忽视了大陆法系学者征收理论对美国制宪的影响,不符合建国时的基本理念。联邦宪法第五修正案中的公用要件既包括广义公用,也构成对征收权的实质限制。

公用的原旨主义解释结论表明了公用要件本身的矛盾性。公用概念固有的不确定性为立法机关解释提供了广泛的裁量空间,公用要件的外延越宽泛,其对征收权的限制就越弱,财产权也就越容易遭受侵害。这种矛盾性贯穿公用教义发展的始终。前文从宪法文本、起草历史以及制定背景的角度,理清了公用概念的原初含义,下一节将以征收判例为线索,系统地梳理公用要件适用的历史变迁,描绘联邦最高法院与州法院如何应对公用要件本身的矛盾性。

---

① 格奥尔格·耶利内克.《人权与公民权利宣言》——现代宪法史论[M]. 李金辉,译. 北京:商务印书馆,2013:62.
② William B. Stoebuck. A General Theory of Eminent Domain[J]. Washington Law Review,1972,47(4):553-608.
③ Errol E. Meidinger. The "Public Uses" of Eminent Domain:History and Policy[J]. Environmental Law,1980,11(1):1-66.

第二节　公用含义的历史演变

虽然宪法文本是解释公用要件不可逾越的坐标,但是文本中的"公用"与实践中的"公用"并不完全相同。① 实践中的"公用"深受此时此地的社会、经济、政治、文化等因素的影响。变迁的社会意味着价值的变迁②,也揭示了公用概念本身具有动态性和时间性。建国前后是公用教义的萌芽期,深受自然法理论的影响,普通法上的征收理论是法院裁判征收案件的主要依据;由于联邦宪法第五修正案最初仅适用于联邦政府,且征收案件多发生在州层面,州法院主导了19世纪公用教义的发展,也由此进入公用教义最为混乱的时期;随着第五修正案通过第十四修正案的正当法律程序条款适用于各州,联邦最高法院最终在20世纪中叶确立了以广义公用为核心内容的现代公用教义,但伴随着公用教义的扩张,日渐面临前所未有的抨击。

一、萌芽期:自然法理论的影响

(一)英国早期实践

征收权本质上反映了国家与公民之间的相对关系。作为对征收权的限制,公用要件突出了征收制度本身旨在保护私有财产。英国的征收实践反映了国王、议会与土地所有者的相对关系,可以追溯到1215年《大宪章》第39条——"任何自由人,如未经其同级贵族之依法裁判,或经国法判,皆不得被逮捕,监禁,没收财产,剥夺法律保护权,流放,或加以任何其他损害"③。相对于臣民的财产,国王和议会享有完全不同的特权。一般而言,为了实施统治海洋、控制航海、防御国土、供给王室等特权,国王可以利用私人的财产但不给予

---

① 这里借用了书本中的法与行动中的法,但意涵不同。巴尔金曾发展出联邦宪法(the Constitution)与实践中的宪法(constitution-in-practice)作为对比,参见杰克·M.巴尔金. 活的原旨主义[M]. 刘连泰,刘玉姿,译. 厦门:厦门大学出版社,2015:26.

② 陈新民. 德国公法学基础理论:增订新版·上卷[M]. 北京:法律出版社,2010:259.

③ Magna Carta, 1215, c. 39. ("No free man shall be taken or imprisoned or dispossessed, or outlawed, or banished, or in any way destroyed, nor will we go upon him, or send upon him, except by the legal judgment of his peers or by the law of the land.")

补偿。例如,国王可以挖掘私人土地上的硝石以制造火药,防卫国土;可以开采所有金银矿产,以实施铸币特权;可以建造并修缮灯塔、修堤筑坝,统治海洋并控制航海。① 例外的是,当为了皇室家用而未经同意获取所有者财产时,惯例要求国王给予全额补偿。这与同意理论虽有相似之处,但国王供给皇室家用的财产获取行为并非征收,更何况"国王作为总领主和授权者,不可以背离自己的授权"②。尽管王在议会(King in Parliament),但 17 世纪关于国王未经议会同意而征税的权力斗争确立了这样一项原则,即未经其代表同意,任何人的财产都不得被夺取。③ 议会是征收权的真正所在。柯克指出,1427 年颁布的以维护排水道、沟渠等为目的的制定法授权下水道委员会为了新的工程而获取土地④;一部 1514 年的制定法则授权坎特伯雷市修缮河流并规定被清除磨坊、桥梁或水坝的任何人都应"被合理地满足"⑤;一部 1539 年的制定法授权艾克赛特(Exeter)的市长和地区行政长官清理艾克赛河,并规定:"他们挖掘多少土地,就应赔给所有者和农民多少,根据 20 年的购买率,或者由丹佛郡的大法官来裁定。"⑥

英国早期的征收实践基本上呈现为议会有权获得私有财产,但必须给予补偿。征收权是议会的排他职权,这植根于代议制所蕴含的同意理论,因而纯粹的征收权实质上是一种同意权。洛克曾经指出:"最高权力,未经本人同意,不能取去任何人的财产的任何部分。"⑦布莱克斯通持类似的观点:"法律对私有财产的保护如此大,以至于它不会授权哪怕对它的一点侵犯;甚至为了整个共同体的一般利益,也不会。例如,如果一条新道路通过私人所有的土地建成,它可能广泛地有益于公众;但法律没有允许任何人或某些人,未经土地所有者的同意,如此行为。"⑧对同意理论的强调在一定程度上削弱了公共利益

---

① William B. Stoebuck. A General Theory of Eminent Domain[J]. Washington Law Review,1972,47(4):553-608.

② William B. Stoebuck. A General Theory of Eminent Domain[J]. Washington Law Review,1972,47(4):553-608.

③ Matthew P. Harrington. "Public Use" and the Original Understanding of the So-Called "Takings" Clause[J]. Hastings Law Journal,2002,53(6):1245-1302.

④ Stat. 6 Hen. 6,c. 5 (1427). (Eng.).

⑤ Act for Cleaning the River of Canterbury,6 Hen. 8,c. 17 (1514) (Eng.).

⑥ Stat. 31 Hen. 8,c. 4(1539). (Eng.).

⑦ 洛克. 政府论:下篇[M]. 叶启芳,瞿菊农,译. 北京:商务印书馆,2011:87.

⑧ William Blackstone. Commentaries on the Laws of England Book Ⅰ:Of the Rights of Persons[M]. Oxford:Oxford University Press,2016:94.

在征收制度中的地位,隐含了"既然议会是全体人民的代表,那么议会本身的决定就是为了全体人民的利益"的观念。布莱克斯通甚至将征收还原为个体与个体之间的交换,"公众(the public)现在被视为一个个体(individual),(征收)是(个体)与个体之间交换"①。

英国的征收实践并没有发展出一种系统的公用教义,反而更为强调同意理论与补偿问题。在保护财产这一总括性社会契约目的下,公共利益要件被抽离为一种程序性的同意要素,更关注决策主体的公共性,而非利益本身的公共性。议会作为人民的代表,其作出的决定自然而然地带有公共特色,被推定符合人民的利益。

(二)大陆法系思想

在最宽泛的意义上,征收意味着国家强迫的财产转移。虽然缺乏确凿的证据,但是通衢大道以及沟渠的存在表明早在罗马时代,为了推进各种各样的公共目的,罗马人民就已经开始行使类似的权力。② 紧随罗马灭亡而来的是一个更为不安定且多变的财产权利时代,民族国家的兴起则打破了直接依附且从属于家长制关系的封建财产制度,征收权的法律结构恢复。③ 自然法学家格劳秀斯、普芬道夫、瓦特尔、宾刻舒克等推动了征收理论的发展,深刻影响了美国的征收实践。

首先,就征收权的本质而言,受格劳秀斯、普芬道夫等自然法学家的影响,固有权力理论(the inherent power theory)最终战胜保留权利理论(the reserved rights theory),成为美国征收理论的通说。保留权利理论认为,"征收权保留在政府,或者具备主权能力的人民的集合体中,当涉及安全问题以及出于国家便利时,例如为了道路、运河或其他公共改善而需要土地时,主权者能够恢复对私有财产的占有"④。这种观点甚至被引申为,"征收权利是古代封建土地保有法的残余"⑤。固有权力理论则认为,征收权是主权性的固有权力,"现在,这种至高权力扩张至自然人及臣民的财物,而且所有人都承认,如

---

① William Blackstone. Commentaries on the Laws of England Book Ⅰ: Of the Rights of Persons[M]. Oxford: Oxford University Press, 2016: 94.

② Jones J. Walter. Expropriation in Roman Law[J]. The Law Quarterly Review, 1929, 45 (4): 512-527.

③ Errol E. Meidinger. The "Public Uses" of Eminent Domain: History and Policy [J]. Environmental Law, 1980, 11 (1): 1-66.

④ Beekman v. Saratoga & S.R.R., 3 Paige 45 (N.Y. Ch. 1831).

⑤ New York City Housing Auth. v. Muller, 279 N.Y.S. 299 (1935), 300.

果该权力被摧毁,则没有国家能够幸存……毫无疑问,主权者享有此种权力……"①保留权利理论假定财产权利由政府授予,背离了美国赖以产生的自然权利和社会契约观念。财产权不仅是一种自然权利,也是一种宪法上的权利,宪法对财产权的规定只是为了确认一种先在的权利,尽管其可以授权立法机关在符合特定条件时作出新的权利安排,如公用与公正补偿。从美国的征收实践来看,没有证据表明美国政府确实保留了此种权力。② 固有权力理论更符合美国的宪法精神与历史实践。虽然没有明确且具体的宪法语言,但是征收权是一项无须宪法明示的先在权力。③ 在早期的征收实践中,征收权甚至常常被作为国会实施宪法上列举权力时所必要且适当的手段。④ 观诸美国征收理论的后续发展,这一点进而导致了公用标准的宽泛化:如果征收权必要于国会列举权力的行使,则直接推定系争征收符合公用要件。⑤

其次,诚如前文所述,格劳秀斯认为,国家可以为了公共利益而征收私人财产,个人利益应当服从公共利益;普芬道夫强调,只有在国家紧急情况下,才可以为了公用而征收;瓦特尔认为,当必要于公共福利时,征收权属于国家或者主权者⑥;宾刻舒克直接排除旨在满足公众娱乐以及美观的用途。作为最早论及征收问题的自然法思想家,他们对公用问题的描述大致分为两类:(1)在最宽泛意义上强调公用问题,如格劳秀斯;(2)以公共必要性(public necessity)限制公用征收。正如宾刻舒克所言,普芬道夫和瓦特尔虽然强调公共必要性,但是他们并没有明确最低限度的必要性,这很可能导致公用问题与公

---

① William B. Stoebuck. A General Theory of Eminent Domain[J]. Washington Law Review,1972,47(4):553-608.

② William B. Stoebuck. A General Theory of Eminent Domain[J]. Washington Law Review,1972,47(4):553-608.

③ Peter J. Kulick. Rolling the Dice:Determining Public Use in Order to Effectuate a "Public-Private Taking"—A Proposal to Redefine "Public Use"[J]. Law Review of Michigan State University-Detroit College of Law,2000(3):639-688.

④ The United States v. Gettysburg Electric Railway Co.,160 U.S. 668 (1896).

⑤ Berman v. Parker,348 U.S. 26 (1954).伯尔曼诉帕克案的判决实质就是将征收权作为国会实施警察权的手段,只要国会确定其目的符合一般的政府目的,则征收就符合公用要件。

⑥ Eric R. Claeys. Public-use Limitations and Natural Property Rights[J]. Michigan State Law Review,2004(4):893.

共必要性问题混淆,以至于两者竞合,都可以作为征收的充分依据。① 回到美国的征收实践,无论是宽泛意义上的公用,还是公共必要性与公用之间的区分,都有其镜像。除了广义公用已经被确认为现代公用教义外,一些法院也直接论及公共必要性与公用之间的关系,从有所区别到竞合对待,推动现代公用教义脱胎而出。②

(三)建国前后的实践

通常认为,美国法与英国法之间存在紧密的连续性。此时的英国已经发展出强有力的财产权概念,却从未形成一种系统的征收学说。③ 在英国的影响下,征收权在美国革命时期就已经确立下来,补偿义务是权力行使的必要条件。④ 由于英国早期征收实践围绕同意理论展开,大陆法系学者的征收理论最终为公用标准在美国的生根发芽提供了更多的土壤。双重影响在殖民地时期的征收实践中打下了深深的烙印,并最终凝练为麦迪逊所起草的联邦宪法第五修正案征收条款。

联邦宪法第五修正案起草之时,州层面的征收立法大致分为两种类型:(1)强调支付补偿,例如,1777年的佛蒙特州宪法规定:"无论何时,当某个人的财产因为公众的用途(the use of the public)被夺取时,所有者应当获得等价的金钱"⑤;1780年的马萨诸塞州宪法规定:"无论何时,当公共紧急情况要求应当占有个人财产以作公用时,他应当因此获得合理补偿"⑥。(2)强调同意理论,如宾夕法尼亚州1776年权利宣言规定:"未经其或其法律代表的同意,一个人财产的任何部分都不应被剥夺,或适用于公用"⑦;弗吉尼亚州1776

---

① Timothy Sanderfur. A Natural Rights Perspective on Eminent Domain in California: A Rationale for Meaningful Judicial Scrutiny of "Public Use"[J]. Southwestern University Law Review,2003,32(4):574.

② Robert C. Bird & Lynda J. Oswald. Necessity as a Check on State Eminent Domain Power[J]. University of Pennsylvania Journal of Constitutional Law,2009,12(1):99-142.关于公用与公共必要性的关系详见第二章论述。

③ William B. Stoebuck. A General Theory of Eminent Domain[J]. Washington Law Review,1972,47(4):553-608.

④ Philip Nichols. The Law of Eminent Domain: A Treatise on the Principles Which Affect the Taking of Property for the Public Use(Ⅰ)[M]. Albany, N.Y.: M. Bender,1917:13.

⑤ Vermont Constitution of 1777, ch. Ⅰ, art. 11.

⑥ Massachusetts Constitution of 1780, part Ⅰ, art. Ⅹ.

⑦ Pennsylvania Declaration of Rights of 1776, art. Ⅷ.

年权利宣言规定:"未经其自己的同意或者其所选择的代表的同意,所有人……都不得因为公用而被课税或剥夺财产"①。无论是否强调同意问题,在第五修正案被批准前,公用已经被确认为征收的必要条件,并且第五修正案的公用表达也出现在一些州的宪法中。

美国的征收实践最早开始于道路建设。② 大量的私人道路借助征收权建成,尤其著名的是锁地问题。"当整个国家几乎都是荒野,实际上基本没有任何公共道路,且政府没有能力修建必要的道路时,如果国家要发展,那么运用征收权,穿越他人土地,开放私人道路,将一个人的土地与公共道路连接在一起,就是必要的。"③甚至一些州为了支持以私人道路为目的的征收,专门修订宪法,将有必要修建私人道路的情况作为具体公用予以明定。④ 除此之外,殖民地时期还有着大量的磨坊法案,征收权据此被广泛地用于开发水动力,促进经济发展。⑤ 第一部磨坊法案出现于1667年的弗吉尼亚州。⑥ 各州的磨坊法案基本相似,以马萨诸塞州为例,一部1713年的制定法规定,磨坊可以服务公共利益和城镇利益,只要磨坊所有者支付因蓄水而导致的损害赔偿,就有维护并改善磨坊水库的自由。当该制定法于1795年修订后,磨坊所有者被允许征收任何可能必要的土地。⑦ 殖民地时期的美国以农业为主,磨坊法案的主要对象是谷物磨坊(grist mill)。一般而言,谷物磨坊须以合理的价格向公众开放,因而普遍被认为具有公共性。⑧ 但同样普遍的是,只要有助于共同体繁

---

① Virginia Declaration of Rights of 1776,§ 6.

② Errol E. Meidinger. The "Public Uses" of Eminent Domain: History and Policy [J]. Environmental Law,1980,11 (1):1-66.

③ Lawrence Berger. The Public Use Requirement in Eminent Domain[J]. Oregon Law Review,1978,57 (2):203-246.

④ Lawrence Berger. The Public Use Requirement in Eminent Domain[J]. Oregon Law Review,1978,57 (2):203-246.

⑤ Lawrence Berger. The Public Use Requirement in Eminent Domain[J]. Oregon Law Review,1978,57 (2):203-246.

⑥ Buckner F. Melton Jr. Eminent Domain,"Public Use" and the Conundrum of Original Intent[J]. Natural Resources Journal,1996,36 (1):59-86.

⑦ Philip Nichols. The Law of Eminent Domain: A Treatise on the Principles Which Affect the Taking of Property for the Public Use(Ⅰ)[M]. Albany,N.Y.: M. Bender,1917:225.

⑧ Head v. Amoskeag Mfg. Co.,113 U.S. 9 (1885).

荣，一些并未强制向公众开放的私人磨坊甚至也被授予征收权。①

共和国早期，联邦最高法院论及公用问题的标志性案件是1795年的文霍利承租人诉多兰斯案（以下简称"文霍利承租人案"）。② 佩特森（Paterson）大法官在该案中向陪审团作出的指示不仅呈现了美国征收理论中的自然法思想脉络，也代表了当时的主流公用教义。该案涉及宾夕法尼亚州的一部确认土地权属争议的法案，卢塞恩县（Lucerne County）的土地据此被确认所有权给一些康涅狄格州的定居者，作为补偿，被剥夺土地的公民则获得其他土地。佩特森大法官认为，系争法案违宪且无效，理由包括公用和公正补偿两个方面。③ 就公用问题而言，佩特森大法官在说明立法机关有权制定针对公民私有财产的法案，但仍应受到宪法原则与精神的约束之后，详细论述了自然法上的财产权观念以及受其影响的公用理论。首先，社会契约的目的之一是保护私有财产。因为"获得并占有财产，且使其受到保护是人所享有的一项自然的、固有的且不可转让的权利。人类具有财产意识：财产必要于他们的存在，并回应他们的自然需求与欲望；财产的安全是导致他们结为社会的目标之一。没有人会成为一个他不可能享受其诚实劳动及作业的成果的共同体的一员。"④其次，当为了公共目的或出于公共急需时，在支付公正补偿的情况下，公民的私有财产可以被征收。如果未支付公正补偿，那么立法机关无权征收一个公民的私有财产并转移给其他人，否则将背离理性、正义和道德公正，违反社会契约与宪法精神。问题在于当支付公正补偿时，立法机关是否可以如此行为？佩特森大法官认为，事实上，"很难有这样的情况，即国家具有这样的性质以至于授权或者豁免剥夺一个公民的财产并赋予另一个公民的行为……对于国家来说，赋予公民土地无关紧要，但当赋予其土地时，应当保障所有者享用它，这就非常重要"⑤。

---

① David L. Breau. Justice Thomas' Kelo Dissent, or, "History as a Grab Bag of Principles"[J]. McGeorge Law Review, 2007, 38 (2): 373-404.

② Van Horne's Lessee v. Dorrance, 2 U.S. 304 (1795).

③ 公正补偿问题简略说明：宾州立法机关的法案制定于1787年3月28日，平息并确认了某些康涅狄格州定居者对于他们所主张权利的卢塞恩县（Lucerne county）土地享有所有权。因为它试图剥夺一个人对于不动产的所有权，并赋予另一个人，且因为它以其他土地作为补偿，而土地数量以及针对拟征土地的请求权的有效性将在未经所有者同意且未经陪审团干预的情况下，由一个财产委员会决定，该法案违宪且无效。

④ Van Horne's Lessee v. Dorrance, 2 U.S. 304 (1795), 310.

⑤ Van Horne's Lessee v. Dorrance, 2 U.S. 304 (1795), 311.

1798年的考德尔诉布尔案(以下简称"考德尔案")虽然不涉及征收问题,但是执笔法律意见书的蔡斯大法官同样予以重申:"一部剥夺 A 的私有财产并转让给 B 的法律:违背了人们授予立法机关此种权力的全部理性与正义……"①两案的论述在一定程度上奠定了公用教义的基调,确立了以私用为目的的征收无效这一规则。后继学者往往将两案作为狭义公用的判例源头②,但值得注意的是,佩特森以及蔡斯的推理只是在一般且概括的意义上否定以私用为目的的征收,佩特森本身甚至并没有绝对否定在给予补偿的情况下,立法机关可以征收一个公民的财产并转移给另一个公民。针对立法机关的征收权,佩特森真正重视的限制在于公正补偿,而此时的公用教义实际上存在于公正补偿的阴影之下。③ 因此,公用教义的雏形并没有直接否定反而可以容纳公用的广义解释,其细节则取决于州法院以及联邦法院的后续作业。

二、形成期:州法院主导的公用教义

联邦宪法第五修正案最初仅适用于联邦政府④,而且联邦政府本身无权在州管辖范围内征收土地。一般而言,当联邦政府需要州管辖范围的土地时,先由州政府根据州法律在州法院启动征收程序,然后再将所需要的土地转移给它。⑤ 大量的征收案件因此发生于州层面上,州法院是公用教义的主要形成场所。⑥ 除了州宪法中的征收条款外,自然法思想是许多州法院考察公用争议的重要依据,多认为自然法具有与第五修正案征收条款相同的限制效果。⑦ 此时的联邦最高法院也时常审理上诉至此的征收案件,但通常支持州

---

① Calder v. Bull, 3 U.S. 386 (1798), 388.

② Stephen J. Jones. Trumping Eminent Domain Law: An Argument for Strict Scrutiny Analysis under the Public Use Requirement of the Fifth Amendment[J]. Syracuse Law Review, 2000, 50 (1): 285-314.

③ Buckner F. Melton Jr. Eminent Domain, "Public Use" and the Conundrum of Original Intent[J]. Natural Resources Journal, 1996, 36 (1): 59-86.

④ Barron v. City of Baltimore, 32 U.S. 243 (1833).

⑤ Lawrence Berger. The Public Use Requirement in Eminent Domain[J]. Oregon Law Review, 1978, 57 (2): 203-246.

⑥ Stephen J. Jones. Trumping Eminent Domain Law: An Argument for Strict Scrutiny Analysis under the Public Use Requirement of the Fifth Amendment[J]. Syracuse Law Review, 2000, 50 (1): 285-314.

⑦ J. A. C. Grant. The "Higher Law" Background of the Law of Eminent Domain[J]. 1930/1931, 6 (2): 67-85.

法院的判决。①

州法院既然在19世纪的大部分时间占主导,也就注定无法形成系统的公用教义。原因在于不同州有不同的情况,同一州在不同时期情况也有所不同。② 尽管如此,在私用征收违宪的基础之上,各州法院所形成的公用教义大致分为两类:(1)公用＝公共利益(public benefit),因而只要存在公共利益,征收就合宪;(2)公用＝由公众使用(use by the public),因而仅仅存在公共利益还不够,征收的合宪性取决于公众是否有权使用。③ 州法院将狭义公用与广义公用的分歧摆到台面上,随之而来的是一个多世纪的司法与学术检讨。值得注意的是,虽然可以粗略地一分为二,但是州法院发展出的公用教义远非如此明晰,不同州法院的公用教义在由两个极端构成的谱系之间错杂分布,从极端狭义的公用到极端广义的公用,各种因素彼此勾连成19世纪混乱的公用地图。

(一)公用＝公共利益

建国前后的征收实践背负了沉重的资源开发与经济发展任务,共同体的繁荣被投射到每个公民的财产利用上,个人利益与公共利益被认为空前一致。④ 广义公用正是在这样的背景下产生的,公众并不需要直接使用或者直接从征收中获益,甚至诸如私人道路、私人磨坊这样的私人直接获益的项目也因为在某种程度上将促进共同体繁荣而被授予征收权。支持广义公用的法院常常在判决中描述系争征收将会带来何种程度的公共利益,这种公共利益描述可能是具体的,也可能是抽象的,可能基于当下且即刻产生的利益,也可能源自未来但很可能产生的利益。它们所利用的证据要么指向本州或本地区的实际需求,要么援引其他地方的类似且成功的实践。

---

① Charles Fels, N. T. Adams, et al. The Private Use of Public Power: The Private University and the Power of Eminent Domain[J]. Vanderbilt Law Review, 1974, 27(4): 689.

② Philip Nichols. The Law of Eminent Domain: A Treatise on the Principles which Affect the Taking of Property for the Public Use(Ⅰ)[M]. Albany, N.Y.: M. Bender, 1917: 129.

③ R. E. H. Public Benefit or Convenience as Distinguished from Use by the Public as Ground for the Exercise of the Power of Eminent Domain[R]. 54 A.L.R. 7 (Originally published in 1928). "公共目的""公共利益""公共福利"等概念都是广义公用教义的代表。在学术讨论与司法判决中,通常不对三者做区分。

④ Buckner F. Melton Jr. Eminent Domain, "Public Use" and the Conundrum of Original Intent[J]. Natural Resources Journal, 1996, 36(1): 59-86.

在 1831 年的比克曼诉萨拉托加和斯克内克塔迪县铁路公司案（以下简称"比克曼案"）①中，争议的问题是，为了私人铁路公司建造铁路而征收私有财产是否合宪。纽约州衡平法院认为，征收权是主权政府的保留权利，在支付公正补偿的情况下，为了公共利益或国家便利，政府有权收回财产，且判断系争用途所产生的利益是否足以证明征收的正当性是立法机关的职能。基于该原则，为了建设高速公路、收费道路、运河及其他公共改善，"不仅可以授权政府代理人（agents of the government），也可以授权个人和法人团体行使征收权"②。由此，立法机关被赋予宽泛的裁量权来决定公用，只要符合公共利益，立法机关就可以直接或委托私主体行使征收权。这种观点在纽约州衡平法院随后判决的布拉德古德诉莫霍克与哈德孙铁路公司案（以下简称"布拉德古德案"）中得以延续，并得到其他州的确认。③

比克曼案直接将判断何谓公用的任务完全交付立法机关，立法机关在公用问题上的宽泛裁量权意味着一种抽象的公共利益就足以证明征收的正当性。1832 年的斯卡德诉特伦顿特拉华瀑布公司案④（以下简称"斯卡德案"）更为详细且明确地触及公共利益教义的核心内容。新泽西州衡平法院直接抨击由公众使用标准的狭隘性⑤，强调"瞬息万变的社会将持续不断地呈现新的公共利益，何者是公用或公共利益可能取决于特定时期共同体的处境和需求"⑥。具体言之，相较于传统上被视作公用的铁路、收费公路、运河等，授权私人公司开发的水电更能促进公共利益，它将为 70 座磨坊、工厂以及其他工程提供充分的动力，增加本地区财产的价值，促进工业发展，而且佩特森镇也正是通过此种模式成长为本州的制造业中心。

在备受争议的私人道路问题上，1876 年的罗宾森诉斯沃普案⑦（以下简称"罗宾森案"）是典型案件之一。上诉人所有的土地被上诉人的土地一分为

---

① Beekman v. Saratoga & S.R.R., 3 Paige 45 (N.Y. Ch. 1831).
② Beekman v. Saratoga & S.R.R., 3 Paige 45 (N.Y. Ch. 1831), 73-74.
③ Bloodgood v. Mohawk & H.R.R, 18 Wend. 9 (1837).
④ Scudder v. Trenton Delaware Falls Co. 1 N.J. Eq. 694 (1832).
⑤ Scudder v. Trenton Delaware Falls Co. 1 N.J. Eq. 694 (1832), 728. "收费道路被认为符合公用，因为每个人都有权在支付规定费用的情况下通行。铁路被认为具有公共性，因为它们便利了乘客和货物的运输，裨益共同体……如果这是公共利益，应当绝对必要的是，公众应有权直接且即刻地参与进来……但是，难道这种观点不狭隘吗？"
⑥ Scudder v. Trenton Delaware Falls Co. 1 N.J. Eq. 694 (1832), 729.
⑦ Robinson v. Swope, 75 Ky. (12 Bush) 21 (1876).

二,为了在两块土地之间通行,上诉人向县法院提出建设私人通行道路的请求。科弗法官指出,肯塔基州长期默认的教义是,无论何时,当私人通行道路必要于公民履行他对公众负有的义务并享受政府所提供的利益时,在支付补偿的情况下,可以为此征收另一公民的私有财产。通常而言,公众在个人出庭、公开礼拜、参与选举等方面享有利益,而公民也可以借此通往高速公路或者在市场上购买必要于履行这些公民和社会义务的材料,以促进以这些利益为目的的征收合宪。然而,尽管私人通行道路"可能会使上诉人到达并改善自己的土地,并由此促进公共繁荣,增加州的总体财富,但如果对被上诉人造成的损害等于甚至超过上诉人获得的利益,且事实上阻碍而非促进国家财富和繁荣的话,则不符合公用"[1]。在罗宾森案中,法院虽然承认公共利益教义的适用,但是纳入一种损害—利益比较分析,这实质上构成对公共利益教义的限制。相较于前文所提及的判例,这是一种更为温和的广义公用路径。

(二)公用=由公众使用

狭义公用的主张者认为,第五修正案的公用要求指的是,由公众使用,即公众整体或其中一部分,或者代表公众的公共或准公共机构必须有权使用征收所获得的财产。[2] 公众在被征收的私有财产上享有一种法定权利,获得私有财产的主体不能基于偏好而妨碍公众行使权利。[3] 立法机关往往通过管制被征收财产的运营情况并规定运营者义务的方式保障公众的这种权利。只有在履行公共承运人(common carrier)义务,确保征收后的财产可以让公众使用的情况下,一些诸如铁路公司、磨坊这样的私主体实施的征收才会得到法院的支持。由公众使用标准通常被解读为对殖民地时期以来的广义公用教义的限制,尤其缘于法院对征收权在19世纪中期前后肆意扩张的担忧。[4]

纽约州法院领衔了狭义公用教义的提出过程。在1837年的布拉德古德案中,持协同意见的特雷西(Tracy)法官指出,公用的自然含义是由公众直接占有、占用并利用,"当我们背离公用术语的自然含义,以公共效用、公共利益、共同福利、一般利益或便利,甚或更为不确定的公共改善术语取而代之后,对

---

[1] Robinson v. Swope, 75 Ky. (12 Bush) 21 (1876), 3.

[2] R. E. H. Public Benefit or Convenience as Distinguished from Use by the Public as Ground for the Exercise of the Power of Eminent Domain[R]. 54 A.L.R. 7 (Originally published in 1928).

[3] Sholl v. German Coal Co., 118 Ill. 427 (1887), 432.

[4] Philip Nichols Jr. The Meaning of Public Use in the Law of Eminent Domain[J]. Boston University Law Review, 1940, 20 (4): 617-618.

于占用私有财产的立法强制还有什么限制吗"①?特雷西法官进而反对比克曼案的判决,认为该案实际上混淆了公用与拟征私有财产的用途所产生的公共利益,将公用判断扭曲为三步:(1)私有财产的特定用途将会促进公共利益;(2)因为公共利益将会被此种用途促进,所以它是公用;(3)如果它是公用,这也就只是立法机关就是否应当授权获取私人财产作出判断的便宜问题。

1877年,密歇根州最高法院判决的瑞尔森诉布朗案②(以下简称"瑞尔森案")是狭义公用的标志性案件。该案围绕一部旨在鼓励建设并支持水力磨坊的制定法展开。根据该法的规定,无论是在自己的土地上,还是在获得同意的他人的土地上,无论是未来建成,还是已经建成,在符合一定条件并支付补偿的情况下,为了建设并维护一座水力磨坊或大坝,个人有权淹没他人土地。库利(Cooley)法官发表法律意见。在追溯密歇根州以及全国范围内磨坊法案的历史及法院裁判情况之后,库利认为,磨坊法案深受地方条件的影响,但就密歇根州而言,其合宪性存在疑问。一方面,一项用途只有在具有公共必要性的情况下,才可能符合公用。然而,相较于运用征收权辅助铁路建设的情况,磨坊法案显然不具有那样的极端必要性(necessity of the extreme sort)。因为铁路建设受制于选址,抗拒征收的土地所有者很有可能挫败建设项目,但磨坊并非如此,其可以灵活地选择其他地点。磨坊所有者"所面对的问题并非必要性问题,而是比较成本、运营花费以及可能的回报"③。另一方面,即使在具有极端必要性的情况下,也应当确保其用途事实上具有公共性,即系争制定法应当包含规制磨坊用途的规定,即"授权公众使用设施的条款(entitling the public to accommodations)……一个仅研磨威斯康星州的小麦并仅在欧洲出售产品的面粉厂……充其量只是通过提供就业、增加地方贸易而附带性地裨益地方"④,不符合公用且无权请求征收。类似地,在1871年的港湾大桥诉哈瑞斯案(以下简称"港湾大桥案")中,佐治亚州最高法院指出,尽管磨坊在一般意义上是为了公众,且其运作受到法律管制,"但是……此种用途并非那种可

---

① Bloodgood v. Mohawk & Hudson R.R., 18 Wend. 9 (N.Y. 1837) (Tracy, J., concurring), 60-61.

② Ryerson v. Brown, 35 Mich. 333 (1877). 持类似观点的案件又如 Boston and Roxbury Mill Dam Corp. v. Newman, 39 Mass. 467 (1832).

③ Ryerson v. Brown, 35 Mich. 333 (1877), 339.

④ Ryerson v. Brown, 35 Mich. 333 (1877), 335. 值得注意的是,库利法官并非绝对否定附带于公共的利益(incidental benefit to the public)可以证立征收。

以授权占有私有财产的公用"①。也就是说,作为征收要件的公用比一般的公共目的更为狭窄。

除了磨坊法案外,由公众使用标准还被用于限制以私人道路为目的的征收。1890年的洛根诉托格戴尔案②(以下简称"洛根案")涉及一部授权为了私人道路征收的法案。据其规定,无路通往高速公路的自由地产保有人(freeholder)可以向县委员会申请修建一条道路,而该道路所在土地的所有者只能基于两点理由提出抗议:(1)在所提出的土地或他人土地上有更为便捷且损害更少的路线;(2)系争程序是违法的、压迫性的且恶意的。印第安纳州最高法院裁决该法案违宪且无效。主笔法律意见的埃利奥特(Elliott)法官认为,该法案实质上是为了私人道路而剥夺他人财产,即使法案本身间接宣告系争用途具有公共性,也无济于事,因为"系争用途是否为公共的是一个司法问题,而非立法问题……一种私人用途无法仅仅通过立法宣告就转化为公共的。因为该法案授权为了另一个人的利益而剥夺一个公民的财产,所以违宪"③。

(三)时代背景下的公用

紧随建国而来的19世纪见证了美国空前绝后的经济发展需求。这一时期的征收案件延续殖民地时期的特点,普遍集中于工厂建设与交通运输两个方面。当磨坊法案从研磨谷物的作坊扩及包括各种制造业的工厂,交通运输从依赖私人道路发展到连接全国的铁路与高速公路时,征收权的地位也从广泛默认到饱受质疑。19世纪上半叶,囿于资金匮乏以及地区发展的迫切需求,立法机关往往依赖私人公司积累资本。因此,州经常授予私人公司诸如桥梁、运河、铁路等方面的特许权,虽然各州的特许权内容千差万别,但是几乎都一致授予征收权。即使如此,各州法院对待私人公司介入征收程序的态度并不一致。支持公共利益教义的法官通常赞同授权私人公司征收,正如在比克曼案中,因为铁路会为公众带来公共利益,所以萨拉托加和斯克内克塔迪县铁路公司有权为此征收原告的土地。有些推崇由公众使用教义的法官则反对征收授权,例如,在港湾大桥案中,洛克兰法官认为,征收权为人民所有并由人民行使,立法机关因宪法授权而获得征收权后,不得再授予私主体,否则构成滥权。④

---

① Lough bridge v. Harris, 42 Ga. 500 (1871).
② Logan v. Stogdale, 24 N.E. 135 (1890).
③ Logan v. Stogdale, 24 N.E. 135 (1890), 136.
④ Lough bridge v. Harris, 42 Ga. 500 (1871), 505.

私人公司大范围介入征收程序既推进了公用标准的扩张,也部分导致征收权遭受前所未有的批判,尤其是 19 世纪 50 年代以来。① 广义公用教义与立法授权相结合,私人公司几近肆无忌惮地行使征收权,最终使得部分法院重新思考征收权与财产权之间的关系。司法理论上呈现反制局面,狭义公用教义兴起。瑞尔森案和港湾大桥案是典型的代表。除了瑞尔森案的法律意见外,库利法官在其著作中更为明确地指出,"如果纯粹为了私人目的而剥夺,则不合法。公众是否会得到附带利益,正如通常从土地改善或私人企业繁荣中获益,也不重要;公用暗含了由公众或公共机构普遍占有、占用和利用;对私有财产权利的恰当保护将禁止政府从所有者手中强夺,并基于模糊的公共利益理由而转移给另一个人,即使后者会作更有益的使用"②。

然而,正如库利法官在瑞尔森案中考虑地方因素、科弗法官在罗宾森案中强调本州惯例一样,州法院对公共利益教义与由公众使用教义的选择深受各州处境与需求的影响,同一项目在一州可能被认为违宪,但在另一州被认为合宪。如前所述,罗宾森案基于本州惯例支持以促进公民履行公共义务并享受政府提供的利益为目的的征收,而洛根案几乎完全否定了以私人道路为目的的征收。这种对比最直观的表现是:"东部和中西部的州可能更关注对征收权的限制,西部的州则更关注尽可能自由地运用征收权以快速开发自然资源。"③ 只要能够促进本州的经济繁荣,西部的州多授予私人公司征收权,甚至在宪法中明确规定某些项目是实施征收权的正当理由。在采矿业对共同体经济影响巨大的州,法院会基于开发地方矿产资源对共同体有着巨大的公共利益而认定征收合宪④;在以农业为主的州,法院则一般允许农民为了灌溉目的而征收土地⑤。这种宽泛的征收权最终导致一些案件受到联邦最高法院的直接审查,从而开启了联邦最高法院形塑公用教义的时代。

---

① Bluebook 20th ed. The Public Use Limitation on Eminent Domain: An Advance Requiem[J]. Yale Law Journal, 1949, 58 (4): 599-614.
② Thomas M. Cooley. A Treatise on the Constitutional Limitations Which Rest on the Legislative Power of the States of the American Union[M]. 2nd ed. Boston: Little, Brown & Co., 1871: 585-586.
③ Charles Fels, N. T. Adams, et al. The Private Use of Public Power: The Private University and the Power of Eminent Domain[J]. Vanderbilt Law Review, 1974, 27 (4): 681-813.
④ Day Gold & Silver Mining Co. v. Seawell, 11 Nev. 394 (1876).
⑤ Oury v. Goodwin, 3 Ariz. 255, 26 P. 376 (1891).

虽然州法院并未形成有着普遍共识的公用教义，但是在公用判断的基本要素上有更多的相似之处——公用判断不仅关注私有财产被征收后的用途本身，也混杂了各种其他因素，如地方条件、惯例、必要性、分权等问题，尤其是必要性因素几乎成为与公用等量齐观的概念，这对联邦最高法院的公用分析产生了深远的影响，以至联邦最高法院常常从两个相互交织且彼此影响的角度来裁断公用争议：一是分权问题，二是公用解释问题。特雷西法官最早开启了公用的狭义解释，其对公用本身与用途产生的公共利益之间的区分，预示了未来公用解释的基本趋势。

三、定型期：联邦最高法院主导的公用教义

虽然无法对公用要件作精确的界定，但是界定的努力一直存在。① 19世纪的州法院最终将公用问题简化为一道选择题：是狭义公用，还是广义公用？在1875年的科尔士诉合众国案②（以下简称"科尔士案"）中，联邦最高法院指出联邦政府享有征收权，只要必要于行使宪法所赋予的权力，就可以在各州内行使。在1896年的法布鲁克灌溉区诉布拉德利案③（以下简称"法布鲁克灌溉区案"）中，虽然联邦最高法院仍然认为第五修正案征收条款仅适用于各州，但是指出第十四修正案正当法律程序条款对各州施加了同样的公用限制——如果因为公用之外的目的而征收私有财产，那么违反正当法律程序条款，故而违宪。1896年的密苏里太平洋铁路公司诉内布拉斯加州案④（以下简称"密苏里太平洋铁路公司案"）遵循了同样的推理：为私人用途而征收违反第十四修正案的正当法律程序条款。1897年的伯灵顿与昆西铁路公司诉芝加哥市案（以下简称"伯灵顿与昆西铁路公司案"）最终明确联邦宪法第五修正案征收条款通过第十四修正案的正当法律程序条款适用于各州，各州的征收必须同时符合公用要件和公正补偿要件。⑤ 联邦政府是否可以在各州行使征收权以

---

① Philip Nichols. The Law of Eminent Domain: A Treatise on the Principles Which Affect the Taking of Property for the Public Use（Ⅰ）[M]. Albany, N.Y.: M. Bender, 1917: 128.
② Kohl v. United States, 91 U.S. 367 (1875).
③ Fallbrook Irrigation District v. Bradley, 164 U.S. 112 (1896).
④ Missouri Pac. Ry. Co. v. State of Nebraska, 164 U.S. 403 (1896).
⑤ B. & Q.R.R. v. Chicago, 166 U.S. 226 (1897). 联邦最高法院明确指出经由该案，第五修正案的征收条款可以通过第十四修正案适用于各州。See Dolan v. City of Tigard, 512 U.S. 374 (1994), 383.

及公用要件是否适用于各州的问题至此板上钉钉,联邦最高法院在征收领域的黄金时期到来。

美国《联邦宪法》第3条第2款第2项规定"……对上述的所有其他案件,无论是法律方面还是事实方面,最高法院有上诉审理权,但须遵照国会所规定的例外与规则"①,确立了联邦最高法院的终局判决权。自马伯里案宣明"说法律是什么显然是司法机构的权限和职责"以来,联邦司法机构尤其是联邦最高法院在解释宪法上的最高地位得到普遍肯认。司法至上(judicial supremacy)被尊为美国宪法体制永久且必要的特征——联邦最高法院是最终的宪法解释者,甚至在某些案件中是唯一的宪法解释者。② 联邦宪法同时要求各法院必须承认和执行其他法院(无论是联邦法院,还是州法院)的有效判决。在一个奉行遵循先例原则的国家,法院在审查案件时通常首先关注是否存在相似判例。③ 联邦最高法院所作的终局判决在各州法院有着重要的先例效力,其在美国司法体系中的地位在一定程度上能够消除各州之间的差异,为公用教义的统一化奠定制度基础。

(一)现代公用教义

1896年11月,联邦最高法院先后判决了两起征收案件,但判决所遵循的公用教义几近彼此对立。在11月16日判决的法布鲁克灌溉区案中,布拉德利因自己的部分土地被纳入法布鲁克灌溉区而提起诉讼,一直到了联邦最高法院。就公用问题而言,布拉德利认为,灌溉区所产生的灌溉利益仅仅波及被分配到水源的土地所有者,而其中一些土地所有者可能并无急迫的水源需求,灌溉区对其土地的征收违宪。佩卡姆(Peckham)大法官发表的多数意见直接否定了布拉德利的主张。首先,在位于干旱带的加利福尼亚州,法布鲁克灌溉区是一个依法设立的、"旨在促进人民的繁荣和福利"的公共市政公司,其设立是为了实现灌溉土地的目的;其次,公用要件并不要求整个共同体或其中的很大一部分直接利用或参与到公共改善中;最后,"灌溉事实上干旱的土地是公共目的,所使用的水源因此被用于公用"。随后于11月30日判决的密苏里太平洋铁路公司案中,内布拉斯加州运输委员会应霍伦贝克等农场主的申请,要

---

① Art. Ⅲ, sec. 2, cl. 2 of U.S. Constitution.
② Cooper v. Aaron, 358 U.S. 1 (1958); City of Boerne v. Flores, 521 U.S. 507 (1997); United States v. Lopez, 514 U.S. 54Y (1995); New York v. United States, 505 U.S. 144 (1992). 联邦最高法院在上述案件中宣明了司法至上原则,拒绝遵从立法判断。
③ Richard H. Fallon Jr. Foreword: Implementing the Constitution[J]. Harvard Law Review, 1997, 111 (1): 106-108.

求铁路公司授权他们在爱姆伍德火车站修建一座运载农产品的电梯。在州最高法院支持农场主的申请之后,铁路公司上诉至联邦最高法院。加里(Gary)大法官发表一致意见,认为州运输委员会的决定实际上是为了霍伦贝克等人的私用而征收铁路公司的通行权,虽然提出申请的那些农民会从修建电梯中获益,但是一般公众没有实际获益,违背了联邦宪法第十四修正案的正当法律程序条款。在法布鲁克灌溉区案中,联邦最高法院实际上以公共目的取代了公用,判决理由的最后一点可以简化为:因为符合公共目的,所以构成公用。密苏里太平洋铁路公司案则仍然强调一般公众是否从征收中获益,而且从其判决的逻辑上,始终在规避广义公用问题。面对州法院造成的选择难题,联邦最高法院的踟蹰可见一斑。

1916 年的弗农山庄-伍德贝瑞棉帆布公司诉亚拉巴马州际电力公司案①(以下简称"棉帆布公司案")终结了这种犹豫不决。州际电力公司想要征收棉帆布公司的财产以开发水源并供给电力,最终导致本案发生。霍姆斯大法官发表一致意见,直接抨击由公众使用标准的不充分性,"从未垦殖土地(waste)中集聚水流并开发能源,不用费力地劳动并因此使人类能够避免劳累,这仅次于知识,提供了我们所有成就和所有福利的根基。如果这种目的不是公共的,就不知道什么还是公共的"②。1923 年的林奇公司诉洛杉矶县案(以下简称"林奇案")③重申了棉帆布公司案的判决,最终奠定了现代公用教义的根基。为了建设公共高速道路,洛杉矶县征收了林奇公司的土地。林奇公司认为,系争高速道路对于公用或公共便利没有必要。桑福德(Sanford)大法官发表的一致意见主要包括以下内容:(1)征收制度深受地方条件的影响,联邦最高法院应充分尊重州法院的判决;(2)何谓公用最终是一个司法问题;(3)在判断财产征收是否必要于公用时,不仅要考虑公众的当前需求,也要考虑具有很大可能性的未来用途;(4)根据现代观点,公用并不局限于业务(business)必要性和日常便利,也包括公共健康、娱乐、美观等。林奇案实际上延续了州法院的公共利益教义,但对该教义所涉及的各个面向作了更为详细且有针对性的分析。联邦法院对州法院的尊重、立法权与司法权在公用问题上的分工、公共必

---

① Mt. Vernon-Woodberry Cotton Duck Co. v. Alabama Interstate Power Co.,240 U.S. 30 (1916).

② Mt. Vernon-Woodberry Cotton Duck Co. v. Alabama Interstate Power Co.,240 U.S. 30 (1916),32.

③ Rindge Co. v. Los Angeles County,262 U.S.700 (1923).

要性与公用之间的关系等多个维度在林奇案中更为明晰地展现出来,公用教义在广狭之间的纠葛节点至此明确。联邦最高法院最终选择了公共利益教义,但在被解读为包括各种公共性的目的后,公用要件对征收权的限制与其对国家经济发展的关键作用相互纠葛,既面临国家的更多支持,也遭受了财产权支持者的更严苛批评。

法布鲁克灌溉区案、密苏里太平洋铁路公司案、棉帆布公司案以及林奇案仍然停留在传统的公用范围内,不外乎磨坊、铁路、灌溉、高速公路等公共改善项目。伴随着19世纪的终结,美国开始经历一场从农业国家向城市国家的变革。战争的影响以及大量农村人口的涌入给城市生活以及居住环境带来新的挑战,许多城市区域走向衰败,甚至恶化为贫民窟,公共健康、安全及道德情况堪忧。自20世纪30年代以来,联邦政府开始通过一系列旨在改善住房条件和城市环境的法案,明确可以征收贫民窟或衰败区。1954年的伯尔曼案最终从宪法层面上承认住房法案的有效性,公用教义借此继续扩张,并最终确立现代公用教义。上诉人伯尔曼的百货商店恰好位于哥伦比亚土地重建局认定的衰败区内,征收后的衰败区将部分用于公共设施建设,部分用于商业开发。上诉人主张,他的财产并没有衰败,也没有危及社区的安全、健康,系争征收实际上是为了私人目的,故而违背联邦宪法第五修正案。联邦最高法院支持了该项征收,裁判逻辑是:(1)在何者构成公用上,法院应当遵从立法机关的判断;(2)征收权只是国会所选择的实施警察权(police power)以达至公共目的的手段;(3)征收的范围应当根据整体规划考量,某一财产即使并不衰败,但如果出于地区重建的需要,也可以征收。联邦最高法院不仅限缩了司法机构在公用判断中的角色,也将警察权旨在促进的"公共安全、公共健康、道德、和平和安宁、法律和秩序"通约为公用,征收权只不过是实现警察权目的的手段,不仅据此可以征收必要于重建的非衰败土地,还可以将征收后的土地用于商业开发。在1984年的米德基夫案和拉克尔肖斯诉孟山都公司案①(以下简称"孟山都公司案")中,因循伯尔曼案的裁判逻辑,公用教义进一步分别扩张至土地改革以及促进竞争这样再分配性质明显的目的。

伯尔曼案为法院在林奇案中所主张的广义公用教义提供了有力的例证,清除衰败区构成公用,拟征财产的用途与公用无关。② 但相较于林奇案,伯尔曼案更加限缩了司法机构在解决公用问题上的功能,同时为与财产权冲突更

---

① Ruckelshaus v. Monsanto Co. 467 U.S. 986 (1984).
② Kelo v. City of New London, 545 U.S. 469 (2005), 500-501.

为激烈的商业开发目的开放了合宪性空间。在2005年的凯洛案中,在极端遵从立法机关的司法审查路径下,联邦最高法院直接承认纯粹以商业开发为目的的征收构成公用,主要理由恰是其在20世纪以来判决的支持公共利益教义的判例,"促进商业开发是一项传统且长久公认的政府功能,区别商业开发与我们所认可的其他公共目的并无原则性的方法……显然毫无理由将商业开发排除出我们对公共目的的传统宽泛理解之外"①。一方面,政府对公共利益的追求通常与个别私主体的利益相辅相成;另一方面,相较于公共机构,私人开发商可能会更好地实现公用。如果政府主观上是为了公共利益,只是客观上为私人开发商带来利益,那么征收行为合宪。

从法布鲁克灌溉区案到凯洛案,经过一个多世纪的解释作业,联邦最高法院最终选择了广义公用教义——公用即公共利益,论述的焦点实际上并没有超出州法院在19世纪所确立的公用判断坐标系。在公共利益教义下,公用几乎与一般的政府职能或目的等同,征收权也沦落为实现宪法所授予的有限且列举的权力的手段,尤其是警察权。征收权与其他政府权力之间的关系影响了公用教义的范围,公用教义的射程由此扩张至土地改革、促进竞争、商业开发等方面。在立法权与司法权关系上,联邦最高法院基本上渐进递减自己的司法审查角色,以此作为背景问题的公用判断更加令人担忧。

(二)州法院的镜像

1.伯尔曼案效应

联邦最高法院所主导的现代公用教义最终在伯尔曼案中确立下来,但确切说来,城市更新运动导致的公用扩张热潮发端于纽约州上诉法院在1936年判决的纽约市住房局诉穆勒案(以下简称"穆勒案")。② 纽约市住房局是根据《州住房法》设立的公法人,有权利用征收权来清理、重新规划并重建纽约市的贫民窟,以为低收入者提供住房。穆勒的土地正好位于纽约市住房局规划并重建的区域内,他认为《州住房法》授权纽约市住房局为了公用之外的用途而征收,违背州宪法和联邦宪法。面对清理并重建贫民窟这种新情况,法院最终支持了纽约市住房局的请求,并开辟了一种新的公用判断路径。法院指出,为了保护人民的健康、安全和福利,州有权在三位一体的主权性权力之间作出选择,即征税权、警察权和征收权。贫民窟滋生犯罪、疾病、不道德,当其危及公众健康、安全和福利且严重到可以正当化某种公共行为时,只要出于必要且适

---

① Kelo v. City of New London, 545 U.S. 469 (2005), 484-485.
② New York City Housing Authority v. Muller, 270 N.Y. 333 (1936).

当,选择行使哪种权力无关紧要。有证据表明穆勒的财产存在不卫生且不符合标准的住房状况,清理这些贫民窟区域并为低收入者提供卫生的住房条件并非为了裨益某个群体,而是为了州公民的健康、安全、道德、福利和舒适,这是一种公共利益且至少就本案而言,构成公用。

穆勒案对各州法院的公用判断产生了深刻的影响,宽泛的公用界定在 6 年内为 22 个州所支持,甚至有些州法院直接认为,无论何时,当必要于保护公共健康、安全和福利时,就可以行使征收权。[①] 相较于穆勒案,伯尔曼案扩大了拟征财产的范围并相对限缩了司法审查的空间,但在诉诸警察权并肯认清理贫民窟构成公用上,两案异曲同工。伯尔曼案确立了更为宽泛的公用教义,基本上划定了联邦层面公用教义发展的基本路线,深刻影响了州层面的公用判断。然而,州层面的图景并非如联邦层面那样明晰——虽然承认广义的公用,但是即使在同一个州,不同时期的审查标准也有所不同。

以密歇根州为例。在 1981 年的波兰城社区议会诉底特律市案[②](以下简称"波兰城社区议会案")中,底特律市试图征收波兰城社区及其他几个居民的土地并转移给通用汽车公司,以建设装配厂。波兰城社区议会诉称因为通用汽车公司是营利性的且是主要的征收获益者,无论公众从中获得什么附带利益,系争征收都是为了私用而征收的,因而违宪。底特律市辩称系争征收的主要目的在于创造一个可以缓解失业情况和财政困境的工业选址(industrial site),拟征财产最终被转移给通用汽车公司不会挫败这一公共目的。密歇根州最高法院首先明确了公用判断的基本共识:无论公众获得的附带利益为何,禁止为了私用而征收;无论私人获得的附带利益为何,不得禁止为了公用而征收。尽管法院认为在涉及将拟征财产转移给另一个私主体的案件中,应当采用高度审查(heightened scrutiny),但还是延续了伯尔曼案的观点,尊重立法机关的公用判断,并进而指出征收的主要目的在于缓解长久以来的失业状况和财政困境,底特律市及本州人民从中所获得的利益是明显且重大的(clear and significant),而非推定性或边缘性的(speculative or marginal),通用汽车公司仅仅获得附带获益,所以系争征收合宪。波兰城社区议会案直接支持了将拟征财产转移给特定私主体的征收,公用范围扩张至纯粹的商业开发,公用判断更关注拟征财产的产品,即所兴建的工商业对城市产生的经济恢复效应。

---

① William B. Stoebuck. A General Theory of Eminent Domain[J]. Washington Law Review,1972,47(4):553-608.

② Poletown Neighborhood Council v. City of Detroit,304 N.W.2d 455(1981).

波兰城社区议会案影响深远,但因为支持纯粹以商业开发为目的的征收,又被讽为"臭名昭著"①。

在2004年的韦恩县诉哈斯考克案②(以下简称"哈斯考克案")中,为了建设商业与科技园以吸引投资、增加就业、复兴地方经济,韦恩县诉请征收哈斯考克等人的土地。密歇根州最高法院不仅推翻了县巡回法院以及上诉法院支持韦恩县的判决,同时也推翻了波兰城社区议会案。杨(Young)法官在多数意见中的论证思路与波兰城社区议会案大体相似,但结论迥异。杨法官同样承认宪法上的公用要求并不禁止将征收的财产转移给私主体,但认为当此发生之时,要想符合公用要件,必须具备下述三个条件之一:"第一,面对极端的公共需要,私人企业采用其他方法不可能获得私人土地……第二,私主体在使用被征收的财产时对公众负有义务,征收者把该财产转让给该私人主体也符合宪法中的公用要求……第三,如果征收土地的行为本身就满足了公共利益的要求,即使其后将征收来的土地转让给私人,那么也不违反宪法中的公用限制。"③哈斯考克案与波兰城社区议会案面临相同的问题:当公共利益与私人利益交织在一起时,如何判断系争征收是否符合公用。在波兰城社区议会案中,法院构建出主要利益与附带利益的二元框架,最终落脚于"明显且重大的,而非推定性或边缘性的"标准。相较于波兰城社区议会案的模糊语词,哈斯考克案直接提出了符合公用要件的三项具体标准。从这三项标准尤其是最后一项的内容来看,哈斯考克案实际上再次回归伯尔曼案,仅仅是在现代公用教义的范围内完善了公用判断的具体标准。

2.凯洛案效应

作为波兰城社区议会案在联邦层面的姊妹,2005年的凯洛案在全国范围内引发了前所未有的反制运动。史蒂文斯大法官撰写的多数意见并没有强迫各州完全遵从联邦最高法院的判决,而是承认地方条件的差异,并且州及地方法院可以给予私有财产更多的保护。④ 与此呼应,州层面的司法态度异彩纷

---

① Ilya Simon. Overcoming Poletown: County of Wayne v. Hathcock, Economic Development Takings, and the Future of Public Use[J]. Michigan State Law Review, 2004(4): 1005-1040.

② County of Wayne v. Hathcock, 471 Mich. 445 (2004).

③ 刘连泰. 将征收的不动产用于商业开发是否违宪——对美国相关判例的考察[J]. 法商研究, 2009(3): 149.

④ Kelo v. City of New London, 545 U.S. 469 (2005), 489.

呈,大体上可以分为完全支持、有限支持、完全反对三类。① 虽然各州法院大多支持广义公用,但是在此之下对于商业开发的态度更为严苛,支持纯粹以商业开发为目的的征收的案件只占少数。商业开发更多地与清除城市衰败目的纠葛在一起,被纳入司法审查的范围。

完全支持者如纽约州上诉法院于 2009 年判决的戈尔茨坦诉纽约州商业开发公司案②(以下简称"戈尔茨坦案")。在该案中,纽约州商业开发公司根据法律授权征收被上诉人的财产,并直接转移给私人开发商森林城公司及其他不动产机构,用于大西洋船厂项目。纽约州上诉法院作出的判决比凯洛案有过之而无不及,直接肯定了商业开发不充分即土地利用不足(underutilization)可以作为认定地区衰败的充分理由。据其论述,虽然上诉人的财产并未开始演变至城市贫民窟这一严重可怕的境地,但是随着城市复兴及社会需要的发展,符合复兴条件的地区不再限于"贫民窟",商业开发不充分及停滞也会危及公共健康及福利,清除这些区域也符合公用。

有限支持者以 2007 年的葛林森案为代表。新泽西州最高法院通过界定"衰败"来限制以商业开发为目的的征收,即当且仅当在清除衰败这一公共目的的范围内时,才允许商业开发。葛林森案涉及对衰败区财产的征收,争议焦点主要在于系争征收是否违背了《新泽西州宪法》第 8 章第 3 条第 1 款("衰败区条款")。③ 新泽西州最高法院指出"衰败区条款"的本意是清理贫民窟,虽然随着社区重建的兴起与发展,"衰败"的内涵逐渐具有了现代面向,但是并未超越其文义——"恶化或停滞发展对周边财产造成不利影响"。被上诉人保罗斯伯勒镇将作为征收依据的《地方住房与重建法》第 5 条 e 项④解释为允许重

---

① 刘玉姿. 后凯洛时代作为征收理由的公用判断标准——以州法院的判决为线索[M]// 章剑生. 公法研究.杭州: 浙江大学出版社,2015:72-128.

② Matter of Goldstein v. New York State Urban Development Corporation,921 N.E.2d 164 (2009).

③ 《新泽西州宪法》第 8 章第 3 条第 1 款规定:"清理、重新规划、开发或重建衰败区是一项公共目的和公用,据此,可以征收或收购私有财产。城市、公营或私人公司经法律授权可以实施这样的清理、重新规划、开发或重建;以及以此为目的或用途的修缮,或者整体或部分在有限的时间内可以免于征税……用途、所有权、管理及修缮的控制应由法律规制。"

④ e 项规定,城市如果认定土地符合下述条件,那么可以归类到"为重建必需":不动产的产权,所有权多元的状况或者其他状况导致该地越来越缺乏或完全缺乏恰当的利用,使得可能对于促进及服务于公共健康、安全及福利的有用或有价值的土地处于停滞发展或没有充分效益的状况。

建任何可能有助于且服务于公共福利但"停滞发展或没有充分效益"的财产，这意味着任何经济利用不足的财产都可能被征收，背离了《新泽西州宪法》。

完全反对者如俄亥俄州最高法院在 2006 年判决的诺伍德诉霍奈尔案①（以下简称"诺伍德案"）。诺伍德案涉及一个财政亏空、社区衰败的城市为实现复兴而征收其所认定的衰败区土地。俄亥俄州最高法院直接否定了纯粹商业开发作为一项有效公用的可能性，认为虽然经济因素（商业开发不充分）可以作为征收私有财产的考量因素之一，但是纯粹的经济因素考虑并不构成一项充分的公用；虽然清除衰败本身构成一项充分的公用，但是衰败区重建即征收将会为社区及政府带来的经济利益，并非如此。否则，任何私有财产都会因为政府认为他人能够更好地使用而面临被征收的危险。征收是公共利益最后诉诸的权力，并不仅仅是囊中羞涩的城市改善经济状况的工具。②

（三）教义变革肇始

在 19 世纪大部分时间里，州法院致力于通过判例明确公用要件的判断标准，尽管在审查公用问题时，复杂多元的因素频繁出现，最终还是形成了狭义公用与广义公用两大阵营。当最初接手这一棘手问题时，联邦最高法院在法布鲁克灌溉区案和密苏里太平洋公司案中的挣扎反映了它对明确规则的执着。虽然最终以广义公用收场，但是这里的公用教义已经无法称为"明确"，公用范围在伯尔曼案后的惊人扩张说明了一切。甚至有学者指责现代公用教义抛弃了稳定的公用含义，并将之解构为一个如此具有弹性且不断演进的概念。③

对公用概念的原旨主义解读表明了公用要件与公正补偿要件一样，都是对征收权的实体性限制。部分法院从防止征收权滥用、制约立法权的角度分析特定征收活动是否符合公用，也就不足为奇了。在以公用为支点的跷跷板上，一端是征收权，一端是财产权，征收权与财产权的角力是公用判断的焦点之一。19 世纪中叶前后，尤其是东部和中西部的州法院形塑了狭义的公用标准，彼时正是征收权与财产权之间的紧张关系第一次严重到引起法院的警惕。法院经由解释穿越立法权与司法权分立制衡的火线，通过限缩公用标准保护财产权。20 世纪以来，联邦最高法院主导的公用教义一直处于渐进扩张状

---

① City of Norwood v. Horney, 853 N.E.2d 1115 (2006).
② City of Norwood v. Horney, 853 N.E.2d 1115 (2006), 1141.
③ Eric R. Claeys. Public-use Limitations and Natural Property Rights[J]. Michigan State Law Review, 2004, 2004 (4): 877-928.

态，财产权再一次被淹没在无边无际的公共目的海洋中，尤其在凯洛案明确商业开发可以作为独立的征收理由之后，征收权与财产权之间的关系进入前所未有的紧张状态，财产权地位严重降格。现代公用教义引发了针对征收权与财产权关系的空前绝后的思考，开启了教义变革的进程。

为了打破现代公用教义造成的征收权与财产权之间的关系困境，部分学者试图提供新的裁判思路与视角。有些建议仍然停留在当前的公用分析框架之内，或者要求限缩公用内涵，①或者要求法院在特定情况下提高司法审查的强度；②有些建议则完全超越了当前的分析框架，例如，弗兰克·米歇尔曼、理查德·艾珀斯坦、托马斯·梅里尔主张对公用要件进行经济分析：米歇尔曼提出了成本—收益分析（cost-benefit analysis）理论；③艾珀斯坦提出了公共产品理论；④梅里尔强调在特定情况下提高司法审查强度。⑤ 公用要件与宪法上财产权保障呈反比关系——公用概念越是宽泛，财产权越难受到保护。自近代以来，财产权神圣不可侵犯的观念已经被日益复杂的公共任务所削弱，但作为建国之源，财产权应受充分保护的理念从未消失。现代公用教义导致财产权地位降格，这波及每个人的切身利益，而纯粹的商业开发更容易将财产权置于无时不在的征收利刃之下，变革成为必然。

四、公用的类型化尝试

活的原旨主义理论为分析公用教义提供了一个框架。公用的原初含义始终不变，但其适用随着社会经济的发展而变迁。当州法院分执广义公用与狭义公用时，联邦最高法院最终将广义公用确立为现代公用教义的核心。公用射程走出传统的磨坊、高速公路、铁路、灌溉等，扩张至清理贫民窟、土地改革、

---

① Kelo v. City of New London, 545 U.S. 469 (2005)(Thomas, J. dissenting).
② Stephen J. Jones. Trumping Eminent Domain Law: An Argument for Strict Scrutiny Analysis under the Public Use Requirement of the Fifth Amendment[J]. Syracuse Law Review, 2000, 50 (1): 285-314.
③ Frank I. Michelman. Property, Utility, and Fairness: Comments on the Ethical Foundations of "Just Compensation" Law[J]. Harvard Law Review, 1967, 80 (6): 1165-1258.
④ Richard A. Epstein Takings: Private Property and the Power of Eminent Domain [M]. Massachusetts: Harvard University Press, 1985:166-169.
⑤ Thomas W. Merrill. The Economics of Public Use[J]. Cornell Law Review, 1986, 72 (1): 61-116.

促进竞争以及商业开发等面向。公用界定则超越纯粹的解释公用概念本身，逐渐考虑各种可能影响公用的要素，如公共必要性、地方条件或者州法院与联邦法院的关系、立法权与司法权关系、征收权与警察权关系、授权问题等，这些要素构成了公用判断图景的底色。

相较于由公众使用标准，公共利益标准为征收范围的扩张提供了更大的空间，因而当政府面临日益繁重的公共任务时，必然备受偏爱。为了回应社会经济发展情况，且在立法权与行政权的制约与推动下，法院最终接受了这种教义。① 有学者认为，现代公用教义带有明显的进步主义和实用主义色彩。② 然而，公共利益标准与由公众使用标准本质上仍然是同一的，即强调"公共的"。由公众使用标准包含两个要件：普遍使用（universal access）和平等使用（equal access）；相应地，公共利益标准实际上可以分解为普遍利益（universal benefit）与平等利益（equal benefit）。③ 正如前文所述，在公用教义的演进中，不变的始终是"public"，争议的焦点几乎一直是"use"。从使用（access）到利益（benefit），公众或其代表与拟征财产的距离越来越远，公用判断的对象也由财产本身转移为财产利用所产生的产品，但无论如何，普遍性与平等性这两项基本价值仍然根植于现代公用教义之中。

综合州法院与联邦最高法院的判例，从正向角度来看，基于狭义公用与广义公用的基本理论，大致可以将现代公用分为五种类型，如表 1-1 所示。在现代公用教义之下，这五种类型都符合联邦宪法第五修正案的公用要件。从表格上方到表格下方，五种类型之间循序渐进，基本上反映了从使用到利益的过程。类型 3 作为一个过渡阶段，表明了私主体介入征收过程或者说将拟征财产转移给私主体对于公用教义的扩张产生了重要的影响。这种类型是狭义公用标准的最宽泛适用，私主体通常被认为承担了公共承运人的角色。但由于私主体同样获得利益，公众只是从私主体提供的服务中获得利益，这种类型同时又属于广义公用的范畴。比克曼案就是最佳的例证。类型 1 根植于公民与政府之间的代表与被代表关系，诸如国防设施、政府建筑等，由政府以人民的名义所有。公民虽然无法直接使用，但是通过其代表直接地使用了拟征财产。

---

① 杰克·M.巴尔金. 活的原旨主义[M]. 刘连泰，刘玉姿，译. 厦门：厦门大学出版社，2015：238. 这就是巴尔金所说的"法院善于固定，而不善于打桩"。

② Eric R. Claeys.. Public-use Limitations and Natural Property Rights[J]. Michigan State Law Review，2004(4)：877-928.

③ Nathan Alexander Sales. Classical Republicanism and the Fifth Amendment's Public Use Requirement[J]. Duke Law Journal，1999，49（1）：339-382.

类型 2 和类型 4 分别是狭义公用和广义公用理论的典型,少有争议。类型 5 因为将财产权直接置于经济因素的透镜下,遭到最多的质疑。

表 1-1 公用类型

理论		类型	典例
狭义公用(由公众使用标准)	1	通过政府使用来实现由公众使用	军事基地、政府建筑
	2	事实上由公众使用且未转移给私主体	公共道路、公园
	3	为了公众事实上使用而转移给私主体	铁路和公用事业
广义公用(公共利益标准)	4	虽然公众事实上没有使用,但是有直接的公共利益或目的	清除衰败、促进竞争、土地改革
	5	虽然公众事实上没有使用,但是有间接的公共利益或目的	商业开发

从反向角度来看,追溯公用教义自殖民地时期以来的变迁历程,无论是州法院,还是联邦法院,无论是广义公用理论,还是狭义公用理论,始终坚持的一般原则是:以私用为目的的征收违宪。联邦最高法院最早在 1795 年的文霍利承租人案中确立该原则。以禁止私用征收为一般原则,围绕私主体在征收过程中的地位,法院逐渐发展出了两项例外:必要性例外与附带利益例外。① 必要性例外指的是,私主体所从事的事业对于共同体经济或福利至关重要且其无法通过其他方式获得必要的土地。这种例外往往受制于地方条件与区位影响。正如库利法官在瑞尔森案中所言,诸如铁路这样的公共改善项目,深受选址影响,在不采用征收权的情况下,任何一位土地所有者的抵抗都可能导致庞大的铁路建设项目半途而废。附带利益例外禁止私主体获得主要收益的征收,但允许私主体获得附带利益而公众获得主要利益的征收,如清理贫民窟或者符合特定条件的商业开发,伯尔曼案就是典型。

正向界定中的类型 1 和类型 2 自动符合一般原则,类型 3 主要符合必要性例外,类型 4 和类型 5 符合附带利益例外。值得注意的是,哈斯考克案法院

---

① William Epstein. The Public Purpose Limitation on the Power of Eminent Domain: A Constitutional Liberty Under Attack[J]. Pace Law Review, 1983-1984, 4 (2): 231-266. 作者区分为必要性例外(indispensability exception)和间接利益例外(indirect benefit exception),结合前文关于公用教义发展历史的论述,本书略有改动。

还提出了公共监督例外,即转移给私主体的财产仍然受制于政府管制,如私人所有的公用事业公司所承担的征收以及私人实施的为了私人利益的征收。这一例外实际上与必要性例外和附带利益例外多有重合,甚至在很多情况下保证了征收仅仅出于必要性或者私人仅仅获得附带利益。例如,在私人所有的公用事业公司中,要么该公用事业对于共同体至关重要,要么公众获益系征收的主要目的,私人获益仅是附带性的;又如在以私人道路为目的的征收中,多出于极端必要性,别无他法,故在此不再将之作为单独例外考量。

第二章

公用判断的背景性问题

一般而言,公用判断涉及两个基本问题:(1)由谁作出公用判断;(2)何谓公用。前者涉及公用判断的主体,后者涉及公用的实质内涵。两个问题并非截然分开,而是彼此关联的。在具体的公用案件中,法院通常依次讨论两个问题,前者往往构成后者的背景性前提,甚至直接决定了公用的实质内涵,以至于可以说广义公用与狭义公用的真正区别在于司法机构在多大程度上独立审查公用问题。司法机构对其他两个部门的遵从是宪法裁判的核心问题,[1]正如在比克曼案中,纽约州衡平法院直接将公用判断作为立法机关的职能看待,最终支持宽泛的公用。

公用判断的主体及其分工与美国的分权体制直接相关。横向上,分权体制主要体现为立法权、行政权与司法权之间的分权制衡。征收权是一种立法性权力,行政权则通常被视为立法实施的结果,[2]横向问题可以简化为立法权与司法权之间的关系。纵向上,分权体制表现为联邦政府与地方政府之间的权力分割,涉及统一性与地方性之间的冲突。在征收案件中,纵向问题集中呈现为联邦法院,尤其是联邦最高法院与州法院的关系。

---

[1] Edward A. Hartnett. A Matter of Judgment, Not a Matter of Opinion[J]. New York University Law Review, 1999, 74 (1): 156.

[2] Jeremy P. Hopkins & Elisabeth M. Hopkins. Separation of Powers: A Forgotten Protection in the Context of Eminent Domain and the Natural Gas Act[J]. Regent University Law Review, 2003-2004, 16 (2): 371-416.

第一节　立法权与司法权的纠葛

作为一项固有的主权性权力，征收权由联邦与州分别享有，具体归属于国会与州立法机关。国会或州立法机关可以直接实施征收，或者依法授权其他政府机构或私主体实施。当就征收是否符合公用产生争议并导致诉讼时，法院通常直接审查立法机关的征收法律是否合宪，征收诉讼中的横向分权问题直接体现为立法权与司法权之间的纠葛。

立法权与司法权之间的关系是美国宪法体制中的根本问题之一，是联邦宪法所确立的分权教义的具体化。之所以不厌其烦地将这一众所周知的原则拆开并曝晒于征收语境中，盖因为法院所持的司法审查立场将引起无法阻遏的连锁反应。当公民面临立法机关实施或授权实施的征收活动时，法院是最后的救济场所，公用则是最关键的权利保障之一。如果法院采取极端遵从的司法审查立场，所谓的最后救济以及公用要件将形同虚设，立法机关成为自己行为的裁判者，公民的私有财产将时刻面临征收危险。① 这恰恰是公用教义在当下的处境。正因为如此，艾珀斯坦直言当前的公用审查客观上造成征收案件成为立法机关与法院之间的互动游戏，呼吁确立实质的公用教义。②

一、公用判断上权限纠葛的变迁

立法权与司法权之间的关系天然地隐含于公用判断之中，但在共和国早期的公用案件中，两者之间的纠葛并没有如此突出，不需要刻意地表明何者为司法问题，何者为立法问题。究其原因，虽然联邦宪法或多数州宪法已经将公用要件成文化，但是共和国早期的征收案件仍然深受普通法理论的影响，在诸如磨坊、道路等传统公用领域，法院往往独立展开公用审查。随着公用范围的扩张以及征收制定法的激增，司法权与立法权之间更多地呈现为直接对抗态势，权限分割成为法院不得不考虑的问题。

---

① Kelo v. City of New London, 545 U.S. 469 (2005)(O'Connor, J. dissenting), 503.
② Richard A. Epstein. Not Deference, but Doctrine: The Eminent Domain Clause [J]. Supreme Court Review, 1982: 351-380.

(一) 区隔：作为司法问题的公用

联邦最高法院在 1893 年判决的制鞋厂诉合众国案①（以下简称"制鞋厂案"）最早论及公用判断中的权限分工问题。夏伊拉斯（Shiras）大法官撰写多数意见，在讨论以建设公园和公共广场为目的的征收是否合宪时，联邦最高法院认为，何者构成公用完全是一个司法问题，司法机构的角色局限于判断拟议征收是否事实上为了公用，除此之外的问题都属于立法裁量范围。"法院有权决定立法机关授权取得的私有财产之用途是否事实上为了一项公用，但如果答案是肯定的，那么司法职能穷尽；此种财产应当在何种程度上以此用途为目的完全是立法裁量的范围，仅受制于公正补偿要件。"②1896 年的法布鲁克灌溉区案和合众国诉葛底斯堡电气铁路公司案③（以下简称"葛底斯堡电气铁路公司案"）再一次明确了公用问题的司法性质。前者强调公用问题涉及合宪性解释，因而公用之立法判断不具有终局性，公用是一个法官"必须依据宪法来判断"的问题；后者开始具体划定立法权与司法权的界限，"当拟征土地的用途被认定为公用后，应当征收多少是立法问题，而非司法问题"。④ 在 1919 年的布拉格诉维沃案⑤（以下简称"布拉格案"）中，联邦最高法院最终将公用案件中的权限分工简述为，"当确定财产的意定用途具有公共性之后，征收的必要性和便利性是一个立法问题"⑥。

基于必要性问题与公用问题的界分，立法权与司法权之间的界限形式上比较分明，两者之间的关系总体比较缓和。当论及两者之间的关系时，联邦最高法院多聚焦划定各自的权限范围，结果是何谓公用属于司法问题，但征收的公共必要性与便利性属于立法问题。法院显然并未在纯粹的公用判断之下，考虑立法权与司法权的权限分工问题。而且，以公共必要性与公用的区分为分析框架虽然细化了立法权与司法权各自的权力范围，但是对于理清立法权与司法权的纠葛而言，并不一定是好事。第一，公共必要性与公用都是不确定概念，两者之间或有交叉，这种区分很可能导致以公共必要性取代公用概念，最终立法权独占公用判断。第二，在具体公用案件中，公用定义先由立法机关给出，进入诉讼程序后受到法院的审查；在这一过程中，立法权与司法权纠葛

---

① Shoemaker v. United States，147 U.S. 282 (1893).
② Shoemaker v. United States，147 U.S. 282 (1893)，298.
③ United States v. Gettysburg Electric Railway Co.，160 U.S. 668 (1896).
④ United States v. Gettysburg Electric Railway Co.，160 U.S. 668 (1896)，685.
⑤ Bragg v. Weaver，251 U.S. 57 (1919).
⑥ Bragg v. Weaver，251 U.S. 57 (1919)，58.

的关键在于谁享有何谓公用这一问题的决定权,基于公共必要性与公用的权限分割显然回避了这一核心问题。

(二)收缩:司法遵从的确立

就公用判断的背景性问题而言,法院面对的主要困难并不在于给立法权与司法权圈定各自的范围,而在于如何在何者构成公用这一问题上理清两者各自的角色,更确切地说,法院应当如何衡量立法机关的公用判断。当从权限厘定收缩到纯粹的公用判断问题上时,或者说,当从作为整体的征收活动收缩到作为要件之一的公用审查上时,立法权与司法权之间的关系就显得颇为紧张了。

在1921年的布洛克诉赫什案①(以下简称"布洛克案")中,虽然联邦最高法院仍然强调公用问题的司法性,但是已经开始承认应当遵从符合特定条件的立法判断。"毋庸置疑,对于法院来说,那些作为制定立法规则的关键依据的事实的立法宣告可能不是决定性的,如某种用途具有公共性,但就立法机关出于必要性和职责而必然知道的公共条件而言,至少有权获得高度尊重(great respect)。"1930年的辛辛那提市诉韦斯特案②(以下简称"韦斯特案")虽然同样认同公用问题的司法性质,但是也直接承认立法判断的专业性。1925年的欧明道土地公司诉合众国案③(以下简称"欧明道土地公司案")更明显地收缩了法院在公用判断中的角色——"国会的决定有权获得遵从,直到被证明包含了一种不可能性(impossibility)"④。

布洛克案与欧明道土地公司案直接触及公用审查教义的核心问题,在不否定公用判断属于司法问题的前提下,强调立法机关的公用判断应当得到尊重。然而,两案仍有不同。布洛克案仅以积极的方式指出应当给予立法判断以很大的尊重,并没有限制法院否定立法判断的范围,尊重立法机关是一般原则的例外情况;欧明道土地公司案则同时划定了司法遵从立法判断的积极边界与消极边界:一般而言,立法机关的公用判断应当受到遵从,只有当立法判断包含了一种不可能性时,即拟议征收完全不可能是为了公用,法院才可以推翻立法判断。欧明道土地公司案所厘定的司法遵从范围显然要比布洛克案大得多,且更为极端。在随后的公用案件中,欧明道土地公司案式司法遵从态度

---

① Block v. Hirsh, 256 U.S. 135(1921).

② City of Cincinnati v. Vester, 281 U.S. 439(1930).

③ Old Dominion Land Co. v. United States, 269 U.S. 55 (1925).

④ Old Dominion Land Co. v. United States, 269 U.S. 55 (1925), 66.

成为公用审查的主流,在一些关键的公用判例中甚至有过之而无不及。

(三)再收缩:司法遵从的极端化

自殖民地时期以来,征收权就发挥着重要的经济功能,因而往往被纳入社会经济的范畴,视为经济规制的一部分。20世纪30年代,"对洛克纳时代实体性正当程序审查的抛弃,导致联邦最高法院收缩了其在经济立法中的角色"①。1938年的合众国诉卡罗琳食品公司案②(以下简称"卡罗琳案")进一步加剧了这种趋势。该案脚注四确立了双重审查标准,区分社会经济立法与涉及基本权利的立法,采用不同的审查标准——对于那些可能侵犯公民根本权利的政府行为,法院将会实施高度审查;社会经济立法则通常被推定为有效,适用理性基准审查。卡罗琳案的立场很快转化到征收领域,表现为进一步削弱征收制度对私有财产权的保护。

1946年的美国田纳西流域管理局诉韦尔奇案③(以下简称"韦尔奇案")直接体现了这种转化。"判断何种征收符合公用是国会的职能,被授权征收的机构在其权限内完全可以这样做……无论司法权在判断何谓公用上的权限范围为何,当国会已经就此作出判断时,应受到遵从,除非被证明不可能……任何对此种司法克制(judicial restraint)的背离都会导致法院就何者是以及不是政府职能作出判断,并依据自己的观点推翻立法……"④韦尔奇案将司法遵从作为司法克制的一种表现,从而远离了主动弃权,成为美德的化身。然而,与欧明道土地公司案相比,其遵从程度显然更大。在韦尔奇案法院的眼中,公用判断的关键不在于司法机构有没有权力作出公用判断,而在于它本身是一项立法职能,不仅立法机关有权作出判断,它也可以授予其他机构判断权。

这种司法遵从态度在1954年的伯尔曼案中达到顶峰,深刻影响了此后的司法审查样态。伯尔曼案将征收塑造为国会行使警察权的一种选择性手段,并指出警察权本身就表明了公共利益的存在,因为"该概念本质上是立法机关就政府目的作出判断的产物"⑤。警察权本身指涉公共健康、公共安全、公共道德等一般政府目的,法院无法对这些目的作抽象的或历史性的完全界定而只能根据个案事实判断,所以"当受制于具体宪法限制的立法机关已经作出判

---

① Lynda J. Oswald. Role of Deference in Judicial Review of Public Use Determinations[J]. Boston College Environmental Affairs Law Review, 2012, 39 (2): 243-282.
② U.S. v. Carolene Products Co., 304 U.S. 144 (1938).
③ United States ex rel. TVA v. Welch, 327 U.S. 546 (1946).
④ United States ex rel. TVA v. Welch, 327 U.S. 546 (1946), 551-552.
⑤ Berman v. Parker, 348 U.S. 26 (1954), 33.

断之后,公共利益就几乎是终局性的了(well-nigh conclusive)。在这种情况下,立法机关,而非司法机关是社会立法所服务的公共需要的主要保护者……这一原则不会仅仅因为涉及征收权,就有任何例外。在判断该权力是否为了公共目的上,司法机构的角色极端狭窄(a extremely narrow one)"①。伯尔曼案不再执着于在哪些情况下应当遵从,在哪些情况下不应当遵从,而是一刀切地强调司法机构在公用判断上的角色极为有限。对警察权与征收权关系的解读是导致极度司法遵从的重要原因。以警察权为通道,征收制度呈现为对公共需求的满足,而非对个人权利的保障,这与第五修正案征收条款在权利法案中的地位形成鲜明的对比——征收条款是对已经存在的征收权的确认,更多地被解读为对政府权力的限制,客观上造成国会不用考虑权利法案就可以行使列举权力的危险。② 1984 年的米德基夫案延续了伯尔曼案的态度,"如果州或联邦的立法机关判断有实质理由来行使征收权,法院必须遵从征收服务于公用的判断……司法遵从是必要的,因为在我们的政府体制中,立法机关更能够评估哪些公共目的应当通过征收权来推进"③。这里的"实质理由"指的是"征收权合理关联于可能的公共目的"。这意味着在审查公用问题时,联邦最高法院通常采取理性基准审查标准(rational basis standard of review),并将司法遵从的正当性基础建立在制度能力上,即立法机关比司法机关更适合作出公用判断。经由伯尔曼案和米德基夫案,当考虑拟征财产是否为了公用时,"问题的关键在于立法机关能否合理地认为它是公共的"④。立法权与司法权的关系演变为:何者构成公用虽然最终是一个司法问题,但是主要是一个立法问题。

(四)迂回:凯洛案及其影响

一般而言,征收根据立法机关的制定法实施,被征收者质疑的焦点主要集中于立法机关的公用规定是否合宪。当法院审查公用问题时,往往止步于公用规定的合宪性问题,而忽视具体公用判断是否具有正当性。正如在伯尔曼

---

① Berman v. Parker, 348 U.S. 26 (1954), 32.
② Michael J. Coughlin. Absolute Deference Leads to Unconstitutional Governance: The Need for a New Public Use Rule[J]. Catholic University Law Review, 2004-2005, 54 (3): 1001-1038.
③ Hawai'i Housing Authority v. Midkiff, 467 U.S. 229 (1984), 244.
④ Philip Nichols. The Law of Eminent Domain: A Treatise on the Principles which Affect the Taking of Property for the Public Use(Ⅰ)[M]. Albany, N.Y.: M. Bender, 1917: 154.

案中,联邦最高法院就是打着警察权目的的旗号直接肯定了立法判断。舆论通常认为,2005年的凯洛案使得私有财产面临史无前例的征收危险,①但从司法审查的方式和强度来看,与伯尔曼案相比,凯洛案实际上并没有那么极端,而是采取了一种迂回的路径。首先,多数意见重申了伯尔曼案的极端遵从路径——法院仅须审查征收的目的是否合法,预期的公共利益是否事实上将会实现并非法院的审查范围,因为当立法机关的目的合法且手段并非不合理时,对征收是否明智的经验性讨论类似于涉及社会经济立法的争论,这不应在联邦法院展开,否则很可能阻碍征收或开发规划的实现。紧接着,多数意见由抽象规定转向对具体征收活动的审查。因为征收活动是根据审慎制定的综合规划(comprehensive plan)展开的,有广泛的公民参与,公用并非实现私人利益的幌子,联邦最高法院才支持了新伦敦市的征收。肯尼迪大法官撰写的协同意见也呈现出一种由抽象到具体的思路,不仅肯定了多数意见的立场,同时也指出当公用仅仅是征收机构实施征收的幌子时,联邦最高法院应当从事有意义的理性基准审查,即适当提高司法审查的强度。公用的司法审查开始摆脱统一适用的标准,法院没有局限于立法本身,而是越过立法,将触角延伸至征收机构的具体行为,把公用问题纳入作为整体的具体征收过程中,呈现出一种程序导向的司法审查路径。②

作为反制凯洛案式征收的一部分,虽然新泽西州最高法院在葛林森案中强调,"司法机关是宪法上制度性授权的最终裁断者,以保障人民的授权得到尊重和执行"③,但是最终采取的审查路径与凯洛案颇为相似。首先,新泽西州最高法院区分了事实问题与法律问题——只有事实认定需要被遵从,法律问题则应被重新审查,法院在此有权作出独立的判断。其次,新泽西州最高法院将公用判断问题转化为一个法律解释问题。法律解释的前提之一在于"推定立法机关根据宪法而行为,并意图制定法以合宪的方式运行"④。法院并不质疑立法机关的初衷,采用合宪性推定,尊重立法机关的制定法。最后,新泽西州最高法院转向征收机构的具体征收活动。只有当征收机构提供的证据满

---

① Ilya Simon. The Limits of Backlash: Assessing the Political Response to Kelo[J]. Minnesota Law Review, 2008-2009, 93 (6): 2100-2178.
② 刘玉姿. 美国法上的幌子征收及其启示[J]. 浙江社会科学, 2013(10): 71.
③ Gallenthin Realty Development, Inc v. Borough of Paulsboro, 924 A.2d 447 (2007), 456.
④ Gallenthin Realty Development, Inc v. Borough of Paulsboro, 924 A.2d 447 (2007), 457.

足实质性证据标准(substantive evidence standard)时,①系争公用认定才可能得到法院的尊重。

二、公共必要性 VS 公用

正如前文所述,公共必要性与公用通常被作为区分立法机关与司法机关权限范围的界标。公共必要性的基本含义是"征收者应当证明征收对于促进拟议公用是必要的"②,带有明显的经验性和政策性。就以实施某一公共项目为目的的征收而言,公共必要性判断至少追究三个问题:(1)是否应当实施特定项目;(2)应当在何处实施特定项目;(3)是否应当利用征收权来获得项目所需财产。当然,从公共必要性的外延来看,并不仅仅局限于所需财产的数量、性质、区位等主要因素,还包括一些辅助因素,如征收活动本身的规划性与程序性。这些辅助因素有利于补强征收本身的公共必要性。因而,虽然公共必要性与公用理论上截然不同,但是必要性问题通常产生于公用判断语境下,即当人们追问特定项目是否符合公用时。③ 讨论公共必要性,必然涉及公用问题;讨论公用问题,必然引发公共必要性问题。

公共必要性与公用两个概念与征收理论的产生与发展如影随形。早在格劳秀斯等人初步阐明征收权的一般理论之时,公共必要性与公用就被用来勾勒征收权的轮廓。要么将公共必要性作为以公用为目的的征收的前提,如普芬道夫以国家紧急情况作为公用征收的发生条件;要么在最宽泛意义上强调公用问题,如宾刻舒克认为必要性或公共效用都可以导致征收。美国征收法深受大陆法系理论的影响,正如前文所述,不仅公用概念,公共必要性概念也常常被纳入征收审查中。作为立法权与司法权的界碑,公共必要性被作为立法问题看待,公用问题则最终归属于司法机关。然而,随着征收教义的发展,公共必要性与公用之间的关系日渐模糊,甚至重叠。加利福尼亚州最高法院甚至认为,"如果拟征财产的用途满足一种重大公共需求或公共急需,那么就

---

① 王名扬. 美国行政法:下[M]. 北京:中国法制出版社,2005:676-680. 实质证据标准作为司法审查标准侧重强调证据的合理性,即一个合理人可能接受作为一个结论的正当的支持。

② Robert C. Bird & Lynda J. Oswald. Necessity as a Check on State Eminent Domain Power[J]. University of Pennsylvania Journal of Constitutional Law,2009,12 (1):99-142.

③ City of Las Vegas Downtown Redevelopment Agency v. Pappas,76 P.3d 1 (Nev. 2003),15.

是宪法意义上的公用"①。俄克拉荷马州最高法院指出,"征收机构不得征收或破坏私有财产,除非征收或破坏对于实现合法的公共目的是必要的"②。尼古拉斯部分地认为,所谓公用即需服务于公共必要性或便利性。③ 这种以几乎同样不确定的概念互为界定的尝试,将导致两个概念之间的关系更为模糊。

当法院审查公用案件时,往往首先考虑系争征收是否符合公用。在极端遵从的司法审查路径下,法院通常会支持立法机关的判断。在这种情况下,公共必要性与公用之间的关系通常被表述为,"一旦决定了公共目的问题,被征收土地的数量及特征,实现整体规划所需的特定地块,都取决于立法机关的裁量"④。当法院在公用判断上采取极端遵从的态度时,公共必要性问题几乎不可能得到法院的关注。因为"法院不能以自己的判断取代立法机关的判断,或者仅因为立法机关可以通过不同的机制或方法来实现公共目的,就直接否定征收"⑤。事实上,相较于公用问题,公共必要性问题几乎一直处于休眠状态。然而,反过来看,正如立法权与司法权充满纠葛,公共必要性与公用之间的关系实际上不可能界限分明。唯一且始终确定的是,相较于公用问题,公共必要性问题完全归属于立法机关,而司法机关几乎不会涉足公共必要性问题。加之,公共必要性与公用在概念上常常重叠,公共必要性蕴含了公用内容,其存在就意味着公用存在,很可能的情况是,法院跳过公用判断,直接由公共必要性本身得出甚至更容易作出征收合宪的判断。作为一个关系概念,公共必要性勾连着征收权与公用,公共必要性审查不受重视也会作用于公用的司法审查,甚至导致法院采用极端遵从的态度,以至于征收权实际上仅受制于公正补偿要件的限制。作为公共必要性概念必然关联的一部分,公用范围的宽泛化也会影响公共必要性的程度,以至于当前的"必要性只是一种合理的、而非绝

---

① Gilmer v. Lime Point, 18 Cal. 229 (1861), 250.

② Bd. of County Comm'rs v. Lowery, 136 P.3d 639 (2006).

③ Philip Nichols. The Law of Eminent Domain: A Treatise on the Principles which Affect the Taking of Property for the Public Use(Ⅰ)[M]. Albany, N.Y.: M. Bender, 1917: 13, 140.

④ Kelo v. City of New London, 545 U.S. 469 (2005), 489.

⑤ Robert C. Bird & Lynda J. Oswald. Necessity as a Check on State Eminent Domain Power[J]. University of Pennsylvania Journal of Constitutional Law, 2009, 12 (1): 99-142.

对的必要性",为立法机关留有极为充分的裁量空间。① 在伯尔曼案中,联邦最高法院便认为,只要符合公共目的,国会在选择何种手段上享有决定权。

鉴于公共必要性问题与公用问题之间的复杂关系,无论在公用判断上坚持独立审查,还是遵从立法机关的认定,一些州法院试图区分两者,通过介入公共必要性审查发挥保护私有财产的作用。② 即便如此,在改进公共必要性审查时,鉴于其浓厚的政策性和经验性,原则上仍然要求尊重立法机关的公共必要性判断,但当这种判断恣意且善变(arbitrary and capricious)时,法院将会推翻。③ 综合部分州法院的司法审查情况,这种"恣意且善变"标准主要表现在三个方面:

第一,如果征收规划完全不具有实用性和确定性,那么征收缺乏必要性,尤其当规划所设定的时间表如此模糊以至于完全不可行时。例如,在1854年的教育委员会诉巴科夫斯基案④(以下简称"巴科夫斯基案")中,教育委员会基于经济规划和预期需求,为了节约纳税人的钱而提前征收可能用于建设高等学校的土地,但实际上在未来的三十多年里,都不需要该土地。密歇根州最高法院推翻了系争征收,其认为公共必要性意味着征收者必须证明财产被征收后将即刻使用,或在不久的将来或者合理时间内使用。在1958年的尤马蒂拉港口局诉里士满案⑤(以下简称"尤马蒂拉港口局案")中,俄勒冈州最高法院认为,在判断拟征土地的范围时,港口局可以考虑未来的可能需要以及当前的需要,但必须是善意的。这意味着如果征收机构恶意且缺乏合理依据地圈

---

① Robert C. Bird & Lynda J. Oswald. Necessity as a Check on State Eminent Domain Power[J]. University of Pennsylvania Journal of Constitutional Law,2009,12(1):99-142.

② Christopher D. Cutting. Independent Judicial Determination:How Courts Can Use the Standard of Review to Uphold Private Property Rights without Undermining Public Use[J]. Phoenix Law Review,2010-2011,4(2):677-700.

③ Christopher D. Cutting. Independent Judicial Determination:How Courts Can Use the Standard of Review to Uphold Private Property Rights without Undermining Public Use[J]. Phoenix Law Review,2010-2011,4(2):677-700.

④ Board of Education v. Baczewski,65 N.W.2d 810(Mich. 1954),811. 又如Connecticut Light and Power Company v. Huschk,35 Conn. Supp. 303(1979). 在该案中,一个公用事业公司试图征收私有财产上的地役权,但其理由仅在于未来可能需要配置另一条传输线。该公司既未明确未来何时将建设线路,也没有制订具体的规划,更没有获得政府的许可。法院未经详细讨论就认定系争征收是对征收权的滥用。

⑤ Port of Umatilla v. Richmond,321 P.2d 338(Or. 1958).

定需要征收的土地,那么很可能被认定违宪。

第二,如果征收面临程序限制或者管制,法院可能认定缺乏必要性。如在俄勒冈州诉太平洋海岸土地公司案①(以下简称"太平洋海岸土地公司案")中,俄勒冈州试图征收土地,开发高速公路。俄勒冈州最高法院认为,州试图征收的那部分土地不在州规划具体要求的通行权范围内,因此不具有必要性。在俄克拉荷马州公共服务公司诉威利斯公司案②(以下简称"威利斯公司案")中,俄克拉荷马州最高法院认为,如果征收机构没能赋予土地所有者最基本的程序权利,那么就会认定征收没有必要性。

第三,如果拟征财产在开发规划中是周边而非核心财产时,法院可能认为没有必要性。如在海伦娜市诉德沃尔夫案③(以下简称"海伦娜市案")中,蒙大拿州最高法院将公共项目所需财产区分为核心部分与边缘部分。边缘部分的财产对于整体项目的影响可能没有那么大,所以当征收边缘部分的财产时,可能需要更好地证明其必要性。

第二种情况涉及合法性问题,如果立法机关作出的征收决定违反了自己的制定法限制,显然缺乏必要性。第一种情况类似于凯洛案所采取的审查路径,即考察征收是否依据审慎制定的综合规划展开。第三种情况与伯尔曼案的案情相似,但与伯尔曼案关注整体不同的是,其聚焦个体,即被征收的财产本身。在这三种情况下,公共必要性审查围绕作为整体的征收过程,无疑对于公用问题具有补强或证明作用。

三、公用审查与分权教义

分权制衡是美国宪政的基本结构原则。立法权不能僭越宪法授权,干涉司法独立;司法权也不能超越宪法授权,以司法判断取代立法决定。立法机关主要通过立法来制衡司法权;司法机关则主要通过对立法的合宪性审查来制衡立法机关。当联邦最高法院着手审查某一制定法的合宪性时,立法权与司法权之间的关系最直观地呈现出来。在合宪性审查中,当需要对立法权与司法权之间的关系作出判断时,联邦最高法院可能的选择有三:(1)司法至上(judicial supremacy);(2)司法遵从(judicial deference);(3)司法弃权(judicial

---

① State v. Pacific Shore Land Co., 269 P.2d 512 (Or. 1954), 520.
② Public Service Co. of Oklahoma v. B. Willis, C.P.A, Inc., 941 P.2d 995 (Okla. 1997), 997.
③ City of Helena v. DeWolf, 508 P.2d 122 (Mont. 1973), 124.

abduction)。① 以公用审查为例，司法至上意味着公用问题最终是一个司法问题，虽然立法机关可以就公用问题有自己的判断，但是联邦最高法院的公用判断具有决定性；司法遵从承认立法机关在公用判断中的重要角色，并认为联邦最高法院应当重视立法机关的公用决定，其复杂之处在于遵从程度；司法弃权意味着司法机构放弃对公用问题的审查，直接认可立法机关的判断。在不同的阶段，基于社会经济以及政治语境的不同，甚至在同一时期的不同领域，受制于问题的特殊性，联邦最高法院可能有不同的选择。

在公用审查中，联邦最高法院与立法机关的互动历史大致经历了从司法至上到司法遵从再到趋近于司法弃权的过程。早期的公用审查强调公用问题是且最终是一个司法问题。为了突出公用问题的司法性质，诸如葛底斯堡电气铁路公司案和克拉克案直接厘定立法权与司法权在征收问题上的权限，立法机关仅在公共必要性问题上占支配地位。从20世纪20年代起，急剧变迁的社会经济需求深刻影响了司法领域，联邦最高法院承认立法机关在公用问题中的重要角色，强调应当遵从立法机关的公用判断。受罗斯福的法院改组计划影响，这种司法遵从趋势在新政之后愈加明确且极端化。在韦尔奇案中，法院认为，判断何种征收符合公用是立法机关的职能。在伯尔曼案中，法院宣告立法机关的公用判断几乎具有终局性，实际上造成立法机关既可以决定何谓公用，也可以决定如何实现公用的局面。这已经趋近于放弃对公用问题的司法审查，直接导致公用含义宽泛化。抛却时间维度，立法权与司法权之间的关系可以更直观地描述为从一个极端到另一个极端的谱系：一个极端是司法至上，不管立法机关的公用判断；另一个极端是司法弃权，直接以立法机关的公用判断为根据，中间的部分则代表着一般意义上的司法遵从。司法遵从是司法至上与司法弃权的中间形态，极端的司法遵从意味着司法弃权。

立法权与司法权之间的关系之所以能够成为公用审查的焦点：一方面，因为某些征收机构难以明确标示为立法性或行政性；②另一方面，在于立法机关

---

① Robert A. Schapiro. Judicial Deference and Interpretive Coordinacy in State and Federal Constitutional Law[J]. Cornell Law Review, 1999-2000, 85 (3): 656-716. 应注意的是，此处的司法弃权并非表示州法院与联邦法院关系的避让教义（abstention doctrine）。前者指司法机关直接放弃对立法判断的审查，后者指对涉及州法律或政策的案件，为避免与各州对本州事务的管理发生不必要的冲突，联邦法院可自主决定放弃对该案行使管辖权，而由州法院或其他州机构首先予以处理。

② Nicole Stelle Garnett. The Public-Use Question as a Takings Problem[J]. George Washington Law Review, 2003, 71 (6): 934-982.

往往授权行政机构行为,行政授权作为一项制度而非例外存在。① 在联邦最高法院的公用审查历史中,司法遵从态度已经持续近百年。合宪性推定是司法遵从得以成行的基本方法。合宪性推定以立法机关不可能想要违反宪法为前设,指的是"宪法审查机关在对立法机关的立法进行审查的过程中,首先在逻辑上推定立法行为合乎宪法,除非有明显的事实证明其违反了宪法"②。欧明道土地公司案关于司法遵从的表述是合宪性推定的直观体现。作为一种方法论,合宪性推定方法仍然以遵守宪法为前提,系在宪法之下初步厘定立法权与司法权之间的关系,并不影响联邦最高法院对实施立法的活动的审查。这为凯洛案、葛林森案的迂回之举提供了方法论空间。在最基本层面上,无论在凯洛案中,还是在葛林森案中,法院都始终坚持合宪性推定,在相信立法机关不可能想要违反宪法的前提下,将司法审查的触角伸向具体的征收活动,考察征收过程是否足以证明其符合公用。

司法审查的态度密切关联于联邦最高法院对立法权与司法权的角色定位。司法至上完全排除了三权之间的协调性关系,联邦最高法院是宪法解释的唯一权威,没有理由非常尊重立法机关的公用解释。相较而言,司法遵从则以三权之间的协调性关系为基础。③ 协调性理论(coordinacy theory)承认国会和总统也有义务解释宪法,"法院基于其他部门的解释得出的结论可以与它自身可能会得出的结论不同"④,从而为司法遵从提供了可能性。宪法文本并不拒绝对三权关系做协调性解读,甚至重建修正案⑤赋予国会的执行权,也可以解读为包含了解释宪法的权力。巴尔金在建构活的原旨主义理论时,甚至认为政治部门以及人民是主要的宪法解释者,法院只不过在回应社会运动的变迁。⑥ 马伯里案虽然确立了司法审查原则,但是没有界定其范围。一般意

---

① 伯纳德·施瓦茨.美国法律史[M].王军,洪德,杨晶辉,译.潘华仿,校.北京:法律出版社,2011:154.

② 王书成.合宪性推定的正当性[J].法学研究,2010(2):23-35.

③ Central Puget Sound Regional Transit Authority v. Miller, 128 P.3d 588 (2006), 593."法院的遵从性标准源自对政府部门协调性的尊重。"

④ Robert A. Schapiro. Judicial Deference and Interpretive Coordinacy in State and Federal Constitutional Law[J]. Cornell Law Review, 1999/2000, 85 (3):656-716.

⑤ 重建修正案指的是,美国联邦宪法第十三修正案、第十四修正案和第十五修正案。

⑥ 杰克·M.巴尔金.活的原旨主义[M].刘连泰,刘玉姿,译.厦门:厦门大学出版社,2015:238.

义的司法遵从不等于司法弃权,同样包含了司法独立判断的内核,这与马伯里案并不冲突。因此,作为当前公用审查主流态度的司法遵从符合宪法文本及先例。

从公用审查的实践来看,立法机关往往被界定为公共需要的最佳判断者,虽然学界及舆论多认为,在当前的公用问题上,司法机关不负其责,但是司法机关通常被视为个人权利的守护者。追溯公用审查态度的变迁,联邦最高法院的关注点不断漂移,从聚焦个人权利转向侧重满足公共需求,公用更多地被视为立法机关行使征收权的条件,而非限制征收权的要件。司法遵从本来表明"司法机关愿意承认其他部门的正当范围及其在极具政策性和复杂性的问题中的能力"①,现在却走向极端。征收本身所包含的公用和私人财产权之间的博弈几乎完全掌握在立法权手中。这种司法审查态度的变迁深受现实因素与价值因素的影响。在现实层面上,主要涉及制度能力问题。公用判断涉及许多政策和经验因素,而立法机关所具有的专业性很可能使其比司法机关更有能力作出恰当的判断,更了解哪些公用需要征收权推进以及征收权适合于推进哪些公用。此种考虑与公共必要性问题多有重合。价值层面,主要涉及司法审查与民主价值之间的关系。在司法审查中,立法权与司法权之间的关系总是被描述为人民的意志与大法官的个人判断之间的平衡。马伯里案确立了司法机关的宪法解释者地位。在大法官的个人判断方面进而附加了"宪法"砝码,具体化为法院承担了保护个人权利的角色。因此,"并非九名大法官能够对抗多数民众的意志,而是他们身后的体现某种高级法的宪法在规制着世间万物"②。立法机关是人民意志的代表,但其并非人民自身,只是人民的公仆,它基于多数规则作出的决定很可能损害少数人的利益。当法院更多地考虑制度能力以及权力分立时,司法遵从更趋近于放弃审查,趋向于通过"选票,而非法院"③来实现对政府权力的限制;当法院更多地考虑其宪法解释者的角色,关注个人权利时,司法遵从更具有独立判断的色彩,倾向于通过法院实现对被征收者的救济。诚如伯尔曼案所示,当前的司法审查属于前一种情况。

---

① P. Lenta. Judicial Deference and Rights[J]. Journal of South African Law,2006(3):467.
② 钱锦宇. 也说美国宪政的"反多数难题"[J]. 博览群书,2006(8):64.
③ Munn v. Illinios,94 U.S. 113 (1876),134. 该案认为,防止立法机关可能的经济管制滥用的路径是通过选票,而非法院。

第二节　联邦法院与州法院的关系

联邦法院与州法院的关系是联邦主义在司法权面向的具体化。对于公用案件而言,两者之间的关系至关重要。历史地看,征收案件更多地发生于州法院层面。即使到了 1875 年之后,联邦政府可以自己征收位于各州的私有财产,这种局面也没有改变。1897 年之前,各州的征收案件仅仅受制于州宪法与州制定法,联邦宪法第五修正案征收条款并不适用于各州;1897 年之后,以联邦宪法第十四修正案的正当法律程序条款为管道,联邦最高法院确认了征收条款对各州的适用。至此,各州的征收案件同时受制于联邦宪法与州宪法,被征收者既可以诉诸州宪法,也可以诉诸联邦宪法。

在联邦宪法与州宪法都可以作为征收的独立渊源后,应当如何处理两者在公用判断上的关系,必然会影响公用教义的发展。尤其当州法院判决的征收案件被上诉至联邦最高法院时,这种张力最为明显。综观重要的征收判例,当面对上诉至此的州法院判决时,虽然考量因素从侧重征收案件的地方性转变为更加强调州法院的人权保护功能,但是联邦最高法院对州法院判决的抽象肯定从未减损。

一、地方因素:联邦最高法院对州法院的遵从

在 1896 年的法布鲁克灌溉区案和 1905 年的克拉克诉纳什案①(以下简称"克拉克案")中,佩卡姆大法官从公用问题的地方性入手,确立并巩固了联邦最高法院处理州法院判决的一般原理。联邦最高法院的后续判决通常遵循佩卡姆大法官的路径,如在 1923 年的林奇案中,明确指出征收制度深受地方条件的影响,联邦最高法院应当非常尊重州法院的判决。

在法布鲁克灌溉区案中,加利福尼亚州立法机关制定的灌溉法案允许私人为了自己的灌溉目的而征收私用财产,扩建沟渠。被征收者认为该规定不符合公用,违背了联邦宪法与加利福尼亚州宪法。佩卡姆大法官的裁判逻辑可以概括为三个方面。首先,区分联邦最高法院与州法院的管辖范围,明确联邦宪法第十四修正案正当法律程序条款并不意味着所有在州法院不成功的诉

---

① Clark v. Nash, 198 U.S. 361 (1905).

讼都可以上诉至联邦最高法院,联邦最高法院不应成为各种州法院判决的上诉法院,否则州法院的最终管辖权将被严重削弱,联邦最高法院也将面临沉重的诉讼负担。因此,尤其在所有不涉及联邦宪法和法律的案件中,联邦法院一律遵从州最高司法机构对州宪法和制定法的解读。其次,虽然加利福尼亚州的宪法和制定法明确支持以灌溉为目的的征收,但是当考察被征收者的联邦宪法挑战时,在何谓正当程序以及何谓公用上,州宪法和立法的表述以及州法院的判决并不具有终局性,并不对联邦最高法院具有约束力。最后,尽管如此,某项用途是否构成公用通常且在很大程度上与征收对象所处的事实与环境相关。从事物的本质来看,加利福尼亚州的人民、立法机关以及法院当然更为熟悉围绕征收对象的事实与环境。因为它们所具有的知识和熟悉程度,联邦最高法院应当适当重视州法院的判决,即使不认为其具有终局性,也应当非常尊重(very great respect)。因为加利福尼亚州宪法、州制定法以及州法院的判决立足于本州所面临的干旱事实与灌溉需要,联邦最高法院支持了系争征收。

与法布鲁克灌溉区案相似,克拉克案同样涉及以灌溉为目的的征收。在重申法布鲁克灌溉区案的立场后,佩卡姆大法官对围绕征收对象的"事实"的性质作了界定:这种"事实"可能是地方的土壤条件、气候条件或者其他特别条件,具有明显的地方性;这种"事实"在一州内必须具有一般性、公认性且众所周知,同时州法院可以被推定尤其了解;这种"事实"客观存在,并非司法审查的对象,但州法院了解并承认它们,从而理解系争制定法的语境,理解其有效性对于州的发展与繁荣的重要性;这些"事实"的存在就意味着公用。为了防止这种遵从立场被解读为无一例外地支持那些开发州自然资源且可能符合公用的征收,佩卡姆大法官对其适用作了限定,即是否遵从州法院的判决,应当具体问题具体分析,取决于系争案件及其所在地方的特别事实。

在裁断遵从州法院的判决上,佩卡姆大法官的论证包含了两项基本假设:(1)公用问题是事实问题;(2)州法院更了解多元的地方条件。第一项假设涉及法律问题与事实问题的区分。这种区分更多地作用于立法权与司法权的权限分割,因为"传统上认为,立法机关的角色是查明并评估潜在于制定法的社会事实。法院负责判断法律问题且必须遵从立法性事实认定"[①],但这显然无法精确描述法院在公用审查上的路径。葛林森案曾经区分事实问题与法律问

---

① Caitlin E. Borgmann. Rethinking Judicial Deference to Legislative Fact-Finding [J]. Indiana Law Journal, 2009, 84 (1): 1-56.

题,并将公用判断作为法律问题看待。然而,联邦最高法院则更强调公用问题的事实性质。在布洛克案中,这种事实性质支持联邦最高法院遵从立法判断;在法布鲁克灌溉区案和克拉克案中,这种事实性质支持联邦最高法院遵从州法院的判断。值得注意的是,无论司法遵从的强度如何,联邦最高法院从未否认公用判断属于司法问题。由此可见,以事实问题与法律问题对应立法权与司法权的权限分割,显然难以成立。此外,法布鲁克灌溉区案和克拉克案表明,事实问题很可能在合宪性分析中扮演着关键的角色,甚至直接决定一项征收活动是否符合公用。在此种情况下,极端的司法遵从意味着将事实问题一揽子交付立法机关,最终将瓦解法院保护个人权利的功能。

与第二项假设对应,在裁断公用问题时,州法院确实会更多地关注地方条件与需求。在瑞尔森案中,与传统的谷物磨坊不同,系争磨坊法案旨在促进以发展制造业为目的的征收。在梳理各州对于磨坊法案合宪性的态度后,库利法官认为,磨坊法案的建设与地方条件密切相关。例如,在一个水力资源尤其丰富的州,或者一个因土壤贫瘠而制造业占主导地位的州,开发水力资源或者发展制造业对于一州的繁荣至关重要。基于这种事实,在这些州,以制造业或者开发水力为目的的磨坊法案通常被认定为符合公用。由于对密歇根州而言,系争磨坊法案是一种崭新的公用,库利法官密切审查了这种用途对于密歇根州的意义,最终部分以这种用途并不对应于任何实际的地方需求为由推翻了系争磨坊法案。与之类似,1832 年判决的斯卡德案将地方因素从静态推向动态,强调"瞬息万变的社会将持续不断地呈现新的公共利益,何者是公用或公共利益可能取决于特定时期共同体的处境和需求"①。

二、财产权保护:州法院角色的扩张

在分权制衡的政府体制中,从正向角度来看,司法权通常被视为个人权利的守护者,以对抗立法权和行政权所具有的扩张性和侵害性;从负向角度来看,在运作过程中,司法权应当避免以法官的个人判断取代立法机关和行政机关的决定。只有恰当平衡两者,司法权才可能实现其被赋予的分权制衡任务。以横向分权的视角观之,追溯公用教义的变迁,无论是基本内涵的宽泛化,还是司法遵从的极端化,联邦最高法院在公用审查中的角色呈现出一种收缩趋势,更倾向于负向任务,而非正向责任。联邦最高法院的角色收缩是否意味着司法权无法再担任个人权利的守护者呢?

---

① Scudder v. Trenton Delaware Falls Co. 1 N.J. Eq. 694 (1832),729.

从纵向分权出发，州法院与联邦法院同样背负着保护个人权利的重任。当联邦层面不断收缩在公用审查中的角色时，州法院在公用判断上的角色却不断扩张。这种扩张过程首先开始于州法院对其与联邦法院关系的矫正，以及对自己在保护个人权利上的角色的肯定。① 在 1981 年的波兰城社区议会案中，瑞安(Ryan)法官的反对意见指出，联邦法院在公用判断上采纳的遵从性审查决不要求州法院同样为之。② 当密歇根州最高法院于 2004 年推翻波兰城社区议会案时，采纳了瑞安法官的观点。在 2000 年的华盛顿州移动式住房组织诉华盛顿州案③(以下简称"移动式住房组织案")中，华盛顿州最高法院指出，"甚至当联邦宪法第五修正案可能允许以私用为目的的征收时，结构差异允许华盛顿州法院禁止此类征收"④。在 2003 年的贝利诉迈尔斯案⑤(以下简称"贝利案")中，亚利桑那州上诉法院认为，"与本州宪法相比，联邦宪法对征收权的限制要少得多"⑥。在这些州法院的眼中，角色扩张的前提有二：首先，立足于本州宪法或制定法的规定；其次，以更好地保护私有财产为目的。由此，当面对立法机关的公用判断时，州法院不需要像联邦最高法院那样极端地遵从立法机关。当解释公用要件时，州法院可以禁止那些或许能够经受住联邦宪法公用审查的征收。

正如"许多重要的宪法原则都是先在各州得到发展，然后才被吸收到联邦法律中去"⑦一样，州法院所兴起的这股浪潮侧重州法院在保护个人权利中的重要作用，带有明显的联邦主义色彩，最终也被联邦最高法院所确认。在凯洛案中，联邦最高法院首次且正式承认州法院在保护私有财产上的角色扩张趋势。在该案中，联邦最高法院事实上面临严峻的抉择：一方面是保持公用教义的融贯性；另一方面是保护私有财产权，防止征收权滥用。虽然学术界、舆论界乃至其他政府部门更为关注的是第一面向，并因此指责联邦最高法院导致

---

① Bd. of County Comm'rs v. Lowery，136 P.3d 639 (2006).该案系统地梳理了凯洛案前，哪些州及其法院判决支持此种立场。

② Poletown Neighborhood Council v. City of Detroit，304 N.W.2d 455 (1981) (Ryan, J. dissenting).

③ Manufactured Hous. Cmtys. of Wash. v. State，13 P.3d 183 (Wash. 2000).

④ Manufactured Hous. Cmtys. of Wash. v. State，13 P.3d 183 (Wash. 2000).

⑤ Bailey v. Myers，76 P.3d 898 (Ariz. Ct. App. 2003).

⑥ Bailey v. Myers，76 P.3d 898 (Ariz. Ct. App. 2003).

⑦ 伯纳德·施瓦茨.美国法律史[M].王军，洪德，杨晶辉，译.潘华仿，校.北京：法律出版社，2011：38.

财产权危在旦夕,但是从论证思路上看,史蒂文斯大法官的多数意见在横向与纵向分权结构上大做文章,颇有求全责备之势。正如前文所述,相对于立法权,联邦最高法院限缩了自己在公用判断上的角色,却通过迂回战术,在不破坏公用教义融贯性的前提下,从抽象立法规定转向具体征收过程,尤其是幌子征收审查,为保护私有财产权指明可能的方向。相对于州法院,在仍然考虑公用问题地方性的同时,联邦最高法院进一步强化了州法院的角色,"我们强调我们的法律意见书并不妨碍任何州对征收权的行使施加进一步的限制。事实上,许多州对'公用'要求的限制比联邦基线更为严格……本院的权威仅及于判断新伦敦市的拟议征收是否符合联邦宪法第五修正案含义射程内的'公用'"①。这意味着联邦最高法院所确立的公用教义仅仅是最低限度的公用标准,或者说对征收权的最低限制。州法院可以不受联邦最高法院根据联邦宪法第五修正案所确立的基线的约束,根据本州宪法或制定法,为私有财产所有者提供更多的保护。联邦最高法院在几乎关闭联邦救济之门的同时,为私有财产所有者打开了州法院的大门。由于征收案件更多地发生于州层面,将保护财产权免于征收滥用的重任交付州法院似乎自然而然。

凯洛案为州法院更好地保护私有财产权提供了坚实的基础。以此为据,有些州法院或者采用更为严格的审查标准,或者更狭窄地解释公用概念,为私有财产所有者提供了更高的保护。在诺伍德案中,俄亥俄州最高法院强调,俄亥俄州宪法的公用条款"并不受制于联邦宪法对联邦宪法公用条款范围的认定……州宪法征收条款没有联邦最高法院在米德基夫案中所解释的联邦宪法的宽度……"也就是说,州法院并不受到联邦法院基于联邦语境或根据联邦宪法作出的公用判断的约束,也不受制于联邦法院的遵从观念。相较于联邦最高法院所确立的基线,俄亥俄州宪法对征收作了更为严格的限制,为私有财产所有者提供了更多的保护。在马斯科吉县委员会诉罗沃瑞案②(以下简称"马斯科吉县委员会案")中,俄克拉荷马州最高法院同样认为,虽然本案否定了以商业开发为目的的征收,可能与联邦最高法院判决的凯洛案不一致,但是本判决系根据本州宪法关于征收的特别规定作出,而本州宪法对征收权施加了更大的限制,为公民提供了更多的保护。

---

① Kelo v. City of New London, 545 U.S. 469 (2005), 489-490.
② Bd. of County Comm'rs v. Lowery, 136 P.3d 639 (2006), 651.

三、公用审查与联邦主义原则

在公用审查中,联邦法院与州法院的关系并不如立法权与司法权之间的关系那样备受瞩目,正如司法联邦主义(judicial federalism)不是一个引人注目的术语一样。① 当联邦最高法院论及州法院的特别地位时,甚至往往与立法机关并列提及——两者对于作为公用判断基础的地方知识更为了解。然而,这丝毫不影响考察两者关系的必要性,原因有二。首先,伴随着州法院角色定位决定性因素的变迁——由基于地方因素到聚焦财产权保障,联邦最高法院在州法院角色上所持的立场同样会引起无法阻遏的连锁反应;其次,相对于立法权,联邦最高法院在公用审查中的角色大幅收缩,征收权与财产权的关系天平严重失衡,强调州法院在保护财产权上的作用可能成为恢复平衡的重要砝码。在分权教义失利之后,联邦主义成为联邦最高法院维持司法职能的另一棵救命稻草。

无论是关注地方因素,还是聚焦财产权保障,联邦最高法院一方面非常尊重州法院的角色,另一方面则始终以积极姿态作出独立的尊重决定——"非常尊重州法院的公用判断"不能理解为联邦最高法院不可能予以拒绝。② 在这一过程中,联邦法院与州法院的关系模式经历了从司法联邦主义到新司法联邦主义的变迁。司法联邦主义产生于共和国早期所确立的二元联邦主义宪制之下,深植于联邦宪法第三条和第十修正案中。联邦宪法第三条将合众国的司法权赋予联邦最高法院及国会依宪法授权建立的下级联邦法院,两者有权审查源于联邦宪法和联邦制定法的案件。联邦宪法第十修正案规定:"本宪法未授予合众国也未禁止各州行使的权力,分别由各州或由人民保留",③州法院据此有权独立审查基于州宪法和州制定法产生的案件。在此背景下,由于1787年联邦宪法没有限制州针对公民的权力,权利法案也仅仅适用于联邦,州宪法成为保障个人权利免于州和地方政府侵犯的根本文件,联邦政府对个人权利的保护在此缺位。④

---

① 屠振宇. 人权司法保障:美国新司法联邦主义的演进与启示[J]. 比较法研究,2014(5):152.
② Hairston v. Danville and Western Railway Co., 208 U.S. 598 (1908).
③ Amend. X of U.S. Constitution.
④ Jon O. Newman. The Old Federalism: Protection of Individual Rights by State Constitutions in an Era of Federal Court Passivity[J]. Connecticut Law Review,1982-1983, 15 (1):21-30.

联邦法院与州法院之间的关系看似明明白白,却隐藏着无法消解的张力——联邦至上与州主权之间的冲突。联邦法与州法分别构成两者各自的管辖范围,出于对州主权或自治的尊重,只有当联邦宪法、联邦制定法或联邦条约遭受挑战时,联邦最高法院才会对州法院判决行使上诉管辖权。① 随着联邦宪法第十四修正案的通过,这种局面彻底改变。以第十四修正案正当法律程序条款为管道,公民权利国家化的进程逐步展开,州宪法法律与联邦宪法法律之间的区分渐趋崩解。② 1896 年,联邦最高法院将第五修正案征收条款适用于各州;1925 年,联邦最高法院认为第一修正案的根本保证适用于各州;③ 截至 20 世纪 60 年代,权利法案最终几乎完全适用于各州。④ 通过并入教义(incorporation doctrine)的运用,公用问题可以同时是一个联邦法问题和州法问题。在法律渊源竞合的情况下,联邦法院与州法院之间的关系愈加微妙。虽然有着管辖权上的明确分割,但是当面对这样的公用问题时,为了恰当处理联邦至上与州主权之间的紧张关系,联邦最高法院常常自我施加一些限制,在审查州法院的判决时,采取一种谦抑路径。

在 1875 年的默多克诉孟菲斯市案⑤(以下简称"默多克案")中,联邦最高法院明确指出,即使在涉及联邦问题的案件中,如果州法院的判决有着充分且独立的州立场(adequate and independent state ground),联邦最高法院也不会行使上诉管辖权。1945 年的赫伯诉皮特凯恩案⑥将这种自我限制立场更明确地表达为,"自建立起,本院始终坚持不会审查那些基于充分且独立的州立场作出的判决。其理由如此明显以至于不需要证明。其呈现于对州和联邦司法体制的权限分割中,出现于对我们自己的管辖权的限制中。针对州判决,我们唯一的权力是在其不正确地裁判联邦权利的范围内矫正它们,而非改变

---

① David A.Schlueter. Judicial Federalism and Supreme Court Review of State Court Decisions: A Sensible Balance Emerges[J]. Notre Dame Law Review, 1983-1984, 59 (5): 1079-1117.

② Shirley S. Abrahamson. State Constitutional Law, New Judicial Federalism, and the Rehnquist Court[J]. Cleveland State Law Review, 2004, 51 (3&4): 339-356.

③ Gitlow v. New York, 268 U.S. 652 (1925), 666.

④ See Benton v. Maryland, 395 U.S. 784 (1969)(double jeopardy); Duncan v. Louisiana, 391 U.S. 145 (1968) (criminal jury trial); Malloy v. Hogan, 378 U.S. 1 (1964) (self-incrimination privilege); Gideon v. Wainwright, 372 U.S. 335 (1963) (right to counsel).

⑤ Murdock v. city of Memphis, 87 U.S. (20 Wall.) 590 (1875).

⑥ Herb v. Pitcairn, 324 U.S. 117 (1945).

法律意见"①。所谓"州立场"建基于州本身的独特性,可以是州宪法、州制定法、州先例,以及州的法律历史或传统。② 在法布鲁克灌溉区案和克拉克案中,联邦最高法院非常尊重州法院的判决,强调州法院更熟悉具有地方性且为该州所独有的公用事实,实际上与"充分且独立的州立场"标准异曲同工。充分且独立的州立场标准表明了联邦最高法院对州法院自治的尊重,也为司法联邦主义向新司法联邦主义的演进奠定了教义基础。

联邦法院与州法院之间的分权随着联邦制的变化而变化。新政以来,为了拯救全国于经济危机,二元联邦主义让位于合作联邦主义。由于主要依赖庞大的联邦政府的财政来源,③合作联邦主义导致政府权力偏向联邦政府,联邦权力急剧扩张,大规模地干预社会经济生活。然而,到了20世纪60年代,联邦政府已经不负福利国家之重。以尼克松总统和里根总统推行的放权或还权于州的政策为标志,新联邦主义登上历史舞台,致力于恢复联邦政府和州政府之间的权力平衡关系。在此背景下,联邦法院与州法院的关系也进入新司法联邦主义时代,导火线是伯格法院在保护个人自由上的退却并逐渐收缩运用联邦诉讼来反抗州行为的范围。④ 与沃伦法院在公民权利案件中的集权化趋势相比,在联邦主义的旗帜下,伯格法院一方面提高了联邦法院审查州公民权利案件的门槛:不仅严格适用穷尽州救济标准,更显著削减了针对人身保护令诉求的审查;另一方面甚至会因为以权利法案的名义给予个人太多保护而推翻州法院的判决。⑤ 20世纪70年代以来,越来越多的州法院将本州宪法解释为比联邦法律为个人权利及自由提供了更多的保护,即使两者措辞基本相似。1977年,布伦南大法官在哈佛法律评论上发表《州宪法与对个人权利的保护》一文,最终促成新司法联邦主义出世。考虑到联邦法院在保护个人权利上渐趋保守,布伦南大法官号召各州法院通过独立解释本州宪法而为公民提

---

① Herb v. Pitcairn, 324 U.S. 117 (1945), 125-126.

② Michael D. Weiss & Mark W. Bennett. New Federalism and State Court Activism [J]. Memphis State University Law Review, 1993/1994, 24 (2): 229-266.

③ 伯纳德·施瓦茨. 美国法律史[M]. 王军, 洪德, 杨晶辉, 译. 潘华仿, 校. 北京: 法律出版社, 2011: 147.

④ William J. Brennan. Jr.. State Constitutions and the Protection of Individual Rights[J]. Harvard Law Review, 1977, 90 (3): 489-504.

⑤ Robert C. Welsh. Whose Federalism? —The Burger Court's Treatment of State Civil Liberties Judgments[J]. Hastings Constitutional Law Quarterly, 1982-1983, 10 (4): 819-876.

供最有利的保护:"州宪法也是个人自由的摇篮,它所提供的保护通常也超出了联邦最高法院对联邦法律的解释。联邦法律得以遥遥领先的法律革命不应允许抑制州法律所具备的独立保护力量——因为如果没有它,就无法保障个人自由的完全实现。"①

联邦主义的核心是自由,不仅是整体的自由,也是个人的自由。② 确保州法院的独立性是对政府侵犯个人自由的重要阻碍。新司法联邦主义有着浓厚的人权保障动机,包含三个核心要素:(1)州法院判决;(2)基于自治的州宪法;(3)超出了联邦宪法为个人提供的最低保护。个人权利被置于联邦法院与州法院形成的双重保护结构中——当联邦层面的保护被削弱时,州层面应该弥补缺位,否则将与联邦主义背道而驰。在保护个人权利上,联邦法院与州法院的分工仍然主要取决于州法院的判决系基于自治的州宪法作出。在1983年密歇根州诉龙案③(以下简称"龙案")中,联邦最高法院以明确声明规则(plain statement rule)缓解了充分且独立的州立场标准固有的模糊性,如果州法院在判决中未明确声明引用联邦法律只是作为参考,联邦最高法院将假定州法院的判决是建立在联邦法律基础之上的,因此它可以拥有案件的管辖权。

新司法联邦主义为州法院能动地调整其与联邦法院之间的关系提供了机会,甚至有学者将之解读为州法院能动主义(state court activism)。④ 20世纪70年代以来,州法院已经裁决了成百上千的涉及州宪法的案件。"部分因为布伦南强调公民自由,部分因为(州宪法)对刑事被告的保护类似于联邦宪法,部分因为这些案件导致有争议的法律和秩序问题"⑤,新司法联邦主义最初很大程度上聚焦刑事诉讼领域。伴随着州法院在个人权利保护中的作用越来越重要,尤其因为联邦最高法院在伯格法院后的保守态度,新司法联邦主义阵地不断扩张,涉及不同的权利以及不同的宪法条款。20世纪80年代以来的征收实践表明,新司法联邦主义已经蔓延至财产权领域,州法院开始考虑是否应

---

① William J. Brennan. Jr.. State Constitutions and the Protection of Individual Rights[J]. Harvard Law Review,1977,90(3):491.

② 丹尼尔·J. 伊拉扎. 联邦主义探索[M]. 彭利平,译. 上海:上海三联书店,2004:110.

③ Michigan v. Long. 463 U.S. 1032 (1983).

④ Michael D. Weiss & Mark W. Bennett. New Federalism and State Court Activism[J]. Memphis State University Law Review,1993/1994,24(2):229-266.

⑤ Shirley S. Abrahamson. State Constitutional Law,New Judicial Federalism,and the Rehnquist Court[J]. Cleveland State Law Review,2004,51(3&4):339-356.

当基于州宪法或州制定法为私有财产提供比联邦宪法更多的保护。联邦制最令人高兴之处在于,各州可以在不危及其他州的情况下,将自己作为一个实验室,从事社会的和经济的制度创新。① 州作为实验室的理论在法院关系上同样适用。在公用审查上,新司法联邦主义经历了从州法院实验到联邦最高法院确认的过程。在 2005 年的凯洛案中,联邦最高法院正式肯定新司法联邦主义在征收领域的适用。

"联邦主义的一个特征是渴望同时产生和维持统一性和多样性,并以之为目的。"②公用审查与联邦主义原则之间的关系提供了司法判决兼顾统一性与多样性的例证。统一性在于联邦最高法院为州法院审查公用问题提供了最低标准,虽然最终采用极端遵从的立场,但是从未放弃保障公民财产权的目的;多样性表现在无论是司法联邦主义,还是新司法联邦主义,都蕴含了对地方性的关注,即使新司法联邦主义的出发点在于人权保障,但其超越联邦最高法院提供的最低限度保护的经验理由正在于多元的地方条件。尽管如此,从公用与财产权保护之间的关系来看,联邦最高法院对州法院角色的强调颇有折中的意味。

第三节 背景性问题的反思与重构

立法权与司法权之间的纠葛、联邦法院与州法院之间的关系是公用审查不得不首先考虑的背景性问题。相对于立法权,联邦最高法院逐渐限缩了自己在公用判断中的角色,极端遵从的司法审查路径几近于放弃司法职能;相对于州法院,联邦最高法院从现实主义考量——地方因素,逐渐回归司法职能的本质——人权保障,愈发强调州法院在私有财产权保护中的地位。"一个机构必要的独立性应当得到另一个机构的尊重。"③无论是横向分权,还是纵向分

---

① 伯纳德·施瓦茨. 美国法律史[M]. 王军,洪德,杨晶辉,译. 潘华仿,校. 北京:法律出版社,2011:38. 布兰代斯大法官曾经指出:"如果某个州的公民愿意,就可以把自己这个州作为一个实验室,进行新的社会和经济的实验,而对这个国家的其他州却毫无危险。这是联邦制令人高兴的事情之一。"
② 丹尼尔·J. 伊拉扎. 联邦主义探索[M]. 彭利平,译. 上海:上海三联书店,2004:75.
③ 伯纳德·施瓦茨. 美国法律史[M]. 王军,洪德,杨晶辉,译. 潘华仿,校. 北京:法律出版社,2011:155.

权,在公用审查的大部分历史中,联邦最高法院坚持一种司法克制哲学,尊重两个机构的独立判断。

尊重其他机构的独立性虽然要求联邦最高法院自我克制,但是不意味着放弃司法职能。从分权的角度来看,联邦最高法院要尊重立法机关的独立性,同样也要保持自身的独立性。以联邦最高法院的公用审查实践为线索,立法机关被赋予公共需要判断者的角色,司法机关则被赋予个人权利保护者的角色,立法权与司法权之间的纠葛可以简化为公共利益与个人权利之间的关系。联邦最高法院采取极端遵从的司法审查态度,将会影响自身的独立性。从联邦主义的角度来看,联邦最高法院既要尊重州主权,照顾各州的多样性,也要考虑联邦至上,追求法制统一。在审查公用问题时,联邦最高法院将保护个人权利的角色更多地付托给州法院。在联邦宪法与州宪法构成个人权利的双重渊源的情况下,联邦最高法院的行为很难说不是一种推诿。① 虽然部分州法院开启并推动了新司法联邦主义的实验,但是相对的是,公民权利国家化严重削弱了州宪法及其权利法案的重要性,甚至阻碍其发展,②这是否会因为新司法联邦主义的到来一扫而空,仍有待观察。无论是对立法机关的遵从,还是对州法院角色的尊重,都以两者能够更好地保护私有财产为前设,③但更严峻的问题在于,立法机关的判断以及州法院的判决是否足够可靠,以至于联邦最高法院可以给予如此程度的遵从。

一、公用审查中的司法哲学

19 世纪末 20 世纪初,立法权与司法权之间的纠葛、联邦法院与州法院之间的关系逐渐成为联邦最高法院不得不解决的问题。追溯联邦最高法院在公用审查中的角色变迁,无论是横向权力纠葛,还是纵向权力关系,都呈现出一

---

① Clark Nelly & Dick M. Carpenter. Government Unchecked: The False Problem Of "Judicial Activism" and the Need for Judicial Engagement(2011)[EB/OL]. [2015-08-10].http://www.ij.org/images/pdf_folder/other_pubs/grvnmtunchkd.pdf. 该报告明确指出:数十年来,联邦最高法院放弃其执行宪法的职责,最终结果如我们今天看到的,政府规模和范围惊人扩张。

② Shirley S. Abrahamson. State Constitutional Law, New Judicial Federalism, and the Rehnquist Court[J]. Cleveland State Law Review, 2004, 51 (3&4): 339-356.

③ William H. Riker & Barry R. Weingast. Constitutional Regulation of Legislative Choice: The Political Consequences of Judicial Deference to Legislatures[J]. Virginia Law Review, 1988, 74 (2): 373-402.

种收缩的趋势。虽然分权教义与联邦主义原则提供了理论基础,但是事后的理论化不足以说明制度变迁的机理,"看似自发秩序的背后,其实游弋着不同的司法哲学的幽灵"①。在联邦最高法院的司法哲学谱系中,以司法与立法、行政的权力关系为标准,克制主义与能动主义分立两端,"从早期以司法克制为主导到后期司法能动占据主流位置,从原来两者之间的互斥式对抗到近半个世纪来的互补式协奏的变化,构成了美国司法审查制度发展演变的显著特点"②。

共和国初创时期,马歇尔法院聚焦政治建构,力图"使建立一个有效的被赋予了极其重要的实质性权力的全国政府这一目标成为法律上的现实"。③通过马伯里案、麦卡洛克诉马里兰州案④(以下简称"麦卡洛克案")、吉本斯诉奥格登案⑤(以下简称"吉本斯案"),以联邦至上为核心的二元联邦主义体制、以联邦最高法院至上为核心的司法至上体制得以确立。这一时期,联邦最高法院受理的征收案件寥寥无几,征收案件大多发生于州法院。到了坦尼法院时期,经济发展成为全国性主题。受杰克逊主义的影响,坦尼法院强调政府享有实现其据以创立的目的的权力,并发展出了警察权概念,将之作为"一种可将财产权控制在公共利益范围之内的重要工具"⑥。在经济发展、公共利益备受推崇的语境下,征收权同样也被作为抗衡财产权的重要工具,征收活动频繁导致联邦最高法院受理的征收案件渐趋增多。在1847年的福克斯诉俄亥俄州案⑦(以下简称"福克斯案")和1857年的威瑟斯诉巴克利案⑧(以下简称"威瑟斯案")中,联邦最高法院明确指出,联邦宪法第五修正案不适用于各州。联邦法院与州法院在征收案件上的管辖权范围就此划定。在1848年西江桥公司诉迪克斯案⑨(以下简称"西江桥公司案")中,联邦最高法院交替使用公用

---

① 刘连泰.美国法上请愿免责的标准变迁[J].法制与社会发展,2015(3):152.
② 程汉大.司法克制、能动与民主——美国司法审查理论与实践透析[J].清华法学,2010(4):7.
③ 伯纳德·施瓦茨.美国法律史[M].王军,洪德,杨晶辉,译.潘华仿,校.北京:法律出版社,2011:33.
④ McCulloch v. Maryland, 17 U.S. (4 Wheat.) 316 (1819).
⑤ Gibbons v. Ogden, 22 U.S. 1 (1824).
⑥ 伯纳德·施瓦茨.美国法律史[M].王军,洪德,杨晶辉,译.潘华仿,校.北京:法律出版社,2011:35.
⑦ Fox v. State of Ohio, 46 U.S. 410 (1847).
⑧ Withers v. Buckley, 61 U.S. (20 How.) 84 (1857).
⑨ West River Bridge Co. v. Dix, 47 U.S. 507 (1848).

与公共目的概念,强调公用要件要求财产本身而非财产的产品被用于公共用途。虽然偶有关注,但是何者构成公用以及由谁来决定公用远未成为联邦最高法院审查的重点。

联邦最高法院的"主要推动力是要满足本国历史上每一阶段'所感受到的迫切需要'"①。对经济发展的强调一直存在,无论是为了农业发展,还是为了工业进步,征收权越来越多地被使用。尤其在重建之后,蔡斯法院和韦特法院更多地关注经济权利,最终奠定了国家经济扩张的法律基础。财产权也逐渐被作为一种经济权利看待。1875年的科尔士案肯定了联邦政府对各州范围内的财产享有固有的征收权,联邦至上的观念得到重申。正是由此开始,联邦最高法院开始强调在涉及社会经济立法的案件中,"为了避免立法机关的滥权,人们必须诉诸选举,而不是法院"②。然而,这种司法克制立场很快被随后而来的洛克纳时代淹没。伴随着联邦宪法第十四修正案引发的个人权利国家化进程的加快,19世纪末的联邦最高法院开启了消极法哲学之路。深受斯宾塞式的自由放任主义的影响,联邦最高法院极为反对政府干预、反对限制私有财产权、反对破坏社会经济现状。借助实体性正当程序概念,联邦最高法院推崇财产和人身自由,限制政府权力。佩卡姆大法官的观点代表了这一时期的司法审查态度,其认为"法律是否可取是作为客观事实由最高法院独立判断来决定的"③。在公用审查中,纵向权力、横向权力的纠葛愈发明显。作为对政府征收权的限制,公用判断被明确界定为一个司法问题,防止立法机关通过肆意的公用界定来扩张权力。即使如此,由于广义公用已经占据主流且联邦最高法院倾向于遵从州法院的公用判断,立法机关的公用判断更多地被支持,而非被否定。这种现象与洛克纳时代的司法哲学并不冲突。因为洛克纳时代的关键原则是"普通法提供了一个中立的基线,政府不应当背离。在公用案件中,美国普通法表明了一种支持征收行为、自由认定公用并允许为了宽泛界定的公共利益而贬损财产权利的倾向"④。值得一提的是,虽然司法能动主义在

---

① 伯纳德·施瓦茨.美国最高法院史[M].毕洪海,柯翀,石明磊,译.北京:中国政法大学出版社,2005:413.

② Munn v. Illinios, 94 U.S. 113(1876), 134.

③ 伯纳德·施瓦茨.美国最高法院史[M].毕洪海,柯翀,石明磊,译.北京:中国政法大学出版社,2005:215.

④ Charles E. Cohen. The Abstruse Science: Kelo, Lochner, and Representation Reinforcement in the Public Use Debate[J]. Duquesne Law Review, 2007/2008, 46(3): 375-420.

洛克纳时代占据主流,但是司法克制哲学却在霍姆斯(Holmes)大法官的反对意见中茁壮成长。

自由放任主义最终在新政时期让位于司法实用主义,霍姆斯大法官的司法克制哲学一跃成为联邦最高法院的主流司法哲学。在霍姆斯大法官之前,司法机关的自我克制不时被一些大法官提及,但其最早出现于坦尼法院时期。坦尼大法官强调,"若将该法律所规定的内容纳入管辖范围,我们就必须行使宽泛和不确定的裁量权,没有任何确定和可靠的规则给我们以指导……在我看来,这样一种裁量权留给立法机关而不是司法机关更为合适"①。表面上,似乎因为缺乏可靠的指导而将裁量权留给立法机关,背后却隐含着甚至能动的马歇尔法院也不得不面对的问题:当政治部门和州拒绝执行司法判决时,最高法院无能为力。坦尼大法官的司法克制理念实际上是政治妥协的结果,是司法权的悲情写照。与之不同的是,霍姆斯大法官的司法克制哲学更具法律性和分析性。首先,立法机关的法律是否明智不是应由联邦最高法院解决的问题,除非明显专断或不合理。一方面,立法机关和法院同样是人民自由和福利的最终护卫者;另一方面,以司法判决取代民选机关的法律违反民主原则。其次,在社会经济立法方面,法院必须尊重立法机关的决定,但在涉及言论自由的领域,霍姆斯大法官倾向于提高审查标准。休斯法院后期,霍姆斯的司法克制哲学逐渐占据支配地位,并在斯通和文森法院时期达到高潮。在联邦宪法第五修正案适用于各州之后,联邦最高法院审理的公用案件愈加增多。受司法克制哲学的影响,对公用实质内涵的探索逐渐因为公用背景性问题的愈发显著而黯然失色,以至于对背景性问题的回答直接决定了联邦最高法院所认可的公用含义。极端遵从的公用审查标准正是在这一时期确立的,在适用理性基准审查的同时,联邦最高法院强调这是司法克制的表现。②

伴随着正当法律程序条款逐步发育为概括性人权保障的独立渊源,③到了20世纪50年代后期,联邦最高法院进入足以与马歇尔法院媲美的司法能动主义时期。以卡罗琳案第四脚注为奠基,虽然在涉及人身权利的案件中,在沃伦大法官公正理念的推动下,联邦最高法院占据了更为能动且至关重要的

---

① 伯纳德·施瓦茨.美国最高法院史[M].毕洪海,柯翀,石明磊,译.北京:中国政法大学出版社,2005:101.

② United States ex rel. TVA v. Welch, 327 U.S. 546 (1946).

③ 余军.正当程序:作为概括性人权保障条款——基于美国联邦最高法院司法史的考察[J].浙江学刊,2014(6):159.

位置,但是在经济领域,仍然保持了司法克制哲学的支配地位,法院对立法机关的遵从并未改变,甚至到了伯格法院时期,更加极端化。除了保守司法能动主义的头衔外,伯格法院还有"无根的能动主义"之称,意指伯格法院的判决更多聚焦实用主义,更少关注道德层面,"没有议程表或压倒性的哲学……差不多以逐案判断为基础"①。极端遵从的司法审查路径与这种逐案判断模式相结合,公用概念的外延越来越宽泛,诸如土地改革、技术革新、商业开发等被逐案确认为征收条款所涵摄的公用。

公用审查与财产权的地位密切相关。在司法克制哲学的支配地位被沃伦法院以来的司法能动主义所取代的情况下,公用审查中的遵从态度之所以没有变化,原因在于财产权地位的削弱。斯通法院时期提出的优先地位学说,在沃伦法院时期成为公认的学说——第一修正案所保证的自由优先于主要是经济性质的权利。此后的伯格法院虽然仍坚守优先地位说,但是已经开始关注人身自由与财产权之间的相互依赖关系。在保守主义的伦奎斯特大法官执掌联邦最高法院后,财产权的命运开始改变。在管制性征收案件中,联邦最高法院依据联邦宪法禁止无偿征收财产。这种有利于财产权的趋势虽然尚未转化到典型征收领域,②但是也为公用审查的改变提供了机会,最终迎来了此一时期独具特色但备受争议的凯洛案。与伯尔曼案和米德基夫案的一致意见形成鲜明对比的是,联邦最高法院在凯洛案中以 5∶4 作出判决,分歧的焦点既在于公用的实质内涵,也在于公用的审查标准。伦奎斯特大法官与奥康纳大法官、斯卡利亚大法官、托马斯大法官持反对意见,强调纯粹以商业开发为目的的征收将使财产权时刻面临征收危险,公用要件形同虚设。即使在史蒂文斯大法官发表的多数意见中,公用审查也发生了微妙的变化。基于教义融贯性,联邦最高法院继续坚持极端遵从的公用审查路径,但因意识到无法从抽象层面有效平衡征收权与财产权之间的关系,转而一方面诉诸联邦主义的结构原则,强调州法院在公用审查中的角色;另一方面,将公用审查推进到具体的征收过程,试图以程序审查制约征收权。

---

① 伯纳德·施瓦茨.美国最高法院史[M].毕洪海,柯翀,石明磊,译.北京:中国政法大学出版社,2005:367.

② 典型征收与管制性征收的重要区别之一是,前者由政府在法院启动征收程序,后者则由被征收者提起反向征收之诉,请求法院判决政府的活动构成需补偿的征收(compensable takings)。详见第三章关于征收条款中"take"术语的解释。

二、公用审查与麦迪逊两难

联邦最高法院之所以坚持极端遵从的公用审查路径,理由不外乎制度能力与民主价值——立法机关比联邦最高法院更有能力作出公用判断;以司法判断取代公用的立法判断导致反多数困境。制度能力理由可以融入民主价值中,公用审查所需要的制度能力与立法机关作为民选机构的地位相匹配,尽管这并不意味着司法机关毫无能力界定公用。遵从性公用审查的基本理由主要在于民主考量。理想型民主是直接的、全体性的,但实践中的民主多是间接的、多数人的,即代议制民主下的多数统治。美国宪法以民主为根基建立起来,自始包含两个相互冲突的原则:"一是民主多数下的自治原则,二是个人在某些领域和某些时候必须享有免于多数统治的自由权利原则。"[①]两项原则的关系形似矛与盾,导致美国宪法始终面对麦迪逊两难(Madisonian Dilemma)。司法审查的反多数性质正是源于司法部门谋求对麦迪逊式困境的解决,试图以保护个人自由来对抗多数人的统治,防止出现多数暴政。[②] 司法审查缘起于民主体制自身的缺陷,但从民主价值出发,导致反多数问题。历经两百余年,联邦最高法院如何挺立于这种循环往复中,可以从公用审查中管窥一二。

联邦宪法第五修正案征收条款的要义在于从公平正义的角度出发,禁止为了公共利益而由个人来承担本应由公众整体承受的负担。[③] 但就征收行为本身而言,系以必要于公共利益的特定财产为对象,从公众中挑出特定的私有财产所有者来承受本应由公众整体承受的负担。从权力—权利的角度来看,公用审查涉及征收权与财产权之间的紧张关系。在一端为征收权而另一端为财产权的天平上,公用要件成为维持平衡的关键。无论是权力,还是权利,本质上都反映了一种利益关系。作为固有的主权性权力,征收权是政府实现公共利益的手段之一。公共利益虽然是征收权的制约,但也是征收权之所以行使的原因。征收权代表了公共利益。由于征收权的立法性质,公共利益产生于多数人的意志。私有财产权承载了作为征收对象的个体的利益,既包括物质利益,也包括精神利益。与征收权所对应的公共利益相比,私有财产权所对

---

① 范进学. 美国新法解释方法论[M]. 北京:法律出版社,2010:7;范进学. 美国宪法解释:"麦迪逊两难"之消解[J]. 法律科学(西北政法大学学报),2006(6):10-14.

② 钱锦宇. 司法审查的能与不能:从"麦迪逊式困境"的重新解读及其解决说起[J]. 环球法律评论,2007(5):15-21.

③ Armstrong v. United States, 364 U.S. 40 (1960), 49.

应的只是少数人的利益。在公用审查中,联邦最高法院正是周旋于多数人所要求的公共利益与少数人所享有的利益之间。

在凯洛案中,托马斯大法官持反对意见,部分以卡罗琳案第四脚注为论据。卡罗琳案第四脚注论及联邦最高法院可以作严格审查的四种情形,其中之一即"我们也不必探究,那些针对特定宗教上的……或国籍上的……或种族上的少数的制定法,是否适用类似的审查,以及针对离散且孤立的少数的偏见是否可能构成一种特别情形,其倾向于严重削弱少数通常据以获得保护的那些政治过程运作且可能要求相应地适用更严格的司法审查"①。托马斯大法官据此指出,"如果对保护'离散且孤立的少数'的宪法条款进行侵入性的司法审查具有正当性……这一原则也当然适用于保护弱小群体及个人的公用条款。法院在公用条款上所采纳的遵从标准因此严重不当。它鼓励那些在政治程序中拥有不相称的影响力和权力的公民,包括大型公司及开发企业,牺牲弱者的利益"②。尽管并未直接将两者等同对待,托马斯大法官显然认为征收案件中的"弱小群体及个人"与"离散且孤立的少数"具有相同的法律地位,以至于同样需要严格审查。

从历史的角度来看,托马斯大法官的担忧不无道理。自殖民地时期开始,征收权就被广泛地用于促进经济发展,③"地方、州及联邦政府为了实现公共政策目标而运用征收权,常以个人财产所有者为代价,但却往往仅有私人利益集团获益"④。尤其当立法机关可以合宪地将征收权授予私主体,或者根据私主体的要求迅速实施征收时,征收权与私人公司联袂,推动了美国的工业化与城市化。伴随着征收活动的扩张,私人公司所代表的私人利益集团更深刻地介入征收活动,乃至作为征收前兆的规划活动中。为了能够留住或者引入大型赌场、购物中心、制造业等凡是对于地方经济影响重大的公司,地方征收机构不遗余力地诉诸征收。⑤ 私人利益集团俘获问题显著,政治程序可能被利用,以挑选出符合私人利益集团要求的私有财产。由于征收活动有着特定的

---

① U.S. v. Carolene Products Co., 304 U.S. 144 (1938), 152-153.
② Kelo v. City of New London, 545 U.S. 469 (2005), 521-522.
③ Errol E. Meidinger. The "Public Uses" of Eminent Domain: History and Policy [J]. Environmental Law, 1980, 11 (1): 1-66.
④ Wendell E. Pritchett. Public Menace of Blight: Urban Renewal and the Private Uses of Eminent Domain[J]. Yale Law & Policy Review, 2003, 21 (1): 1-52.
⑤ Matthew P. Harrington. "Public Use" and the Original Understanding of the So-Called "Takings" Clause[J]. Hastings Law Journal, 2002, 53 (6): 1245-1302.

对象,被征收者可能是一两个人,也可能是特定的一群人,但无论如何,尤其在有私主体介入的征收活动中,相较于获得利益的私人机构,由于被征收者往往无法联合受影响者与不受影响者反对拟议征收,这些被征收者强烈地感觉到被"挑选"(single out)出来承受本应由全体公众承受的公共负担。① 他们在政治程序中几乎无立锥之地,无法通过选举来制约征收决定者。严格司法审查可能成为保护被征收者利益的唯一有效途径,但问题在于被征收者是否可以视为"离散且孤立的少数"?

"少数"(minorities)一词较早出现于国际法领域,主要指涉宗教上、语言上及种族上的少数群体。许多国际条约和惯例包含了保护少数免遭国内政治过程侵犯的理念,并愈加承认司法保护的重要性。② 这里的"少数"已经是卡罗琳第四脚注意义上的"少数"。在国内法语境中,早在1938年之前的案件中,联邦最高法院就已经开始致力于保护宗教上、种族上、国籍上的"少数"的利益。③ 但这种保护更多的是源于系争权利的实质重要性,而非"少数"本身的特质。卡罗琳案第四脚注关注"离散且孤立的少数",主要指的是宗教上、种族上、国籍上的"少数"。通常解读关注历史维度:这里的"少数"指长期存在的外围群体(outgroups),他们因为自己的身份特质而遭受愤恨和排挤。④ 他们的身份特质主要包括信仰、历史经验以及与其他群体的互动历史,如黑人、犹太人、印第安人等。随着新群体的不断出现,尤其是诸如残疾人、同性恋者、精神问题者等群体越来越多的主张遭受歧视待遇,"离散且孤立的少数"概念越来越成为问题,甚至逐渐"开放性地扩展至对无法通过政治过程实现其目标的各种模糊群体的保护"。⑤

---

① Thaddeus L. Pitney. Loans, and Takings, and Buildings—Oh My: A Necessary Difference between Public Purpose and Public Use in Economic Development[J]. Syracuse Law Review, 2005/2006, 56 (2): 321-352.

② Robert M. Cover. The Origins of Judicial Activism in the Protection of Minorities[J]. The Yale Law Journal, 1982, 91 (7): 1287-1316.

③ See Nixon v. Herndon, 273 U.S. 536 (1927); Pierce v. Society of Sisters, 268 U.S. 510 (1925); Buchanan v. Warley, 245 U.S. 60 (1917); Guinn v. United States, 238 U.S. 347 (1915).

④ Aviam Soifer. On Being Overly Discrete and Insular: Involuntary Groups and the Anglo-American Judicial Tradition[J]. Washington and Lee Law Review, 1991, 48 (2): 381-418.

⑤ Terrance Sandalow. Judicial Protection of Minorities[J]. Michigan Law Review, 1977, 75 (5&6): 1162-1195.

在备受冷落长达40年后，卡罗琳案第四脚注重获关注。在《民主与不信任——司法审查的一个理论》中，伊利提出了一种基于政治过程的解读。以托马斯大法官所引述的第四脚注段落为例，伊利指出这表示"联邦最高法院还应该关注多数人对少数人作了什么，其中特别提及'针对'宗教上、国籍上和种族上的少数人制定的法律，以及对这些人持有偏见的情况下制定的法律"①。依伊利之见，第五修正案征收条款是一种防止多数人侵害少数人的保护机制，"这是对政府权力的一种限制，防止政府将特定的人划分出来，要求其为普遍利益作牺牲"②。"少数"被伊利抽象化为无法参与政治过程的弱势群体，从而遮断了其与群体经验的历史关联，不管特定群体的固有属性。值得注意的是，伊利和斯通大法官都没有认为所有针对"离散且孤立的少数"的立法都无效，仅仅认为此种情况可疑。伊利的讨论服务于强化代议制（reinforced representation）的司法审查理论，虽有无法参与政治过程这样的设定，但其没有详细考察以何种标准来判断是否为"离散且孤立的少数"。斯通大法官在脚注中提出了"离散且孤立的少数"的定义，虽有列举，但也没有拓展开来。在1943年迈纳斯维尔学区诉戈比蒂斯案③（以下简称"迈纳斯维尔学区案"）中，斯通大法官在反对意见中首次援引第四脚注，"离散且孤立的少数"在此被解读为"小的且无助的少数"（small and helpless）。"离散且孤立的少数"愈加宽泛化，愈加模糊不清。

在将"离散且孤立的少数"抽象地适用于保护弱小群体或个人的公用条款上，托马斯大法官并非孤军作战。根据伊利的理论，有学者指出，我们的宪法无视肤色（color-blind），作为征收对象的穷人、文盲以及住房所有者都构成应受到严格司法审查保护的"离散且孤立的少数"。④ 虽然"离散且孤立的少数"不断扩张到新群体，但是如此无一例外的适用于公用审查中，仍然存在问题。并非任何遭受政府权力侵害的个体或群体都可以被认定为"离散且孤立的少数"，否则一方面政府将陷入寒蝉效应，另一方面司法审查将不负现实的压力与民主的批判。有学者主张应当区分偶然遭受不公待遇的少数与一直遭受压

---

① 约翰·哈特·伊利. 民主与不信任——司法审查的一个理论[M]. 北京：法律出版社，2011：74.

② 约翰·哈特·伊利. 民主与不信任——司法审查的一个理论[M]. 北京：法律出版社，2011：95.

③ Minersville School Dist. v. Gobitis, 310 U.S. 586 (1940), 606.

④ Josh Blackman. Equal Protection from Eminent Domain: Protecting the Home of Olech's Class of One[J]. Loyola Law Review, 2009, 55 (4): 697-749.

迫的少数。前者意味着政治过程偶然偏离常轨，因而需要根据具体情况判断，回答在特定情况下，其是否构成"离散且孤立的少数"，是否需要司法干涉；后者则意味着这种偏离本身就是政治过程的要素之一，因而抽象地构成"离散且孤立的少数"，无一例外地需要司法干涉。① 征收案件显然更类似于前者，不能无一例外地适用"离散且孤立的少数"概念。例如，在新政时期，随着联邦城市更新项目的大爆发，部分征收活动确实存在种族主义的问题，符合"离散且孤立的少数"概念。② 但值得注意的是，此时可能更多的不是通过公用审查来解决问题，而是应当诉诸正当法律程序条款或者平等保护条款。

"离散且孤立的少数"不可能存在于每一次征收中，因为征收权本身没有预设其所认可的"少数"，它们通常是"不特定中的特定"。虽然被征收者是孤立的，但是往往不是卡罗琳案第四脚注含义射程内的"离散且孤立的少数"。③ 严格司法审查由此可能无法正当地适用于每一起征收案件，托马斯大法官的论述存在局限。值得注意的是，结合托马斯大法官对公用的狭义解读，当其论及"离散且孤立的少数"时，可能更多想到的是财产权的重要性，而非"少数"被排挤在政治过程之外。此外，卡罗琳案第四脚注实质上区分社会经济立法与基本权利立法，分别使用不同的审查标注。基于征收法律的社会经济立法定位，史蒂文斯大法官的多数意见支持对公用问题适用理性基准审查。同样适用卡罗琳第四脚注，托马斯大法官与史蒂文斯大法官得出了相互冲突的审查标准。从"离散且孤立的少数"问题可能超越了公用审查所能解决的范围来看，这种冲突不足为奇。

三、背景性问题的重构

现代公用审查深受司法克制主义的影响，联邦最高法院对立法判断亦步亦趋，审慎维持立法权与司法权的边界，避免遭受严苛的反多数质疑。征收意味着特定个人或群体被挑选出来，强制放弃财产权。征收权的立法性质表明了征收本身的多数统治色彩。在多数对少数的征收语境下，既要防止征收权滥用，又要谨防危及公共利益的实现；既要保护少数被征收者，又要避免取代

---

① Robert M. Cover. The Origins of Judicial Activism in the Protection of Minorities [J]. The Yale Law Journal，1982，91(7)：1287-1316.

② Robert M. Cover. The Origins of Judicial Activism in the Protection of Minorities [J]. The Yale Law Journal，1982，91(7)：1287-1316.

③ Laura Mansnerus. Public Use, Private Use, and Judicial Review in Eminent Domain[J]. New York University Law Review，1983，58(2)：409-456.

公共意志。凯洛案虽然将保护财产权的责任部分转移给州法院,但是当遭遇权力边界问题时,州法院仍然无法摆脱类似的问题。简言之,公用审查背景性问题的核心是:在麦迪逊两难构成的宪法语境下,如何保证联邦最高法院审查公用问题的正当性。

麦迪逊两难通常被理解为"既不相信多数,也不信任少数",因为"如果立法机关侵入被恰当地保留给个人自由的领域,则多数暴政产生。如果多数被阻止行使合法的权力,则少数专制发生"①。为了解决麦迪逊两难,制宪者们在宪法结构与内容上大做文章。在文本层面上,首先,制宪者们建立了一个由立法权、行政权与司法权分权制衡的治理结构,以权力对抗权力,防止侵害个人自由;其次,制宪者们不得不制定权利法案即前十条修正案,明确规定个人所享有的基本权利。在实践层面上,经由马歇尔大法官对联邦宪法的解读,联邦最高法院逐渐由汉密尔顿口中的最弱部门演变为执掌立法生死之权的机构。司法审查因其中立地位而成为平衡多数统治与个人自由的钦定机制,但也因此招致反民主质疑。达尔指出,司法权是制宪者所立宪法中的非民主成分,"多数或许会接受的是联邦法院应该根据国家宪法和联邦法律对那些摆在他们面前的案例进行判决。尽管如此,大概有一个相当大的多数意见,认为联邦的法官不应该参与政府法律和政策的制定,这一责任显然不属于司法机关,而属于立法机关"②。面对司法审查不可或缺与反多数难题的双重现实,美国宪法学家提出了三种解决路径:基本权利说、政治过程论和司法克制主义。③无论是在司法实践中,还是在理论建构中,这三种路径同样构成了反思与重构公用审查之背景性问题的出发点。

基本权利说立足于联邦宪法的高级法地位,强调针对立法的司法审查源于宪法授权,系以"人民的意志否决政治家的意志"④。根据这种高级法理念,某些根本性的权利受到绝对保护,不能诉诸政治过程。事实上,从宪法裁决的

---

① David L. Faigma. Reconciling Individual Rights and Government Interests: Madisonian Principles versus Supreme Court Practice[J]. Virginia Law Review, 1992, 78(7): 1521-1580.

② 罗伯特·A. 达尔. 美国宪法的民主批判[M]. 北京:东方出版社,2007:17.

③ 田雷在《当司法审查遭遇"反多数难题"》一文中对三种路径作了详尽的归纳和总结,任东来在《"反多数难题"不是一个难题》中将三种路径概括为:基本权利说、政治过程论和司法克制主义。参见田雷. 当司法审查遭遇"反多数难题"[J]. 博览群书,2007(2): 63-68;任东来. "反多数难题"不是一个难题[J]. 博览群书,2007(4):71-76.

④ 田雷. 当司法审查遭遇"反多数难题"[J]. 博览群书,2007(2):64.

一般过程来看,即首先判断系争问题是否涉及基本权利,其次根据权利性质选择恰当的审查标准,基本权利说强调权利性质相对于审查标准的先决地位。公用审查语境所涉权利是财产权,财产权的性质或地位将决定司法审查的恰当范围。从公用审查的变迁来看,公用审查在一定程度上取决于财产权的地位。尤其从伯尔曼案以来的公用审查情况来看,正是由于财产权地位的削弱以及针对财产权的征收立法被归类为社会经济立法,联邦最高法院在公用审查中的角色才不断收缩。伦奎斯特法院将司法审查的焦点由人身权转移到财产权,凯洛案多数意见强调州法院可以为财产权提供更多的保护,这似乎预示着财产权地位的回升。至少在州层面上,当私有财产遭受征收时,州法院可以提高司法审查标准。

政治过程论缘起于伊利的强化代议制司法审查理论,强调通过以程序为导向的司法审查方法,法院发挥监督代议程序的作用。在伊利看来,联邦宪法及其修正案的内容与结构提供了文本基础,因为它们的着力点很大程度上在于"对程序与组织结构的关注,而不在于对特定实体价值的确认与维护"①;沃伦法院的能动主义判决提供了实践依据,因为与学界偏爱的以价值为导向的审查不同,沃伦法院作出了以程序为导向的判决,关注"调控社会的法律据以制定的程序"②;代议制民主制本身提供了政治支持,因为当掌权者堵塞政治变革渠道或者遭受利益集团俘获时,代议程序不值得信任,司法机关所处的位置及其所持有的立场与视角使之更适合监督立法机关,扮演裁判员的角色。③程序导向的司法审查方法与公用问题天然契合。④ 首先,程序导向的司法审查方法符合公用的原初理解。按照伊利对第五修正案征收条款的解读,必然允许以程序为导向的公用审查;从公用要件所具有的规定性来看,程序导向的司法审查有助于防止征收权滥用。其次,作为征收权的另一限制,公正补偿要件最早以程序保护的形式出现。以文霍利承租人案为例,法院致力于识别"公

---

① 约翰·哈特·伊利. 民主与不信任——司法审查的一个理论[M]. 北京:法律出版社,2011:90.
② 约翰·哈特·伊利. 民主与不信任——司法审查的一个理论[M]. 北京:法律出版社,2011:72.
③ 约翰·哈特·伊利. 民主与不信任——司法审查的一个理论[M]. 北京:法律出版社,2011:101.
④ Shaun A. Goho. Process-oriented Review and the Original Understanding of the Public Use Requirement[J]. Southwestern Law Review,2008,38(1):37-88.

正补偿"的正确决策者,而非创设一项判断补偿是否公正的公式。① 公正补偿的确立程序部分决定了补偿是否公正这一实体问题,这同样适用于公用审查语境。

　　凯洛案为公用审查的转向提供了契机。多数意见兼用实体审查与程序审查,程序审查在一定程度上弥补了实体审查可能给财产权带来的严重危险。在讨论系争征收是否以公用为幌子时,联邦最高法院转向征收决定的作出过程,尤其是作为征收依据的规划程序。由于新伦敦市在制定规划的过程中,召开了一系列邻里会议、说明规划内容且各种政府机构通过深入调研来评估规划的经济、环境和社会影响,法院最终认定系争规划经过充分审议,足以保证征收的公用性。凯洛案对征收过程的关注影响了州法院的审查路径,在罗得岛商业开发公司诉帕克英公司案②(以下简称"罗得岛开发公司案")中,罗得岛州最高法院强调整体发展规划的重要性——缺乏广泛规划意味着征收的理由是个幌子,真实的目的在于增加收入并以折扣价格获得私人财产。在米德尔顿镇诉斯通地产案③(以下简称"米德尔顿镇案")中,宾夕法尼亚州最高法院更是指出,"一个经过审慎开发并有着恰当范围的规划足以证明一个合法的目的事实上推动了系争征收"④。

　　基于凯洛案中的判决,学者对公用审查的讨论也部分转向程序方面。托马斯·梅里尔教授主张将明确声明规则适用于公用审查——"立法机构或者行政机构必须明确声明系争征收以公用为目的,甚至可以要求简要解释以支持其决定"⑤。当公用问题进入司法审查时,联邦最高法院只需考察征收机构是否遵循了明确声明要求。梅里尔教授认为这会迫使承受民主责任的决策者严正对待宪法限制,从而有可能为财产所有者提供更多的保护。然而,明确声

---

①　Shaun A. Goho. Process-oriented Review and the Original Understanding of the Public Use Requirement[J]. Southwestern Law Review,2008,38(1):37-88.

②　R.I. Econ. Dev. Corp v. Parking Co,LP.,892 A.2d 87 (2006). 该案涉及快速征收,罗得岛州最高法院认为,法院有义务查明征收机构是否超越征收权授权、恣意、反复无常或恶意地征收私有财产,况且联邦最高法院在凯洛案中也仍然强调必须有审慎制定的综合规划,征收者负有诚信且尽职调查的责任。据此,该法院全面审查了系争征收的方式、动机,最终判定征收的实际目的在于以折扣价格获得私有财产,违宪。

③　Middletown Township v. Lands of Stone,939 A.2d. 331 (Pa.2007).

④　Middletown Township v. Lands of Stone,939 A.2d. 331 (Pa.2007),338.

⑤　Thomas W. Merrill. Rescuing Federalism after Raich:The Case for Clear Statement Rules[J]. Lewis & Clark Law Review,2005,9(4):829.

明规则完全取决于征收者的说辞,仅仅"简要解释"无法支撑征收者口中的公用符合事实,还需要其他机制加以补充。还有学者因循凯洛案对规划程序的偏爱,提出"明确且有说服力的证据"(clear and convincing evidence)规则。据此,联邦最高法院主要从四个方面审查:(1)公共参与,尤其是受影响的社区居民是否有效参与其中;(2)规划模式,即作为征收依据的规划是否经由充分审议;(3)经济评估,如成本—收益分析是否支持公共利益优先;(4)协商过程,即政府与利害关系人的交涉情况。①

司法克制主义路径剑指沃伦法院的司法能动主义,主张法院应当尽可能地将问题留给民主过程。但诚如上文所述,这种司法哲学本身有着更为悠久的历史。坦尼法院发展出的政治问题不可司法审查的教义是司法克制主义的最早运用。早在 19 世纪末,塞耶就已经注意到"只有当立法的危险性极为确定时,法院才会推翻"②,其遵从性理论立足于对立法权与司法权不同角色的认识。但塞耶并不担心非民选的司法机构强加自己意愿的反多数难题,而是基于司法权的有限性,主张立法机关而非法院发挥着人民对抗违宪法律的主要保护者的作用。③ 塞耶的司法克制理论影响了霍姆斯大法官、布兰代斯大法官以及法兰克福特大法官,他们推动司法克制成为联邦最高法院的主流司法哲学。司法克制哲学的作用在公用审查中体现得淋漓尽致。自 19 世纪末 20 世纪初以来,联邦最高法院由厘定立法权与司法权的边界转向对立法判断的遵从,不断收缩自己在公用判断中的角色,最终确立了极端遵从的司法审查路径。财产权的地位影响了联邦最高法院的遵从选择,司法遵从本身反过来加剧了财产权地位的削弱趋势。有学者甚至直接指出,"法院今天所采纳的低度审查导致公用要件无法有效保障财产权"④。

凯洛案引起的剧烈反制运动部分针对联邦最高法院的司法遵从态度。提高司法审查标准成为学者普遍诉诸的公用改革手段。一些学者强调司法机关

---

① Eric Rutkow. Case Comment,Kelo v. City of New London[J]. Harvard Environmental Law Review,2006,30(1):275-276.

② James B. Thayer. The Origin and Scope of the American Doctrine of Constitutional Law[J]. Harvard Law Review,1893,7(3):140-44.

③ Robert A. Schapiro. Judicial Deference and Interpretive Coordinacy in State and Federal Constitutional Law[J]. Cornell Law Review,1999/2000,85(3):656-716.

④ Stephen J. Jones. Trumping Eminent Domain Law:An Argument for Strict Scrutiny Analysis under the Public Use Requirement of the Fifth Amendment[J]. Syracuse Law Review,2000,50(1):285-314.

的独立地位,无一例外地要求对公用问题适用高度审查标准,或者更缓和地表达为提升司法机关在公用审查中的作用。① 另有学者主张区分不同的征收语境,适用不同的司法审查标准。肯尼迪大法官认为,当征收活动存在"不允许的偏袒"(impossible favoritism)或者说公用仅仅是谋求私人利益的幌子时,法院应当提高司法审查标准。许多关于有选择地提高司法审查标准的论述以此为据展开,尤其强调当征收很可能存在不当动机时,例如,在由私主体实施或者有私主体获得明显利益的情形下,法院应当适用更高的司法审查标准。② 有学者具体地建构出更为严格的司法审查的三项标准,法院据此必须判断:(1)所宣称的公用是否具有实质性;(2)征收是否实质上促进了所谓的公共利益;(3)征收是不是促进实质公共利益之必要。③ 第一种路径很可能加重法院的公用审查负担,而且在一些明显符合最狭义公用的案件中,如政府为了建设高速公路而征收私有财产,极为不合适。从第一章所确立的公用类型来看,第二种路径更为合适。

基本权利说将保护某些基本权利视为宪政民主体制的固有意涵,从而消解了反多数难题,但基本权利判定存在诸多主观因素,很可能不当地以司法判断取代民主选择,导致司法立法。④ 司法克制主义承认反多数难题,提出一条缓和路径——法院尊重民选机关,但法院通常握有是否克制的选择权,最终可能没有缓和,而是加重反多数难题。基本权利说面临财产权地位在当今时代充满争议的困境,司法克制主义已经被证明或至少被强烈抨击为无法合理平衡财产权与征收权之间的关系。政治过程理论认为司法审查的基本任务是监督代议程序,由此反多数难题并不成立。程序导向的司法审查路径以凯洛案的判决为出发点,将司法审查拉回到更为中立且客观的位置,以程序保卫实

---

① Daniel A. Lyons. Public Use, Public Choice, and the Urban Growth Machine: Competing Political Economies of Takings Law[J]. University of Michigan Journal of Law Reform,2008/2009,42(2):265-322.

② Jenntfer J. Kruckeberg. Can Government Buy Everything?: The Takings Clause and the Erosion of the "Public Use" Requirement, Can Government Buy Everything: The Takings Clause and the Erosion of the Public Use Requirement[J]. 2003,87(2):543-582.

③ Michael Paul Wilt. Intermediate Scrutiny For Economic Development Takings: Proposing a New Test Based on Justice Kennedy's Kelo Concurrence[J]. Thomas Jefferson Law Review,2008,31(2):451-456.

④ 范进学. 美国宪法解释:"麦迪逊两难"之消解[J]. 法律科学(西北政法学院学报),2006(6):10-14.

体,"关注征收中公共利益的确定过程、系争财产用途的规划过程、征收机构启动征收的过程"①。在当前语境下,程序导向的司法审查可能是更具操作性的路径。值得注意的是,凯洛案所支持的程序审查路径没有消解对公用问题的实体考量,亦没有否定对立法判断的极端遵从路径,"既依靠多数,又怀疑多数",实际上形成民主过程与司法过程协同解决麦迪逊两难的模式。②

---

① 刘玉姿.美国法上的幌子征收及其启示[J].浙江社会科学,2013(10):71.
② 钱锦宇.司法审查的能与不能:从"麦迪逊式困境"的重新解读及其解决说起[J].环球法律评论,2007(5):15.该文将麦迪逊困境解读为"既依靠多数,又怀疑多数"。

第三章

公用判断的参照系

　　无论是旧原旨主义,还是新原旨主义,宪法文本都构成了宪法解释的起点与终点。旧原旨主义认为宪法文本的含义是制宪者的意图或者批准者的理解;新原旨主义则认为宪法文本的含义是文本的语义含义,制宪者的意图或批准者的理解只是确定宪法文本语义含义的资源。在新原旨主义成为主流的今日,公用要件的解读应当立足于宪法文本。第一章主要从本体论的角度出发,以联邦最高法院与州法院的重要判例为线索,梳理了公用基本内涵的变迁,并加以教义化。第二章主要从主体论的角度入手,以分权与联邦主义为背景性原则,考察了立法机关与司法机关、联邦最高法院与州法院在公用判断中的地位如何深刻影响公用的基本内涵。在解决了公用判断的两大基本问题之后,第三章回到公用要件所在的第五修正案征收条款所确立的基本语境,经由关联与对比分析,明确作为征收限制的公用要件的关系论意义。

　　联邦宪法第五修正案规定:"nor shall private property be taken for public use, without just compensation."①"public use""take""private property""just compensation"构成了本条款的四大要素。一方面出于论述分析的需要,另一方面基于对各要素在本条款中的地位的不同认识,学界及法院对该条款赋予了不同的名称。从权力限制的角度来看,强调公用要件者,称其为

---

① Amend. V of U.S. Constitution. 此处直接引用联邦宪法文本原文。原因之一是,关于该句的翻译有许多版本,尤其是"take"一词,如《论财产权的解体》译者翻译为"拿走";尹宣先生翻译为"充作"等,参见托马斯·C.格雷.论财产权的解体[J].高新军,译.经济社会体制比较,1994(5):21-26;詹姆斯·麦迪逊.辩论:美国制宪会议记录[M].南京:译林出版社,2015:775;原因之二是,力图在不破坏原文的情况下,更直观地分析这些语词本身与公用要件之间的关系。

"公用条款"(the public use clause);①强调公正补偿在本条款平义解释及适用上的重要性的,称其为"公正补偿条款"(the just compensation clause)。②从权力属性或政府行为的角度来看,称之为"征收条款"(the taking/eminent domain clause),③经由该条款发展而来的学说被称为"征收理论"(the taking jurisprudence)。"take"一词表明了公用要件旨在限制的权力的行使方式;"private property"是公用要件旨在保护的对象;"just compensation"则同公用要件一起构成对国家权力的限制,尽管两者对于征收的意义有所不同。三者相互交织、共同作用,构成了公用判断的参照系。

第一节 公用与"take"

作为第五修正案征收条款的关键术语,"take"一词构造了个人(群体)A与个人(群体)B之间就私有财产的互动关系。跳出第五修正案的语境,根据平义解读,"take"首先包含了"取得""占有"之意,④即 A 以某种方式取得/占有 B 的私有财产。因此,"take"的过程必然是一种权利转移的过程。这种权利转移过程最自然地发生于市民社会中的个人之间,例如 A 购买 B 的私有财产,从而财产权利经由购买行为转移给 B。艾珀斯坦将个人之间的财产转移适用于个人与国家之间。这种移植以公法领域与私法领域无法严格界分为前提,但并不意味着绝对适用——从私法领域到公法领域,两者之间的关键区别在于如何对待个人自治原则。⑤ 私法领域的财产转移或财产"take"发生于平等主体之间,以充分尊重当事人的意思自治为根本;公法领域的财产转移或财产"take"发生于国家与个人之间,这种权力—权利对峙带有明显的强制性,自

---

① Derek Werner. The Public Use Clause, Common Sense and Takings[J]. Boston University Public Interest Law Journal,2001,10 (2):335-359.

② William Michael Treanor. The Origins and Original Significance of the Just Compensation Clause of the Fifth Amendment[J]. Yale Law Journal,1985,94 (3):694-716.

③ Richard A. Epstein. Not Deference,but Doctrine:The Eminent Domain Clause [J]. Supreme Court Review,1982:351-380.

④ 薛波. 元照英美法词典[Z]. 北京:法律出版社,2003:1326.

⑤ Richard A. Epstein. Takings:Private Property and the Power of Eminent Domain [M]. Massachusetts:Harvard University Press,1985:10.

治原则必须向国家所代表的公共利益让步。为了防止强制性的国家权力恣意行使,对个人财产权造成毁灭性的破坏,这种国家权力被置于公用要件、公正补偿要件以及正当法律程序要件等宪法限制编织而成的牢笼中。

国家权力不可一直以抽象形态存在。抽象的权力授予将为权力寻租提供肥沃的土壤,危及个人权利。正因为如此,联邦宪法所创设的政府是一个有着列举权力的有限政府,同时也受到权利法案的严格限制。"take"一词表明了财产在国家与个人之间的强制转移,问题继而变成在国家活动中,"take"主要表现为哪些具体的国家权力？这些国家权力对于公用要件的界定又有什么影响？

一、征收权、征税权与警察权

在纯粹字面意义上,"take"指的是财产转移,第五修正案则将"take"限于旨在达成公用目的且给予公正补偿的国家权力。无论是在美国法上,还是在中国的移译中,对于"take"一词的理解或解释都不甚明了。美国法上多认为,国家"take"私有财产的方式主要包括征收权、征税权与警察权三种方式;① 也有学者直接将国家"take"私有财产等同为征收权的行使。② 在国内学术移译上,作为"take"名词形式的"taking"则往往被直接翻译为"征收",而为了避免混淆,"eminent domain"则被译为"征用";③ 也有学者将"taking"翻译为"征用"。④ 这里既受到国内"征收"与"征用"概念尚未厘清的影响,也源于学术移译不可避免的语言困境。⑤

至少从概念层次上看,从私法领域到公法领域,再到第五修正案,"take"的含义射程不断限缩,对"take"的解释或具体化也愈加受到语境的影响,依次

---

① William B. Stoebuck. A General Theory of Eminent Domain[J]. Washington Law Review, 1972, 47 (4): 553-608.

② Joseph L. Sax. Takings and the Police Power[J]. Yale Law Journal, 1964, 74 (1): 36-77.

③ 理查德·A. 爱泼斯坦. 征收——私有财产与征用权[M]. 李昊,刘刚,翟小波,译. 北京:中国人民大学出版社,2011.

④ J.格里高利·西达克,丹尼尔·F.史普博. 美国公用事业的竞争转型——放松管制征用与管制契约[M]. 宋华琳,李鹢,等译. 上海:上海人民出版社,2012.

⑤ 许渊冲. 翻译的艺术[M]. 北京:五洲传播出版社,2006:3. 西方文字多是形合文字,90%以上可以对等,适用对等论;但中文是意合文字,绝大部分无法对等,适用优化论,用最好的译语表达方式。

可以区分为最广义的"take"、广义的"take"、狭义的"take"三个层次。在不同的语境下,"take"应当有不同的含义。最广义的"take"囊括了公法与私法上的财产转移方式,私法上如通过购买、遗赠等方式,公法上如通过征税权、警察权、征收权等方式。广义的"take"则指国家取得私有财产的方式,即如征税权、征收权与警察权。狭义的"take"受限于第五修正案语境,从其包含的"私有财产""公用""公正补偿"等要素来看,指的就是我们通常所说的"征收权"(eminent domain/condemnation)。因此,无论在何种情况下,"take"与征收权都是包含与被包含的关系,而第五修正案最后一句自然也可以直接表述为"征收条款"。

从广义到狭义,这种转换最直观地体现于艾珀斯坦教授的 *Takings:Private Property and the Power of Eminent Domain* 一书中。从标题看,"taking"与"eminent domain"显然有着不同的含义。艾珀斯坦教授从普通法入手,实际上区分了典型的"taking"与非典型的"taking"。首先,从作为"take"对象的私有财产入手,基于权利守恒定律(a rule of conservation of entitlements),将典型的"taking"区分为完全的(total)与部分的(partial)。① 其次,将针对个人的典型"taking"扩张到针对多个人的非典型"taking",尽管"表面上,('taking'针对的)人数越多,不公正就越大。判断政府行为是否构成'taking'的更简单方法是看它对每个受制于其行为的个人的财产权造成的影响:就这一点相关,政府行为与其他人的关系也无关紧要"②,所以"规制针对单个人的'taking'行为的规则也适用于针对多个人的'taking'行为"③。由此,是否构成"take"的判断关键不在于行为所针对的人数的多少,而在于行为对财产权造成的影响。从这一意义上,征税权与警察权同样属于国家"take"私有财产的方式。艾珀斯坦实际上是在最广义的层面上使用"take"术语,跨越私法领域与公法领域,整合了"taking"理论。就本书而言,当在其他章节提及

---

① Richard A. Epstein. Takings:Private Property and the Power of Eminent Domain[M]. Massachusetts:Harvard University Press,1985:57.
② Richard A. Epstein. Takings:Private Property and the Power of Eminent Domain[M]. Massachusetts:Harvard University Press,1985:107.
③ Richard A. Epstein. Takings:Private Property and the Power of Eminent Domain[M]. Massachusetts:Harvard University Press,1985:94.

"take"一词时,系在狭义意义上,即第五修正案语境下使用,将之意译为"征收"①。

就狭义的"take"而言,即第五修正案征收条款,在类型上又可作进一步的细分。从程序的角度来看,由政府直接在法院启动征收程序的,系典型征收;由行政相对人在法院提出诉讼并要求给付补偿的,系反向征收(inverse condemnation)。在反向征收诉讼中,法院通常需要先判断系争政府行为是否构成管制性征收(regulatory takings)。顾名思义,管制性征收意味着政府管制对私有财产造成的影响在功能或性质上相当于征收(eminent domain),这种影响可能是物理性的,也可能是无形的。一般而言,政府对私有财产的合法管制不需要支付补偿,而管制性征收则需要支付补偿,故此又被称为需补偿的征收。从政府行为对私有财产造成的影响来看,第五修正案征收条款所涵摄的征收类型又可分为侵入型征收(trespassory taking)与非侵入型征收(non-trespassory taking)。前者指的是政府行为形式上造成对私有财产的物理侵入(physical invasion),又被称为物理性征收(physical taking);后者破除了传统的"无接触无征收"(no taking without touching)原则,②多发生于政府行为"走得太远"时,例如,导致私有财产几乎毫无经济价值时,即管制性征收。除此之外,也有学者将征收行为区分为物理性征收、管制性征收、强征(exaction),③实际上列举了当前美国征收法上备受关注的三种情形,但由于界定标准不同,这种区分着实不够周延,三者之间多有交叉。强征本身就是管制性征收的一种,而物理性征收则可能构成管制性征收。

从社会契约论的角度来看,为了保护生命、自由与财产,处于自然状态的个人不得不让渡一部分权利,建构国家。基于同意而让渡的这部分权利积聚

---

① 德国法上似乎也有类似"take"的术语,陈征将德国《基本法》第 14 条第 3 款征收条款翻译为"只有为实现公共福祉才可允许剥夺财产权。对财产权的剥夺只能通过和依据规定财产补偿方式和程度的法律进行。确定补偿时要公正权衡社会公共利益和相关人的利益。对于补偿额有争议的,可向普通法院提起诉讼"。参见陈征. 德国《基本法》中私有财产权的内涵和保护范围[EB/OL]. [2016-02-29]. http://www.360doc.com/content/16/0107/12/22741532_526122953.shtml.

② Callenderv. Marsh 18 Mass. (1 Pick.) 417 (1823); Monongahela Navigation Co. v. Coons, 6 Watts & Serg. 101 (Pa. 1843). 两案确立了"无接触无征收"的原则,深刻影响了 19 世纪的法院判决。

③ Edward H. Rabin & Rosenthal Roberta Kwall. etc. Fundamentals of Modern Property Law[M]. NY: Foundation Press, 2011: 646. 强征指的是政府附条件地授予所有者土地使用许可或开发许可,其条件是要求所有者提供特定财产给政府或公众。

于国家手中,就转变成了旨在达成公共目的的具体权力。主权在民,但主权的执行者是国家,其实现主权的方式即通过一系列的主权性权力。划分主权性权力的尝试一直存在,如有人将之分割为警察权、战争权、航海权、征税权与征收权等,①又如众所周知的立法权、行政权与司法权。征收权、征税权与警察权是国家针对私有财产的三种主要权力,都可能导致私有财产由个人转移给国家,但也都必须符合相应的公共目的限制。三种不同的权力意味着各自对私有财产造成的影响有所区别,因而各权力所受到的限制也有所不同,如征收权还受到公正补偿要件的限制,征税权与警察权一般不需要给予公正补偿。但就目的限制而言,三者之间是否不同却有争议。例如,库利认为,"所有政府权力都因公共目的而存在,但它们并不必然根据同样的公共利益条件行使……每种权力都有自己独特且恰当的范围,而且对于一种来说是公共的目的,对于另一个来说,并不必然如此"②。但以佛罗里达州为例,尽管在文本上,征税权与征收权都受制于共同的"公共目的"限制,州法院却坚持公共目的在每种语境下有所不同。学术界指责这会造成不融贯性和混淆,要求"协调公共目的的司法含义与普通人解读州宪法时所理解和期待的含义"③。又如,威廉姆·B.斯托布克(William B. Stoebuck)认为,"征收权没有对个人造成特别危险,以至于要求特别限制其行使的场合。这不是黑魔法,而仅仅是政府的一种权力,只要服务于一些一般的政府目的,就可以和其他权力一并使用"④。公用要件与警察权、征税权的关系一言难尽,须以理清两种权力与征收权之间的关系为前提,权力关系的形态影响了公用要件在两个子参照系中的地位。

二、公用与警察权

在美国法上,相较于征收权,警察权是一个更为模糊的概念。征收权有成文宪法为依据,警察权则完全是司法建构的产物。征收权以公用和公正补偿为明确限制,但由于术语的不确定性,尤其是公用要件,几乎完全依赖法院的

---

① William B. Stoebuck. A General Theory of Eminent Domain[J]. Washington Law Review, 1972, 47 (4): 569.

② People ex rel. Detroit & H.R. Co. v. Salem Township Bd., 20 Mich. 452 (1870), 478.

③ Martin M. Randall. The Different Faces of "Public Purpose": Shouldn't It Always Mean the Same Thing? [J]. Florida State University Law Review, 2003, 30 (3): 530.

④ William B. Stoebuck. A General Theory of Eminent Domain[J]. Washington Law Review, 1972, 47 (4): 553-608.

解释。正是在司法场域,公用要件与警察权之间的交汇融合逐渐上演。

(一)何谓警察权

警察权,亦有学者称为"治安权"。① 在共和国早期,作为术语核心,"police"一词主要指称"规制和管理公民社会以及践行公民社会的法律和公共秩序"②。按照布莱克斯通更形象的解释,即"恰当的管制以及王国的国内秩序"③。在美国法上,该词明确进入司法领域,约始于1824年的吉本斯案。④ 在撰写吉本斯案的法律意见书时,马歇尔大法官多次使用"police"一词,意指那些涉及公共健康和公共安全的法律:"尽管这种排他性授权是一种管制贸易的法律,但在他处曾被称为警察法。"⑤"就涉及各州公共健康的检疫法和其他警察管制而言,它们都不具有联邦贸易管制的性质。"⑥"这种州所享有的公认的权力,即管制其治安、州内贸易及其公民的权力,使其能够在相当大的范围内立法。"⑦警察权的完整轮廓最早呈现于1827年的布朗诉马里兰州案⑧(以下简称"布朗案")中。

布朗案涉及一项州议会立法,其要求无论何种情况,所有外国商品的进口商在出售商品之前必须支付50美元以获取州的销售许可,否则将面临没收或罚款。《联邦宪法》第1条第8款规定,国会有权"管制合众国与外国的、各州之间的以及与印第安部落的贸易";第10款规定,"未经国会同意,任何州不得对进出口货物征收进口税或间接税,除非为执行该州检疫法所绝对必要"。原告认为,州议会立法违反了贸易条款和联邦宪法对州征收进口税的禁止性规定;被告则认为,如果认定系争立法违宪,则会破坏州保护其公民免于危险物

---

① 曹勉之. 再造共和:以内战前后美国联邦最高法院的治安权解读为中心[J]. 朝阳法律评论,2105(2).

② Christopher Supino. The Police Power and Public Use:Balancing the Public Interest against Private Rights through Principled Constitutional Distinctions[J]. West Virginia Law Review,2008,110(2):711-780.

③ William Blackstone. Commentaries on the Laws of England[EB/OL]. [2016-02-29].http://lonang.com/library/reference/blackstone-commentaries-law-england/bla-101/.

④ Gibbons v. Ogden,22 U.S. 1 (1824). 事实上,在达特茅斯学院案中,联邦最高法院就已经指出,制宪者并不意图限制州为其内政管制公民机构(civil institution)。Trustees of Dartmouth College v. Woodward,17 U.S. 518 (1819).

⑤ Gibbons v. Ogden,22 U.S. 1 (1824),26.

⑥ Gibbons v. Ogden,22 U.S. 1 (1824),178.

⑦ Gibbons v. Ogden,22 U.S. 1 (1824),208.

⑧ Brown v. Maryland,25 U.S. 419 (1827).

品的能力。马歇尔大法官将系争问题归结为州相对于联邦享有哪些权力,并在判决系争立法违背宪法的同时,承认"直接清除火药的权力属于警察权的一部分,这毋庸置疑保留给且应当保留给各州"①。因此,在马歇尔大法官眼中,警察权保留给且应当保留给各州。众所周知,联邦宪法赋予联邦政府有限且列举的权力,并将剩余的主权性权力保留给各州。《联邦党人文集》称之为"剩余主权"(residual sovereignty),②在最广义上包含针对州内所有事务的立法,且不屈从于联邦政府。问题转而在于马歇尔大法官如何看待警察权与剩余主权的关系。布朗案同时涉及征税权、贸易权与警察权问题,在分别论述这三种权力时,马歇尔大法官并没有将前两种权力作为警察权的一部分来看待,而在论及州的权力时,也并未替代性地使用警察权概念。马歇尔大法官同时援引吉本斯案。结合吉本斯案的判决来看,马歇尔大法官反而非常注重区分警察权与其他类型的政府权力,将之视为一种独立的州权力类型。从吉本斯案到布朗案,马歇尔大法官的论述一脉相承,警察权实际上被作为州权力的一个子集看待,指那些涉及公共健康和公共安全的法律,其目的性明显。

马歇尔大法官对警察权的界定是有节制的,纵向上以州主权为限,横向上注重与其他主权性权力的区分。1837年的纽约市市长诉米尔恩案③(以下简称"米尔恩案")立足于但最终背离了马歇尔对警察权的界定。在米尔恩案中,联邦最高法院面对的是纽约州立法机关的一项规定,即任何从国外或纽约州以外的州进入纽约市港口的船舶在停靠的24小时内,船长必须以书面形式向当局报告每位在船乘客的姓名、年龄以及最后的法定住所(legal settlement),那些本应中途登上其他船舶或者本应在其他地方下船但将会到纽约的乘客也须同样报告。米尔恩认为,系争法律构成对州际贸易的违宪管制;纽约市市长则认为,系争法律有利于管制乞丐、游民,事关公共健康与公共安全,在州的警察权的范围内。巴伯尔(Barbour)大法官撰写法律意见书,明确依据马歇尔大法官在吉本斯案和布朗案中的法律意见,裁决系争法律并非贸易管制而是警察权管制。然而,与马歇尔大法官将警察权限于州权力的一个子集不同,巴伯尔大法官显著扩大了警察权的范围:警察权等同于剩余主权。巴伯尔大法官首先将系争法律归类为旨在保障公共健康与公共安全的警察权行使:"管制自

---

① Brown v. Maryland, 25 U.S. 419 (1827), 443.
② 亚历山大·汉密尔顿,约翰·杰伊,詹姆斯·麦迪逊. 联邦党人文集[M]. 张晓庆,译. 北京:中国社会科学出版社, 2011: 212, 289.
③ Mayor of New York v. Miln, 36 U.S. 102 (1837).

己的内部治安并谨防危及共同体是各州的一般性权力"①,"各州能够且有必要针对乞丐、游民以及可能的犯人会带来的道德瘟疫采取预防措施;也能够且有必要对那些通过进口的不良且传染性的物品或通过船舶……产生的物理瘟疫采取预防措施"②。其次,巴伯尔大法官转而更一般性地讨论警察权,将警察权直接等同于州促进人民的安全、幸福和繁荣的权力:"州对所有在其领土内的人和物拥有不可否认且毫无限制的管辖权,就像任何外国国家一样;这种管辖权并没有让渡或受制于联邦宪法的限制。据此,通过相应立法来推进人民的安全、幸福和繁荣,提供一般福利,不仅是州的权利,也是州义不容辞且庄严的责任……所有这些权力仅关联于内政立法,或者可以恰当地称为州内治安(police),这些权力因此是不能让与或不受限制的……"③就所有州立法几乎都涉及人民的安全、幸福与繁荣而言,巴伯尔大法官对警察权的界定实际上与州的整个"剩余主权"无异。在五年后的普里格诉宾夕法尼亚州案④(以下简称"普里格案")中,联邦最高法院不再试探性地使用警察权术语,不再作为更完整表达的简要替代,直接因循巴伯尔大法官的观点,用警察权来指代各州的一般性主权。

联邦最高法院首先在联邦主义语境下引入警察权概念。自米尔恩案后,基于警察权就是州主权的定调,警察权的实际范围必然"随着检验州行为有效性的案件而演进"⑤。从吉本斯案到普里格案,这些案件一步步导致警察权概念的变迁,最终几乎排他性地关注警察管制(police regulation)的有效性,警察权几乎立刻被想当然地视为一种管制权。自19世纪50年代以来,伴随着国家转向积极管制,警察管制在程度与种类上都有了深刻的变化,尤其在禁酒运动期间。但与此同时,越来越多的新颖管制因为实体性正当程序而遭受质疑,被认为超出了警察权的范围,最终在1905年的洛克纳诉纽约州案⑥(以下简称"洛克纳案")中才告一段落。洛克纳案的争议焦点是一部限制面包厂工时的法律是否在州警察权范围内。佩卡姆大法官在作出否定回答的同时,尝试明确针对警察权的限制,遂以目的列表的方式重新塑造了警察权概念:"某

---

① Mayor of New York v. Miln, 36 U.S. 102 (1837), 142.
② Mayor of New York v. Miln, 36 U.S. 102 (1837), 142-143.
③ Mayor of New York v. Miln, 36 U.S. 102 (1837), 139.
④ Prigg v. Com. of Pennsylvania, 41 U.S. 539 (1842).
⑤ Benjamin D. Barros. The Police Power and the Takings Clause[J]. University of Miami Law Review, 2004, 58 (2): 478.
⑥ Lochner v. New York, 198 U.S. 45 (1905).

些存在于州主权中的权力被称为警察权,法院尚未对其作出精确的描述与限制。宽泛地讲,这些权利……涉及公众的安全、健康、道德和一般福利。"①依佩卡姆大法官之见,这些目的不仅构成了州警察权行使的限制,也构成了州警察权本身——警察权即州为了保障公共安全、公共健康、公共道德和一般福利而行使的权力。伴随着洛克纳时代的土崩瓦解,在1934年的尼比亚诉纽约州案②(以下简称"尼比亚案")中,警察权术语复归到巴伯尔大法官的观点。罗伯茨大法官撰写法律意见书,直陈:"但什么是州的警察权呢? 只不过是每个主权在其控制范围内固有的政府权力。"因此,纵观警察权术语的演变,可以作如下界定:最广义的警察权即州主权,囊括所有离散的州权力;但由于警察权术语在针对警察管制的诉讼中得到最广泛的应用,③所以从狭义的角度来看,警察权主要表现为管制权。

回到马歇尔大法官最初奠基之时,他关于警察权概念的讨论蕴含了两条并行不悖的线索:其一,在联邦主义语境下,警察权表达了州相对于联邦政府所享有的权力;其二,在功利主义考量下,警察权意味着州所享有的一种以保障公共健康和公共安全为目的的权力。从马歇尔大法官到巴伯尔大法官,在联邦主义线索下,警察权由州权力的一支发展为整个州主权,巴伯尔大法官虽言依据布朗案和吉本斯案,但实际上更进一步。从马歇尔大法官到佩卡姆大法官,伴随着警察管制在程度和种类上的不断变化,警察权旨在达成的目的不再局限于保障公共健康和公共安全,还囊括了公共道德、一般福利等几近全部的政府目的。佩卡姆大法官强调,这些目的同时也构成对警察权的限制,联邦最高法院据以审查警察权是否仅仅是立法机关行使不受限制的权力的幌子。事实上,从佩卡姆大法官能动主义的司法立场理解,他关于警察权的限制性观点并没有完全否定警察权就是州主权的观点,而只是要求联邦最高法院独立审查,防范警察权管制成为州立法机关滥用权力、危害基本权利的幌子。尼比亚案虽然重创佩卡姆大法官的警察权概念,但是提出的警察权行使的目的列表在一定程度上成为后来讨论警察权与公用要件关系的重要依据。

(二)分离状态下的公用

殖民地时期,征收权就已经作为一种古老的主权性权力存在,被广泛用于

---

① Lochner v. New York, 198 U.S. 45 (1905), 53.
② Nebbia v. People of New York, 291 U.S. 502 (1934).
③ Benjamin D. Barros. The Police Power and the Takings Clause[J]. University of Miami Law Review, 2004, 58 (2): 478.

土地开发中。相对而言,类似警察权的活动,诸如以保障公共健康和公共安全为目的的政府行为,深植于普通法传统中,但确切地说,现代意义上的警察权概念发端于19世纪初期的联邦主义案件中。[1] 征收权首先且完全处在相对于私有财产权的位置;警察权则作为州主权的代名词,与联邦权力相向而列。作为政府权力,两者都必须受制于目的限制。联邦宪法第五修正案明确规定,征收权受制于公用要件。警察权概念的发展历程表明,保障公共健康、公共安全、公共道德与一般福利是其正当性所在。然而,概念的不确定性以及警察权自身的联邦主义气质导致征收权与警察权、公用与警察权之间的关系扑朔迷离。

公用与警察权之间的关系脱胎于征收权与警察权之间的关系。主流观念视警察权为州主权的代名词,公用要件则以联邦宪法第五修正案为文本依据。公用与警察权之间的关系形态取决于联邦宪法第五修正案征收条款是否适用于各州。在第十四修正案通过之前,公用要件与警察权之间不可能存在任何关系,但由于州本身也拥有征收权,且大多数州宪法中有着与第五修正案征收条款相似的规定,州法院如何处理州宪法中公用要件与警察权之间的关系,对于理解公用要件与警察权之间的关系有启示意义。

在1851年的马萨诸塞州诉阿尔杰案[2](以下简称"阿尔杰案")中,马萨诸塞州最高司法法院首席法官肖(Shaw)对警察权作了最全面的解释。案涉法律限制了滨水财产所有者在波士顿港口特定区域建设码头的权利。法院面临的问题是:立法机关凭借何种正当权力来管制财产所有者的权利。肖法官先后提及的两大理论打下了此后征收理论发展的界碑。首先,肖遵循当时所接受的教义,坚持补偿义务限于征收权,即虽然政府对财产所有者的管制会削减财产价值,造成损害,但是这并不要求补偿,因为这是在行使警察权而非征收权。是否给予补偿是征收权与警察权的区别之一。其次,肖强调财产所有者之所以受到限制,"不是因为公众需要作同样的用途,或者作任何用途,或者从财产中获益,而是因为它是一种有害用途,违背了下述法律准则,即'使用自己的财产应不损及他人的财产'(sic utere tuo ut alienum non laedas)。这不是占用财产以作公用,而是限制所有者的有害私用,且因此不在有关征收权的财产原则范畴内。我们认为,这种区分原则上显而易见,尽管不同案件的事实与

---

[1] Benjamin D. Barros. The Police Power and the Takings Clause[J]. University of Miami Law Review,2004,58 (2):477.

[2] Commonwealth v. Alger, 61 Mass. 53 (1851).

环境如此不同,以至于常常难以判断特定立法是否可以恰当地归属于两种权力之一"①。作为警察权的根基,普通法上的反妨害传统与警察权术语所蕴含的宽泛的政府权力概念被有机地连接在一起。② 由此确立的基本原则是,警察权关注阻止有害用途,即排除妨害;征收权旨在利用财产获取利益,即创造利益。问题的关键转而在于某一警察管制是否在该原则适用范围之内。正是在此处,肖将警察管制推向更为广大的政府权力空间,"土地的特定用途……在一种情形下会严重侵害共同的和公共的权利,但在另一种情况下则完全无害……针对土地用途的限制是否必要于维护共同权利和公共安全必然取决于环境。这完全由被州主权赋予所有立法权力的主体来判断,以宣告并管制,从而确保并维护所有公共权力"③。警察管制从其普通法渊源中被剥离出来,警察权管制实质上包括但不限于以不损害他人的方式使用自己的财产,立法机关有着宽泛的权力行使警察权。

肖虽然将警察管制推向宽泛的立法权力空间,但是并没有明确论及警察管制可以用于创造公共利益。为后续案件津津乐道之处仍然在于前文提及的基本原则:警察权不需要补偿,征收权需要补偿;警察权旨在排除妨害,征收权旨在创造利益。④ 但总的来说,根据肖的论述,在州层面,警察权与征收权仅仅是作为两种几无关系的主权性权力存在的。从公用与警察权的关系来看,警察权与征收权处于分离状态,两者之间的关系被简化为"排除妨害 VS 创造利益",排除妨害在目的追求上具有消极性,不在公用要件的范围内,所谓公用是一种积极的公用。肖的区分对第十四修正案通过后的征收案件产生了深远的影响,联邦最高法院正是以此为起点展开关于警察权与征收权关系的讨论的。

1887 年的穆勒诉堪萨斯州案⑤(以下简称"1887 年穆勒案")标志着联邦最高法院正式踏上探究警察权与征收权关系的征程。该案发生于禁酒运动鼎盛时期,也是国家管制颇为积极的时代。堪萨斯州的一部法律禁止非为医疗、机械和科学目的制造或出售酒精饮料,违者将面临处罚。穆勒是一名酿酒商,

---

① Commonwealth v. Alger, 61 Mass. 53 (1851), 86.
② Benjamin D. Barros. The Police Power and the Takings Clause[J]. University of Miami Law Review, 2004, 58(2): 479.
③ Commonwealth v. Alger, 61 Mass. 53 (1851), 88.
④ T. D. Havran. Eminent Domain and the Police Power[J]. Notre Dame Lawyer, 1930, 5 (7): 380-384.
⑤ Mugler v. Kansas, 123 U.S. 623 (1887).

在该法通过之前依法经营一家酿酒厂。穆勒诉称该法导致其厂房和设备毫无价值,构成未经补偿的违宪征收,系未经正当法律程序而剥夺其财产。在法律意见书中,哈兰(Harlan)大法官首先提出形式主义的警察权命题——州只是宣告财产用途是为了某种禁止性目的,不利于公共利益,这种警察管制不会干涉或限制所有者为了合法目的控制、使用或处分自己的财产,故而具有正当性。这意味着财产权是有条件的,公共利益构成其行使的内在限度。其次,哈兰大法官也承认警察权的行使并非不受任何限制,如果打着警察管制的幌子从事非为公共福利的行为,则违反第十四修正案。最后,哈兰大法官集中讨论为什么系争法律属于警察管制,不构成违宪征收,也不构成未经正当法律程序剥夺私有财产:"州有权禁止个人以有害于公共健康、道德或安全的方式来使用其财产,这种权力与有组织社会之存在与安全保持一致,不会且不可能使州必须为了它们可能导致的金钱损失而支付个人所有者补偿。因为个人所有者做了不被允许的事情,对其财产作有害使用将危及共同体。对那些本身构成公害的财产行使警察权致其破坏,或者以特定方式禁止其用途致其价值贬损,这不同于为了公用而征收财产,也并非未经正当程序而剥夺个人财产。一方面只是减少妨害;另一方面则是从无辜的所有者那里征收无害的财产。"①由此,"禁止财产用于那些被立法宣告为有害于共同体的健康、道德或安全的目的,在任何意义上都不能认为是为了公共利益而征收财产"②。哈兰大法官显然融合了肖法官所作的两种区分,正是因为警察权旨在排除妨害,所以不需要给予补偿;正是因为征收权是从无害财产中攫取利益,所以才需要补偿。警察权与征收权之间的区分根本上仍然集中于排除妨害与创造利益。排除妨害产生消极利益,这种利益根植于被管制的财产本身;创造利益则强调积极公用,这种利益一般源于财产被征收后所作的用途。无论是排除妨害,还是创造利益,它们所具有的公共性相通,区别在于州与所产生的利益之间的关系不同:在警察权语境下,州作为禁止者出现,只是禁止有害用途;在征收权语境下,州却可以对受其影响的财产主张一种财产利益。③

警察权,排除妨害;征收权,创造利益。这反映了人们对政府权力的最直观的目的性认识。在1887年穆勒案时期,排除妨害与创造利益被严格区分,

---

① Mugler v. Kansas,123 U.S. 623 (1887),669.
② Mugler v. Kansas,123 U.S. 623 (1887),668-669.
③ Joseph L. Sax. Takings and the Police Power[J]. Yale Law Journal,1964,74(1): 36-77.

排除妨害是更宏大的警察权目的叙事的具体化,即保障公共安全、公共健康、公共道德与一般福利。艾珀斯坦教授形象地将两者之间的关系类比于私法中的自我防卫和个人急需:"自我防卫允许一个人实施侵害而无须补偿,而个人急需只创造了一项有条件的特权,该特权允许行为人实施侵害,但必须支付补偿。"① 因此,当州管制那些有害于共同体的财产用途时,并没有剥夺财产所有者的权利,仅仅是代表其他居民行使自我防卫的权利,因此并不会因为对私有财产的合理限制而背负公正补偿的责任。自我防卫指向当下的妨害,个人急需则立足当下,面向未来的利益。这至少说明了在排除妨害相对于创造利益的谱系中,在更具体的层面上,公用与征收行为本身可能并不同步,甚至不可避免地具有或多或少的未来性,可能是即刻可见的未来,也可能是需要充分的证据来证实的未来。然而,个人急需的表述却误解了公共必要性与公用对于征收权所具有的不同意义,其强调征收出于公共必要性,公用则被这种更为急迫的必要性所淹没,很大程度上与征收权的现实使用不相符。

警察权根植于反妨害的普通法传统中,"使用自己的财产应不损及他人的财产"。这种表述意味着,当法院审查警察管制是否事实上排除妨害时,关注财产所有者在警察权行使之前是如何使用财产的。即如前所述,排除妨害关注当下的妨害,"当下"指的是在政府行为之前的财产用途。当法院审查征收权是否事实上为了公用时,几乎完全聚焦政府在征收行为发生后将如何处置财产。公用判断侧重财产被征收后的用途性质。基于警察权与征收权之间的区分,可以明确公用的性质,基于公用与警察权之间的关系,又可以反观警察权与征收权之间的区分。1887 年穆勒案确立了警察权与征收权相分离的状态,其推理为后续案件所遵从。② 在分离状态下,相对于排除妨害的警察权目的,作为征收权限制的公用要件具有积极的、未来的面向,关注财产在被征收之后的用途。在 1887 年穆勒案中,联邦最高法院支持立法可以宣告原先合法的财产用途现在不合法,"州并没有因此作出任何保证或承受任何关于此种立法永不改变的义务"③。立法深受社会环境的影响,作为警察权作用对象的妨害必然会随着立法政策的变化而演进。在社会经济发展的洪流中,旨在创造

---

① Richard A. Epstein. Takings: Private Property and the Power of Eminent Domain [M]. Massachusetts: Harvard University Press, 1985: 110.

② Terence J. Centner. Legitimate Exercises of the Police Power or Compensable Takings: Courts May Recognize Private Property Rights[J]. Journal of Food Law & Policy, 2011, 7 (2): 211.

③ Mugler v. Kansas, 123 U.S. 623 (1887), 669.

利益的公用与排除妨害的警察权目的之间是否仍能保持泾渭分明，值得怀疑。相对而言，作为类比概念，自我防卫与个人急需之间的界限比排除妨害与创造利益的边界更为脆弱，有学者甚至将两种情况都纳入警察权行使的范畴——无论是阻止公害，还是在诸如火灾等极端必要的情形下，警察权都可以使用。① 20 世纪以来，以 1887 年穆勒案为代表的分离状态遭遇新征收教义的冲击，目的因素以更新的形态出现于征收权与警察权的关系中。

(三) 竞合状态下的公用

无论是公用，还是警察权目的列表，无论是创造利益，还是排除妨害，这些概念所蕴含的不确定性因素及其社会性意味着征收权与警察权之间的分离状态可能仅仅是一种错误的理想状态。作为警察权的目的，"排除妨害曾被认为是击败财产权的唯一例外，但什么是妨害，却不断出现例外。众多例外不断突破传统妨害理论的边界，妨害理论的边界日益模糊"②。排除妨害背后有着更为宏大的目的叙事，这种目的列表尤其随着分区、保护区立法以及普遍的商业管制的增长而不断扩大。与之相映成趣的是，经历 19 世纪中后期的狭义公用与广义公用之争后，公用的内涵与外延也与时俱进，不断扩张。管制国家的到来进一步加剧了警察权与征收权之间的摩擦碰撞，两者不断扩张，相似性也愈加明显。③

1. 公用判断中的警察权

从公用判断的角度来看，警察权以最广义的形式即州主权界定进入征收语境。20 世纪 30 年代以后，警察权被广泛地作为州主权的代名词，同时联邦及州政府普遍投身于福利国家建设中。警察权不可避免地成为联邦最高法院支持福利国家建设的概念工具，甚至被借用到联邦层面，联邦至上与州主权保持着微妙的平衡。警察权概念的适用范围不断扩张，甚至正向进入征收领域，其自身带有的目的特性成为证明征收活动符合公用要件的重要渊源。1954 年的伯尔曼案恰是其例。由于警察权就是州主权，即囊括了州所享有的各种主权性权力，征收权是州所享有的主权性权力之一，所以征收权可以作为州行使警察权的手段。联邦最高法院认为这同样适用于联邦层面，"国会对于哥伦

---

① 刘连泰. 宪法文本中的征收规范解释——以中国宪法第十三条第三款为中心 [M]. 北京：中国政法大学出版社，2014：128.

② 刘连泰. 确定"管制性征收"的坐标系 [J]. 法治研究，2014 (3)：32.

③ David B. Fawcett. III. Eminent Domain, the Police Power, and the Fifth Amendment: Defining the Domain of the Takings Analysis [J]. University of Pittsburgh Law Review，1986，47 (2)：491-516.

比亚特区的权力包括所有立法权,正如一个州对自身事务所享有的……我们所处理的正是传统上所称的警察权问题"①。在厘定问题域之后,征收是否符合公用的问题进而转变为如何界定警察权的边界。正是在此处,联邦最高法院以政府目的来界定警察权的边界,最终基于权力的涵括关系,将征收之公用要件与一般政府目的即公共利益等而视之,"(警察权)定义本质上是立法机关针对政府目的作出判断的产物,但这种目的无法从抽象层面和历史层面作出完全界定。当受制于明确宪法限制的立法机关已经发话,公共利益就几乎具有终局性……一旦目标在立法机关的权限范围内,其显然有权运用征收权来实现该目标。因为征收权只不过是实现目的的手段……一旦目标在国会权限范围内,选用何种手段来实现目的,也由国会判断"②。后来在凯洛案的反对意见中,奥康纳大法官明确指出,伯尔曼案系争项目旨在清除社区衰败,其本身产生即刻的公共利益,有助于保障共同体的健康、安全和美观,符合国会认定的警察权的合宪目的,也构成行使征收权的合宪理由。③

公共利益构成警察权的外在边界,征收权是警察权的一种,作为警察权外在边界的公共利益同样是对征收权的限制。联邦宪法第五修正案的公用要件与此种公共利益限制可以完全等同吗?虽然实际上等而视之且强调联邦宪法第五修正案征收条款的适用,但是伯尔曼案中的论证颇为含蓄,并未直接明示。这也就无怪乎有学者认为伯尔曼案事实上并未涉及公用要件本身。④ 延续伯尔曼案,1984年的米德基夫案直截了当地明确了两者之间的关系。根据1967年制定的《土地改革法》的规定,夏威夷州所建立的土地征收制度将剥夺出租人的不动产所有权并转移给承租人,目的在于打破土地所有权的过分集中,减少土地垄断造成的社会的和经济的不公。在直接大篇幅引用伯尔曼判决意见后,联邦最高法院得出结论:"'公用'要件与主权性警察权的范围一致。"⑤也就是说,在范围上,公用要件与作为警察权外在边界的公共健康、公共安全、公共道德、一般福利等相同;为了公共健康、公共安全、公共道德、一般

---

① Berman v. Parker, 348 U.S. 26 (1954), 32.
② Berman v. Parker, 348 U.S. 26 (1954), 33.
③ Kelo v. City of New London, 545 U.S. 469 (2005) (O'Connor, J. dissenting).
④ John C. Keene. When Does a Regulation Go Too Far —The Supreme Court's Analytical Framework for Drawing the Line between an Exercise of the Police Power and an Exercise of the Power of Eminent Domain[J]. Penn State Environmental Law Review, 2006, 14 (3): 406.
⑤ Hawai'i Housing Authority v. Midkiff, 467 U.S. 229 (1984), 240.

福利等且在支付公正补偿的情况下,政府可以征收私有财产。联邦最高法院继续指出,"当然,甚至当征收权与警察权相等同时,政府也可以审查立法机关就何者构成公用作出的判断。但是,本院在伯尔曼案中已经明确,法院的这种角色'极端狭窄'"①。所谓"警察权与征收权相等同"主要指的是两者在目的上的等同。

基于伯尔曼案与米德基夫案,警察权成为公用教义扩张的通道。作为州主权的代名词,警察权意味着为了实现政府之建立旨在实现的一切公共利益,政府有权采取能够恰当地实现这些公共利益的行为。警察权之目的列表随着社会经济的发展而不断扩大,政府据以实现一般公共利益的行为推陈出新,管制国家形成。作为主权性权力之一,征收权被纳入警察管制的手段之中。虽然这并不必然意味着作为征收之限制的公用要件与作为警察管制之目的的一般公共利益之间范围相同,但是联邦最高法院明确认为两者一致。公用问题演变为警察权的外在边界问题,公用的范围不断拓展:"当征收权的行使关联于可能的(conceivable)公共目的时,联邦最高法院绝不会判决公用条款禁止这种给予补偿的征收。"②值得注意的是,无论是在伯尔曼案中,还是在米德基夫案中,联邦最高法院在明确两种目的要件的可通约性之后,都曾试图审查立法机关的目的判断,但最终因为相信立法机关更有能力判断征收权应当促进哪些公共目的,而非常遵从立法判断。遵从性司法审查使得警察权的外在边界掌握在立法机关手中,公用判断也受制于此,最终与一般的公共利益或政府目的并无二致。

随着第十四修正案并入程序的启动,警察权与公用教义双重扩张,两者之间的关系更为紧密,甚至彼此一致。当第五修正案征收条款并不适用于各州时,警察权与公用要件实为陌路,但从伯尔曼案的判决来看,联邦政府实际上也享有类似于警察权的权力,或者可以抛开其联邦主义色彩,从功能主义的角度出发,采用替代性术语,即管制权。管制权以一般的政府目的为限,因而,两者之间的关系实际上早已注定。当公用要件通过第十四修正案适用于各州后,警察权与征收权之间的互动更为明显。从公用判断的角度出发,联邦最高法院在论及警察权概念时采用最广义的界定,即警察权就是州主权。当其采纳狭义公用观点时,由公众使用标准囊括在一般的政府目的中,其范围远远小于一般的政府目的。但当其采纳广义公用观点时,公用即公共利益,甚至可以

---

① Hawai'i Housing Authority v. Midkiff, 467 U.S. 229 (1984), 240.
② Hawai'i Housing Authority v. Midkiff, 467 U.S. 229 (1984), 241.

说,即一般的政府目的。从狭义公用到广义公用的转变部分正是以警察权为管道完成的。现代公用教义以广义公用为主流,"征收权事实上被政府用来确保财产以某种促进公共利益的方式使用或防止它的用途危及公共健康、安全或福利"①,作为征收权限制的公用要件被宽泛地理解为一般的政府目的,既包括消极地排除公害,也包括积极地创造公共利益。

2.管制性征收视角下的公用

在管制性征收语境下,警察权主要指管制权。与哈兰大法官法律主义的区分路径相比,霍姆斯大法官在 1922 年的宾夕法尼亚煤炭公司诉马洪案②(以下简称"马洪案")中采用了实用主义的路径。马洪是一幢房屋的所有人,但并不对房屋地下享有权利。为了防止宾夕法尼亚煤炭公司在其地下开采煤矿以致地面下沉,马洪根据 1921 年的《科勒法案》提起诉讼,要求法院颁发禁令。根据《科勒法案》的规定,在特定条件下,如果开采无烟煤将导致人们栖居的住宅或其他构筑物,或者人们劳作的工厂、商场等建筑物下沉,那么应予禁止。案件最终到了联邦最高法院,争议焦点首先在于《科勒法案》系争规定的合宪性,最终归结于政府的管制是否构成征收。霍姆斯大法官发表多数意见,认定系争管制构成违宪征收;布兰代斯大法官发表反对意见,主张系争管制是警察权的合宪行使。意见交锋之处,判断管制性征收的坐标系得以建立。③霍姆斯大法官在没有论及 1887 年穆勒案的情况下,径直指出"尽管可以在一定程度上管制财产,但如果政府管制走得太远,则会被认定为征收"④。警察权与征收权之间的藩篱打破,相对于作为政府权力对象的私有财产,两者并非类型之别,仅是程度差异。在判断警察管制何时构成征收上,目的因素以平均利益互惠(average reciprocity of advantage)的形式出现,即只有当承受财产限制的所有者与其他公众之间存在一种利益互惠时,系争管制才合宪。在反对意见中,目的因素则以实体性正当程序的形式出现。布兰代斯大法官仍然恪守 1887 年穆勒案的区分理论并补强,"系争限制只是禁止有害用途。遭到限制的财产仍然为其所有者占有。州并没有占用或利用它。州只是阻止所有者作有害于至高的公共权利的使用。无论何时,当被禁止的用途由于地方或

---

① Terri A. Muren. Public Use Coterminous with Scope of Police Power[J]. UMKC Law Review,1985,53 (2):324-348.

② Pennsylvania Coal Co. v. Mahon,260 U.S. 393 (1922).

③ 刘连泰.确定"管制性征收"的坐标系[J].法治研究,2014(3):31-43.

④ Pennsylvania Coal Co. v. Mahon,260 U.S. 393 (1922),415.

社会条件的进一步变迁而可能不再有害时,此种限制将被清除,所有者将再次自由地享有其财产"①。目的因素被纳入基于目的-手段关系的实体性正当程序审查标准中,"即使是为了公共目的,一种限制也会违法,除非此限制是实现公共目的的恰当手段"②。

在管制性征收背景下,平均利益互惠原则被用来证成政府管制的合宪性,"平均利益互惠是作为公共利益的补强要件呈现的——如果管制只能产生附带的公共利益,则公共利益不能单独证成管制的正当性,需要平均利益互惠的概念补强"③。马洪案即如此。霍姆斯大法官首先关注公共利益是否足以证成系争管制的正当性,在明确"系争制定法并没有表明一种公共利益,足以证明如此宽泛地破坏被告受宪法保护的权利具有正当性"④之后,转而关注宾夕法尼亚煤炭公司是否能从系争管制中获得互惠利益。由于宾夕法尼亚煤炭公司没有从管制中获益,马洪却获得管制收益且不用支付对价,霍姆斯认定系争管制走得太远,构成征收。布兰代斯大法官的反对意见部分回应了霍姆斯大法官的平均利益互惠原则,"当州之所以行使权力,是为了赋予邻里财产以利益时,正如在排水工程中……利益互惠是一项重要考量因素,且甚至可能是根本因素……但当不是为了赋予财产所有者利益而是为了防止公众遭受不利因素和危险行使警察权时,依我之见,不适用利益互惠。除非这种互惠利益应当是在文明社会中生活和经营的利益,否则所有者没有从禁止使用他的油罐车……砖厂……啤酒厂中获得互惠利益。该法案已经赋予煤矿运营者此种互惠利益"⑤。两相比较,霍姆斯实然强调经济互惠——只有当遭受财产损失的所有者从警察管制中获得经济利益补偿时,管制才合宪;布兰代斯则否认了平均利益互惠原则对警察权的适用,因为平均利益互惠原则不适用于排除妨害,而适用于管制赋予他人以利益的情况。然而,令人唏嘘的是,布兰代斯在反对

---

① Pennsylvania Coal Co. v. Mahon, 260 U.S. 393 (1922), 415.
② Pennsylvania Coal Co. v. Mahon, 260 U.S. 393 (1922), 418.
③ 刘连泰.法理的救赎——互惠原理在管制性征收案件中的适用[J].现代法学,2015(4):66.
④ Pennsylvania Coal Co. v. Mahon, 260 U.S. 393 (1922), 414. 详细论证如下:"本案涉及一幢私人住宅……在通常的私人事务中,公共利益一般无法证成此种干涉的正当性。该住宅遭受的损害并非一种公害,即使其他地方的其他人也遭到类似损害。此种损害并非共同的或公共的……系争制定法所表明的公共利益范围有限,因为当地表为煤矿所有者所有时,系争制定法通常并不适用于土地。而且也无法正当化为保护人身安全。"
⑤ Pennsylvania Coal Co. v. Mahon, 260 U.S. 393 (1922), 422.

意见末尾提出的社会互惠理念，本义旨在讽刺和调侃霍姆斯，反而经由佩恩中央运输公司诉纽约市案①、安德鲁斯诉阿拉德案②等判例，最终成为平均利益互惠原则中与经济互惠概念并驾齐驱的适用标准——管制有利于社会，则有利于财产权人，如果所有者从管制中获得在文明社会中生活和经营的利益，则不构成管制性征收。③

平均利益互惠原则被置于经济互惠与社会互惠构成的概念框架中，"'经济互惠'概念要求的'互惠'是直接的、财产利益上的'互惠'。'社会互惠'概念完全突破'经济互惠'的边界，是间接的、超越财产利益上的'互惠'：管制通过提升'社会利益'，间接惠及受到管制影响的财产权人；财产权人得到的互惠利益是'在一个文明社会中生活和经营的利益'"④。平均利益互惠原则的适用前提在于政府所宣称的公共利益不足以证明管制行为的正当性。这种情况往往出现于公共利益与私人利益在管制行为中相互交织之时，例如，政府主张系争管制为了公共利益，却附带产生明显的私人利益。平均利益互惠原则强调"平均""互惠"，是以平均的、互惠的利益来弥补因附带产生私人利益而弱化的公共利益。在评价被管制者的地位时，不是将被管制者作为孤立的个体来看待，而是将之始终作为共同体的一员。在经济互惠中，作为共同体的一员，所有者从管制中获得直接的经济利益，这种经济利益实际上是公共利益不可分割的一部分，是管制旨在实现的公共利益的具体化。在社会互惠中，作为共同体的一员，所有者从管制中获得间接的社会利益——如果管制能够产生公共利益，那么所有者必然会获得社会互惠。无论是前者，还是后者，都暗含了公共利益与个人利益的一致性。依霍姆斯的观点，当警察管制不满足平均利益互惠原则时，走得太远，构成征收。也就是说，在征收语境下，虽然公用要件本身足以证成征收的正当性，但是被征收者所遭受的损失无法从征收所产生的公共利益中得到互惠，从而需要补偿以恢复公平状态。公正补偿之于征收权，正如平均利益互惠原则之于警察权。在征收语境下，被征收者之所以无法获得利益互惠，原因部分在于布兰代斯对1887年穆勒案分离理论的引申——被征收者已经无法从利用财产中获益，即互惠利益存在的前提是财产仍然为所

---

① Penn Cent. Transp. Co. v. City of New York，438 U.S. 104 (1978).

② Andrus v. Allard，444 U.S. 51 (1979).

③ 刘连泰.法理的救赎——互惠原理在管制性征收案件中的适用[J].现代法学，2015(4)：70.

④ 刘连泰.法理的救赎——互惠原理在管制性征收案件中的适用[J].现代法学，2015(4)：70.

有者占用。另一部分原因在于，被征收者实际上从共同体中被挑选出来，单独背负本应由公众整体承受的负担，这种负担之大，已经难以用被征收者从中可能获得的利益抵消。

布兰代斯大法官以"恰当性"来界定目的与手段之间的关系，旨在凸显警察权虽然不是防止地表下沉的唯一手段，但是确实是恰当的手段，仅仅如此足以证明警察管制的正当性。实际上，这种立场也在1887年穆勒案中有所体现。① 在管制性征收领域，实体性正当程序有两副面孔：其一，诸如在1887年穆勒案多数意见、马洪案反对意见中，关注警察权是否为实现公共利益的恰当手段；其二，诸如阿金斯诉提布朗市案②（以下简称"阿金斯案"），聚焦警察管制是否实质性地促进了公共利益。在第一种情况下，公共利益往往被推定存在，着重考量手段选择问题，即警察权是否为促进公共利益的恰当手段。③ 在第二种情况下，推定警察权适用的恰当性，关键在于警察管制是否能够产生足以证明其正当性的公共利益。一个偏执手段问题，一个偏执目的问题，前者将警察管制置于更宽泛的政府权力语境中，后者则强调警察管制的功能性。在阿金斯案中，联邦最高法院面对的问题是，一项禁止所有者开发土地的分区条例是否构成未经补偿的征收。鲍威尔（Powell）大法官发表一致意见，"如果条例并没有实质性促进合法的政府利益……或者否定了所有者土地的经济上可行的用途，那么将一般分区法律适用于特定财产，将导致征收"。④ 警察管制是否实质性促进合法的政府利益构成判断管制性征收的独立标准，关键在于如何理解"实质性促进"。鲍威尔大法官以欧几里得镇诉漫步者地产公司案⑤（以下简称"欧几里得镇案"）为例：如果"分区法律与公共福利之间有实质关联，而且它们的制定并没有对土地所有者造成不可挽回的损害"，⑥那么系争

---

① Mugler v. Kansas，123 U.S. 623（1887），662.法院认为堪萨斯州的立法满足实体性正当程序的要求，因为"与保护公共健康、公共道德和公共安全"存在真实的、实质的关联，并非"简单地侵犯宪法权利"。

② Agins v. City of Tiburon. 447 U.S. 255（1980）.

③ 刘连泰.宪法文本中的征收规范解释——以中国宪法第十三条第三款为中心[M].北京：中国政法大学出版社，2014：128-132.即使在这种情况下，其适用也存在宽严之别。

④ Agins v. City of Tiburon. 447 U.S. 255（1980），260.

⑤ Village of Euclid，Ohio v. Ambler Realty Co.，272 U.S. 365（1926）.

⑥ Village of Euclid，Ohio v. Ambler Realty Co.，272 U.S. 365（1926），261.

管制合宪。在 1994 年的多兰诉泰格德市案①（以下简称"多兰案"）中，作为许可扩大店铺面积的条件，泰格德市规划委员会要求多兰捐献部分地役权用于修建暴雨排水系统以及人行/自行车道。伦奎斯特大法官发表法律意见，分两步分析附加许可条件是否构成征收。首先，必须确定附加许可条件与一项合法的政府利益之间是否存在"实质关联"（essential nexus）；其次，必须判断所附许可条件对所有者造成的负担与拟议开发的目标影响是否存在必要联系，或者说，应当存在多大程度的关联，才能证明附加许可条件不构成管制性征收。正是在第二步分析中，"实质性促进"被更具体地演绎为"大致相称"（rough proportionality）标准，"我们认为'大致相称'标准最好地抓住了我们所认为的第五修正案要求。虽然不需要精确的数学计算，但该市必须作出某种个别化判断，即在性质和范围上，所要求的捐献与拟议开发的影响相关"。所谓"拟议开发的影响"指的是政府附加许可条件旨在实现的公共利益。无论是欧几里得镇案的例子，还是"大致相称"标准，"实质性促进"问题归结于衡量私人利益与公共利益，本质仍然是在生产公共利益的过程中，防止政府挑出特定个人来承受本应由公众整体承受的负担。

顾名思义，实质性促进标准认为，如果警察管制实质上促进了公共利益，则合宪；反之，则构成管制性征收。不变的是公共利益，变的是实现公共利益的手段。通过实质性促进标准可以窥探出联邦最高法院至少认为警察权所旨在实现的公共利益与作为征收限制的公用要件相同。然而，在有些情况下，即使警察管制实质上促进了公共利益，但由于对私有财产造成永久性的物理侵入或者致其完全丧失经济价值，仍然会构成管制性征收。在 2005 年的林格尔诉美国雪佛龙公司案②（以下简称"林格尔案"）中，联邦最高法院认为，管制性征收判断的核心在于财产所有者承受的负担程度，由于实质性促进标准既不能表明财产所有者因管制而承受的负担，也不能揭示公共负担如何在所有人之间分配，故不能作为判断管制性征收的独立标准。

1887 年穆勒案与马洪案代表了两种看似截然不同的征收教义，前者认为征收权与警察权相分离，理由是征收权以创造公共利益为限制，警察权则以排除公共妨害为约束。公用要件侧重"创造"，即积极地面向未来；警察权关注"排除"，即消极地回首过去。目的不同，导致一个应当给予补偿，一个不应给予补偿，征收权与警察权互不相干。后者认为警察管制走得太远，则构成征

---

① Dolan v. City of Tigard, 512 U.S. 374 (1994).
② Lingle v. Chevron U.S.A. Inc., 544 U.S. 528 (2005).

收,即管制性征收。霍姆斯大法官虽然提出了不同于1887年穆勒案中的管制性征收教义,但是在论证过程中完全没有触及1887年穆勒案,导致形成分离状态与竞合状态并存的奇怪现象。但从时间维度来看,分离状态与竞合状态根植于彼时彼刻的历史语境,随着管制国家的到来,警察权的目的列表拉长,不再局限于诸如酒精、卖淫、砖厂管制等早期功能,管制性征收理论才登场。在管制性征收中,公用问题直接以公共利益的形式呈现,虽然并非首要问题,甚至通常被忽视,[1]但是常常被纳入判断管制性征收的因素之中。在平均利益互惠原则中,公共利益作为前提存在,当公共利益不足以证成管制合宪性时,尤其如公共利益与私人利益纠葛在一起,法院就需要考量被管制者是否获得平均的、互惠的利益。这种利益既可以是经济利益,也可以是社会利益,实际上是以被管制者的个人获益抵消削弱公共利益的私人获益,无论是被管制者,还是"私人",其身份最终都归结于共同体中的一员。反之,如果一项管制不符合平均利益互惠原则,则系不公平地将个人挑选出来承受本应由公众全体承受的负担,构成征收。在排除妨害—创造利益构成的区分谱系下,法院对目的正当性的讨论聚焦私有财产的用途是否构成公害;但在目的—手段构成的坐标系中,法院考察的是政府行为是否实质性地促进了公共利益。如果说平均利益互惠原则关注被管制者个人,那么实质促进标准对应的是公众全体。正如典型征收一样,管制性征收的关键也在于公平性问题。因此,实质性促进标准地位的削弱不可避免。但无论如何,与公用要件的扩张相辉映,根据近来的判例,警察权的行使目的不再局限于排除公共妨害,促进公共福利也被视为正当目的。[2]

三、公用与征税权

征收权与征税权渊源甚深,常常同时作为推进政府项目的手段,尤其在美国城市化进程中。例如,20世纪70年代以来,为了刺激私人开发商加入城市重建,各州一方面赋予宽泛的征收权,另一方面普遍制定税收增值信贷法(Tax Increment Financing Statute/TIF)。[3] 作为两种独立的主权性权力,

---

[1] David B. Fawcett. III. Eminent Domain, the Police Power, and the Fifth Amendment: Defining the Domain of the Takings Analysis[J]. University of Pittsburgh Law Review, 1986, 47 (2): 491-516.

[2] Lucas v. South Carolina Coastal Council, 505 U.S. 1003 (1992).

[3] 刘玉姿. 后凯洛时代作为征收理由的公用判断标准——以州法院的判决为线索[M].// 章剑生. 公法研究. 杭州:浙江大学出版社, 2015(14): 72-128.

"征税针对多数人,而征收针对具体的少数人;征收导致公民承受不合比例的负担,而征税不是;征收针对可分离的财产,而征税针对总量财产"①。然而,就两者都是为了公共目的而剥夺公民财产而言,虽然联邦最高法院严格适用,但是在符合极端条件的情况下,政府的征税活动如果走得太远,也会导致征收。②

问题在于针对征税的目的限制与作为征收权限制的公用之间是否存在差异。与征收权相似,征税权也是联邦与州共享的一项权力。州的征税权以各自宪法文本规定为依据,经过长期的判例演进,逐渐形成了限制州征税权的公共目的教义。国会征税权主要根植于《联邦宪法》第1条第8款第1项以及第十六修正案,其中前者规定,"国会有权制定和课征税金、关税、进口税、营业税,以偿还国债,为联邦提供共同防御和一般福利……"③。偿还国债、共同防御和一般福利构成国会征税权的目的限制。偿还国债与共同防御显然符合公用要件,因而关键在于公用要件与一般福利概念之间的关系。通过检视针对州征税权的公共目的限制与针对国会征税权的一般福利限制,两者的关系将更加明晰。

在正式讨论征税权的目的限制之前,还需明确的一个问题是,征税权与支出权(spending power)之间的关系。以《联邦宪法》第1条第8款第1项为例,即"国会有权制定和课征税金、关税、进口税、营业税"与"以偿还国债、为联邦提供共同防御和一般福利"之间的关系。④ 通常认为,前者意味着国会有权征税,后者表明国会有权为了偿还国债、共同防御和一般福利而支出或拨款。分歧在于两个分句是彼此关联的,还是截然分立的?在最早关于该条款的论争中,汉密尔顿与麦迪逊统合考量征税权与支出权,聚焦两者是否仅限于为了实现国会列举权力范围内的一般福利。斯托里(Story)认为,无论该款后续列举的权力为何,截然分立必然导致联邦政府拥有无限的权力;彼此关联则意味着国会的征收权限于"国家性的"目的。⑤ 联邦最高法院在1936年的合众国

---

① 刘连泰.征收和征税的关系规则及其适用:美国法上的情形[J].当代法学,2009(6):17.
② Norwood v. Baker, 172 U.S. 269 (1907).
③ Art. I, sec. 8, cl. 1 of U.S. Constitution.
④ Art. I, sec. 8, cl. 1 of U.S. Constitution.
⑤ Jonathan S. Sidhu For the General Welfare: Finding a Limit on the Taxing Power after NFIB v. Sebelius[J]. California Law Review, 2015, 103 (1): 103-140.

诉巴特勒案(以下简称"巴特勒案")中予以肯定,一般福利构成对征税权的限制。① 因此,基于征税权必然旨在通过支出权实现公共福祉,且政府支出必然需要通过征税来填补财政,在考察针对征税权的目的限制时,通常一体适用——一般福利同时构成对两者的限制。② 这同样适用于州层面。在涉及诸如政府资助或贷款给私主体的案件中,州法院通常同时论及支出权与征税权,或者直接以征税权统而述之。

(一)作为州征税权限制的公共目的教义

公共目的教义最早在州法院层面上形成。1853年的沙普利斯诉费城市长案③(以下简称"沙普利斯案")是公共目的教义第一案。立法机关授权费城市政法人以城市信用贷款认捐两家铁路公司的股本。作为纳税人的沙普利斯等人认为认捐行为无效,因为铁路轨道铺设在城市外面,城市从中获得的利益太过间接,无法认为课税旨在实现恰当的公共目的。费城市主张认捐有效,理由是铁路构成公共改善,城市从中获得的利益在于增加贸易,而且在决定是否构成课税的合法目的上,立法机关享有不受限制的裁量权。宾夕法尼亚州最高法院支持了城市的主张,但同时强调这并不意味着任何征税都合宪:"立法机关没有这样的宪法权利,即为了筹集资金以实现纯粹的私人目的而创设公共债务或征税,或授权任何市政法人这样做……征税是一种为了公共目的而获得收入的方式。当其为了那些与公共利益或公共福利毫无关系的目的时,它就不再是征税,而是抢劫。"④征税必须以公共目的为限,纯粹为了私人目的的征税违宪。那么由铁路公司来实现征税所旨在提供的公共利益是否会削弱公共性呢?宾夕法尼亚州最高法院认为,政府负有公共义务且有权为了公共目的而征税,"如果建设铁路是一项公共义务,可以完全由州利用公共开支为之,也可以完全由私人公司为之,或者部分由州,部分由公司,人民可以因其在整体中的正当份额而被课税"⑤。

根据沙普利斯案,征税必须以公共目的为限,纯粹为了私人目的则违宪;只要符合公共目的,利用税收的主体是政府,还是私主体,无关紧要。正如19世纪后半叶的公用教义一样,州法院层面的公共目的教义并不完全一致。在

---

① United States v. Butler, 297 U.S. 1 (1936), 64.
② Laurence Claus. "Uniform throughout the United States": Limits on Taxing as Limits on Spending[J]. Constitutional Commentary, 2001, 18 (3): 517-562.
③ Sharpless v. Mayor of Philadelphia, 21 Pa. 147 (1853).
④ Sharpless v. Mayor of Philadelphia, 21 Pa. 147 (1853), 169.
⑤ Sharpless v. Mayor of Philadelphia, 21 Pa. 147 (1853), 170.

1870年的底特律与豪威尔公司诉塞伦镇委员会案①中，密歇根州最高法院面临与沙普利斯案相同的问题。库利法官撰写多数意见，援用征收理论，限缩了利用私人公司实现征税目的的范围，即"必要于实现某种公共目的……其他途径不可行"②。具体到该案，库利认为，由于公共政策的变化，原先由政府提供的铁路建设现在已经归于私人公司之手，"铁路不再是公共工程，而是私有财产"③，"私人公司为了自己成员的利益而拥有、控制并运作……公众获得的任何利益都是次要的、附带性的"④，因此州无权为铁路公司提供资金或者补助。除了铁路公司外，公共目的教义还扩张至制造业和城市重建活动中。在1872年的艾伦诉杰案⑤中，缅因州最高法院类推适用征收条款，即未经公正补偿，不得为了公用而征收私有财产，即使公共急需要求——"任何公共急需都不能要求一个公民将其资产交付公库，（如果）只是为了再分配给那些没有捐献给公库且不用依靠公共慈善的人……如果因某个目标而贷款给一个或几个人，那就是偏袒。偏袒且因此资助特定个人、特定工业构成歧视"⑥，立法机关贷款给那些为了私人利益而发展制造业的人违宪。1873年的洛威尔诉波士顿案⑦涉及波士顿市是否可以合宪地发行2000万美元的债券，资助重建那些遭受火灾的城市区域。马萨诸塞州最高法院认为，这不构成充分的公用或公共服务，因为此种情况不同于为了高速公路、铁路或水管公司而征收，重建私人住房、商店和工厂太过私人性，"由此创造的财产将永远是私有财产，所有者可以按其裁量以作私用；建筑的性质没有任何限制，所作的用途也没有限制，对共同体或城市不负服务义务……"⑧。

比较几个州法院的判决，共识在于纯粹以私用为目的的征税违宪。差异在于，宾夕法尼亚州最高法院所持的观点相对宽泛，基本上从功能意义上解读

---

① People ex rel. Detroit & H.R. Co. v. Salem Township Bd., 20 Mich. 452 (1870).
② People ex rel. Detroit & H.R. Co. v. Salem Township Bd., 20 Mich. 452 (1870), 481.
③ People ex rel. Detroit & H.R. Co. v. Salem Township Bd., 20 Mich. 452 (1870), 485.
④ People ex rel. Detroit & H.R. Co. v. Salem Township Bd., 20 Mich. 452 (1870), 477.
⑤ Allen v. Inhabitants of Jay, 60 Me. 124 (1872).
⑥ Allen v. Inhabitants of Jay, 60 Me. 124 (1872), 132.
⑦ Lowell v. City of Boston, 111 Mass. 454 (1873).
⑧ Lowell v. City of Boston, 111 Mass. 454(1873), 472.

征税的目的限制,只要不是纯粹的私用,只要是为了公共目的,那么征税就合宪。密歇根州最高法院实质上限缩了公共目的教义的适用范围,着眼于征税权对于公共目的实现的必要性甚至唯一性,这与库利法官对狭义公用教义的坚持如出一辙。① 缅因州最高法院适用的公共目的教义的本质是,征税应平等适用于个人,否则构成歧视。马萨诸塞州最高法院的观点与密歇根州最高法院有些相似,如果征税的结果是创造私人性质的利益,那么违宪。但有所不同的是,马萨诸塞州最高法院隐藏了容许这种私人利益的空间,即强化政府管制或监督。值得注意的是,征收权教义出现于三州最高法院的论证中,影响了法院所认可的公共目的教义。

迟至 1873 年,在昆斯伯里镇诉卡尔弗案②中,联邦最高法院才首次论及公共目的教义:当州宪法缺乏明确的限制时,州立法机关可以授权市政法人资助铁路建设,这是"帮助建设或维护公共道路。这是为了公用"③,由此产生的债务可以通过课税偿还。1874 年的市民储蓄与贷款委员会诉托皮卡市案④(以下简称"托皮卡市案")奠定了联邦最高法院公共目的教义的基调。根据堪萨斯州的一部"授权城市和县发行债券以资助铁路、电厂或其他关涉内部改善的产业"的法案,托皮卡市发行 10 万美元的债券,资助一家钢铁制造公司建设铁桥。米勒(Miller)大法官发表多数意见。征税权是所有政府权力中最强大且最普遍的一项,直接或间接地及于所有人。州立法机关虽然有权课税或授权市政法人课税,但是只有当"课税是为了公用目的时,州立法机关才有权利且有义务通过征税筹集资金,城镇举债资助铁路公司才有效"⑤。也就是说,征税权应当限于所有城镇居民都享有一般利益的公共目标。托皮卡市发行债券资助个人运营的制造公司,实际上是将个人财产转移用来帮助他人牟利,不是为了公用,所以违宪。米勒继续论及立法机关与法院在公用判断中的角色,"授权市政当局课税并确保该征税不是为了私人利益而是为了一项公用,这是立法机关的职责,只有当明显违背职责且干涉理由令人信服时,法院才能介入"⑥。当此之时,法院判断的主要依据必须是立法机关通常且长期以来关于征税目的的认识,即使建设铁桥在针对内部改善的制定法含义射程内,但如果

---

① Ryerson v. Brown, 35 Mich. 333(1877).
② Town of Queensbury v. Culver, 86 U.S. 83 (1873).
③ Town of Queensbury v. Culver, 86 U.S. 83 (1873), 91.
④ Citizens' Savings & Loan Ass'n v. City of Topeka, 87 U.S. 655 (1874).
⑤ Citizens' Savings & Loan Ass'n v. City of Topeka, 87 U.S. 655 (1874), 661.
⑥ Citizens' Savings & Loan Ass'n v. City of Topeka, 87 U.S. 655 (1874), 664.

课税以筹集资金是为了协助该公司,那么不符合公共目的,仍应认定为违宪。

托皮卡市案交替使用公用和公共目的术语,两者均意味着征税应以一般利益为限。与以往州法院的案件不同,米勒大法官同时论及分权问题。正如公用判断一样,法院在公共目的判断中的角色极为有限,立法机关是主要的判断者。虽然法院不时提及征收教义,但是前引案件都是纯粹的征税案件。在1896年的法布鲁克灌溉区案中,征收权与征税权则紧密交织在一起,联邦最高法院以同样的公共目的论证两种权力的合宪性。根据加利福尼亚州制定的灌溉法案,灌溉区不仅可以征收土地,也可以向其范围内的公民课征特别税(assessment),保证灌溉区有效运转。布拉德利等人认为,并非灌溉区内的所有公民都需要灌溉,有些人将土地用于建筑,不会因灌溉而获益,这构成不合比例的课税,系剥夺一些人的财产来资助其他人开发私有财产,违反联邦宪法第十四修正案正当法律程序条款。佩卡姆大法官认为,根据加利福尼亚州的地方条件,灌溉干旱的土地构成一项公共目的,这不意味着灌溉区内的每个居民都必须利用水源,只要每个土地所有者都能够像其他所有土地所有者一样有权使用相当比例的水源,那么用途就是公共的,而非私人的。因此,为了灌溉目的组织灌溉区,并课征特别税以分摊灌溉成本,这并非未经正当法律程序剥夺私有财产。

与州法院的判决相比,托皮卡市案和法布鲁克灌溉区案部分加入了对联邦主义与分权问题的考量。前者强调法院角色的有限性,后者注重遵从州最高法院基于地方条件对州宪法和制定法作出的解释。在联邦法院层面,公用教义与公共目的教义基本协调一致,及至20世纪20年代,对公共目的的实质内涵的审查让位于对联邦主义与分权问题的顾虑。在1920年的格林诉弗雷泽案[①]中,联邦最高法院允许州利用征税权来大规模地从事他们认为对于他们的一般经济福利至关重要的事业,"就何谓公用而言,地方机构……有着特殊优势获取可靠的信息,从而作出判断;尤其是除非明显不可能,本院应当认可州最高法院关于某一用途具有公共性的判断"[②]。对政府结构的考量进一步影响了联邦最高法院对公共目的教义的认识。在1937年的卡米切尔诉南方煤炭和焦炭公司案[③]中,联邦最高法院仍然遵从州立法机关的判断,一项开支仅仅在显然背离任何可以合理想象得到的公共目的上无效,"如果目的合法,

---

① Green v. Frazier, 253 U.S. 233 (1920).
② Green v. Frazier, 253 U.S. 233 (1920), 502.
③ Carmichael v. Southern Coal & Coke Co., 301 U.S. 495 (1937).

那么手段就由立法机关选择……如果目的因其公共性而合法,那么不会因为税收支付给私人,就被推翻"①。至此,联邦最高法院实际上肯定了州在公共目的判断上几乎享有无限裁量权,这构成了此后考察公共目的问题的基本立场。

(二)作为国会征税权限制的一般福利条款

一般福利条款构成对国会征税权的目的限制,但其适用范围一直有争议。争议一方以麦迪逊为代表,主张国会只能为了实施后续列举的17项具体权力征税并支出,国会征税与支出权和其享有的有限权力范围一致。争议另一方以汉密尔顿为代表,认为尽管联邦宪法将国会限于这些政府职能,但一般福利条款隐含了国会有权为了其认为推进一般福利的事务而征税并支出。在内战以前,主流观点时有更替,并不确定。② 例如,1817年,针对一项允许将政府从美国银行中获得的股利用于建设运河和道路的立法,麦迪逊认为国会无权为此种目的支出。然而,针对一部授权政府在国家公路上建设收费站以保证其维护费用的国会法案,门罗总统认为,国会有权为了此种目的支出,但没有建设收费站并将收入用于道路维护的警察权。亚当斯主政期间更为关注内部改善(internal improvement),先后认捐了4个特许状运河公司的股票。但到了杰克逊政府时期,观点翻转,以内部改善为目的的支出计划最终被推翻。1862年,国会通过了一部法案,名为"一部资助从密苏里河到太平洋之间的铁路建设并确保政府同样用于邮政、军事及其他目的的法案",授权建立联合太平洋铁路公司(Union Pacific Railroad Co.,UP)。该公司与另一个私人设立的环太平洋公司(Central Pacific Co.)在联邦政府的资助下建设南方道路。在1875年的合众国诉联合太平洋铁路公司案③中,联邦最高法院认为,"该企业是为了国家目的而建立的国家事业……该道路为军事必需……保护前线……有了该道路,就能开发这片区域的农业和矿产资源……甚至在和平时期,也有对于改进且更便宜的邮件运输方式的急迫需求"④。在1887年的加利福尼亚州诉环太平洋公司案⑤中,联邦最高法院再次强调,"当前毋庸置疑的是,根据

---

① Carmichael v. Southern Coal & Coke Co., 301 U.S. 495 (1937), 518.
② 更详尽的讨论参见 Joseph Lesser & Vigdor D. Bernstein. Evolution of Public Purpose, General Welfare, and American Federalism[J]. Urban Lawyer, 1987, 19 (3): 603-644.
③ United States v. Union Pac. R.R. Co., 91 U.S. 72 (1875).
④ United States v. Union Pac. R.R. Co., 91 U.S. 72 (1875), 80.
⑤ California v. Central Pac. R. Co., 127 U.S. 1 (1887).

管制州际贸易、提供邮政设施并满足军事必需的权力,国会有权通过这些法律"资助铁路建设。① 内战之后,征税和支出的权力与国会的列举权力纠葛在一起,其他列举权力构成国会征税并支出的正当目的。然而,除了资助铁路建设外,国会的拨款范围迅速超出列举权力,扩及前所未有的各种目的,囊括灾害救济、教育、农业,甚至费城百年博览会。② 一位艾奥瓦州的国会议员指出,"挑战政府资助各州教育项目的权力已经为时已晚,其已经足够宽泛以至于被认为符合国家的全体人民的一般福利"③。

内战以后,汉密尔顿的观点步步为营,到了新政时期,与福利国家的节奏相契,最终成为主流观点。在1936年的巴特勒案中,联邦最高法院确立了汉密尔顿观点的支配性地位。根据《农业调整法案》的规定,农产品加工者需要缴纳加工税,而如果农民同意减产的话,那么将从中获得补贴。面粉加工商巴特勒等人质疑加工税的合宪性。联邦最高法院以6∶3判决违宪,多数意见涉及两项论证。首先,除了一般福利限制外,国会无权为了那些完全在各州管辖范围内的目的行使征税权;因为农产品管制属于州内事务,所以系争加工税违宪。其次,"根据一般理解以及宪法中的用法,一项征税表明了以支持政府为目的的强征(exaction)。该术语绝不意味着为了另一个群体的利益而挪用一个群体的金钱"④,但系争加工税正是此种意义上的强征,不符合一般福利要求,因而违宪。1937年的赫尔沃明诉达维斯案⑤(以下简称"赫尔沃明案")涉及《社会保障法案》部分条款的合宪性问题。卡多佐大法官撰写的法律意见书从两个角度讨论一般福利之判断:(1)征税是否符合一般福利,完全在国会的裁量范围内,除非明显错误或恣意行为,否则法院不得介入;(2)一般福利概念不是静态的,"一个世纪前的那些狭义或地方性的需求可能在今天与国家福利交织在一起",失业问题从一个州蔓延至另一个州,已经成为一般性的、国家性的问题,国会可以运用征税权来解决。根据卡多佐大法官对社会变迁的考量,由赫尔沃明案可以推论,第十修正案对征税权的限制并非静态的,原先属于州管辖范围内的事务也会随着世事变迁,变得具有一般性,需要动用国家资源来

---

① California v. Central Pac. R. Co., 127 U.S. 1 (1887), 39.
② Joseph Lesser & Vigdor D. Bernstein. Evolution of Public Purpose, General Welfare, and American Federalism[J]. Urban Lawyer, 1987, 19 (3): 603-644.
③ Joseph Lesser & Vigdor D. Bernstein. Evolution of Public Purpose, General Welfare, and American Federalism[J]. Urban Lawyer, 1987, 19 (3): 624.
④ United States v. Butler, 297 U.S. 1 (1936), 61.
⑤ Helvering v. Davis, 301 U.S. 619 (1937).

处理。相较于巴特勒案,由于联邦最高法院认为何谓一般福利随社会经济发展而变迁,一般福利条款的适用范围实际上大幅扩张。有论者认为,其与作为州征税权限制的公共目的教义别无二致。①

国会对一般福利条款的运用并未止步于此,甚至成为追求各种与支出项目无关的目的的手段。在1987年的南达科塔州诉都乐案②(以下简称"都乐案")中,一部联邦制定法规定,各州要想获得联邦高速公路资金,必须接受最低饮酒年龄为21周岁。伦奎斯特大法官撰写法律意见书,推理简洁明了:(1)国会有权对联邦资金支出附加条件,其欲追求的目标不必在列举权力范围内,但必须用于一般福利;(2)在考量特定支出是否服务于一般性的公共目的时,法院应当非常遵从国会的判断,但国会必须明确行事,以使各州在明知参与影响的情况下作出选择;(3)因为国会认定各州存在的不同饮酒年龄尤其会导致年轻人将饮酒与驾驶能力联系起来,系需要国家解决的州际问题,所以系争规定有效。2012年的全国独立商业联合会诉西贝利厄斯案③(以下简称"西贝利厄斯案")标志着联邦最高法院再次扩大了国会征税权的范围。形式上,西贝利厄斯案并不涉及征税权,但为了证明个人强制条款的合宪性,联邦最高法院将之解释为国会征税权的行使,份额责任金是一种税,而非罚金,从而为全美医改目标的实现奠定了司法基础。④ 都乐案意味着一般福利并不限于支出权所针对的具体项目,国会可以运用征税权与支出权间接地实现管制性目的;西贝利厄斯案则相反,不是国会,而是联邦最高法院借助国会征税权实现公认的一般福利。

(三)公用、公共目的、一般福利

在联邦和州层面上,征收条款极为相似,尤其在联邦宪法第五修正案征收条款适用于各州之后,联邦最高法院对公用的解释构成最低标准,甚至是各州所遵从的唯一标准。在征收领域,州权与联邦主权的碰撞并没有那么激烈,更多地表现为立法机关与司法机关之间的拉锯。相较而言,征税领域就没有这么简单。作为一项共享权力,国会的征税权与各州的征税权形成两个平行的体系,深受联邦主义原则的影响。国会征税权受制于一般福利条款的限制,各

---

① Joseph Lesser & Vigdor D. Bernstein. Evolution of Public Purpose, General Welfare, and American Federalism[J]. Urban Lawyer, 1987, 19(3): 603-644.
② South Dakota v. Dole, 483 U.S. 203 (1987), 205.
③ National Federation of Independent Business v. Sebelius, 132 S.Ct. 2566 (2012).
④ 刘连泰,左迪. 美国医改法案中个人强制条款的税法解读与启示[J]. 河南社会科学, 2014(2): 53-54.

州则经由判例发展出有关征税权的公共目的教义。然而,无论如何,在考量公用、公共目的、一般福利时,联邦最高法院仍然绕不开两个关键问题:判断主体与实质内涵。在判断主体方面,追随联邦最高法院司法哲学的演变,三者实无差异——从司法机关的独立判断转向极端遵从立法机关的判断。在此影响下,三者的实质内涵几乎同步扩张,囊括了铁路建设、社会保障、城市重建、农业发展、资源开发等目的。通过扩张征收权、征税权之目的限制的实质内涵,联邦及各州在追求经济繁荣与社会发展的道路上走得越来越远。

征收权与征税权毕竟是两种独立的权力。征收权是一项固有的主权性权力,联邦宪法第五修正案仅仅是规定其行使限制;征税权虽然具有主权属性,但是州与国会的征税权则由联邦宪法分配。征收权受制于公用与公正补偿要件,征税权仅受制于实际上几乎完全由立法机关决定的目的限制。相较于征收权,除了联邦权与州权的制衡外,立法机关对公民的征税权极为宽泛,几乎不受限制。[①] 正因为如此,即使实质内涵与判断主体上并无差异,联邦最高法院在考察两项权力的目的性限制时仍有不同的侧重。公共目的教义聚焦为了征税目的,是否可以将税款转移给私人公司。法院最初的意见并未聚焦私人公司对于征税目的实现的作用,完全做形式主义判断:将税款转移给私人公司实际上是剥夺一群人的财产转移给另一群人,是抢劫,而非征税。随着社会的发展,法院最终转向功能主义视角,只要有助于实现公共目的,使用税款的是私人公司,还是公共机构,无关紧要。一般福利条款关注联邦主义问题,州权与联邦权之间的动态漂移影响了一般福利条款的适用范围。一般福利条款适用的重点是,征税科予一般义务,旨在实现的福利必须是一般性的、国家性的,而非地方性的。除此之外,联邦最高法院并没有对使用税款的项目与一般福利之间的关系做严格要求,国会甚至可以运用征税权或支出权引诱或强迫各州实施与税款旨在达成的目的无关的管制性目的,只要其取之于民,用之于民。私人公司问题与福利的一般性问题反映了共和政府下的征税理论,"税收应当平等地课征,与财产本质相称;且当征税时,应当仅适用于纳税人应当享有平等利益的目的"[②]。即使如法布鲁克灌溉区案中的特别税,也是普遍的、平等的针对灌溉区内的居民。征收权则是挑出特定个人来承受本应由公众全体背负的责任,因为是针对特定个人的,其不公平性更为明显。征税仅关注

---

① Thomas M. Colley. A Treatise on the Law of Taxation, Including the Law of Assessments [M]. Chicago:Callaghan & Company, 1881:41.

② Sharpless v. Mayor of Philadelphia, 21 Pa. 147 (1853), 168.

"可以合理想象得到的公共目的",既不关心纳税人与普遍获益人之间的关系,也不要求税款使用与福利目的直接相关。相比之下,公用要件要求拟征财产与公共目的之间存在合理关联,拟征财产所作用途不能脱离据以证成征收正当性的公用要件。

尽管是两种独立的权力,征收权与征税权并非毫不相干。一方面,如法布鲁克灌溉区案一样,征收权与征税权同时作为政府实现公共目的的手段,同样的公共目的证成两者的合宪性。甚至在纯粹的征税权案件中,征收对公平性的要求启发了公共目的判断,如果是为了私人目的而课税,那么意味着抢劫一个群体的财产并转移给另一个群体,并非合宪地征税。另一方面,在极端情况下,征税权与征收权之间也存在程度关系,如果公民所承担的赋税超出其公平份额,以至于实质上剥夺其私有财产,那么构成征收。在1898年的诺伍德诉贝克案①中,联邦最高法院认为,对贝克课征的特别税实质性地超出了她获取的特殊利益,构成对财产的征收,虽然符合公用目的,但是没有补偿,所以违宪。

联邦最高法院的判例表明,征税权与征收权之间的根本差异不在于目的内容,也不在于金钱与物的差异,而在于公平性问题。尽管适用范围有差异,征收权与征税权的目的相同,公用、公共目的与一般福利内容上等同。正因为如此,洛克同等对待征收权与征税权,两者都是人民经由社会契约赋予政府的一般权力,既为了维续政府之存在,更为了保障财产。无论是金钱,还是物,都已经被承认为具有私有财产的地位。在金钱与物都抽象为法律上的财产利益之后,虽然法院审慎适用,但是在符合极端条件的情况下,征税也会导致实质的征收。② 征收与征税的关键区别在于公平问题。目的因素在公平问题中扮演了重要的角色。在征收关系中,一端是私人利益,另一端则是公用。当私人利益与公用冲突时,天平自然倒向公用一端,而恢复公平的砝码是公正补偿。在征税关系中,如果非要适用这种平衡模型的话,那么天平的两端都应是公共利益。其中一端意味着征税系科予一般义务,由全体公众承受,另一端则意味着征税旨在实现公共目的,由全体公众享有。在征收关系中,天平的两端激烈冲撞,公正补偿要件角色举足轻重。在征税关系中,就一般税而言,天平两端

---

① Norwood v. Baker, 172 U.S. 269(1907).

② Eric Kades. Drawing the Line between Taxes and Takings: The Continuous Burdens Principle, and Its Broader Application[J]. Northwestern University Law Review, 2002/2003, 97 (1): 189-266.

不会发生直接冲突,征税是否符合公共目的,往往间接地通过支出权体现出来;就特别税而言,课税针对特定区域内享受特别利益的群体,取之于"民"并直接用之于"民",例如,在法布鲁克灌溉区案中,向灌溉区居民课征特别税并直接用于维护灌溉区有效运转。在征税关系中,所谓的"公正补偿"正是蕴含于支出权旨在实现的公共目的之中,即政府对个人生命、自由与财产的保护。①

四、作为一般性限制的公用

在征收权与警察权关系构成的参照系中,公用在分离状态与竞合状态中扮演了不同的角色。在分离状态下,目的因素构成区分征收权与警察权的决定性因素——征收权旨在创造利益,警察权意图排除妨害。公用被理解为一种积极的、面向未来的权力限制。在竞合状态下,由于警察权是州主权,征收权作为实现警察权目的的手段,可以由立法机关自由裁量将用于何种公共目的。公用与一般的立法限制或政府目的限制别无二致,能够证成警察权正当性的公共目的也能够证成征收权的正当性。公共健康、公共安全、公共道德与一般福利都可以成为征收的出发点。当具体到警察管制领域时,警察权与征收权的目的纠葛延续,但公共利益更多地被作为一种平衡因素,与私人利益、私人负担纠葛在一起,以至于对于公众以及个人来说,联邦最高法院的这种平衡运作带有明显的成本—收益分析色彩,公共利益的经济特征明显。伯尔曼案表明诸如清除衰败等妨害即刻构成公用,阿金斯案等判决表明警察权也被宽泛地用于创造公共利益。尽管在马洪案中,霍姆斯大法官的多数意见并未论及1887年穆勒案,但实质上,排除妨害与创造利益构成的权力区分崩塌。警察权与征收权存在竞合关系,公用实质上就是针对主权性权力的一般性限制。

征收权与征税权的关系也存在分离与竞合之争。征税权是一种远比征收权宽泛的权力,因科予一般义务,法院曾一度限制公民质疑征税合宪性的诉讼资格,以防诉讼爆炸。②也因为征税权直接针对金钱,法院仅在极端情况下认

---

① Griffin v. Mayor of Brooklyn, 4 N.Y. 419 (1851), 424.
② Breck P. Mcallister. Public Purpose in Taxation[J]. California Law Review, 1930, 18 (3): 241-254.

定某种征税活动构成征收。① 尽管如此,这并未阻止两者的目的竞合。19世纪下半叶以来,法院经由判例形塑了公共目的教义,限制州的征税权。公共目的教义形成的过程与公用教义的变迁几乎同步,甚至征收理论成为判断征税合宪性的参考之一。联邦征税权受到一般福利条款的限制。一般福利条款是仅适用于国会列举权力,还是可以作为实现国会认定的一般福利的普遍手段,一度存在争议。联邦最高法院最终选择后者,征税权成为国会提供各种一般福利的选择性手段。征税权的处境,正如征收权被置于警察权的目的列表之下一样。一般福利限制重在"一般性",而非"福利",福利内容不断演进,但法院对"一般性"的强调不减反增。"一般性"既表明了联邦与州之间的关系——国会征税权的适用范围必须是国家性的、一般性的,也意味着征税权平等适用于公众,且作为征税权附随的支出权须赋予公众平等的利益。平等论解读同样适用于州征税权,也展现了征税权与征收权之间的差异。征收权不平等地适用于特定个人,但平等地赋予公众利益,公用与一般福利之间的差异由此而生。在征税语境中,一般福利实际上蕴含了对公众的利益反馈,尽管常常是间接的;在征收语境中,公用不足以弥补征收对私有财产所有者造成的特别损害,须以公正补偿弥补。虽有这些微妙差异,但在实质内涵上,公用、公共目的、一般福利之间并无差异。

  征收权、征税权、警察权都是政府的主权性权力,从提供公共利益、维续政府存在的角度来看,均构成对公民财产权的限制或剥夺。相较于征税权与警察权或者说管制权,征收权对私有财产造成的影响更大。因为征收权针对特定个人,其所造成的损害和侵入性最为严重,权力施予者与权力承受者之间的力量悬殊最为明显。然而,在联邦主义与三权分立制衡构成的国家体制中,这并不必然导致征收权要受到更为严苛的目的限制。诚如联邦最高法院在凯洛案中所作的判决,当立法机关的目的是合法的且手段并非不合理时,应由立法机关来判断征收是否明智。也就是说,选择何种权力来实现公共目的属于立法机关自由裁量的范围,并不影响联邦最高法院对目的的认定。无论是从参照系的角度出发,还是从公用教义自身的演进来看,联邦最高法院的判例都表明,公用与针对政府权力的一般性目的限制基本等同。也正是因为这一点,警察权与征税权的行使才可能有构成征收的余地。

---

  ① Eric Kades. Drawing the Line between Taxes and Takings: The Continuous Burdens Principle, and Its Broader Application[J]. Northwestern University Law Review, 2002/2003, 97(1): 189-266.

第二节　公用与私有财产

公用构成对征收权的限制，目的在于保护私有财产。无私有财产，则无公用问题，遑论征收制度。既然在与征收权的抗衡中，私有财产因为公用而处于从属的地位，反过来，在针对私有财产的活动中，征收权以公用为限，那么私有财产必然构成考虑公用问题的另一个参照系。广义公用与狭义公用之争、描述性与规定性之争，本质不外乎如何通过公用解释来平衡征收权与私有财产权之间的关系。极端遵从的公用审查路径备受抨击，新司法联邦主义兴起，也正是出于对私有财产的保障。

公用范围与私有财产所受保护呈反比关系，公用范围越是宽泛，私有财产受到的保护越小；反过来，"最重要的地位"导致"最受保护的"地位。① 私有财产宪法地位的变迁也会影响公用教义。私有财产，或者我们通常所说的财产权，具有社会性——"一种财产权不是所有者与物之间的关系，而是就该物而言，所有者与其他个体之间的关系"②。伴随着社会、经济、政治环境的改变，财产权观念的变迁导致其宪法地位的变迁，进而影响了公用审查标准。当背景性问题成为主导性问题，对立法权与司法权、联邦法院与州法院关系的考量支配公用审查时，公用的实质内涵取决于实用主义的立法裁量。公用含义大幅扩张，反过来，导致财产权地位的进一步降格。在征收条款中，公用要件首先是对私有财产的保障，对征收权的限制，但同时也构成对财产权保护范围的限制，两者既具有一致性，也具有冲突性。③

一、传统财产权概念下的公用教义

建国前后的美国深受自然法理念的影响。开国先辈服膺洛克理论，推崇财产权的根本权利地位：财产权必要于个人的存在与自由，其与人身权处于同

---

① Carol M. Rose. Property as the Keystone Right[J]. Notre Dame Law Review, 1996, 71 (3)：363.

② Morris R. Cohen. Property and Sovereignty[J]. Cornell Law Quarterly, 1927, 13 (1)：12.

③ Raul C. Panagalangan. Property as a Bundle of Rights：Redistributive Takings and the Social Justice Clause[J]. Philippine Law Journal, 1996, 71 (2)：141-168.

等的地位,都是政府之建立且法律需要维护的根本目标。① 这种基于自然权利的财产权理念强调财产权所代表的个人性,即权利属性,而非其功能。财产权神圣不可侵犯的理念融入概念解释与制度建构中,是古典自由主义宪法的核心内容之一。"在这种古典自由主义定义下,私有财产的唯一功能就是确保个人自由和自治,唯一义务就是在行使权利时不损及他人。"② 私有财产是美国自由的标志,独立革命归根到底源于保护私有财产的意志。正是在这样的背景下,传统财产权概念经由布莱克斯通的综合性法律著作进入美国法域。

(一)物理性与绝对性

作为传统财产权概念的奠基者,布莱克斯通强调自然法理念:私有财产权首先是一项自然权利;社会的首要目标正是保护个人的绝对权利,包括人身安全权、人身自由权与私有财产权。③ 在《英国法释义(二)》中,布莱克斯通开篇指出:"财产权,或者说一个人针对外物主张并行使的且完全排除世界上其他任何个人权利的唯一且专断的统治权,没有什么能像它这样如此一般性地激发想象力,影响人类的情感。"④ "针对外物""唯一且专断""排除"等语词清晰地勾勒出财产权的基本特征:物理性与绝对性。

物理性涉及财产权的对物属性——财产权概念系围绕外物而建构,表达的是人与物之间的关系。财产权建基于各种物之上,无物则无财产权,带有明显的自然主义色彩,这与人类认知能力有限,只能凭借模拟自然、基于直观来认识世界有关。⑤ 然而,这里的"物"并不一定是完全实在的物。举例言之,布莱克斯通区分了有体世袭财产(corporeal hereditaments)与无体世袭财产(incorporeal hereditaments),前者由可感知的事物组成,譬如土地,后者是一种源自某有体物的权利,仅存在于思维之中,指生活补助、地役权、爵位、特许权等权利。为了论证无体世袭财产并未突破物理性特征,布莱克斯通将这种权

---

① 亚历山大·汉密尔顿,约翰·杰伊,詹姆斯·麦迪逊.联邦党人文集[M].张晓庆,译.北京:中国社会科学出版社,2011:259.

② Denise R. Johnson. Reflections on the Bundle of Rights[J]. Vermont Law Review, 2007, 32(2):250.

③ 王铁雄.布莱克斯通与美国财产法个人绝对财产权观[J].比较法研究,2009(4):136.

④ William Blackstone. Commentaries on the Laws of England[EB/OL]. [2016-02-29].http://lonang.com/library/reference/blackstone-commentaries-law-england/bla-101/.

⑤ 冉昊.法经济学中的"财产权"怎么了?——一个民法学人的困惑[J].华东政法大学学报,2015(2):64.

利实物化(reify),拟制为"物"。绝对性将财产权置于相对于其他个人、相对于国家的谱系中,财产权如此绝对以至于法律不允许哪怕最微小的侵害,即使为了公共利益。由于普通法上存在大量限定财产权的实例,布莱克斯通不得不再次运用拟制技术,化限定性为绝对性,维持概念周延。当涉及有体物时,布莱克斯通提出了一种内在限制的思路,将所谓的限制归因于物或所有者本身,自我限制并不否定绝对性。当涉及无体物时,首先将无体物拟制为作为财产权对象的"物",再运用一种内在限制的思路,证成财产权的绝对性。

(二)公用教义图景

财产权论争通常体现为自然权利与法律权利之争,但两种性质认识并非截然对立。财产权兼具理念(idea)与制度(institution)属性,①理念层面上带有自然权利性质,制度层面上却有待法律形成。前者具有先验性和固定性,后者则深受社会语境的影响。通过制度安排,真实世界的财产权可以无限接近理念层面上的财产权;经由价值判断,自然法意义上的财产权则构成对真实世界财产权问题的指导和限定。事实上,布莱克斯通强调财产权的绝对性并不妨碍他承认公民社会有权限制或扩张这种自然权利。尤其是为了保证绝对性特征的周延,布莱克斯通直接将私有财产承受的限制内化到财产权的内容之中。即使如洛克,同样认为财产在自然状态下是自然性的,但在公民社会中具有法定性(conventional)。② 财产权是征收制度的核心概念之一。正是因为公用需要,才出现征收权与财产权的对峙。因循布莱克斯通的拟制路径,公用正是财产权内在包含的一种限制。

建国初期,部分案件直接或间接地涉及公用问题。当需要作出判断时,联邦最高法院通常强调私有财产权的重要地位。在1795年的文霍利承租人案中,佩特森大法官详细论述了私有财产权的社会契约论基础,强调财产权对于人之存在与自由的重要性,以及保护私有财产的重要性,"对于国家来说,赋予公民土地无关紧要,重要的是,当赋予其土地时,应当保障所有者享有它"③。

---

① Laura S. Underkuffler-freund. Property: A Special Right[J]. Notre Dame Law Review, 1996, 71 (5): 1034.

② Bret Boyce. Property as a Natural Right and as a Conventional Right in Constitutional Law[J]. Loyola of Los Angeles International and Comparative Law Review, 2007, 29 (2): 204.

③ Van Horne's Lessee v. Dorrance, 2 U.S. 304 (1795), 311.

马歇尔法院更是将保护财产权作为实现新生国家政治和经济使命的先决条件。① 如在1829年的威尔金森诉利兰案②中,联邦最高法院继续强调私有财产的根本地位,"如果财产权完全取决于不受任何限制的立法机关意志,那么这样的政府很少是自由的。一个自由政府的根本真理似乎要求应当以个人自由与私有财产为神圣"③。到了杰克逊主义占据主导地位的坦尼法院时期,联邦最高法院对公共利益的强调开始超过对财产权保护的关注。在1837年的查尔斯河大桥诉沃伦大桥案④中,坦尼大法官指出,"尽管财产权神圣不可侵犯,但我们必须铭记共同体也享有权利,每位公民的幸福和安宁都仰赖这些权利得到忠实维护"⑤。该案并未涉及征收问题,却反映该时期关于个人与公共关系的一般观点——当私有财产权与共同体利益发生冲突时,后者更加重要。尽管如此,坦尼法院并不否认财产权的神圣不可侵犯地位,仍然符合布莱克斯通的财产权概念。

在传统财产权概念中,布莱克斯通广泛运用拟制技术,填平概念本身与实践的隔阂,但其分析表明了物理性与绝对性界定内在的不足。这种不足在经济飞速发展的19世纪渐趋明显。伴随着工业革命、技术革新、新经济形式的出现,共同体利益的呈现形式日趋多元化,人们不得不开始重新认识财产权保护。尽管如此,传统财产权概念仍然占据主导地位。这种纠结与矛盾完整呈现于征收领域。诚如前文所言,州法院主导了19世纪的公用教义,最终形成了广义公用与狭义公用的对峙。广义公用源起于社会经济发展需求的多样性;狭义公用则肇始于广义公用可能对财产权保护造成的危险。作为对两种观点的调和,公用判断开始加入更多个殊化因素,譬如地方环境因素。州法院所讨论的公用问题已经开始超出传统的范围,尤其就磨坊法案而言,从谷物磨坊扩张到各种有利于共同体繁荣的制造业。甚至到了19世纪末,当联邦最高法院开始接受公用教义建构任务时,也曾一度在广义公用与狭义公用之间踟蹰徘徊。

---

① 伯纳德·施瓦茨. 美国最高法院史[M]. 毕洪海,柯翀,石明磊,译. 北京:中国政法大学出版社,2005:81.
② Wilkinson v. Leland,27 U.S. (2 Pet.) 627 (1829).
③ Wilkinson v. Leland,27 U.S. (2 Pet.) 627 (1829),657. 斯托里大法官指出:"我们没有发现任何案件中,未经 A 的同意,将 A 的财产转移给 B 的立法行为曾被认为是立法权的合宪行使。相反,其因违背公平原则而始终被每一个司法机构所抵制。"
④ Charles River Bridge v. Warren Bridge,11 Pet. 420 (1837).
⑤ Charles River Bridge v. Warren Bridge,11 Pet. 420 (1837),422.

物理性与绝对性构成传统财产权概念的两大支点,与自然法理念契合。物理性确保了财产权内容的固定性,是财产权据以展开的基点;绝对性提供了对抗外界的正当理由,表明了财产权受保护的方式。以物为核心,传统财产权概念试图将财产所有者置于封闭的权利空间中,排斥其他个人及国家的干预。这种静态且单一的界定反映了农业社会的需要——土地所有者有权不受干扰地使用其土地,保证财产的安定性。① 伴随着自然法向实证法的转向,当国家逐渐由农业社会进入工业社会,由重农主义转向重商主义,财产权概念的不适应性开始出现。在尚未形成一种有效的替代理论的情况下,法院左顾右盼,无法坚定地偏向共同体,抑或个人。从18世纪末到19世纪末,公用教义的变迁体现了这一点。

二、现代财产权概念下的公用教义

虽然传统财产权概念在19世纪占据主导地位,但是伴随着工业革命与科学技术的飞速发展,财产权观念已经在理论与实践中悄然变化。② 人们对财产所反映的价值的关注远远超过作为财产权对象的"物",诸如商誉、商标、商业秘密、著作权等蕴含巨大价值的新财产类型横空出世。法院也愈加认识到绝对保护财产权的不可能性,因为财产权本身就表明所有权人与其他人或国家的冲突,除非完全限制后者,否则前者不可能实现。新兴财产权与有形物几乎完全疏离,之所以作为财产而受到保护,更多归因于本身内含的无形价值。传统财产权概念与财产制度实践之间的裂隙日益加深,布莱克斯通的拟制技术已经捉襟见肘。虽然"拟制不仅有助于形成法律关系,而且也有助于人们形成正确的判断和采取正确的行动"③,但是当财产权外延被大量须经由拟制而证成的类型充斥,传统财产权概念已经无力反映当前生活的世界,反思两大支点的时候来到。20世纪初,新财产权的爆炸将概念重构的需要推向极点,通过建构法律概念的最小公分母,分析法学家霍菲尔德最终实现了财产权概念的去物理性与相对性。

(一)萌芽:"权利束"隐喻的提出

传统理论认为,财产权表明人与物之间的关系。霍菲尔德反对这种观点,

---

① Thomas W. Merrill. & Henry E. Smith. What Happened to Property in Law and Economics? [J]. Yale Law Journal, 2001, 111 (2): 357-398.

② 莫顿·J.霍维茨.美国法的变迁:1780—1860[M].谢鸿飞,译.北京:中国政法大学出版社,2004:43-96.

③ 卢鹏.法律拟制正名[J].比较法研究,2005(1):143.

"多数词语最初仅表达物质对象,而当其用以表达法律关系时,严格来说,皆属比喻和拟制"。① 布莱克斯通的财产权概念正是从物质世界借用术语且基本在比喻意义上使用的例子,显然混淆了纯法律关系与引起该关系的物质与精神事实,将物理学意义上的物与相应的法律利益混为一谈。财产权是一种纯法律关系,无论是有体物,还是经由拟制而实物化的无体物,都只不过是引起该法律关系的物质与精神事实。"既然一切法律利益皆属'无体'——即或多或少的特定抽象法律关系之集合——那么布莱克斯通所假想出的所谓区别,便只能令人误入歧途了。"② 于霍菲尔德而言,财产权不是由物构成的,而是由法律关系构成的。毫无争议的是,法律关系是在人与人之间实现的,"法律关系的性质源自法律;只缘法律本是为规制人的行为而设,是以一切法律关系的意义唯有清晰明确,方可确定具体之行为"③。

为了更精确地描述作为法律概念之本质的法律关系,霍菲尔德描绘了一种由八组相关或相反关系组成的分析框架。在相关关系面向上,即权利与义务、特权与无权利、权力与责任、豁免与无权力;在相反关系面向上,即权利对无权利、特权对义务、权力对无权力、豁免对责任。这八个概念构成法律概念的最小公分母,所谓财产权只不过是这八组法律关系的集合。作为财产权的构成要素,这里的"法律关系"已经截然不同于布莱克斯通的理解:财产权表达的是人与人之间,而非人与物之间的法律关系。"对物权并非'针对某物'的权利"④,而是由不特定且独立的对人权组成。对物权与对人权的区别并不在于权利的本质,而在于权利的范围。霍菲尔德进而提出了一组替代性术语:多方面的权利(multital right)和少量的权利(paucital right)。传统财产权概念对物理性的依赖至此全部剔除,财产权概念被完全去物理性。

在传统财产权概念之中,物理性与绝对性有着相辅相成的关系。围绕人与物的关系构造的财产权概念将财产所有权与外部世界隔离起来。对内,财产所有者享有唯一且专断的统治权;对外,财产所有者则享有排除干涉的权利。在宪法层面,财产权是一种消极权利,具有防御权功能。以人与物的关系为前提,物理性表明了法律关系的固定性与绝对性,绝对性则反映了传统财产权概念试图以"物"为核心囊括涉及该"物"的所有法律关系。物理性的剔除必

---

① 霍菲尔德. 基本法律概念[M]. 张书友,编译. 北京:中国法制出版社,2009:18.
② 霍菲尔德. 基本法律概念[M]. 张书友,编译. 北京:中国法制出版社,2009:17.
③ 霍菲尔德. 基本法律概念[M]. 张书友,编译. 北京:中国法制出版社,2009:99.
④ 霍菲尔德. 基本法律概念[M]. 张书友,编译. 北京:中国法制出版社,2009:97.

然会影响绝对性特征。在对物权与对人权的二元谱系中,霍菲尔德以一组不特定且独立的对人权来界定对物权,反对将所有人与其他人之间的多方面法律关系整合起来的趋势,强调"对物权或不特定权利应被正确理解为一人所拥有的就其根本而言彼此相似的大量权利之一……对物权不宜再用来表达某人对许多其他人拥有的各种独立权利或请求权之全体,而应专指诸多迥异权利之一,且仅限其一"①。以作为世袭财产的土地为例,霍菲尔德指出,这种财产权"由一系列复杂权利(或请求权)、特权、权力或豁免构成的集合"②,但不应混淆该集合中的不同的法律关系,财产所有者可以转移部分土地权利,但不会影响剩余的关系集合。财产权构成要素的不特定性,表明了财产权的相对性和有限性。

"权利束"概念并非由霍菲尔德直接提出,霍菲尔德也并未推演出完整的财产法律关系清单,但经其分析,"权利束"概念的本质已经栩栩如生:财产权脱离有体物而存在,关注人与人之间的相对关系。这种新财产权概念是对已经变迁的财产权观念的反映,很快得到理论与实务的认同。在1918年的国际新闻社诉美国联合通讯社案③中,联邦最高法院正式承认财产权的去物理性与相对性,承认一种新闻信息上存在一种财产权。1936年,美国法学家发布的《财产法重述》完全接受了霍菲尔德的词汇,财产权被描述为人与人之间关于物的法律关系。

(二)定型:权利清单与法经济学解释

传统财产权概念表达了财产权是一种自然权利的立场,但这种绝对主义的修辞很快无法迎合变化万千的现实世界,概念本身固有的矛盾尽现。霍菲尔德分析实证主义的路径解释并概念化了现实世界中的财产权,作为法定权利的财产权。正如"应当"与"是"的关系,在最严格的意义上,自然权利说与法定权利说并不冲突。尽管如此,财产权是一束权利的话语很快成为跨越不同法学流派的共识,法律现实主义者将之作为破坏自然权利说的工具,推动了20世纪30年代以后管制国家的到来;法经济学者则通过一种更为极端的权利束观点,论证法律的经济影响。

---

① 霍菲尔德.基本法律概念[M].张书友,编译.北京:中国法制出版社,2009:142-143.
② 霍菲尔德.基本法律概念[M].张书友,编译.北京:中国法制出版社,2009:143.
③ International News Service v. Associated Press, 248 U.S. 215 (1918).

1."权利束"清单的提出

霍菲尔德粗略勾勒了构成财产权的基本法律关系,迟至四十多年后,诺雷分析了所有权的典型附属权利,充实了财产权概念的内容,两相结合,"权利束"概念最终成形。① 这种细分所有权的讨论以所有权重要性被严重削弱为时代背景。诺雷试图提出一种普适的所有权概念,即"一个成熟的法律体系所承认的一物上的最大利益,由一束权利及与该物相关的附属权利组成"②。在此概念中,"物"仅仅在次要或附带意义上存在,所有权的核心是利益或权利。这些典型的附属权利包括占有权、使用权、管理权、收益权、处分权、安定权、可继承附属权利、无期限附属权利、有害用途禁止、被执行的责任、剩余权等十一种。③ 附属权利清单将财产权构成要素概念化,每一项附属权利都可以称之为权利束的一支(stick)。尽管如此,这些典型的附属权利并非判断是否为所有权的必要条件。在特定语境中,所有权并非必然完全包含所有十一种附属权利,也可能包含典型附属权利之外的法律关系,这表明了"权利束"清单的不特定性,与霍菲尔德的财产权相对性分析异曲同工。

附属权利清单描绘了更为明确的"权利束"图景,但仍然继承并凸显了霍菲尔德框架中的不确定性。这种一脉相承的"不确定性"与法律现实主义者对形式主义法学的批判暗合,"权利束"概念亦因此获其支持。④ 法律现实主义建基于法律不确定性前设之上,强调法律只是实现社会目的的工具,批判法律形式主义对待概念的态度,要求对抽象的法律概念作进一步的分解或概念切割,以契合个案判决需要。⑤ 以霍菲尔德为代表的"权利束"概念正蕴含了这样的概念切割——所有权利益可以在时间维度上在不同的人之间作分割,⑥为法官、立法者根据目的来建构特定语境中的财产权创造了空间。"如果财产

---

① J. E. Penner. The "Bundle of Rights" Picture of Property[J]. UCLA Law Review,1996,43(3):711-820.

② A. M. Honore. Ownership[C]//AG Guest. Oxford Essays in Jurisprudence. Oxford:Clarendon Press,1961:112-124.

③ A. M. Honore. Ownership[C]//AG Guest. Oxford Essays in Jurisprudence. Oxford:Clarendon Press,1961:112-124.

④ Morris R. Cohen. Property and Sovereignty[J]. Cornell Law Quarterly,1927,13(1):8-30.

⑤ 刘翀. 现实主义法学的批判与建构[J]. 法律科学(西北政法大学学报),2009(5):17.

⑥ Jane B. Baron. Rescuing the Bundle-of-Rights Metaphor in Property Law[J]. University of Cincinnati Law Review,2013,82(3):58.

没有固定的含义核心,而只是社会常规(social convention)确立的易变的利益集合,那么就没有合理的理由(认为)国家不应当为了公共福利而自由的扩张或压缩利益清单。"①法律现实主义者可以自由地在"权利束"概念之上附着建构积极国家的愿景与目标。"法律随着它所调整的那个社会运动的主流向前发展",②尤其自 20 世纪 30 年代以来,对国家管制并重新分配财富的需要愈加明确。财产权构成要素的不确定性恰恰迎合了这种需要,国家可以通过承认或否定某些权利、权力、义务和豁免的集合,或者某种利益为财产权,并在确定的限度内保护被承认的利益,从而实现管制目标。相较于扩张的国家任务本身所代表的公共利益,财产权的宪法地位遭受严重削弱,"不再是一个至高无上的权利,它仅仅是社会的权利体系中的一种权利"③。

2."权利束"概念的极端化

"权利束"概念不仅成为法律现实主义者推动国家干预的工具,也被怀疑国家经济干预的法经济学者用来描述符合"效率"原则的法律制度设计。在 1959 年和 1960 年的两篇著名文章中,科斯先后从具体和一般层面分析财产权的经济性概念,将之描述为关于特定资源的使用权清单。

在具体层面,以广播频谱资源为例。科斯认为与其关注资源本身,不如关注其用途,"我们是否有权对另一个人的土地射击,曾被认为取决于谁拥有土地上的空间。但更简单的是,关注就一把枪而言,我们应当用于做什么"④。就广播频谱资源的分配而言,与其诉诸政府管制,不如构建一种关于频谱使用权的权利体系。财产权由此被界定为可允许的用途清单。科斯在一般层面上强调财产权结构对经济运作的影响。在市场交易成本为零的情况下,契约交易可以通过构建合意产生恰当的权利安排,不同的财产权初始结构不会影响资源的高效配置。当契约交易不可行时,就需要诉诸政府管制,借助公权力来调整财产权结构,因为"合法权利的初始界定会对经济制度的运行效率产生影

---

① Thomas W. Merrill. & Henry E. Smith. What Happened to Property in Law and Economics? [J]. Yale Law Journal, 2001, 111 (2): 365.

② 伯纳德·施瓦茨.美国法律史[M].王军,洪德,杨晶辉,译.潘华仿,校.北京:法律出版社,2011:18.

③ 唐清利,何真.财产权与宪法的演进[M].北京:法律出版社,2010:57.

④ R. H. Coase. The Federal Communications Commission[J]. Journal of Law & Economics,1959,2:34.

响。一种权利的调整会比其他安排产生更多的产值"①。现实世界往往表现为后者。以糖果厂机器噪音影响医生工作为例,为了保障医生正常工作,我们必须限制糖果厂,但也必然对糖果厂造成损害,如减少产品供给,解决方案只能归结为考察是否值得限制糖果厂来保证医生正常工作。这种权利冲突表明了问题的相互性,暗示权利界定的两面性,既是保护,也是约束。② 正因为如此,双方各自权利具有相对性,且这种权利并非与糖果厂的设备、土地或者医生的工作场所等有关,事实上指涉两者实施一定行为的权利。譬如"我们说某人拥有土地,并把它当作生产要素,但土地所有者事实上拥有的是实施一系列有限的行为的权利"③。由此,财产权并非任何针对物的权利,其只不过是一束实施一系列有限的行为的权利集合。

相较而言,科斯的财产权概念更为简化,其以资源使用权或其用途为核心,关注财产的有用性或经济价值,呈现为一种效率导向的权利观。"法律的目的并不是要从一些基本的原理或规则出发判令权利的具体归属,而应当从资源配置优化的角度对权利进行有效率的配置。"④作为财产权构成要素的使用权,其安排服务于社会财富的最大化。与法律现实主义者相似,法经济学也是求诸法律之外,"权利束"概念无疑提供了容纳法律外渊源的空间。⑤ 通过优化使用权配置建构合理的财产权利体系,被采纳为积极国家的管制手段。诺雷提供了一份多元化的权利清单,不确定性的反面正意味着财产权内容的无限可能性;科斯仅仅聚焦使用权,财产权正是个人对资源享有的一组个别化的使用权,财产权的内容被限缩,但同时也被置于广泛的、相互的权利冲突中,具有一种分配性特征。这种分配性特征隐含地表明政府保留了对其界限内的财产的某些权力,⑥对这些权力的妥协内在于财产权之中。由此,政府可以方

---

① R. H. Coase.The Problem of Social Cost[J]. Journal of Law & Economics,1960,3:16.
② 李俊慧.科斯定理的三个版本与权利界定[J].学术研究,2015(9):91.
③ R. H. Coase.The Problem of Social Cost[J]. Journal of Law & Economics,1960,3:44.
④ 莫志宏.科斯定理与初始权利的界定——关于初始权利界定的法与经济学[J].中国政法大学学报,2008(5):112-113.
⑤ 曹飞,陈凌.法经济学的现实主义溯源[J].经济社会体制比较,2008(5):65-71.
⑥ Kenneth J. Vandevelde. The New Property of the Nineteenth Century: The Development of the Modern Concept of Property[J]. Buffalo Law Review,1980,29(2):325-368.

便地将财产权概念与效率价值捆绑在一起,预示了财产权宪法地位的进一步衰落。

(三)财产权宪法地位降格

与传统财产权概念相比,"权利束"概念表达了一种动态的、工具性的且更为抽象的观念——财产权可以通过许多种方式被分割,各分支权利并无重要性差异,且在最极端的意义上,只不过是一束经由制度设计且旨在实现资源高效配置的使用权集合。法律现实主义者与法经济学家以此强调财产的生产性使用与开发,财产权的正当性不在于其自身,而在于其结构安排是否符合功利、效率原则,是否促进了社会财富的最大化。"权利束"概念摆脱了传统概念对物理性和绝对性的依赖,实际上提供了一项判断新财产的标准——将财产权等同于财富、价值或有用性,以至于任何事物都可能因其蕴含具有一定价值的利益而被视为一种新的财产类型,财产权成为一个无所不包的概念。① 以此推演:如果财产权概念可以囊括所有法律关系,那么其作为一种类型的意义也就消失;如果作为财产权而受到保护的利益越来越多样化,那么财产权概念本身将不再代表任何固定的保护。② 财产权已死或解体的论断部分源于此,诚如格雷所言,"用权利束的概念替代财产的物的所有权概念的思想有一个最终的结论,即在法律和政治理论中财产权将不再是一个重要范畴"③。

在宪法层面,伴随着新财产的不断涌现,是否构成财产权成为一个门槛性问题。尤其自20世纪30年代以来,联邦最高法院反复重申,要想获得正当法律程序条款或征收条款保护,请求人首先要证明其所主张的利益是一种财产。④ 只有在联邦最高法院予以确认后,才可能获得宪法保护。"权利束"概念强调财产权的去物理性与相对性。去物理性导致财产权概念充斥经济色彩,取决于法院将哪种有价值的利益认定为财产;相对性则更为广泛地承认财产权所面临的限制。两相结合,加剧了财产权内容的不确定性,进而被政府利用,成为安排社会生活的一种工具。财产权概念与经济价值紧密相关,直接影响了法院对财产权保护的态度。财产权所具有的分配性与国家干预性,使其

---

① Acheson, Book Review[J]. Harvard Law Review, 1919, 33 (2): 330.

② Kenneth J. Vandevelde. The New Property of the Nineteenth Century: The Development of the Modern Concept of Property[J]. Buffalo Law Review, 1980, 29 (2): 325-368.

③ 托马斯·C.格雷. 论财产权的解体[J]. 高新军,译. 经济社会体制比较,1994(5): 26.

④ Thomas W. Merrill. The Landscape of Constitutional Property[J]. Virginia Law Review, 2000, 86 (5): 888.

与人身权之间的相对关系发生转变。① 甚至在联邦最高法院对"自由"的描述中,财产权也不再出场,逐渐被排除出根本权利之列。② 尤其自新政以来,这种转变直接反映于司法判决中。

1897年至1937年是联邦最高法院史上著名的洛克纳时代,以遵循自由放任主义理念,反对政府干预经济著称。"自1920年以来,最高法院宣布无效的立法比此前50年的还多。25年前就已经过时的看法却在宣布下述法律无效的判决中得到了复兴:产业女工最低工资法,保护买主免遭缺斤短两……控制私人职业介绍所对失业者剥削的法律以及许多税收方面的法律。"③联邦最高法院内部大致形成了以佩卡姆大法官为代表的司法至上派与以霍姆斯大法官为代表的司法克制派之争。前者主张法官独立判断,主导了洛克纳时代;后者则强调尊重立法判断,在新政时期成为主流司法哲学。在赫伯公司诉肖案④中,霍姆斯大法官指出,"如果系争条款的性质或意图达至的效果受到争议,那么立法机关有权作出自己的判断,而且就立法机关已经裁决的问题,其判断不得被陪审团的裁决或者法官个人判断取代"⑤。在契约自由达至高潮的阿德金斯诉哥伦比亚特区儿童医院案⑥中,霍姆斯大法官以理性人的信念作为合宪性标准——一项法律的合宪性不在于其是否符合公共利益,而在于

---

① Laura S. Underkuffler-freund. Property: A Special Right[J]. Notre Dame Law Review, 1996, 71 (5): 1033-1058.

② Katherine M. Mcfarland. Privacy and Property: Two Sides of the Same Coin: The Mandate for Stricter Scrutiny for Government Uses of Eminent Domain[J]. Boston University Public Interest Law Journal, 2005, 14 (1): 142-162.例如,Allgeyer v. Louisiana, 165 U.S. 578 (1897). 佩卡姆大法官撰写的法律意见书指出:"(第十四)修正案所提到的'自由'不仅意味着公民有权利免于对其人身的物理限制……也被认为包含了公民自由发挥其所有能力的权利……按其意愿生活并工作;以合法的方式谋生;从事任何营生或副业,并为此目的而缔结恰当的、必要于且对其成功实现前述目的来说至关重要的契约。"所谓契约权、职业自由以及私有财产权等都是财产利益。此后,尤其是20世纪20年代后,联邦最高法院一方面扩张了自由的含义,另一方面财产利益愈渐缺席自由界定。Meyer v. Nebraska, 262 U.S. 390 (1923); Washington v. Glucksberg, 521 U.S. 702 (1997).

③ 伯纳德·施瓦茨. 美国最高法院史[M]. 毕洪海,柯翀,石明磊,译. 北京:中国政法大学出版社,2005:240.

④ Hebe Co. v. Shaw, 248 U.S. 297 (1919).

⑤ Hebe Co. v. Shaw, 248 U.S. 297 (1919), 303.

⑥ Adkins v. Children's Hospital of the District of Columbia, 261 U.S. 525 (1923).

理性人是否合理地认为其合宪,①意图将契约自由降格至商业自由的地位,②采取最低限度的司法审查,尊重立法机关的判断。值得注意的是,即使在霍姆斯大法官的理论中,司法克制主义也并非一体适用——在涉及经济和社会事务的领域,通常尊重立法机关的判断,除非被证明专断或不合理;在涉及诸如言论自由等第一修正案问题时,针对立法机关的司法审查强度提高,更容易认定立法违宪。

到了30年代末,联邦最高法院逐渐由能动转向克制,霍姆斯大法官的司法克制理论最终成为主流,其以权利性质来选择司法审查标准的路径同样被继承。在1938年的卡罗琳案第四脚注中,斯通大法官实际上将财产权划入仅受制于理性基准审查的经济和社会权利之列,相对地,当涉及权利法案、政治权利以及离散且孤立的少数族裔时,则适用严格审查标准。第四脚注将权利属性与司法审查强度更为明确地关联在一起,其所表达的双重审查标准理念在40年代的许多案件中有所体现。③ 在1942年的琼斯诉欧佩莱卡案④中,斯通大法官进一步提出了"优先地位"概念,"第一修正案并不局限于保障言论自由和宗教自由,免遭旨在摧毁它们的歧视行径。相反,根据第一修正案和第十四修正案,联邦宪法将这些自由置于优先地位(preferred position)"⑤。到了沃伦法院时期,第四脚注被直接用来论证宗教自由、投票权等是应处于优先地位的基本自由。⑥ 优先地位说成为公认学说——"宪法赋予了人身权相对于财产权的优先地位,结果是最高法院在行使审查功能的时候会运用双重标准"⑦。正因为如此,以能动主义著称的沃伦法院,却在经济权利领域仍然坚持司法克制原则。

"权利束"概念导致的另一个问题是,法院不得不诉诸公共政策。首先,无

---

① Adkins v. Children's Hospital of the District of Columbia, 261 U.S. 525 (1923), 570.
② 伯纳德·施瓦茨. 美国最高法院史[M]. 毕洪海,柯翀,石明磊,译. 北京:中国政法大学出版社,2005:241.
③ Minersville School Dist. v. Gobitis, 310 U.S. 586 (1940); Thornhill v. Alabama, 310 U.S. 88 (1940); Thomas v. Collins, 323 U.S. 516 (1945).
④ Jones v. City of Opelika, 316 U.S. 584 (1942).
⑤ Jones v. City of Opelika, 316 U.S. 584 (1942), 608.
⑥ Braunfeld v. Brown, 366 U.S. 599, p.613 (1961); Katzenbach v. Morgan, 384 U.S. 641 (1966).
⑦ 伯纳德·施瓦茨. 美国最高法院史[M]. 毕洪海,柯翀,石明磊,译. 北京:中国政法大学出版社,2005:308.

所不包导致财产权概念的无意义性。为了克服这种无意义性,一种进路强调并非任何有价值的利益都是财产。财产权概念本身无法提供一种识别标准,法院遂诉诸法律之外的资源——公共政策。用布兰代斯大法官的话来说,"只有当公共政策似乎需要时,这些无形产品才会继续具有财产属性"①。其次,财产权的相对性意味着权利之间、权利与权力之间的冲突不可避免,法院只能通过价值判断来解决争议,公共政策是最主要的价值渊源。然而,公共政策本身就是一个变动不居的概念,财产权概念的不确定性因此强化,彻底成为一个动态的、社会性的、不包含任何确定内容的概念。这种进路与财产权宪法地位的降低相辅相成。在经济权利领域适用司法克制原则,正意味着遵循立法机关的政策考量。财产权界定实质上被转变为一个政治问题,完全取决于立法机关。

（四）公用教义扩张

"权利束"概念造成财产权内容的不确定性,政府管制能够轻易进入财产权权利体系中,既迎合也推动了社会变革。财产权宪法地位的降低直接影响了财产权的边界,即个人与国家的关系。在宪法层面上,财产权的边界主要与公共利益有关。《联邦宪法》第1条第8款第1项规定,国会征税权只能用于偿还国债、共同防御和一般福利;第五修正案规定:"未经公正补偿,不得因公用而征收私有财产";作为政府管制财产的一般性权力,警察权以服务于公共安全、公共健康、公共道德和公共福利为限。就征收条款而言,公用描述了个人与国家之间的界限。针对私有财产权,公用首先是一种保护,其次也构成一种限制。20世纪初期以来,伴随着"权利束"概念的萌芽与定型,公用教义不断演进,这也是"权利束"概念导致的连锁反应之一。

财产权宪法地位的改变导致公用审查强度降低。20世纪初期,联邦最高法院仍然执着于细分立法权与司法权的判断领域,但在新政之后,已经斩钉截铁地站在司法克制主义一侧。在伯尔曼案中,联邦最高法院直陈在判断何者构成公用上,法院的角色极为有限,应当遵从立法机关的判断;米德基夫案再次重申,同时提出了证成理由:"司法遵从是必要的,因为在我们的政府体制

---

① International News Service v. Associated Press, 248 U.S. 215 (1918), 250.运用公共政策路径的案件又如 Rorabank v. Motion Picture Operators' Union of Minneapolis, 140 Minn. 481 (1918). Puget Sound Traction, Light & Power Co. v. Grassmeyer, 102 Wash. 482 (1918).

中,立法机关更能够评估哪些公共目的应当通过征收权来推进。"①正如以公共政策需要来判断何种利益构成财产权,公用教义实质上也被视为立法机关的政策判断。由此造成的结果是,在这两个关键性判例中,联邦最高法院并未直接关注公用的实质内涵,而是因为极端遵从的司法审查路径,完全遵从立法机关的判断。公用问题再也没有确定的规则可以依循,只能根据个案中的公共政策作出判断。联邦最高法院在1978年直接承认,征收问题本质上涉及个案审查。② 政府据此保留了持续重新界定公用要件,从而影响财产权边界的能力。③

与极为遵从的司法审查路径相呼应,公用要件的内涵与外延受制于公共政策的变化,日益丰富且不断扩张。诚如第一章所述,20世纪以来,联邦最高法院主导了公用教义的发展。在法布鲁克灌溉区案与密苏里太平洋铁路公司案中,联邦最高法院尚纠结于广义公用与狭义公用之间。到了20年代的林奇案,联邦最高法院最终支持广义公用。"权利束"概念与新政契合,便利了政府通过立法形塑符合其政策需要的财产权利体系。作为公用教义变迁的重要分水岭,伯尔曼案意味着受新政影响,公用要件最终被简化为一般的公共目的,服务于福利国家的建构。公用概念的外延由诸如铁路、高速公路、桥梁、灌溉区等传统公用扩张至公共健康、公共娱乐以及美观等用途,乃至社会经济生活的各个方面。伯尔曼案聚焦城市更新,征收的土地部分用于公共设施建设,部分用于商业开发。米德基夫案则涉及土地权利的重新分配。孟山都公司案旨在促进技术革新。三个案件的共同之处在于,运用征收权打破已有的财产权利体系并予以重构,从而实现公共目的。征收权成为政府实现利益再分配的手段,而这种分配性目的的实现直接源于财产权本身所具有的分配性特征与国家干预性。公用要件的大幅扩张与新政之后对福利国家的追求密切相关,甚至有学者直接称之为"公益国家"(public interest state)。④

三、财产权概念反思语境下的公用教义

"权利束"概念改变了个人与国家之间的关系。相较于传统财产权概念,

---

① Hawai'i Housing Authority V. Midkiff, 467 U.S. 229 (1984), 244.
② Penn Central Transp. Co. v. City of New York, 438 U.S. 104 (1978), 124.
③ Philip P. Houle. Eminent Domain, Police Power, and Business Regulation: Economic Liberty and the Constitution[J]. West Virginia Law Review, 1989, 92 (1): 51-124.
④ Charles A. Reich. The New Property[J]. Yale Law Journal, 1964, 73 (5): 756.

"权利束"概念更能适应时代变迁,也更能容纳政府对财产所施加的限制或义务,促进此时此刻重要的公共政策。这种适应性和弹性主要通过财产权的碎片化实现,深刻影响了财产权宪法地位的变迁。"权利束"概念对分配性和经济效率的强调,割裂财产与自由的关系,联邦最高法院在一系列判决中将财产权置于人身权的次位,仅受到有限的司法审查保护——理性基准审查。就征收领域而言,司法遵从盛行,公用教义大大扩张,基本囊括了一般性的政府目的,财产权对抗国家征收权力的能力严重削弱。

现代财产权概念以"权利束"理论为主流,但并不意味着不存在其他相反的观点,对"权利束"理论的反思一直存在,多试图恢复财产权的根本权利地位。一种路径从关系论入手,聚焦财产权与其他人身权利、政治权利的关系。基于财产权与人格发展之间的关系——财产权是保障人的自我发展的必要条件,拉丁主张区分人格性财产权与替代性财产权,分别受到不同强度的保护。① 在征收案件中,相较于替代性财产权,当涉及人格性财产权时,法院应当采用更严格的司法审查路径。② 另一种路径试图直接重构财产权概念。部分学者诉诸排他权,视之为财产权的根本特征,并以此来重构财产权概念。梅里尔主张"排他权不仅是财产权利束中最根本的一支,而且是其必要条件"③;彭纳试图恢复物理性对于财产权概念的意义,强调财产权就是排他使用的权利。④ 还有学者认为这种排他性理论试图将财产权简化为权利束中的一支,仍然没有克服财产权概念碎片化的问题,"太过狭窄以至于无法充分阐述财产概念所蕴含的法律教义",遂提出了一种整合性财产概念。一方面,承认排他权对于财产权概念的重要性,但并不认为这是唯一或最根本的特征;另一方面,将财产权概念要素固化为排他的获取(acquisition)、排他的使用(use)和排他的处分(disposal),并主张三者达至概念统一(conceptual unity),才能赋予财产权完整的含义。排他性理论与整合性理论均强调财产权的排他属性,同

---

① Margaret Jane Radin. Property and Personhood[J]. Stanford Law Review,1982,34(5):957-1015.

② Margaret Jane Radin. The Liberal Conception of Property:Cross Currents in the Jurisprudence of Takings, The Jurisprudence of Takings[J]. Columbia Law Review,1988,88(8):1667-1696.

③ Thomas W. Merrill. Property and the Right to Exclude[J],Nebraska Law Review,1998,77(4):730-755.

④ J. E. Penner. The "Bundle of Rights" Picture of Property[J]. UCLA Law Review,1996,43(3):711-820.

样反映了对财产权个人性或人身属性的回归。

与理论上的概念变迁相呼应,经过沃伦法院与伯格法院,到伦奎斯特法院,联邦最高法院的关注点逐渐由人身权利转向财产权利。甚至在伯格法院时期,修正人身权与财产权二元论的尝试就已经开始。在凌奇诉家庭金融公司案①中,斯图尔特大法官批评二元论的谬误,"财产并不拥有权利。拥有权利的是人……事实上,人的自由权与人的财产权根本上相互依赖。缺乏其一,则另一个也不可能有意义。长期公认的是,财产权利是基本民权"②。在涉及公用问题的案件中,"权利束"概念的影响仍然存在,财产权的经济功能也仍被联邦最高法院肯定。例如,在凯洛案中,联邦最高法院延续极端遵从的司法审查路径与非常宽泛的公用含义,支持纯粹以商业开发为目的的征收。但抛开这种遵循先例效果,通过开放州法院保护通道,关注具体的征收过程,联邦最高法院已经开始担忧财产权保护问题。在凯洛案导致的一系列反制性判决中,财产权的根本性地位开始回归。在诺伍德案中,俄亥俄州最高法院必须权衡美国民主中的两大重要利益——财产权所代表的个人利益与征收权所代表的公共利益。就财产权而言,俄亥俄州最高法院回归财产权的自然法渊源,"财产权源于更高的权威即自然法,神圣且绝对不能委托给'德行不确定的管理者'……俄亥俄州认为财产权是一项基本权利……俄亥俄州宪法保护与财产相关的备受推崇的权利束,且无论其他力量多强大,只能被轻微地损害"③。就征收权而言,俄亥俄州最高法院承认征收权的主权属性,但收缩了作为征收权限制的公用要求,"在俄亥俄州,征收权行使的必要条件是,主权者只能为了公共利益……'只有对所有人民存在很大利益,才有必要授权且征收才具有正当性'"④。两相权衡,俄亥俄州最高法院得出的结论是,经济因素不构成判断公用的独立依据,"征收是公共利益最后诉诸的权力,'并不仅仅是囊中羞涩的城市改善经济状况的工具'"⑤。

除此之外,管制性征收并未直接涉及公用问题,但其对"权利束"概念的态度,在某种程度上也契合公用教义的变迁方向。管制性征收基本上是一个政府行为性质问题,其焦点一直都是公正补偿问题,而非公用问题,即政府对财

---

① Lynch v. Household Finance Corp., 405 U.S. 538 (1972).
② Lynch v. Household Finance Corp., 405 U.S. 538 (1972), 552.
③ City of Norwood v. Horney, 853 N.E.2d 1115 (2006), 1128.
④ City of Norwood v. Horney, 853 N.E.2d 1115 (2006), 1131.
⑤ City of Norwood v. Horney, 853 N.E.2d 1115 (2006), 1141.

产权的干预在何种程度上构成应予补偿的征收。经由百年的判例发展,联邦最高法院最终形成了三组判断管制性征收的坐标系:手段—目的;负担—利益;被剥夺的利益—财产的全部利益。① 在第三组坐标系中,财产权概念至关重要。在质的层面上,联邦最高法院关注财产权利束的内容,如果政府管制客观上剥夺了对于特定财产来说至关重要的一支权利,那么构成管制性征收。例如直接地物理侵入剥夺了财产所有者的排他权,构成管制性征收。② 在量的层面上,联邦最高法院关注财产的经济价值,如果政府管制事实上剥夺了财产的全部经济用途或者合理经济利用价值,那么构成管制性征收。③ 质与量的考察并非孑然独立,在确定被剥夺的那一支权利后,经济价值考量通常紧随其后。这实际上是从外部视角来考察财产权的边界问题——划定财产权与不同政府权力之间的边界,但事实上是通过解构财产权的内在要素来实现的。至少在这一层面上,其前设是无论属于何种性质,系争政府行为符合公用,警察权目的与征收权之公用限制竞合。诚如米德基夫案所言,公用要件与主权性警察权的范围一致。

四、概念变迁视角下的公用教义

"每个时代必须且将不得不设计一种契合自己需求的理论,同样正确的是,财产思考总是在特定形式和一般理念的框架之中展开。"④传统财产权概念强调物理性和绝对性,与财产权神圣不可侵犯的自然法理念契合;现代财产权概念背道而驰,建立于去物理性和相对性之上,关注财产的经济性与分配性,与经济发展、福利国家建设的需要一致;反思"权利束"理念的工作一直存在,尤其自 20 世纪 80 年代以来,拯救财产权概念的运动更为显著,⑤以伦奎斯特大法官为首的联邦最高法院开始由人身权问题转向财产权问题。财产权

---

① 刘连泰. 宪法文本中的征收规范解释——以中国宪法第十三条第三款为中心[M]. 北京:中国政法大学出版社,2014:125-147.

② Loretto v. Teleprompter Manhattan CATV Corp., 458 U.S. 419 (1982).

③ Lucas v. South Carolina Coastal Council, 505 U.S. 1003 (1992); Keystone Bituminous Coal Ass'n v. Debenedictis, 480 U.S 470 (1987).

④ William J. Cohen. Private Property and the Takings Issue: Enhancing the Position of Ecological Values in the Supreme Court's Constitutional Calculus[J]. Journal of Environmental Law and Litigation, 2013, 28 (3): 303-346.

⑤ Adam Mossoff. What Is Property —Putting the Pieces Back Together[J]. Arizona Law Review, 2003, 45 (2): 371-444.

概念变迁,其宪法地位同步演进。在传统财产权概念之下,强调财产对于自由政府的根本性地位,强调其权利属性,而非其功能。在现代财产权概念之下,财产权被逐渐从根本权利中剥离,在联邦最高法院形塑的权利位阶中居于次位,相较于人身权利,仅受到有限的司法保护。人们关注财产权的功能,而非其所包含的个人性。"建国时代的美国人在这种宽泛的洛克式意义上理解财产,我们却令人遗憾地丧失了。"①及至近期,关于财产权的反思才逐渐回归传统理念,在联邦以及州层面的判决中,也有所体现。在具体制度层面,财产权概念及其宪法地位的演进深刻影响了征收条款中公用教义的发展。尤其在现代财产权概念之下,公用教义获得了空前的扩张。

从传统到现代,当我们将财产权概念、财产权宪法地位以及公用教义并置于平行的谱系中,三者之间的变迁动态一致。原因在于三个谱系之间的关系纠葛。无论是财产权概念,还是财产权的宪法地位,抑或是公用教义,三者从最一般意义到一般意义,再到具体层面,都在某种程度上表达了个人与国家之间的边界。不同时期的财产权概念是公共意志认识变迁的写照。虽然说法律是什么是法院的职责,但是法院的法律判断往往是不断积累的社会政治运动的结果,"法院善于固定,而不善于打桩"②。在宪法层面上,这种概念变迁最终反映在联邦最高法院关于财产权地位的认识中。作为联邦宪法征收条款的关键要素,公用要件因其不确定性特征,几乎完全凭借司法建构,必然受其影响。在征收领域,公用要件与征收权之间的关系更为明显,在多个层面上构成对征收权与财产权的平衡因素。相对于征收权,公用要件首先是实质限制,其次也构成发动要件;相对于财产权,公用要件首先是实质保护,其次也构成限制。公用要件扮演的角色相互对应。经由判例发展,公用要件实质上已经与一般公共目的无异。在此意义上,尤其在部分由政府通过立法建构的财产权利体系中,公用本身已经成为财产权必须背负的社会义务。③

财产权经历了从神圣不可侵犯到服从公益需要,从人格自由到经济自由,从针对物的权利到"权利束",这一切都在新政前后得到完全定型,公用教义也由此持续扩张。结合财产权理论在近年来的发展趋势,可以从历史变迁的维

---

① Leonard W. Levy. Seasoned Judgments: The American Constitution, Rights, and History[M]. New Brunswick, NJ: Transaction Publishers, 1995: 18.

② 杰克·M.巴尔金. 活的原旨主义[M]. 刘连泰,刘玉姿,译. 厦门:厦门大学出版社,2015:238.

③ Gregory S. Aleander. The Social-Obligation Norm in American Property Law[J]. Cornell Law Review, 2009, 94 (4): 745-820.

度看三个谱系之间的关系，如表 3-1 所示。

表 3-1　概念变迁视角下的公用

时期	财产权概念	财产权地位	公用教义
19 世纪末 20 世纪初以前	物理性与绝对性	从强调财产权的根本地位到侧重公共利益的实现	传统公用 司法至上
20 世纪初到 20 世纪 80 年代	"权利束"：去物理性与相对性	财产权丧失根本权利地位，仅受到理性基准审查	公用多元化 司法遵从
20 世纪 80 年代至今	"权利束"仍占主流，但已开始反思，部分回归传统	伦奎斯特法院回归财产权领域，管制性征收教义发展	凯洛案的迂回与州法院对财产权根本地位的强调

第三节　公用与公正补偿

征收权、征税权与警察权，均构成针对私有财产的限制。从"有权利必有救济"的角度来看，当遭受三种主权性权力侵害时，私有财产所有者有权获得救济。根据宪法与制定法提供的救济方案，三种权力均受制于公共利益限制。除此之外，基于私有财产受侵害的程度，征收权必然伴随着公正补偿。在征税权与警察权语境下，私有财产所有者已经从政府提供的、公众分享的一般性利益中获得公正补偿。征收权导致私有财产所有者相较于其他公民承受更多不利，而征税权与警察权通常普遍地针对公众。是以在公正补偿问题上，有此差异。

宪法与制定法明确要求征收须给付补偿，且是公正补偿。无公正补偿，无征收。德国法将两者之间的关系形容为"唇齿"，征收条款又名"唇齿条款"，这在美国法上同样适用——"似乎公认的一般法原则是，补偿权利附随于征收权的行使"①。合宪的征收活动必须符合公用要件,且必须给付公正补偿。从征收过程来看,作为征收的门槛性问题,公用要件涉及正当性问题,系对征收权的事前限制;作为征收的唇齿规定,公正补偿要件主要包括两个问题:是否给予补偿,给予多少补偿是公正的。这在很大程度上是一个合理性问题,系对征收权的事后限制。补偿本身外在于但又密切关联于征收权,公用要件则内在于征收权本身。在征收条款整体性语境下,这种事前与事后之分,以及两者与征收权的不同关系是否意味着公用要件与公正补偿要件之间毫无关联,乃至两者以互不相干的方式发挥针对征收权的制约作用,值得讨论。

一、公正补偿要件简论

正如公用一样,公正补偿深植于自然法理论中,诸如格劳秀斯、普芬道夫等学者均同时强调征收应当给付补偿。但在殖民地和建国前后的美国,补偿原则并未成为征收实践的一般要求,甚至殖民地制定法以及首批州宪法均未对此作出规定。在促进经济开发的热潮下,尤其当征收那些尚未开发的土地以建设公路时,立法机关通常不予补偿。未经补偿的征收频繁发生,其正当性随着国家独立而演进:殖民地时代,往往将征收权作为国王的特权或者保留权力;独立之后,则普遍诉诸共和主义理论——财产权应当服从公共利益。②

伴随着自由主义思想逐渐占据支配地位,私有财产与公共利益之间的关系转变,财产权的根本性质被肯定。补偿要件慢慢出现于宪法与制定法文件之中。1777 年的佛蒙特州宪法、1780 年的马萨诸塞州宪法以及 1787 年的西北条例均规定征收应给付补偿。③ 通过自由主义代表人物麦迪逊之手,公正补偿要件进入联邦宪法,成为征收制度的公认原则。依麦迪逊之见,征收条款不仅禁止联邦政府未经公正补偿而征收,同时也宣告国家尊重并保护私有财产权。④

在公正补偿要件的两个核心问题中,"是否应当给予补偿"通常涉及政府行为的性质判断,公正补偿是"走得太远"的政府管制的必然结果;"给予多少

---

① Pumpelly v. Green Bay Company, 80 U.S. 166 (1871), 178.

② William Michael Treanor. The Origins and Original Significance of the Just Compensation Clause of the Fifth Amendment[J]. Yale Law Journal, 1985, 94 (3): 694-716.

③ Vermont Constitution of 1777, ch. I, art. 11; Massachusetts Constitution of 1780, part I, art. X; Northwest Ordinance of 1787, art. 2.

④ William Michael Treanor. The Origins and Original Significance of the Just Compensation Clause of the Fifth Amendment[J]. Yale Law Journal, 1985, 94 (3): 710.

补偿才公正"进一步深入公正补偿要件的核心,"公正"要求赋予征收补偿一种道德性,"防止政府不公平地将公共利益成本科予少数个人"①。正如公用要件一样,作为不确定概念,公正补偿要件的发展同样仰赖司法审查。

(一)公正补偿教义的变迁

征收条款的主要目的在于平衡个人与国家的关系,"既要保证经济资源仍然由私人控制,拟征财产所有者获得政府补偿;又要维护国家的财富分配职能,且国家被威慑而不会作出恣意且善变的行为"②。公正补偿教义应当与征收条款的目的相契合。问题在于公正补偿教义如何与征收条款的目的保持一致。理论上主要有两种不同的观点。一种观点立足于经济学视角,强调公正补偿的功能,即防止财政幻觉(financial illusion),强迫政府内化行为成本。另一种观点聚焦更宽泛的宪法价值,公正补偿旨在防止征收权滥用,保护个人财产权。③ 伴随着公正补偿教义的确立,公认的是,补偿额度应当根据征收条款的保护功能来界定;④完全以经济术语表达的征收条款仍然停留在学术层面。⑤

相较于公用教义的兜兜转转,公正补偿教义的发展更为简洁明确——始终以公平市场价值为核心。⑥ 早期征收案件并未直接提出公平市场价值标准,但已经发育出类似的内涵。联邦最高法院审理的第一个公正补偿案件是1893年的莫农加希拉航海公司诉合众国案⑦(以下简称"莫农加希拉航海公司案")。布鲁尔大法官撰写法律意见,兼用目的解释与文义解释。作为权利法案不可分割的一部分,征收条款旨在对抗政府滥权,"在任何社会中,政府性

---

① Benjamin D. Barros. Defining "Property" in the Just Compensation Clause[J]. Fordham Law Review,1995,63(5):1853-1882.

② Bluebook 20th ed. Privacy, Property, Public Use, and Just Compensation[J]. Southern California Law Review,1968,41(4):904-918.

③ Christopher Serkin. The Meaning of Value:Assessing Just Compensation for Regulatory Takings[J]. Northwestern University Law Review,2005,99(2):677-742.

④ James W. Ely. Jr., The Historical Context of Just Compensation[J]. Practical Real Estate Lawyer,2014,30(3):9-16.

⑤ Benjamin E. Hermalin. An Economic Analysis of Takings[J],Journal of Law, Economics and Organization,1995,11(1):72;Jed Rubenfeld. Usings[J], Yale Law Journal,1993,102(5):1131.

⑥ Christopher Serkin. The Meaning of Value:Assessing Just Compensation for Regulatory Takings[J]. Northwestern University Law Review,2005,99(2):677-742.

⑦ Monongahela Navigation Company v. United States 148 U.S. 312 (1893).

质和价值的最重要标准之一是,个人能否充分且完全地享有利用和使用其财产的安定性"①。"公正补偿"以"公正"修饰"补偿"。补偿不同于惩罚性赔偿,其自身包含了"等价"(equivalence)理念,应当等于已经造成的损害(injury),也就是被征收财产的等价物。"公正"只是强调"补偿"的等价意涵,"补偿必须充分且完全(full and perfect)等价于被征收的财产","补偿针对拟征财产,而非其所有者"。② 在后续案件中,联邦最高法院将这种"等价"理念更为明确地阐述为公平市场价值,③即在一个公平且公开的市场上,一个自愿买者就财产利益支付给一个自愿卖者的价格。④ 在判断市场价值时,法院一般应当考虑任何会影响理性买者愿意出价的因素,诸如财产所有者遭受的损害与政府获得的收益、财产的最高且最佳用途、管制因素、估价时间、净损失、利益抵消与平均利益互惠等。⑤

与公平市场价值标准的确立同步,联邦最高法院对"公正"补偿的理解也愈加明确。在莫农加希拉航海公司案中,法院认为,"公正"指的是"充分且完全"的等价,或者"充分且精确"(full and exact)的等价;在1934年的奥尔森诉合众国案⑥中,法院认为,拟征财产所有者"在金钱上必须处于和财产尚未被征收时一样的良好状态。他必须被复原(made whole),但无权要求更多"⑦。作为"公正"补偿的具象化,公平市场价值标准往往以拟征财产为核心,不关注被征收者的特殊地位。在确定补偿额度时,法院仅仅根据被征收者遭受的损失来给予补偿,诸如主观损失、律师费、搬迁费、商业信誉等间接损失被排除在外。排除间接损失导致公平市场价值与"公正"补偿之间的裂隙益深,因此备受诟病——"市场价值不仅不充分和不公平,而且经济上无效益"⑧,"面临着排斥财产主观价值,未达到对被征收财产的最佳补偿状态,在公平市场环境缺

---

① Monongahela Navigation Company v. United States 148 U.S. 312 (1893), 324.

② Monongahela Navigation Company v. United States 148 U.S. 312 (1893), 326.

③ L. Vogelstein & Co., Inc., v. United States, 262 U. S. 337 (1923); United States v. New River Collieries Co., 262 U.S. 341 (1923).

④ See United States v. Virginia Elec. & Power Co., 365 U.S. 624 (1961), 633; United States v. Miller, 317 U.S. 369 (1943), 373.

⑤ James W. Ely. Jr. The Historical Context of Just Compensation[J]. Practical Real Estate Lawyer, 2014, 30 (3): 9-16.

⑥ Olson v. United States, 292 U.S. 246 (1934).

⑦ Olson v. United States, 292 U.S. 246 (1934), 255.

⑧ James Geoffrey Durham. Efficient Just Compensation as a Limit on Eminent Domain[J]. Minnesota Law Review, 1985, 69 (6): 1277-1314.

失时不具有可操作性等质疑"①。

意识到公平市场价值与补偿之"公正"要求之间的裂隙,联邦最高法院试图在不同的案件中弥补该标准的不足,增强正当性。首先,联邦最高法院承认公平市场价值标准"既非一项绝对标准,也非一项排他性估价方法"②,"当市场价值难以确定时,或者当适用公平市场价值标准会对财产所有人或公众导致明显不公时,法院会形成并适用其他标准"③。其次,联邦最高法院将一些间接损失纳入公平市场价值的计算范围内,以主观损失为例,除非其对于当前所有者是独特的,以至于不会被反映在理性买家出价考虑因素中,否则应纳入公平市场价值考虑范围内。④ 最后,联邦最高法院承认公平市场价值的不足,但尝试提供正当理由。一方面,联邦最高法院强调公平市场价值标准的客观性与便利性,超越对补偿"公正"的关注,"在特定时间确定个人附加给特定财产的价值面临事实困境,我们意识到需要一个相对客观的工作规则……因此,法院选择公平市场价值概念来判断被征收者的损失"⑤。另一方面,联邦最高法院认为某些损失是财产权人应当承受的社会义务,"为了公共利益,所有财产有义务被征收,就此而言,因被征收人对财产的独特需要和特殊情感依恋而产生的不可转移的价值损失,就像因行使警察权而导致的损失一样,被恰当地视为普通公民义务的一部分"⑥。

联邦最高法院为公平市场价值标准提供的解释颇具实用主义的色彩,但将公共利益视为财产权的社会义务可能导致征收权的行使不证自明,模糊了警察权与征收权之间的差异,征收权真正成为悬在财产权头上的达摩克利斯之剑,值得检讨。虽然很可能不充分且不公平,但是在确立公正补偿上,公平市场价值标准的支配地位从未被撼动。

(二)复活公正补偿要件

公用要件与公正补偿要件构成征收条款的核心要素,同样发挥着限制征收权、保护财产权的功能。公用要件实质上偏向对私有财产的存续保障;公正补偿事实上构成对私有财产的价值保障。将公用教义图景与公正补偿教义图

---

① 刘连泰,左迪. 征收法上按公平市场价值补偿规则的白圭之玷[J]. 浙江社会科学,2013(9):55.
② United States v. Fuller, 409 U.S. 488 (1973).
③ United States v. Commodities Trading Corp., 339 U.S.121 (1950).
④ Mitchell v. United States, 267 U.S. 341 (1925), 343.
⑤ U.S. v. 564.54 Acres of Land, 441 U.S. 506 (1979), 510-511.
⑥ Kimball Laundry Co. v. United States, 338 U.S. 1 (1949), 5.

景合并起来,征收条款的演进脉络清楚明确。一般观点认为公用要件与公正补偿要件彼此独立,互不相干,但无论是从历史视角,还是从近年来基于征收改革的学术论说来看,两项要件彼此勾连。①

以公正补偿教义为视角。联邦最高法院的公正补偿教义定型于20世纪80年代,此后发展集中于管制性征收问题,不再关注补偿的"公正性"。1984年的合众国诉50英亩土地案②是最近一次判决的公正补偿案件,并未超出20世纪初期形成的公正补偿教义,公平市场价值标准仍然是通说,其不充分性与不公平性仍被公认且包容。论者认为,当前公正补偿教义已经远远落后于征收发展。③ 公平市场价值并不"公正"的现实成为诸多学者孜孜以求,改进公正补偿教义的出发点。④ 以公用教义为视角。经由伯尔曼案、米德基夫案,尤其在凯洛案之后,公用要件近似空中楼阁,财产权的宪法地位严重降格。无论是联邦层面,还是州层面,无论是立法机关,还是司法机关,多在明确地或隐含地推动公用教义改革。⑤ 公用教义改革包含两种路径:一种立足公用要件,限缩公用内涵或强化公用审查;另一种诉诸公用要件之外,尤其强调复活公正补偿要件,"在公用要件仅受制于最低限度的司法审查后,公正补偿要件成为针对政府征收的唯一可行的司法制约"⑥。

放弃公用教义,诉诸公正补偿教义,正是两者勾连的第一个面向。理论

---

① Lee Anne Fennell. Taking Eminent Domain Apart[J]. 2004 (4): 957-1004.

② United States v. 50 Acres of Land, 469 U.S. 24 (1984).

③ Marisa Fegan. Just Compensation Standard and Eminent Domain Injustices: An Underexamined Connection and Opportunity for Reform[J]. 2007, 6 (2): 269-298.作者认为,公平市场价值标准形成于大量土地尚未被开发之时,但自20世纪中叶以来,大多数土地已经被开发,城市更新不断推进;公用要件已经日渐灵活,但公正补偿要件仍然不为所动。

④ Glynn S. Lunney. Jr. Compensation for Takings: How Much Is Just[J]. Catholic University Law Review, 1993, 42 (4): 721-770.

⑤ Ilya Simon. The Limits of Backlash: Assessing the Political Response to Kelo[J]. Minnesota Law Review, 2008/2009, 93 (6): 2100-2178; Ilya Simon. The Judicial Reaction To Kelo[J]. Albany Government Law Review, 2011, 4 (1): 1-37.

⑥ James Geoffrey Durham. Efficient Just Compensation as a Limit on Eminent Domain[J]. Minnesota Law Review, 1985, 69 (6): 1277-1314.类似文章又如:Dale Orthner. Toward a More "Just" Compensation in Eminent Domain[J]. McGeorge Law Review, 2007, 38 (2): 429-460.甚至联邦最高法院在某种程度上也持这样的观点,参见下文分析:Marisa Fegan. Just Compensation Standard and Eminent Domain Injustices: An Underexamined Connection and Opportunity for Reform[J]. 2007, 6 (2): 282.

上,复活公正补偿要件既符合教义本身,也符合其他教义变革的需要。公正补偿要件构成对政府的威慑,政府很可能被迫比较征收所产生的公共利益与应当支付的补偿,有利于保证征收的公用性。① 但放弃独立的公用教义,将征收条款的目的完全寄托于公正补偿教义之上,不仅违背征收条款,也不利于个人利益与公共利益之间的平衡。缺乏公用要件的门槛作用,征收活动将实质上演变为个人与国家的金钱交易,公民的私有财产也不过是具有可替代性的商品;② 政府要么陷入财政幻觉,要么惮于畸高的公正补偿,难以从事真正有利于公共利益的活动。征收关涉公平与正义,并非市场交易,这种路径并不可取。

二、公用的"公正"意涵

依联邦最高法院之见,征收条款的本质在于公平与正义,"禁止政府强迫某些人单独承受公共负担,而从公平和正义的角度看,这应由公众整体承担"③。公用要件与公正补偿要件正是公平与正义的具体化身:前者强调普遍性与平等性;后者认为"公正"意味着公平与平等。④ 两项要素实质一致,问题在于两者在内容上是否有所勾连?尤其是公用要件是否会影响补偿"公正"?探求公用的"公正"意涵,是公用与公正补偿相勾连的第二个面向。公正补偿之"公正"同时面向被征收者与公众;⑤ 公用要件之普遍性与平等性亦针对被征收者与公众之间的关系。公用与公正补偿在内容上的勾连,可以分别从被征收者视角与公众视角入手。

(一) 被征收者视角:公正补偿=公用+公平市场价值

从被征收者视角来看,公平市场价值标准与"公正"补偿之间的差距毋庸置疑。"公正"要求被征收者复原,即至少在金钱上恢复财产未被征收时的良好状态。公平市场价值则仅仅关注理性买家在公开市场上考虑的因素。大多数财产所有者认为自己的财产高于公平市场价值,否则在自愿协商阶段,他们就应该同意将财产出售给征收者。当考虑公正补偿时,除了公平市场价值外,还必须考虑一种额外利益(additional benefits),这主要指在公平市场价值标

---

① Marisa Fegan. Just Compensation Standard and Eminent Domain Injustices: An Underexamined Connection and Opportunity for Reform[J]. 2007, 6 (2): 269-298.
② Lee Anne Fennell. Taking Eminent Domain Apart[J]. 2004(4): 957-1004.
③ Armstrong v. United States, 364 U.S. 40 (1960), 49.
④ United States v. Virginia Elec. & Power Co., 365 U.S. 624 (1961).
⑤ United States v. Commodities Trading Corp., 339 U.S. 121 (1950).

准下未予补偿的增值,包括:(1)财产所有者主观价值超出公平市场价值的部分;(2)财产所有者从转移中获得剩余(超出主观估价的部分)的机会;(3)财产所有者选择何时出售的自主权。① 这三种不予补偿的增值更加凸显了在征收语境下,财产所有者是作为孤立的个人被挑出来承受本应由公众整体承受的负担。

对于被征收者来说,真正能使其复原的公正补偿应当囊括公平市场价值与三种未予补偿的增值。但从联邦最高法院的判决来看,这些因素并未全部纳入。第一种涉及主观溢价(subjective premium),排除了那些影响理性买家出价而部分被纳入公平市场价值的主观因素。作为征收目的的公用,其显著程度很可能会影响主观溢价。第二种涉及被征收者分享财产转移收益的机会。在现代公用教义下,财产转移的直接获益人可能是政府,也可能是私主体,但其最终目的必须是产生公共利益。除了公平市场价值外,被征收者很可能同时作为公众中的一员享受普遍的公共利益。第三种关涉财产权的自由主义面向,"问题不在于金钱不充分,而在于金钱并非可以接受的传递正义的通货"②。除了自愿交换外,真正能够尊重财产所有者自主权的方法就是作为征收门槛的公用要件。

由于联邦最高法院所说的事实困境以及征收本身带来的法律困境,无法计入公平市场价值的主观溢价、财产转移收益机会以及自主权不可能通过金钱形式使拟征财产所有者复原。从这三种增值与公用要件之间的关系来看,"公正补偿要件必须谨慎且明确地与公用限制的必要性关联在一起",③额外利益或所谓未予补偿的增值体现为将拟征财产仅仅用于严格界定的公用。补偿之"公正性"部分取决于公用教义。就严格界定的公用教义而言,除了狭义公用外,有学者借用经济学上的"公共产品"(public good)概念予以描述。严格界定的公用要件指的是纯粹的公共产品,具有效用方面的不可分割性、消费

---

① Lee Anne Fennell. Taking Eminent Domain Apart[J]. 2004(4):957-1004.
② Lee Anne Fennell. Taking Eminent Domain Apart[J]. 2004(4):957-1004.
③ Steven M. Crafton. Taking the Oakland Raiders: A Theoretical Reconsideration of the Concepts of Public Use and Just Compensation [J]. Emory Law Journal, 1983, 32 (3):857-900.

方面的非竞争性和受益方面的非排他性。① 以此推演,公正补偿等于源自纯粹公共产品的利益加上公平市场价值。

通过严格界定公用要件来补足补偿的公正性,同时变革了公用教义与公正补偿教义。当前推动公用教义变革的重要路径之一正是限缩公用要件,回归狭义公用。相较于公正补偿,除了事实上赋予被征收者利益外,公用要件还发挥了一种筛选作用,真正合宪的征收是能够通过补偿而使被征收者获得公正的征收。② 这种路径并未改变公正补偿教义本身,而是诉诸外部要件,巩固其"公正"性。但公共产品概念形式上的明晰必然会在现实中碰壁,因为几乎没有纯粹的公共产品,大多数产品并不具有绝对的排他性。③ 即使如此,就其揭示了公用要件与公正补偿要件之间的互动关系而言,仍有意义。

(二)公众视角:公正补偿=公平市场价值-特别利益

征收是一场多数人与少数人之间的强制交易,公用要件与公正补偿要件旨在消除因此种强制而造成的被征收者与其他公众之间的不公平与不平等。将额外利益纳入考虑,旨在抹平被征收者与其他公众之间的差距,但在一些情况下,除了公平市场价值外,征收也可能赋予被征收者超出抹平差距所需的特别利益。当此之时,给付被征收者的公正补偿应当扣除这部分特别利益。比较征收权与不需补偿的征税权与警察权,扣除特别利益的正当理由显而易见。就征税权而言,"每个公民作为纳税人应当分享政府的公共利益,而由政府承受公共负担"④。征收条款同样旨在恢复此种事务状态。在征收语境下,财产所有者因公共利益而遭受特别损害,有权获得针对该损害的公正补偿,因为此种负担本应由代表公众整体的政府承担;但若被征收者因此获得特别利益,则应从公正补偿中扣除,因为被征收者应与其他公众平等地分享政府征收产生的利益。就警察权而言,平均利益互惠发挥着公正补偿的作用,强调被管制者从警察管制中获得互惠的经济利益或社会利益。转向征收语境,这种互惠利

---

① Steven M. Crafton. Taking the Oakland Raiders: A Theoretical Reconsideration of the Concepts of Public Use and Just Compensation [J]. Emory Law Journal, 1983, 32 (3): 857-900. 还可参见 Richard A. Epstein Takings: Private Property and the Power of Eminent Domain[M]. Massachusetts: Harvard University Press, 1985: 166-169.

② Lee Anne Fennell. Taking Eminent Domain Apart[J]. 2004(4): 957-1004.

③ Thomas W. Merrill. The Economics of Public Use[J]. Cornell Law Review, 1986-1987, 72 (1): 61-116.

④ E. H. Schopelocher. Deduction of Benefits in Determining Compensation or Damages in Eminent Domain[R]. 145 A.L.R. 7 (Originally published in 1943).

益正体现于被征收者可能从公共项目中获得的特别利益,在计算公正补偿时,应当扣除。此外,很多情况下,正是由于这种特别利益的存在,征收补偿可能存在的不公正性得以缓和。甚至亦有学者认为,按照平均利益互惠理论,如果被征收者能够从征收活动或财产用途中获得一般利益,或者说在一个有序、文明社会中生活和经营的利益,同样能够缓和征收补偿的不公正性。①

与特别利益相对的是一般利益。通常认为,特别利益可以从公正补偿中扣除,但一般利益不可以。布鲁尔(Brewer)大法官在莫农加希拉航海公司案中指出,拟征财产所有者与其他公众从公用中分享的利益,即一般利益,不应纳入公正补偿的考量因素中。② 倘若将一般利益从公正补偿中扣除,拟征财产所有者事实上承受双倍负担,一方面是政府实施公共项目的负担,另一方面是政府支付公正补偿的负担。拟征财产所有者兼具特殊性与一般性,其特殊性表现在被挑选出来承受公共负担,其一般性表现在始终作为公众的一员,有权获得公共利益的公平份额。公正补偿计算中的抵消教义(offsetting doctrine)仅适用于特别利益,不适用于一般利益。问题在于如何区分一般利益与特别利益。"至少从定义角度看,一般利益通常指与邻近土地共同享有的利益。相反,特别利益大概指'直接且特别的(direct and peculiar)针对特定财产'的利益"③。特别利益很可能已经反映于公平市场价值中。从公众视角来看,假设公平市场价值是充分的,那么公正补偿就等于公平市场价值减去特别利益。

三、替代性征收:公正补偿的"公用"角色

联邦最高法院的判例表明,补偿之"公正"要求旨在使拟征财产所有者在金钱上恢复到未被征收时的状态,使其复原。然而,这并不意味着补偿只能采用金钱形式,更何况作为金钱补偿的主导标准,公平市场价值本身很可能不充分且不公平。在某些情况下,为了实现对被征收者的公正补偿,联邦最高法院允许征收第三人的财产,这就是替代性征收(substitute condemnation),抑或

---

① Charles E. Cohen. Eminent Domain after Kelo v. City of New London: An Argument for Banning Economic Development Takings[J]. Harvard Journal of Law & Public Policy, 2006, 29 (2): 491-568.

② Monongahela Nav. Co. v. U S, 148 U.S. 312 (1893), 326.

③ Louis M. Russo. From Railroads to Sand Dunes: An Examination of the Offsetting Doctrine in Partial Takings[J]. Fordham Law Review, 2014, 83 (3): 1539-1576.

是以替代为补偿(substitute by compensation)。① 以公式表示,替代性征收指的是,征收者(A)为了公用征收被征收者 B 的财产(第一项征收),同时征收 C 的财产作为对 B 的公正补偿(第二项征收)。② 第一项征收与一般征收无差,第二项征收则源于第一项征收。公正补偿教义自身的缺陷导致替代性征收发生,但同时也构成替代性征收的理由,发挥了"公用"作用。

根据证成理由,替代性征收可以分为两类。③ 第一类通常称为独立性公用教义(separate-public-use doctrine)。第一项征收与第二项征收分别为独立的公用所证成,即 A 在 B 的财产上从事公用活动;B 在 C 的财产上也从事公用活动,其前设在于 B 的财产本就作为公用。在罗杰诉布拉德肖案④(以下简称"罗杰案")中,运河委员会(A)决定修建运河,这必须征收高速公路(B),同时为了提供给 B 公正补偿,运河委员会继而征收了替代性土地(C),以重置高速公路(B)。纽约州复审法院(Court for the Correction of Errors)认为这样做最符合公共利益,故而允许此种征收。类似的案件还包括为了建设高速公路而征收一个校区,为了安置该校区,征收另一块土地作为补偿;为了建设州际高速公路而征收一条城镇道路,为了安置该道路,又征收另一块土地作为补偿。⑤ 第二类往往称为附带性征收教义(incident-to-the-taking doctrine)。替代性征收的正当性在于第二项征收附带于或必要于第一项征收,B 是否在 C 的财产上从事公共活动无关紧要。在多汉尼诉罗杰案⑥(以下简称"多汉尼案")中,为了建设并拓宽州高速公路,州高速公路委员会(A)依制定法授权将征收邻近铁路上的通行权(B),为了安置铁路,可以征收另一块土地(C)作为补偿。联邦最高法院并未讨论第二项征收是否符合公共目的,而是基于第二项征收是改善高速公路以促进公用的不可或缺的部分,支持替代性征收的正当性。当 B 在 C 的财产上从事公共活动时,替代性征收更具有正当性,但附

---

① Brown v. U.S., 263 U.S. 78 (1923), Dohany v. Rogers, 281 U.S. 362 (1930).
② Stanley H. Williams. Substitute Condemnation[J]. California Law Review, 1966, 54 (2): 1097-1116.
③ L. A. Bradshaw. Substitute Condemnation: Power to Condemn Property or Interest therein to Replace other Property Taken for Public Use[R]. 20 A.L.R.3d 862 (Originally published in 1968).
④ Rogers v. Bradshaw, 20 Johns. 735 (N.Y. 1823).
⑤ A.S.G., R.J.P., A.A.L., A.L.P.. Excess Condemnation—To Take or Not to Take—A Functional Analysis[J]. New York Law Forum, 1969, 15 (1): 119-186.
⑥ Dohany v. Rogers, 281 U.S. 362 (1930).

带性征收教义表明了第一项征收的公用目的足以支撑两项征收的正当性,第二项征收与第一项征收的关联以及其所旨在实现的目的实质上是为 B 提供公正补偿。即使如此,当 B 将 C 的财产作为私用时,一些法院对于替代性征收的正当性存在分歧。在马斯诉堪萨斯市南部铁路公司案①(以下简称"马斯案")中,为了修建铁路支线,铁路公司(A)征收马斯的部分土地(C),一家私人公司(B)在被征收的土地上享有地役权,作为对 B 的公正补偿,铁路公司决定征收额外的土地。马斯认为铁路公司的征收以私用为目的,违宪。堪萨斯州最高法院认为,虽然征收的额外部分可能是为了私人目的,但是如果相较于公用,财产被作私用无关紧要,或者只不过是公用的附带产物,那么征收合宪。②相反的观点,如在布莱斯特诉杰克逊维尔高速公路局案③(以下简称"布莱斯特案")中,为了征收必要于建设高速公路的土地,高速公路局(A)依授权征收私人铁路(B),同时征收另一块土地(C)作为公正补偿。法院认为这种征收违宪,理由是:以替代性征收作为补偿虽然便宜,但与征收的必要性和公用性无关,征收机构虽有义务提供公正补偿,但其权力不应当被用于破坏替代性财产所有者与原初被征收者之间的私人协商。④

虽然独立性公用教义与附带性征收教义的出发点都在于为第一项征收中的被征收者提供公正补偿,但是公正补偿要件与公用之间的关系有所差异。在独立性公用教义中,第二项征收实质上独立于第一项征收,正当性主要来源于其本身的公用性,尽管公正补偿需要也代表了部分公共利益。在附带性征收教义中,第二项征收与第一项征收的"附带性"或"必要性"关系直接且主要来源于公正补偿的需要。第二项征收的公用性并没有那么重要。虽然当第二项征收导致 C 的财产作私用时,法院存在争议,但是在锁地问题上,有着普遍的共识。当 A 为了公用而征收 B 的部分土地,剩余土地成为锁地时,如果金钱补偿或者全部征收均不合理,那么 A 可以征收 C 的土地,以保证 B 剩余土地的来往通行。⑤

伴随着公用教义的持续扩张,如果公正补偿只能通过第二项征收来实现,

---

① Smouse v. Kansas City Southern Ry. Co., 129 Kan. 176 (1929).
② Smouse v. Kansas City Southern Ry. Co., 129 Kan. 176 (1929), 187-188.
③ Brest v. Jacksonville Expressway Authority, 194 So.2d 658 (1967).
④ Brest v. Jacksonville Expressway Authority, 194 So.2d 658 (1967), 660-661.
⑤ Luke v. Massachusetts Turnpike Authority, 337 Mass. 304 (1958); State by State Highway Commissioner v. Totowa Lumber Supply Compancy, 96 N.J.Super. 115 (1967).

那么针对第二项征收的公用性要求将更加虚无,公正补偿本身将构成充分的公用。第二项征收源于公正补偿的需要,更精确地说,源于征收者提供公正补偿的义务。如果 C 的财产将会实现 A 对 B 的义务的话,那么将 C 的财产作为补偿手段可以被视为一项公用。① 正如以严格界定的公用来促进补偿的公正性,当公正补偿本身成为公用时,也应受制于一定的条件,尤其是第二项征收必须是实现补偿"公正"的最佳手段。这也构成对替代性征收的限制。反过来,可能涉及 B 是否有权利要求 A 征收 C 的财产作为补偿。可想而知的是,如果赋予 B 此种权利,可能会更有利于实现补偿的公正性;但当诉至法院时,也会导致赋予法院本属于立法机关的主权性征收权,违背分权原则。② 然而,如果在征收过程中赋予 B 此种补偿形式选择权的话,那么另当别论。由此看来,无论是从公用视角入手,还是从公正补偿视角入手,两者的独立与关联都源于征收制度的本质,也都是为了促进征收的公平与正义。

第四节 公用审查的整体性路径

公用问题讨论通常与典型征收关联,何谓公用与由谁来判断公用都以此为语境。但联邦宪法第五修正案征收条款并不限于此,甚至公用问题本身并非仅仅局限于基本内涵与判断主体。作为征收条款的基本要素,"公用""take""私有财产""公正补偿"并非孤立存在,而是相互影响,整体推动征收条款的保护功能。是以,公用要件是征收条款中的公用要件,公用问题必须置于其他三项要素确立的整体谱系中考察。

一、征收条款中的公用要件

"take""私有财产""公正补偿"分别构成公用要件的参照系。在"take"参照系中,针对私有财产的国家权力类型影响了公用要件。根据国家权力对私有财产的侵害程度,可以按照由轻到重的排序建立一条关系轴。在最左端,国

---

① Stanley H. Williams. Substitute Condemnation[J]. California Law Review,1966,54 (2):1097-1116.

② Stanley H. Williams. Substitute Condemnation[J]. California Law Review,1966,54 (2):1097-1116.

家无权获得公民财产;其次,除非公民同意,否则国家无权获得公民财产;再次,政府可以未经同意而获得财产,但必须支付补偿;在最右端,国家可以在未经同意且不支付补偿的情况下,获取财产。这里的"财产"均指涉利益,即财产利益。第一种情况不符合社会契约,国家将无以成行;在第二种情况下,国家并非以主权者的身份出现,而是作为与公民协商的私主体;第三种情况即征收权;第四种情况即征税权与警察权。① 在社会经济生活中,私有财产最常面临的侵害来自征收权、征税权与警察权。如果征税权或警察权走得太远,那么很可能导致实质上的征收。这种理论之所以成立,部分源于三者都是政府实现公共利益的手段。诚如前文所述,经由判例演进,作为征收权限制的公用要件,与作为征税权限制的公共目的或一般福利,以及作为警察权限制的公共健康、公共安全、公共道德及一般福利,并无差异——公用就是公共利益、公共目的、一般福利。三种国家权力之间的区分并不在于目的,而在于何者更能实现公共利益。当政府需要在三种权力之间作出选择以实现某种公共利益时,唯一的问题是哪种权力造成的损害最小。

"私有财产"构成公用要件的第二个参照系。财产权概念、宪法地位的变迁直接影响了公用要件的司法审查路径。尤其自新政以来,以权利束为特征的财产权概念成为国家分配财富的重要手段。在联邦最高法院确立的权利位阶中,作为经济权利,财产权成为次于人身权利、政治权利的存在。权利的宪法地位将影响司法保护的程度,以财产权为争议焦点的案件往往仅受制于理性基准审查,"只要立法者的分类和法律目的之间有某种可能的联系存在"②即可。这种司法审查路径被直接复制到征收领域,公用问题仅受制于最低限度的审查,法院极端遵从立法机关的判断。实质上,这相当于法院放弃公用问题,以至于司法审查标准直接决定了公用的实质内涵——所谓公用就是立法机关认为的公用。立法机关判断的政策性与动态性完整呈现于现代公用教义中,公用术语外延不断扩张,各种公用层出不穷,公用要件虚置的判断也由此而来。

"公正补偿"是公用要件的第三个参照系。在国家权力关系轴中,作为对象的私有财产遭受的侵害,从左到右依次加深。正因为如此,征收权与征税权、警察权之间有着需补偿与不需补偿之分。在三个要素中,公正补偿似乎最

---

① Thomas W. Merrill. The Economics of Public Use[J]. Cornell Law Review,1986/1987,72(1):61-116.

② 王名扬. 美国行政法:上[M]. 北京:中国法制出版社,2005:107.

不可能与公用要件发生关联,但理论与判例均表明两者密切相关。从功能意义上来说,两者互相补充,构成对征收权的限制,对财产权的保护。以严格界定的公用促进补偿的公正性,发展公正补偿教义来解决因公用虚置而造成的财产权地位降格问题,正是由此而生的。从经济的视角来看,对比征税权与警察权所隐含的"补偿"因素,为了保证补偿对于被征收者与公众均具有公平性,征收对被征收者造成的额外利益损失无法纳入补偿中,可以通过分享严格界定的公用产生的收益来补足;被征收者因公共项目所获得的特别利益应当被扣除,一般利益不需扣除;征收对被征收者造成的损失无法通过金钱补偿的,可能因为公正补偿的需要,导致替代性征收。

公用要件不仅仅是其本身,更是征收条款中的公用要件。然而,纵观联邦最高法院的判例演进,尤其在最具转折性的伯尔曼案与米德基夫案中,司法审查完全忽视了公用与其他要素之间的关联。在伯尔曼案中,公用仅仅被视为立法机关旨在实现的一般目的,只要目的正确,那么立法机关就可以自由选择实现的手段。在米德基夫案中,奥康纳大法官直接表述为,只要合理关联于可能的公共目的,征收就合宪。这种关注目的,忽视手段与目的之间关联的司法审查路径,直接导致了公用要件名不副实。形成鲜明对比的是,在20世纪80年代兴起的管制性征收审查中,联邦最高法院采取了截然不同的态度,关注目的与手段之间的关联,强调"实质性促进""大致相称"。事实上,"实质性促进""大致相称"是实体性正当程序教义在征收领域的适用,但无形之中,这为整合征收条款各要素提供了可能的路径。

二、建构整体性审查路径

当我们面对征收条款时,可能依次想到三个不同的问题:何者构成对私有财产的征收,何者构成公用,何者构成公正补偿。这三个问题虽然都有独立的教义支撑,但是实质上相互关联,不可分割。公用教义最大的问题在于极端司法遵从几乎完全拦截了司法对其实质内涵的审查和塑造。司法审查坚持目的导向,忽视手段与目的之间的关联,将征收条款作碎片化处理,在加剧该问题上功不可没。由于"对手段—目的关联的谨慎审查能够揭露不允许的目的"[①],一种整体性审查路径呼之欲出。这种整体性审查路径遵循实体性正当

---

① Cass R. Sunstein. Lochner's Legacy[J]. Columbia Law Review, 1987, 87 (5): 878.

程序教义。① 实体性正当程序教义关注手段与目的，将"take""私有财产""公用""公正补偿"要素纳入统一视野中，四项要素互相作用，公用要件作为征收条款的一部分而存在。

通常而言，实体性正当程序教义要求综合考量四项要素：(1)系争权利的重要性；(2)系争权利遭受侵害的程度；(3)旨在实现的利益的正当性；(4)手段在多大程度上符合政府利益。② 转化入第五修正案征收条款语境中，"系争权利"指的是财产权；"旨在实现的利益"应为公用；"手段"形式上可能包括征收权、征税权、警察权，但实质上主要指征收权，在更具体的层面，有可能包括各种征收方式，如授权私人机构、快速征收等。正如前文所述，随着伦奎斯特法院转向财产权问题，财产权的次级权利地位正在发生变化；公用教义在联邦层面虽有扩张，但在州层面多已着手限缩，只不过广义公用仍然占支配地位。鉴于征收条款以保护私有财产、限制征收权滥用为宗旨，实体性正当程序教义之适用主要集中于后三部分。对于立法机关而言，这可以转化为三个问题：(1)有哪些手段符合公共利益；(2)所选择的手段是否对财产权造成的损害最小；(3)所选择的手段是否与最终实现的公共利益大致相称。对于司法机关而言，需要审查的是，系争政府行为是否既实质促进了公共利益，又尽可能地减少对私有财产的侵害。围绕手段与目的关联的司法审查，隐含了对征收活动的结构性限制，但同时也尊重了政治部门在决定公用问题中的特殊地位。③

有论者认为这种审查路径混淆了实体性正当程序审查与征收条款审查，④但从征收条款正是通过第十四修正案的正当法律程序条款并入，以适用于各州来看，这种审查路径并不奇怪。更何况，在管制性征收语境下，尤其是自诺兰案与多兰案以来，联邦最高法院显著遵从一种比例审查，要求管制与所

---

① William B. Stoebuck. Police Power, Takings, and Due Process[J]. Washington and Lee Law Review, 1980, 37 (4): 1066. 作者认为征收是否符合公用要件实际上是一个实体性正当程序问题。

② Katherine M. Mcfarland. Privacy and Property: Two Sides of the Same Coin: The Mandate for Stricter Scrutiny for Government Uses of Eminent Domain[J]. Boston University Public Interest Law Journal, 2004, 14 (1): 142-162.

③ Nicole Stelle Garnett. The Public-Use Question as a Takings Problem[J]. George Washington Law Review, 2003, 71 (6): 934-982.

④ Margaret Teresa Harris & John Patrick Parker. Compensable Takings —And Why Not —An Analysis of the Fifth Amendment Just Compensation Clause and Police Power Regulatory Takings[J]. American Journal of Trial Advocacy, 1986, 10 (2): 365-392.

追求的目的大致相称。对于公用审查变革而言,这不无启示意义,事实上已经延伸到征收案件中——一些法院在公用审查中已经开始关注手段与目的之间的比例关系。① 梅里尔教授认为,司法审查应当关注手段问题,而非目的问题,前者追问"政府应当如何以及获取何处财产,而非政府如何处置财产……相较于目的路径,更为狭窄且更具有司法操作性"②。在典型征收语境中,鉴于和其他要件的关联,公用要件本身蕴含三个问题:(1)系争用途是否事实上为公用;(2)公共利益是否要求征收系争财产;(3)所寻求的土地是否必要于所谓的公共利益。③ 在既有司法审查中,法院往往聚焦第一个问题,忽视后两者,但事实上三者密切相关,尤其在公用内涵日渐虚置的今日,后两个问题愈显重要。依据这种整体性司法审查路径,公用问题将聚焦某一征收活动是否必要于公用之实现,是否尽可能小地侵害财产权。公用审查必须由偏执目的本身转向更为广泛的征收过程,关注征收过程的每一个可能影响公用目的与财产权的维度。下一章将由此入手,尽可能细致地描摹征收过程的各个维度。事实上,在凯洛案中,史蒂文斯大法官的多数意见虽然支持以商业开发为目的的征收,但是审查方式部分已经转向征收过程,考察是否存在审慎制定的综合规划,体现了手段对目的的框定作用。

---

① Nicole Stelle Garnett. The Public-Use Question as a Takings Problem[J]. George Washington Law Review,2003,71(6):934-982.
② Thomas W. Merrill. The Economics of Public Use[J]. Cornell Law Review,1986/1987,72(1):67.
③ John P. Baker. Procedural Issues in Eminent Domain[J]. Texas Wesleyan Law Review,2011,18(1):29-38.

第四章

公用判断的基本维度

征收活动是一项系统工程,各项要素相互作用,保证权力行使的正当性。作为核心要素之一,公用的真实性无法仅仅通过考察拟征财产所作用途本身来确定,因为立法机关所认定的公用可能只是某种私用的幌子。尤其在极端遵从的司法审查路径之下,完全依赖征收者所言的形式用途来判断征收是否符合公用要件,风险更大。从立法机关的角度来看,一项善始善终的征收要求各个环节公正、公平、公开,才能保证公用的真实性与补偿的公正性。从司法审查的角度来看,一项合宪的征收必须符合公用要件、公正补偿要件以及正当法律程序,三项要素之间相互作用。

"公用"一词由"公共"和"用途/使用"两个部分构成。无论是根据广义公用教义,还是根据狭义公用教义,公用要件的核心是"公共性",具体表现为普遍性和平等性。两项具体特征既与征收当事人有关,也与公用的产生时间、扩及范围以及征收程序紧密相连。本章从主体论、程序论、时间论、空间论等四个维度展开,着力描述支撑某项征收之公用性的主要因素。

第一节 主体论

典型的征收程式是,一个征收机构为了某种公用征收了一个私主体的私有财产,并支付以公平市场价值为主要内容的公正补偿;征收后的私有财产一般由征收机构自行处置,或者自行实施开发,或者转移给其他私主体,从事产生公共利益的活动。征收当事人主要包括征收者、受益者与被征收者。其中受益者也可能是征收请求人。因为征收这一法律事实,三者之间至少存在两种法律关系,即征收者与受益者之间;征收者与被征收者之间。① 征收当事人的属性以及相互之间的关系可能影响公用本身及相应的判断,这也常常是公用司法审查中考量的重要因素。

一、征收者

作为固有的主权性权力,征收权是主权者履行职能之必须。宪法上的征收规范仅仅是确认并施加限制,而非征收权的渊源。② 依据主权在民原则,征收权归属于人民,由人民的代表直接享有并行使。在美国联邦体制中,只有国会和各州议会是主权者的代表。故曰,征收权是"存在于主权人民的一项休眠权利,除非立法行为规定其行使的场合、模式和机构"③。

征收者指的是行使征收权的主体,而非征收权的享有主体。立法机关并非唯一的征收者。事实上,立法机关虽然享有征收权,但是并不一定直接行使,也会授权其他适格主体行使,以实现某些公共目的。征收权的严苛性意味着征收授权将被严格解释。④ 通常而言,这种授权必须是明示的或者可以必然推知即这种推定如此绝对以至于只能通过征收来实现立法目的。⑤ 事实上,国会以及州议会常常授权其他主体行使征收权,无论是公共性的,如政府行政部门、市政当局(municipality),还是私人性的,如私人经营的公用事业公司、商业企业,甚至包括私个人。⑥ 征收者的性质与其作出的公用判断的可靠性相关,尤其是征收授权本身就是一个公用问题。⑦ 征收权被授予者有公共

---

① 房绍坤,王洪平. 公益征收法研究[M]. 北京:中国人民大学出版社,2011:146. 作者将征收当事人区分为征收人、征收请求人与被征收人,三者之间存在两种法律关系:因征收请求权的提起而引发的法律关系;因征收权的实施而引发的法律关系。这种论述更符合我国的征收现状。

② Bluebook 20th ed. "Public Use" as a Limitation on the Exercise of the Eminent Domain Power by Private Entities[J]. Iowa Law Review,1965,50 (3):799-817.

③ Thomison v. Hillerest Athletic Ass'n,39 Del. (9 W.W. Harr.) 590 (1939),594.

④ United States v. 2,005.32 Acres,160 F. Supp. 193 (1958),200-201.

⑤ See Commissioners of Beaufort County v. Bonner,153 N.C. 66 (1910);Woods v. Greensboro Natural Gas Co.,204 Pa. 606 (1903).

⑥ WM. Ronald Hulen. Abusive Exercises of the Power of Eminent Domain—Taking a Look at What the Taker Took[J]. Washington Law Review,1968,44 (1):200-258. 征收权授予私人的例子,如 Clark v. Nash,198 U.S. 361 (1905).

⑦ Elizabeth A. Taylor. The Dudley Street Neighborhood Initiative and the Power of Eminent Domain[J]. Boston College Law Review,1995,36 (5):1061-1088.

性与私人性之别。虽然"决定征收授权是否有效的关键不在于授权于谁,而在于被授权的活动是否将促进公共福利和公用"①,但是与公共机构相比,针对私人机构(private entity)的授权通常有着更为严格的要求,且就法院更倾向于支持公共机构征收而言,征收者性质之别很大程度上会影响法院对公用问题的审查强度。②

(一)当征收者为公共机构时

当征收者为公共机构时,主要指政府机构。在全国层面,可以区分为国会与州议会;在地方层面,又可以按管辖范围或位阶自上而下区分出不同的征收者。公共机构既包括征收权享有者,也包括被授权者。相较于作为征收者的私人机构,因其自身的有责性,公共机构与公用要件的公共性要求天然契合,公共机构所承担的国家任务或公共任务本身就构成公用。对于民选机关来说,这种有责性主要源于受选民监督、对选民负责;对于非民选机构来说,这种有责性主要源于法律规定或者组织结构形成的责任压力。问题在于不同公共机构从事征收活动,是否会对公用问题产生差异化效果。就国会与州立法机关而言,两者在制度能力层面并不存在直观差异,在司法审查中也未被区别看待——"州立法机关像国会一样能够在各自权限范围内作出这样的判断(公用判断)"③。那么,不同层级或管辖范围的公共机构会有分殊吗?

之所以推定征收者的性质会影响公用问题,盖因作为征收活动的门槛,公用判断由征收者初步作出,可能存在滥用征收权的危险。美国政治理论的一个基本命题是,"滥权风险随着政府单元规模的降低而增大"④。究其原因,在政府机构自上而下的层级中更为下游的政府机构,或者更为小型的自治单位,可能在制度能力和中立性上存在缺陷。例如,地方机构可能缺乏专业人才,或者足够的人力,展开公共项目实施所要求的详尽调研与规划;地方机构也可能

---

① Bluebook 20th ed. "Public Use" as a Limitation on the Exercise of the Eminent Domain Power by Private Entities[J]. Iowa Law Review, 1965, 50 (3): 799-817.

② Jeremy P. Hopkins & Elisabeth M. Hopkins. Separation of Powers: A Forgotten Protection in the Context of Eminent Domain and the Natural Gas Act[J]. Regent University Law Review, 2003/2004, 16 (2): 371-416.

③ Hawai'i Housing Authority v. Midkiff, 467 U.S. 229 (1984), 244.

④ Bluebook 20th ed. Land Use Regulation, the Federal Courts, and the Abstentia Doctrine[J]. Yale Law Journal, 1980, 89 (6): 1152.

过分投入自己主导的公共项目,甚至招致私人利益集团俘获征收过程。① 地方征收机构作出的公用判断可能无法直接获得以分权理论为根基的有效推定,"地方的和小规模的决策团体不能简单地等同于州和国家立法机关"②。地方机构在制度能力上的不足已经为公用审查法院注意到,"当开发商和不动产利益集团压倒地方政府官员,且通常劫掠公共利益时,地方层面的滥用已经导致一些法院抛弃立法推定,指出其适用的愚蠢性"③。这意味着当涉及更地方性的且更小规模的政府机构行使征收权时,法院很可能更乐于深入审查征收者作出的公用判断。

(二)当征收者为私人机构时

当征收者为私人机构时,必然涉及征收授权。私人机构是比私个人更为常见的征收授权对象。从私人机构的类型来看,可能是私人运营的公用事业企业,带有鲜明的公共性,也可能是更具私人性质的商业企业、制造业等。从历史变迁的角度来看,私人机构行使征收权并不罕见。殖民地时期,为了鼓励私人开发土地与其他自然资源,例如私人道路、谷物磨坊等,征收权被广泛授予,甚至包括私个人。建国之后,尤其是坦尼法院以来,公司制度渐趋成熟,私人公司愈加健全,并与国家经济发展紧密纠葛在一起。④ 整个19世纪和20世纪,大量私人公司参与到美国经济发展中,征收授权加剧了这种趋势。"州常常授予私人运输公司、制造公司和采矿公司征收权以直接推动它们获得其他私人所有者的土地。"⑤为了避免阻碍本州繁荣,州法院通常不愿意限制这类授权,且最终广泛认可立法机关对私主体的征收授权。⑥ 到了城市更新时

---

① Laura Mansnerus Public Use, Private Use, and Judicial Review in Eminent Domain[J]. New York University Law Review, 1983, 58 (2): 409-456.

② Fasano v. Board of County Com'rs of Washington County, 264 Or. 574 (1973), 580.

③ Robert R. Wright. Exclusionary Land Use Controls and the Taking Issue[J]. Hastings Constitutional Law Quarterly, 1981, 8 (3): 568-69.

④ 伯纳德·施瓦茨. 美国法律史[M]. 王军, 洪德, 杨晶辉, 译. 潘华, 仿校. 北京: 法律出版社, 2011: 57-60.

⑤ Charles Fels & N. T. Adams etc. The Private Use of Public Power: The Private University and the Power of Eminent Domain[J]. Vanderbilt Law Review, 1974, 27 (4): 681-813.

⑥ Charles Fels & N. T. Adams etc. The Private Use of Public Power: The Private University and the Power of Eminent Domain[J]. Vanderbilt Law Review, 1974, 27 (4): 681-813.

期,更是一发不可收拾,大量私人性的城市重建公司建立,成为推动城市复苏的主要力量。① 此种语境下的征收授权很少被质疑,即使在遭受质疑的案件中,也被肯定为合宪。② 根据伯尔曼案与米德基夫案的判决,私人公司被作为实现立法目的的一种手段,只要目的合宪,运用何种机制完全属于立法裁量范围。

征收权的私人化顺应了更大范围的政府权力私有化运动。③ 历史表明,立法机关授权私人机构行使征收权推动了诸如城市更新这样的公用项目,事实上能够裨益公共利益。立法机关可以将征收权授予私人机构,从事符合公共利益的活动,已经成为主流教义。④ 但私人机构行使征收权的风险毋庸置疑——私人机构的自利性不仅会危及公共利益,也可能损害私有财产所有者的合法利益。问题在于如何保障其不会打着公用的幌子,行私用之实。葛底斯堡电气铁路公司案的判决似乎提供了一种解决方案。联邦最高法院主张根据征收主体的性质适用不同的司法审查标准——当公共机构实施征收行为时,遵从立法性公用判断是恰当的;当私人机构实施征收行为时,司法遵从是不恰当的。⑤ 相较于私人机构,联邦最高法院显然更乐于接受公共机构征收的公用性。也就是说,私人机构可以依据授权从事征收活动,但相较于公共机构实施的征收活动,可能要受制于更为严格的司法审查。当法院审查授权私人机构问题时,应当考察:(1)授权在多大程度上造成公共利益与私人利益之间的冲突;(2)这种冲突是否要求授权应当伴随相应的保障措施。⑥

为什么私人机构要受制于更严格的司法审查？这实际上涉及禁止授权教义(non-delegation doctrine)。禁止授权教义强调立法授权应当遵守"可理解性原则"(intelligible principle),明确被授权者应当遵循的限制。在联邦层

---

① Wendell E. Pritchett. Public Menace of Blight: Urban Renewal and the Private Uses of Eminent Domain[J]. Yale Law & Policy Review, 2003, 21 (1): 1-52.

② Zurn v. City of Chicago, 59 N.E.2d 18 (1925), 25; Annbar Associates v. West Side Redevelopment Corp., 397 S.W.2d 635 (1965), 648. 法院也支持了私人重建公司行使征收权,否定区分公共机构与私人机构的需要。

③ David M. Lawrence. Private Exercise of Governmental Power[J]. Indiana Law Journal, 1986, 61: 647-696.

④ Luxton v. North River Bridge Co., 153 US 525 (1894).

⑤ United States v. Gettysburg Electric Railway Co., 160 U.S. 668 (1896), 680.

⑥ Elizabeth A. Taylor. The Dudley Street Neighborhood Initiative and the Power of Eminent Domain[J]. Boston College Law Review, 1995, 36 (5): 1061-1088.

面,自半个多世纪前判决的卡特诉卡特煤炭公司案①以来,联邦法院一直允许将联邦权力委托给私部门。州层面则相对缺乏统一的标准,同一法院立场也不融贯。② 但总的来说,以禁止授权教义为背景原则,具体到征收语境,一方面是征收权的特质与私人机构的私人性;另一方面是公共机构的特质与私人机构的优势。首先,征收权属于本质上的政府职能,③具有强制性、政府性和主权属性,其授权应当慎之又慎;④私人机构可能无法作为中立的公用判断者,违背正当法律程序原则;不像民选机构那般背负公共责任,违背民主原则。其次,公共机构虽然具备有责性,但是很可能囿于官僚化结构,低效率高成本地运作公共项目;私人机构虽然具有私人性,但是因其专业性、组织灵活性、利益代表广泛性等,可能能够更有效地促进公共项目的合目的运作。综合各项要素,私人机构经授权而征收,虽非唯一路径,却是合理的路径;禁止授权教义并不禁止符合公共目的的私人机构根据立法授权从事征收活动。更何况,联邦宪法以及大部分州宪法并未明确禁止授权私人机构行使征收权,⑤而且授权法往往对私人机构作出相应的管制,保证征收活动在公用所要求的合理轨道中。以此推演,私人授权保持正当性的关键在于授权内容的严格化、具体化或者说科予其保证公用性的法律责任,而非因噎废食,完全禁止授权。

二、受益者

征收最终导致私有财产转移。在现代公用教义下,公用可能源于私有财产本身,也可能来自私有财产受让者对私有财产的利用。典型的征收程式可以简化为一种从 A 到 B 的私有财产转移过程。显而易见的是,B 是征收活动的直接受益者。伴随着公用内涵的变迁,B 的身份也日渐复杂,可能是公众本身,也可能是某个或某些可识别的私人机构。当政府直接占有拟征财产或者公众可以直接使用拟征财产时,B 即公众本身,受益者即公众本身;当私有财

---

① Carter v. Carter Coal Co., 298 U.S. 238 (1936).
② David M. Lawrence. Private Exercise of Governmental Power[J]. Indiana Law Journal, 1986, 61: 647-696.
③ 毕洪海. 本质上政府的职能[J]. 行政法学研究, 2015(1): 35-43.
④ Asmara Tekle Johnson. Privatizing Eminent Domain: The Delegation of a very Public Power to Private, Non-Profit and Charitable Corporations[J]. American University Law Review, 2007, 56 (3): 455-514.
⑤ Cass R. Sunstein. Nondelegation Canons[J]. University of Chicago Law Review, 2000, 67 (2): 315-344.

产被征收并直接转移给私人机构,从事公用活动时,B 即私人机构,受益者既包括公众,也包括私人机构。

公用判断不仅与应当作为主要获益者的公众有关,也与可能附带获益的可识别的私人机构有关。尤其在后一种情况下,私人利益与公共利益显著纠葛在一起,正是公用司法审查面临的最大难题之一。

(一)作为受益者的公众

"公用"概念的核心是"公共性","公共性"的核心是公众。当论及公共性时,通常会追问获益公众的数量,以一种数人头的形式化方法作为判断依据。虽经常为被征收者作为质疑依据,但在林奇案中,联邦最高法院已经明确声明这种方式的不可取——公用并不要求整个共同体甚或很大部分公众应当直接享有或参与到公共改善中。① 甚至在狭义公用语境中,有权使用拟征财产的公众人数如何,也无关紧要。因为关键在于用途,而非人数,只要利用拟征财产的人是以公共成员的身份行为即可,更何况拟征财产的利用情况更多的是一个便宜问题,不关涉征收的合宪性。②

数人头的方式很可能忽视了公用要件的价值内涵。③ 诚如前文所述,公用要件的核心价值在于普遍性和平等性,即普遍的公众能够平等地、不受歧视地享受公共项目带来的利益。在狭义公用语境中,这种价值内涵主要表现为普遍的公众直接从拟征财产中获益,不需要经由其他媒介,政府本身自然是公众的代表。在广义公用语境中,普遍的公众可能是间接地从拟征财产中获益,例如,受让被征收财产的私人机构将财产用于能够产生公共利益的活动,公众进而从中获益。这种利益可能是具象的经济利益,也可能是抽象的社会利益。当此之时,征收活动虽然没有直接服务于公众,而是服务于那些反过来可能产生公共利益从而服务于公众的人,但是只要主要是为了且最终产生公共利益,中介机构的存在并不会直接导致征收不符合公用要件。

(二)作为受益者的私人机构

当受益主体包含可识别的私主体时,可能源于征收者就是私主体,也可能因为公共机构征收财产后转移给了私主体,也可能是辐射利益,如邻近土地升

---

① Rindge Co. v. Los Angeles County, 262 U.S. 700 (1923), 707.

② Philip Nichols. The Law of Eminent Domain: A Treatise on the Principles which Affect the Taking of Property for the Public Use(Ⅰ)[M]. Albany, N.Y.: M. Bender, 1917: 141.

③ 迈克·费恩塔克. 规制中的公共利益[M]. 戴昕,译. 龚捷,校. 北京:中国人民大学出版社,2014:50.

值等。其中最为常见且最受争议的是，私人机构作为拟征财产的受让者。由于此种情况下，私人机构成为可识别的受益者，关于征收的公用性，颇有分歧。典型的如，瑞安法官在波兰城社区议会案的反对意见：剥夺一个私人的土地转移给另一个私人并非可欲的征收，很可能导致政府扩大征收权的适用范围，将之作为充分分配公民财产的手段。其他的理由与私人机构作为征收者的情况类似，例如，不当动机或自利问题、缺乏有责性。然而，即使排除私人机构介入的普通征收也无法排除这些问题的存在。① 事实上，联邦最高法院已经在形式上肯定私人机构作为拟征财产受让者的合宪性，私人机构可能比政府更能促进公共利益，"政府本身不必使用正当征收的财产；仅仅征收的目的，而非征收的机制，必须经受住第五修正案的公用条款审查"②。

　　私人机构受让拟征财产并以之从事产生公共利益的活动，政府与私主体之间形成一种合作关系。如同私人机构越来越多地获得征收授权一样，尤其自城市更新运动以来，私人机构通过受让拟征财产成为公共利益的主要制造者之一。诸如商业企业、制造业、高新科技企业等与政府之间的合作愈加密切，而政府的砝码之一就是通过征收转移财产。③ 更为肆无忌惮的是，征收成为挽留大型企业、球队、赌场的手段，因为这些企业是本地的经济支柱，与本地的就业、税收以及经济面貌紧密相关。④ 由是观之，当私人机构受让拟征财产时，问题关键在于如何平衡征收所产生的私人利益与公共利益的关系。⑤ 历史地看，此类征收包括以修建磨坊为目的的征收，以贸易工具（铁路、高速公路、运河、桥梁等）为目的的征收，以清理贫民窟为目的的征收，以商业开发为目的的征收。前三者分别落入法院哈斯考克案中厘定的三项标准中：(1)私人机构只能通过征收获得土地，才能实现极端的公共需要；(2)私人机构负有公

---

　　① Thomas Ross. Transferring Land to Private Entities by the Power of Eminent Domain[J]. George Washington Law Review, 1983, 51 (3): 355-381.
　　② Hawai'i Housing Authority v. Midkiff, 467 U.S. 229 (1984).
　　③ Thomas Darren Barker. Public Use, Private Taking and Economic Growth or Disney's Latest E(minent Domain)-Ticket Attraction[J]. Western State University Law Review, 1994, 21 (2): 547-562.
　　④ City of Oakland v. Oakland Raiders, 31 Cal.3d 656 (1982); Poletown Neighborhood Council v. City of Detroit, 304 N.W.2d 455 (1981); 99 Cents Only Stores v. Lancaster Redevelopment Agency, 237 F. Supp. 2d 1123 (2001).
　　⑤ 更为详尽的论述，参见刘连泰. 将征收的不动产用于商业开发是否违宪——对美国相关判例的考察[J]. 法商研究, 2009(3): 145-151.

共义务;(3)征收行为本身符合公共利益,那么拟征财产是否转移给私人,无关紧要。① 众所周知,私人获益本身并不会直接导致征收无效,②难题在于如何保证相较于私用,公用是真正的征收目的。这种困境尤其体现在以商业开发为目的的征收中。波兰城社区议会案虽然已经被推翻,但是密歇根州最高法院的论述仍有启发性,其要求考察公共利益是否为正在促进的主要利益,只有当公共利益是明确且重大的,而非推测性或边缘性的时,才可能认可征收的公用性。③ 在凯洛案中,联邦最高法院无形之中也形成了一定之规:当征收者主观上是为了公共利益,客观上产生附带的私人利益时,征收合宪;反之,征收违宪。④

当然,波兰城社区议会案与凯洛案的判决提供的标准,很可能无法充分理清公用与私用之间的纠葛。奥康纳大法官对私有财产保护的担忧并非无中生有,可能还需借助其他的征收维度,诸如程序上强化对私人机构使用拟征财产的政府管制、时间上要求私人机构在合理的期限内使用拟征财产、空间上强调拟征财产对于私人机构从事产生公共利益的活动的必要性等,最终通过比例原则,加以综合判断。⑤ 不过,或可断言的是,在公用教义日渐虚置的今日,公用要件仍能发挥显著作用的领域可能正是私人机构介入征收的情况。⑥ 最直接的方式是,当涉及可识别的私人机构获益时,法院很可能会提高司法审查的强度,考虑私人机构与政府之间的合作关系,分析合作关系的形成,私人机构对系争项目的控制程度,以查明公共利益是否为主导性的征收目的。⑦

三、被征收者

一项合宪的征收不仅要考虑公共利益,也要考虑被征收者即私有财产所

---

① County of Wayne v. Hathcock, 471 Mich. 445 (2004), 473-476.
② Kaukauna Water Power Co. v. Green Bay & M. Canal Co., 142 U.S. 254 (1891); United States v. Chandler-Dunbar Water Power Co., 229 U.S. 53 (1913).
③ Poletown Neighborhood Council v. City of Detroit, 304 N.W.2d 455 (1981), 634.
④ Kelo v. City of New London, 545 U.S. 469 (2005), 476-478.
⑤ 陈征. 国家权力与公民权利的宪法界限[M]. 北京:清华大学出版社,2015:108-113.
⑥ Thomas Ross. Transferring Land to Private Entities by the Power of Eminent Domain[J]. George Washington Law Review,1983,51 (3):355-381.
⑦ Connie Liu. Re-defining Public Use:Kelo v. City of New London[J]. University of Hawai'i Law Review,2006,28 (2):485-508.

有者的利益。征收活动将被征收者从全体公众中挑选出来,单独承受按照公平和正义本应由全体公众承受的公共利益负担。征收制度的目的在于恢复公平和正义。在将 A 的私有财产转移给 B 的征收过程中,被征收者与征收者、公众以及受让拟征财产的私人机构发生关系。相对于征收者,两者形成征收权与财产权之间的对峙,征收者在作出公用判断时,应当考量必要于公共项目的财产范围,以及拟征财产对于被征收者的特殊意义,甚至为了公正补偿被征收者,系争征收可能导致第二项征收。相对于公众,被征收者丧失了"普遍性"和"平等性"的保障,可能或不可能享受到征收后直接或间接产生的公共利益,正因为如此,公正补偿成为必要。相对于受让拟征财产的私人机构,在丧失"普遍性"和"平等性"之外,被征收者面对更大的不公正。但私人机构受让拟征财产主要从目的的角度即实现公共利益的需要来证成,为了矫正这种不正义,在此种情况下,法院应当提高司法审查的强度,确保公共利益的真实性,从而保证被征收者的利益。

被征收者与其财产之间的关系可能是司法审查考量的因素之一。事实上,许多学者已经注意到了这一点。公用审查的强度受到财产权宪法地位的影响,当前极端遵从的司法审查模式与财产权相对于人身权的次位密切相关。拉丁等人强调相对于被征收者,私有财产可以区分为人格性财产与替代性财产,分别适用不同的司法审查强度。① 财产权中的人格利益直接反映被征收者对其享有的基本权利,及其对于被征收者的主观价值。斯图尔特大法官也认为,财产权是根本民权,其核心不是财产,而是人。② 财产权发挥了保持独立、尊严和社会多元化的功能,实际上划定了两个世界,所有者在财产权内是自治的,甚至可以"为所欲为",但在财产权外则受制于政府及他人权利的限制,因而需要正当化或解释其行为。③ 征收权介入财产权内,直接干涉所有者的自治区域,其所具有的强制性是对所有者自主同意权的反动。征收权以公共利益为正当性来源,当被征收者遭遇征收权,也就是"当财产遭遇一种公共利益时,它就不再仅仅是私法上的了"。④ 被征收者自身作为共同体的一员,

---

① Margaret Jane Radin. Property and Personhood[J]. Stanford Law Review, 1982, 34(5): 957-1015.
② Lynch v. Household Finance Corp. 405 U.S. 538 (1972), 1122.
③ Charles A. Reich. The New Property[J]. Yale Law Journal, 1964, 73(5): 733-787.
④ Quoted from Jerry P. Fortenberry. Exercise of Eminent Domain by Private Bodies for Public Purposes[J]. University of Illinois Law Forum, 1966: 131-173.

也有促进公共利益的义务。为了恰当地平衡公共利益与私人财产利益,根据财产权相对于被征收者的意义或地位来区别公用审查的强度,不无道理。

第二节 程序论

"征收程序的恰当功能是协助执行实体法创设的法律关系……征收程序应当提供一种促进有效明确征收法中的权利、义务、特权和权力的机制。"①作为征收实体法律关系的核心之一,公用问题渗透入征收程序的各个方面。反过来,程序设置对于征收是否符合公用具有揭示和证明的作用。在私人机构介入的征收活动中,良好的程序设置应当明确征收者、被征收者、政府、私人机构各自的权利与义务。唯此才能在一定程度上划清公用与私用的界限,避免私人利益集团操纵征收程序,防止公用沦落为谋求私利的幌子。

联邦宪法第五修正案凸显了公用与正当程序之间的密切关联。同样作为对私有财产的保障,第五修正案依次规定:"未经正当程序,不得剥夺生命、自由或财产。未经公正补偿,不得因公用征收私有财产。"②甚至曾有学者认为,公用要件本身是一种描述性的、程序性的规定。③ 鉴于立法权与司法权的关系,公用审查的关键往往不在于拟征财产的用途是否具有公共性,而在于立法机关是否合理地认定系争财产用途为公共的,④因此在公用审查中,对征收程序的关注,尤其在凯洛案后更为显著。作为对凯洛案的反制措施之一,许多学者建议增加征收程序的透明度,更充分地保障公民的知情权和听证权。⑤

---

① Norton Wasserman. Procedure in Eminent Domain[J]. Mercer Law Review, 1960, 11 (2): 245-287.
② Amend. V of U.S. Constitution.
③ Matthew P. Harrington. "Public Use" and the Original Understanding of the So-Called "Takings" Clause[J]. Hastings Law Journal, 2001-2002, 53 (6): 1245-1302.
④ Philip Nichols. The Law of Eminent Domain: A Treatise on the Principles which Affect the Taking of Property for the Public Use(Ⅰ)[M]. Albany, N.Y.: M. Bender, 1917: 154.
⑤ Zachary D. Hudson. Eminent Domain Due Process[J]. The Yale Law Journal, 2010, 119 (6): 1280-1327.

一、征收中的程序

当我们提及征收程序时,首先聚焦征收者通过与被征收者的互动,获得必要财产的过程。根据联邦和州层面的宪法及制定法的规定,征收者可以通过两种程序获得财产。第一种程序被称为一般程序,以此获得财产的活动被称之为一般征收(slow/straight/normal condemnation/taking);第二种程序被称为快速程序,借此获得财产的活动被称为快速征收(quick taking/quick-take condemnation)。① 两者的最明显的区别在于,征收者占有并获得财产权利的时间是在法院作出最终补偿判决前,还是其后。

(一)一般征收程序

征收程序设置多散落于不同类型的授权法中,尽管部分州及联邦层面也有较为统一的规定。② 1974 年,统一法律委员会制定并发布《模范征收法典》,为联邦及各州征收法制定提供了最佳范本。《模范征收法典》旨在为征收活动设定标准,其立法宗旨与征收制度的本质相契:公平且公正地对待被征收者,防止他们因公共利益项目而承受不相称的负担。③

根据《模范征收法典》的规定,征收者通过诉讼程序实现财产转移。征收程序可以分为征收诉讼前、征收诉讼和征收诉讼后三个阶段。征收诉讼前,征收者首先应当针对拟征财产从事深入且细致的调研活动。调研内容涵括拟征财产的情况、必要于征收的范围、影响补偿的因素等。当调研活动需要进入被征收者的私有财产时,须经其同意,或者在遭遇阻碍的情况下,申请法院发布命令。无论是在征收者自行交涉中,还是在法院命令内容中,都应当合理地告知被征收者需要进入财产的时间、目的、范围,以及造成损失时应如何赔偿,被征收者获得合理告知的权利,以及听证权。调研活动实施完毕后,征收者初步确定征收财产的必要性以及其所认为公正的补偿额,随之开始与被征收者展开购买协商。此处的购买协商不同于自由市场,有着更为严格的要求。征收者负有善意并勤勉地从事协商购买的义务,协商内容包括:公正补偿额;拟征财产数量、位置及边界;拟征财产上动产的处置;购买的目的等。

---

① United States v. Dow, 357 U.S. 17 (1958), 21. 法院指出,政府可以利用那些要求其在侵入土地之前支付司法确定的补偿的制定法(如正常的征收权),或者根据其他使之能够根据法院命令在查明补偿前即刻占有的制定法(如快速征收权)。

② See 40 U.S.C.A § 3113.

③ Uniform Law Commissioners' Model Eminent Domain Code 1974 Act, § 1401(a).

如果协商购买失败，征收者就应当着手启动征收诉讼。但在进入诉讼程序前，征收者还应当准备一份征收授权书（condemnation authorization）。征收授权书应当包含下述内容：(1)说明拟征财产将作何公用，并指出授权征收者剥夺财产的具体制定法；(2)描述拟征财产的一般位置及范围，应充分详尽，足以合理识别；(3)宣告拟征财产对于拟议公用是必要且适当的。征收授权书对于征收的正当性至关重要，是法院审查征收是否合宪的重要依据。在此之后，征收者通常应按照民事诉讼程序提起征收诉讼。经由对抗式的司法审查程序，法院将作出涉及征收行为合宪性、公正补偿和财产转移的判决。《模范征收法典》并未止步于征收判决，同时要求在征收诉讼之后，政府机构应当采取恰当措施管制拟征财产的使用情况，以保证征收真正以实现公用为目的。

在一般程序中，只有在法院通过审判程序作出公正补偿和财产转移判决后，征收者才会占有并获得财产权利。从调研活动、协商购买到诉讼程序与管制要求，程序设置围绕征收者与被征收者如何实现公平、公正的互动展开。就公用问题而言，各个环节都有影响。调研活动影响甚至将决定是否应当征收、征收多少，如果不明确征收者与被征收者的权利与义务，将会为私人机构介入，甚至主导调研活动打开方便之门。纽约州的戈尔茨坦案正是其例，关于拟征财产衰败情况的调研基本由征收的受益人主导。① 协商购买环节表明了征收权是公共利益实现过程中最后诉诸的手段，带有充分保障私有财产权的倾向。并未善意且勤勉地从事协商购买活动可能意味着征收者仅仅是为了节省成本，而非为了公用。征收授权书实质上就是一份公用证明文件，其中包含了征收者的举证负担。公用问题由此被摊开来，构成被征收者据以反驳的基点。征收后的管制要求则有助于保证征收者或财产受让者事实上将在拟征财产上从事产生公共利益的活动，且这种公共利益应具有一定的连续性。被征收者获得合理告知和听证的权利贯穿始终，在特定情况下，其中的"合理告知"甚至要求直接告知，否定仅仅通过公开出版物告知，② 大大压缩了征收者上下其手、权力寻租的空间。

(二)快速征收程序

在一般程序之下，整个征收过程通常困难重重、代价昂贵且耗时日久，尤

---

① 刘玉姿.后凯洛时代作为征收理由的公用判断标准——以州法院的判决为线索[A].// 章剑生.公法研究.杭州：浙江大学出版社，2015(14)：72-128.

② Mullane v. Central Hanover Bank & Trust Co., 339 U.S. 306 (1950).

其是征收诉讼环节可能花费数年时间。① 快速征收程序应运而生。相较于一般程序,快速征收主要改进了征收诉讼程序。在司法层面上,快速程序可以追溯至1890年的切诺基部落诉南堪萨斯州铁路公司案②(以下简称"切诺基部落案")。联邦最高法院指出,"[第五修正案]并未规定或要求在剥夺土地占有前,事实上支付补偿。但是在被破坏土地占有前,所有者有权获得关于补偿合理、确定且充分的保证"③。这种充分"保证"要求在剥夺土地占有前,征收者应当在法院提存两倍于预估价的公正补偿额。④ 切诺基部落案的判决与联邦政府的《征收宣告法》如出一辙,一直为后续案件所遵从。⑤

根据《征收宣告法》(Declaration of Taking Act)⑥的规定,一旦提交征收宣告并在法院提存(deposit)预估的公正补偿,征收者(通常为政府机构)将即刻获得拟征财产。征收宣告的内容与一般程序中的征收授权书相似,一般应声明如下内容:(1)因公用而征收土地的权力来源;(2)足以识别出征收对象的情况描述;(3)拟征土地上的产权或利益;(4)展示针对拟征土地的规划;(5)征收者认为的公正的补偿金额。在州层面上,以密歇根州为代表,⑦一旦提起征收诉讼,征收者就可以在恰当的机构(法院、银行、信托公司等)提存预估的公正补偿金额。被征收者可以提起动议,要求审查征收的必要性,但在无法证明征收存在欺诈、法律错误或裁量权滥用的情况下,法院将遵从征收者的必要性判断。必要性审查结束后,公正补偿判决作出前,征收者就可以获得所需要的财产。相较于密歇根州,《征收宣告法》的规定虽有差异,但事实上并没有明确排除被征收者提出必要性审查要求的权利。

虽然法律层面与司法层面肯定快速征收程序的正当性,但是由于这种程序"提供给被征收者较少程序,可能导致错误征收,因为在被征收者有机会质

---

① Zachary D. Hudson. Eminent Domain Due Process[J]. The Yale Law Journal, 2010,119(6):1280-1327.

② Cherokee Nation v. S. Kan. Railway Co., 135 U.S. 641 (1890).

③ Cherokee Nation v. S. Kan. Railway Co., 135 U.S. 641 (1890), 659.

④ Cherokee Nation v. S. Kan. Railway Co., 135 U.S. 641 (1890), 660-661.

⑤ Sweet v. Rechel, 159 U.S. 380 (1895); Williams v. Parker, 188 U.S. 491 (1903); Bragg v. Weaver, 251 U.S. 57 (1919); Bailey v. Anderson, 326 U.S. 203 (1945).

⑥ 40 U.S.C.A § 3114.

⑦ Mich. Comp. Laws Ann. § 213.51et seq. 许多其他州也有类似的快速征收制定法,例如,Ariz. Rev. Stat. Ann. § 12.1127 (1956); Cal. Civ. Proc. Code § 1263.210 (West 1962); N.M. Stat. Ann. § 42A-1-22 (1978); Ohio Rev. Code Ann. 5 163.51 (Page 1971); Or. Rev. Stat. § 741.38 (1971).

疑征收公用性之前,财产就被转移了"①,备受争议。甚至有学者形容,在快速程序中,"被征收者是一个按月租赁的租户,一旦有与出租人－承租人关系所要求的一样的告知时,就可以被驱逐"②。快速程序虽然符合征收者对低成本、高效率的要求,但是至少在三个方面不利于被征收者,严重影响公用的确定性和可靠性。首先,被征收者在被剥夺财产前没有机会质疑征收的公用性或合法性,违背正当程序,甚至可能导致无法挽回的损失;其次,快速程序可能削减征收成本,从而破坏这种成本对征收者造成的威慑力;最后,快速程序的"快速性"可能削弱政治过程对公用的影响,因为征收时间的压缩,征收利害关系人及其他公众同样无法有效表达意见,阻止征收权滥用。③

快速程序部分甚或全部剥夺了被征收者的获得合理告知权和听证权,很大程度上削弱了围绕公用的程序防护,因而立法机关也很少授权快速征收,更不用说授权私人机构。④ 快速程序尤其有悖于程序性正当程序要求,但其之所以产生,有其客观需要和判例渊源,而且在当今的征收活动中,快速征收仍然存在。当此之时,法院通常更乐于介入公用判断。诸如罗得岛开发公司案中涉及对临时地役权的快速征收,罗得岛州最高法院全面审查了系争征收的方式、动机,强调公用判断应当从个案的特别事实及情况出发,相应立法的主要目的必须具有公共性,必须用来"保护公共健康、安全及福利",而是否附带私人利益则可在所不问。⑤ 又如巴尔的摩市长诉福尔萨马基案⑥涉及以城市重建为目的的快速征收,马里兰州最高法院认为,商业开发构成本州宪法和制定法所认可的公用,为了商业开发,议会可以授权巴尔的摩市行使快速征收权,但前提在于必须提交相应的申请且承担证明征收的公共必要性的举证责任。法院同时也必须审查公共利益是否具有此种即刻性,以至于必须运用快

---

① 2 Am. Law. Zoning § 17:15 (5th ed.).

② Alan Ackerman & Noah Yanich. Eminent Domain: The Constitutionality of Condemnation Quick-Take Statutes[J]. University of Detroit Journal of Urban Law,1982,60 (1):1-22.

③ Nicole Stelle Garnett. The Public-Use Question as a Takings Problem[J]. George Washington Law Review,2003,71 (6):934-982.

④ Jeremy P. Hopkins & Elisabeth M. Hopkins. Separation of Powers: A Forgotten Protection in the Context of Eminent Domain and the Natural Gas Act[J]. Regent University Law Review,2003/2004,16 (2):371-416.

⑤ R.I. Econ. Dev. Corp v. Parking Co,LP.,892 A.2d 87 (2006),104.

⑥ Mayor of Baltimore City v. Valsamaki,916 A.2d 324 (2007).

速征收权。此外,尽管征收与正当程序教义之间的关系并非明朗,甚至在很长的一段时间内,正当程序教义无法直接适用于征收语境,但论者以为,如何论证并框定快速程序的适用范围,防止私用偷天换日,还需要从正当程序教义入手。①

二、征收外的程序

很多时候,征收活动并非孤立展开,而是作为公共项目实施的重要环节存在的。征收活动前后承接其他项目实施环节,其他实施环节有助于保证并揭示征收活动是否符合公用要件。例如,征收活动通常与城市更新或重建项目关联。② 在一项完整的城市更新活动中,首先要通过立法建立有能力实施更新计划的地方更新机构,可能为私人性的商业开发公司,也可能为公共性的地方重建局,由其提出一个关于城市更新将给社区发展带来怎样变化的宏观构想。地方更新机构建立之后,更新项目运作的第一步是向联邦政府申请规划预付金。规划预付金是暂时性的联邦贷款,主要用于初步调研和规划,查明更新项目的可行性与必要性。规划完成后,地方更新机构可以申请联邦临时贷款,用于支出项目实施过程中产生的费用。地方更新机构申请联邦贷款和援助之前,必须制定一份项目可实施性流程图,必须包括如下内容:住房建设方面的法律法规、社区总体规划、全面深入的社区衰败情况分析、高效且权责分明的行政管理组织、资金保障、切实可行的拆迁安置方案、充分有效的公共参与等。可实施性流程图是联邦政府提供贷款和援助的重要依据。项目批准实施之前,地方更新机构必须进行公众听证会。项目批准后,社区更新进入实施阶段,主要分为同时展开的六大步骤:土地征收、重新安置、场地清理、场地改善和配套设施建设、熟地处置、新建筑。

城市更新项目的整个过程充满了"公共性"色彩。从征收活动的角度来看,城市更新机构实际上为征收权被授予者,其建立及职责围绕社区更新展开,巩固了其所作公用判断的可靠性。地方城市更新项目往往与联邦贷款或援助密切相关。联邦政府发放贷款或施以援助的前提是可实施性流程图,要求充分的公共参与、妥当的安置方案、详尽的规划与社区衰败情况调研等等,

---

① Zachary D. Hudson. Eminent Domain Due Process[J]. The Yale Law Journal, 2010, 119 (6): 1280-1327.

② 关于城市更新计划实施过程的介绍,参考马丁·安德森. 美国联邦城市更新计划(1949—1962年)[M]. 吴浩军,译. 北京:中国建筑工业出版社,2012:9-11.

这些活动本身的公共性有助于佐证并确保随后征收活动符合公用要件。司法审查同样会考虑征收外的程序对公用问题的影响。例如在凯洛案中,新伦敦市授权私人非营利机构新伦敦市开发公司实施城市更新活动,复苏本市经济。在州政府债券的资助下,新伦敦市开发公司有条不紊地开展规划活动,冀望利用辉瑞制药公司进驻新伦敦市的机会,推动地区复兴。在规划过程中,新伦敦市开发公司展开深入调研,召开一系列的地区集会,并告知公众相关程序。开发规划最终获得城市规划委员会及州相应机构的批准。在与规划范围内的部分财产所有者协商未果后,新伦敦市开发公司启动征收。联邦最高法院强调征收系基于审慎考量的综合规划实施,最终认定系争征收符合公用要件。基于规划与公用之间的关系,有学者主张限制甚或禁止快速征收程序。① 征收授权程序也会作用于公用问题,可以揭穿并限制政府回应可能的征收受益人寻租的倾向。审查法院可能要求征收者证明授权的正当性,并审查此种授权是否事实上合理必要于促进拟征土地旨在促进的公共目的,例如不得以协商或契约的形式授予征收权,授权立法应当保证公众参与等。②

三、公用与正当程序

征收程序的软肋主要在于快速程序。快速程序导致被征收者在未获告知或听证的情况下就被剥夺财产,有悖正当程序。但以《征收宣告法》和切诺基部落案为代表,快速程序却有着相当的规范和判例渊源。征收教义与正当程序教义何以存在如此断裂?事实上,联邦最高法院早期从未明确论及正当程序教义对征收行为有何要求。切诺基部落案以来,只要符合充分保证公正补偿的要求,联邦最高法院认可在作出最终征收合法性判断前获得财产的正当性。

从征收教义演进的角度来看,正当程序教义并非当然适用于征收领域。在1972年的富恩斯特诉谢文案③中,联邦最高法院强调,宪法上的正当法律程序条款保障当事人在被剥夺财产前获得听证的权利。这种立场并未即刻进入征收程序,甚至州层面的判决依然认为,征收程序仅仅要求在征收过程的某

---

① Nicole Stelle Garnett. Planning as Public Use?[J]. Ecology Law Quarterly, 2007, 34(2): 443-470.
② In re Condemnation of 110 Washington St., 767 A.2d 1154 (2001), 1159.
③ Fuentes v. Shevin, 404 U.S. 1012 (1972).

个时点举行听证,没有必要在征收发生前举行。① 1976 年的马修斯诉埃尔德里奇案(以下简称"马修斯案")从利益平衡的视角出发,明确设置财产被剥夺前的程序时,应当考虑如下因素:(1)所涉私人利益;(2)错误剥夺财产的风险;(3)任何附加程序的价值;(4)政府利益,包括提供附加程序所导致的财政和行政负担。② "马修斯案的逻辑并没有被即刻纳入传统财产理论中,但自 20 世纪 70 年代以来,联邦最高法院的判决明确承认当系争问题是剥夺私有财产时,适用马修斯案是恰当的。"③1993 年的合众国诉古德不动产案④为正当程序教义适用于征收程序提供了支持。肯尼迪大法官撰写多数意见,"事前告知和听证权对于宪法的正当程序要求至关重要。'此要求的目的不仅是确保个人的抽象公平。其目的更在于保护他对财产的使用和占有免于恣意的侵犯……'"⑤。正当程序教义与征收制度的本质相契合。林格尔案最终明确了正当程序教义对征收语境的可适用性——即使有着充分的补偿保证,被征收者仍然可以根据正当程序理论挑战征收行为的合法性。

及至今日,正当程序教义当然适用于征收语境,这至少要求被征收者在被剥夺私有财产前,有权获得告知并听证。被征收者由此可以即刻提出反对,质疑征收的公用性和必要性。这种正当程序要求在最低限度上厘定了征收者与被征收者之间的法律关系,被征收者获得告知和听证的权利构成对征收者征收权的限制和约束,有利于保证征收活动的公用性质。显而易见的是,快速征收程序甚至不符合最低限度的正当程序要求。但这并不意味着快速征收程序完全违宪。根据马修斯案提供的平衡标准,征收程序的设置应当综合考量征收者、被征收者、公众等利害关系人的利益关系,考虑程序设置可能导致的成本与收益。快速征收程序本身蕴含了一种便宜性考量,但正当程序教义必然会压缩其适用范围,使其主要适用于特定的紧急情况,如时间拖延必然导致公共目的难以成行的情形。当面对快速征收程序问题时,这就要求法院审查快速征收是否必要于公用目的的即刻实现,征收者必须证明即刻占有并获得产权的必要性和即刻性(immediacy)。⑥ 如果法院给予肯定,那么实质上公用问

---

① Joiner v. City of Dallas,380 F.Supp. 754 (N.D. Tex. 1974).
② Mathews v. Eldridge,424 U.S. 319 (1976),335.
③ Zachary D. Hudson. Eminent Domain Due Process[J]. The Yale Law Journal,2010,119(6):1280-1327.
④ U.S. v. James Daniel Good Real Property,510 U.S. 43 (1993).
⑤ U.S. v. James Daniel Good Real Property,510 U.S. 43 (1993),500-501.
⑥ Mayor of Baltimore City v. Valsamaki,916 A.2d 324 (2007),356.

题为公共必要性问题所掩盖或替代,有公共必要性即符合公用要求。

正当程序设置旨在避免征收可能给被征收者或公众造成无法挽回的损害,其功能的发挥部分或主要通过保证征收的公用性来实现。这种公用保证主要体现为充分保障被征收者挑战征收合法性的权利。如果征收程序设置不具有公共性,法院更倾向于认定征收违宪。在西南伊利诺伊州开发局诉国家城市环境有限公司案①中,伊利诺伊州最高法院正是基于程序考量,认定系争征收只是为了他人私用,违背公用要求,"[当局的]真实意图并非通过独立、合法的政府决定来推动拟议公用。[当局]并没有从事或委托实施关于停车场区位的深入调研……也没有形成任何要求额外停车区的经济规划……"②。作为对主体论的补充,尤其在私人机构介入征收的语境下,程序设置通过明晰征收法律关系主体的权利、义务、特权和权力,有利于进一步理清公用与私用之间的纠葛。

第三节 时间论

公用问题并非简单的逻辑推演,必然与此时此地相关。在宏观层面上,公用是一个动态的、与时俱进的概念,充满了时代色彩。殖民地时期,公共道路与磨坊是主要表现形式;19世纪,以交通运输与自然资源开发为突出特征;20世纪以来,城市更新与商业开发是公共项目的主要议题。在微观层面上,何时构成公用、公用何时实现、何时可以放弃公用等,均是法院审查公用问题时必须考量的因素。

在狭义公用语境中,公众可以直接使用拟征财产或者其他私人受益者利用拟征财产生产的产品;在广义公用语境中,更为常见的现象是,公众从其他私人受益者利用拟征财产的活动中获得经济利益或社会利益。两种情况下,尤其当可识别的私人受益者介入时,征收活动与财产利用,以及公共利益的产生之间存在时间差。这种时间差隔开了公用判断时间和公用实现时间,甚至

---

① Southwestern Illinois Development Authority v. National City Environmental, L. L.C., 199 Ill.2d 225 (2002).

② Southwestern Illinois Development Authority v. National City Environmental, L. L.C., 199 Ill.2d 225 (2002), 240.

影响公用的连续性,正是时间维度最具争议的地方所在。

一、何时构成公用

正如公正补偿一样,是否构成公用应当在征收时确定下来,因为"征收一经发生,就已完成"①。诸如在私用与公用交织的案件中,法官通常会要求系争项目在征收时应当有着具体且重大的公共利益,而非纯粹推测(speculative)。② 以征收时为立足点,意味着公用应当存在于征收时,但这并不是说在征收时,公用必须事实上产生。公用判断不同于公用实现,公用实现时间可能与公用判断的时间重叠,但更多情况下不同。在以城市更新或清除衰败为目的的征收中,公共利益产生于征收之时——经由征收,衰败情况被清除,征收本身构成公用。在以商业开发为目的的征收中,公共利益很大程度上取决于拟征财产的未来用途,从征收活动到公用产生,可能需要数年。两者有所不同,但尤其在后一种情况下,公用判断必然要考虑公用实现的可能性,以保证公众及时获得利益,防范私人开发商的投机性征收行为。

真实的征收往往发生于决定征收数年之后,真正的公用多在财产转移后才实现。公用判断与公用实现的时间差,拓宽了公用判断的时间宽度。就公用判断而言,部分因为"公共利益不仅与现存人口的利益相关,也与未来世代的利益同样有关"③,在林奇案中,联邦最高法院要求公用审查不仅可以考虑当下的需要,也要考虑未来的需要。④ 就公用实现而言,法院审查不仅涉及完成项目所必要的时间,也涉及实现公共利益所需的时间。以此推演,通过延展时间维度,征收者不仅可以为了当下用途征收,也可以为了未来用途征收;同样通过时间限制,征收者必须保证在合理时间内从事产生公共利益的活动。

如前所述,在以排除妨害与创造利益区分征收权与警察权的谱系中,公用要件本身蕴含着未来因素。在警察权与征收权竞合的情形中,除以清除衰败

---

① Coniston Corp. v. Village of Hoffman Estates, 844 F.2d 461 (1988), 463; First English Evangelical Lutheran Church v. County of Los Angeles, 482 U.S. 304 (1987), 320.

② Daniels v. Area Plan Comm'n of Allen County, 306 F.3d 445, 464-66 (7th Cir. 2002); Poletown Neighborhood Council v. City of Detroit, 304 N.W.2d 455, 459 (Mich. 1981), overruled by County of Wayne v. Hathcock, 684 N.W.2d 765 (Mich. 2004).

③ 迈克·费恩塔克.规制中的公共利益[M].戴昕,译.龚捷,校.北京:中国人民大学出版社,2014:50.

④ Rindge Co. v. Los Angeles County, 262 U.S.700 (1923), 707.

为目的的征收外,在大多数案件中,公用要件的这种未来性仍然存在。盖因为公用往往通过财产转移而实现。在以未来用途为目的的征收中,尤其当私人机构介入时,无论是作为征收者,还是作为获益者,公用判断的核心在于是否存在可以合理预见的(fairly anticipated)未来公用。考察未来公用的可能性可以分为两步展开:首先,征收者所宣称的未来用途是否符合公用要求;其次,未来用途是否可以合理预见。就第一个问题而言,有些法院甚至允许以避免高成本的未来征收为目的,当下征收财产。① 但通常而言,法院会综合其他因素,诸如征收授权情况、私人获益情况等,考察未来用途与公共利益之间的关系。在丹尼尔斯诉艾伦县地区规划委员会案②(以下简称"丹尼尔斯案")中,地区规划委员会为了未来的商业用途征收了丹尼尔斯等人的财产。以欧几里得镇案确立的"实质关联"标准为依据,③第七巡回上诉法院追问未来商业用途是否与公用存在实质关联。由于有可识别的私人机构直接获益,但其对拟征财产的利用不受任何限制,未来用途与公共利益缺乏实质关联——"如果它包含了推测性的未来公共利益,且仅仅依赖于新土地所有者选择以有益的方式而非强制以某种方式使用财产,那么公用要件将毫无意义"④,法院推翻了此项征收。

当考察未来公用的实现可能性时,法院通常考虑如下因素。首先,拟征财产是否将在未来的合理时间内做意定用途。"合理时间"要求证明拟征财产即刻被利用,或者在不久的将来(near future)实现。⑤ 不同州的法院对于"合理时间"有不同的要求,有的认为10年之内为合理时间,有的则不然。⑥ "何者构成合理时间显然是一个事实问题且取决于案件事实,但征收与利用之间的期间越短,越可能被认定为合理。"⑦其次,这种未来用途是否有可能实现。当显然存在阻止未来公用实现的障碍时,例如征收者缺乏充分准备,法院很可能

---

① Doanld M. Zupanec. Eminent Domain:Validity of Appropriation of Property for Anticipated Future Use[R]. 80 A.L.R.3d 1085 (Originally published in 1977).

② Daniels v. Area Plan Com'n of Allen County,306 F.3d 445 (2002).

③ Village of Euclid v. Ambler Realty Co.,272 U.S. 365 (1926),395.

④ Daniels v. Area Plan Com'n of Allen County,306 F.3d 445 (2002),466.

⑤ Board of Education v. Baczewski,340 Mich 265 (1954).

⑥ Doanld M. Zupanec. Eminent Domain:Validity of Appropriation of Property for Anticipated Future Use[R]. 80 A.L.R.3d 1085 (Originally published in 1977).

⑦ Doanld M. Zupanec. Eminent Domain:Validity of Appropriation of Property for Anticipated Future Use[R]. 80 A.L.R.3d 1085 (Originally published in 1977).

否定征收。① 但更多的时候,"为了未来用途征收的一项基本要求是,征收者至少必须有在未来使用土地的规划;只要征收者是善意行为,这些规划可以非常模糊"②。如果征收者无法提供合理的证据证明未来用途是可预测的、经由规划的或者确定的,法院很可能会推翻征收。③ 当然,规划本身虽然会影响未来用途的确定性,但是并不一定导致征收无效。④ 最后,征收是否必要于未来用途的实现。除了普遍性与平等性外,必要性也是公用判断应当且必须考量的因素。⑤ 在未来用途必然包含某种程度的不确定性的情况下,必要性审查尤其重要,对于前两项要素具有补足作用。通常而言,必要性问题属于立法判断范畴,只有当征收者存在欺诈、恶意或滥用裁量权时,法院才可以用自己的判断取而代之。但当涉及未来用途问题时,法院应当考察当前行使征收权以实现未来用途的必要性。

二、公用的持续性

公用不能一瞬即逝,否则征收权也只不过是权力机构肆意妄为的工具。要想真正发挥限制征收权、保障财产权的作用,公用必须具有持续性。持续性要求跨越公用判断阶段与公用实现阶段,首先,涉及征收者或者受让人确实将已经获得的私有财产用作公用;其次,关注征收者或者受让人在多长时间内保持财产用于公用。就前者而言,尤其在为未来用途征收的案件中,法院常常追问如何保证征收者将财产用作公用。在赌场重新投资开发局诉贝尼案⑥中,法院关注征收的影响和效果,即是否能够充分保证拟征财产受让者即私人赌

---

① Francis M. Dougherty. Eminent Domain: Possibility of Overcoming Specific Obstacles to Contemplated Use as Element in Determining Existence of Necessary Public Use[R]. 22 A.L.R.4th 840 (Originally published in 1983).

② Robert C. Bird & Lynda J. Oswald. Necessity as a Check on State Eminent Domain Power[J]. University of Pennsylvania Journal of Constitutional Law, 2009, 12 (1): 99-142.

③ State ex rel. Sharp v. 0.62033 Acres of Land, 49 Del 174 (1955).

④ In re School Dist. of Pittsburgh, Allegheny County, 430 Pa. 566 (1968). 尽管征收者承认没有制定财产用途规划——规划尚未形成且在讨论阶段,法院仍允许为了未来用途征收财产。

⑤ Donald J. Kochan. Public Use and the Independent Judiciary: Condemnation in an Interest-Group Perspective[J]. Texas Review of Law & Politics, 1998, 3 (1): 49-116.

⑥ Casino Reinvestment Development Authority v. Banin, 320 N. J. Super. 342 (1998).

场，以促进公共利益的方式使用系争财产。在丹尼尔斯案中，法院关注直接获益的私人机构对财产的利用是否受制于特定限制，即政府管制。除了管制手段外，政府也可以通过契约形式约定财产利用必须符合具体条件。但相较于契约形式，管制手段能够更为直接地强加私人机构一种公共义务，规避缺乏公共有责性导致的挑战。在涉及铁路、运河、管道等类似情形中，政府管制将赋予私人机构公共承运人的地位。这些私人机构依管制必须为所有可能选择它的人提供无歧视的服务，①尽管可以收取一定的费用。公共承运人地位具备公用要件的"普遍性"和"平等性"本质。经由政府管制，具备公共承运人地位的私人机构以裨益公众的方式来利用财产，履行一种公共职责。正如穆恩诉伊利诺伊州案②（以下简称"穆恩案"）判决所言，"当以产生公共影响且很大程度上影响共同体的方式使用时，财产确实变得具有公共利益。因此，当人们以公众将会获得某种利益的方式来使用财产时，事实上会授予公众一种利益，且必须在其因此创设的利益范围内，受到以公共利益为目的的公共控制。人们可能中断使用，撤销用途；但只要继续使用财产，就必须受到控制"③。

除了穆恩案外，联邦最高法院的其他判决也认为，公用要件并不要求拟征财产永久性地做特定公用。在赖克尔德弗诉奎恩案④中，联邦最高法院明确指出："国会将所征财产用做特定公用，只是宣告了一项公共政策，这并不会剥夺国会改变此政策，将财产用于其他用途的权力。公园用途仅仅表达了国会的某种意愿，国会并不负有在后续年岁继续此种用途的义务。"⑤既然征收者或者私有财产受让人可以改变公用，问题在于此种情况下如何更好地保护被征收者。简言之，被征收者是否有权收回已经被征收的私有财产。依据普通法上的教义，被征收者无权收回已经被征收的私有财产。因为经由征收，产权已经转移给征收者或最终给予其他私主体，被征收者对系争财产丧失权利。⑥

---

① Bluebook 20th ed. Liability of a Common Carrier[J]. University of Detroit Bi-Monthly Law Review, 1929, 13 (1): 17-28.
② Munn v. Illinios, 94 U.S. 113 (1876).
③ Munn v. Illinios, 94 U.S. 113 (1876), 126.
④ Reichelderfer v. Quinn, 287 U.S. 315 (1932).
⑤ Reichelderfer v. Quinn, 287 U.S. 315 (1932), 178.
⑥ Kevin L. Cooney. A Profit for the Taking: Sale of Condemned Property after Abandonment of the Proposed Public Use[J]. Washington University Law Quarterly, 1996, 74 (3): 751-776.

然而，如果征收标的为地役权等，而非绝对的永久产权(fee simple absolute)，①被征收者有权要求回购已被征收的私有财产。

从被征收者的视角来看，征收者可以放弃公用，违背公平和正义，尤其当被征收的财产仅仅在极为短暂的时间内用于公共利益时。② 公用要件是对征收权的限制，对私有财产的保护。如果任由征收者或私人获益者放弃公用，且不对被征收者加以保护，不仅违背公用要件，也不符合正当程序——被征收者与征收者、私人获益者之间的权利义务失衡。为了缓和这种紧张关系，有学者提出征收者应当在合理时间内将财产用作公用，并在规定时间内继续此种用途，否则被征收者有权优先回购财产，且回购价格多基于当下的公平市场价值来确定。③ 一些州付诸实践，通过宪法或制定法确认被征收者的财产复归权，规定当征收永久产权时，若公用目的被放弃，被征收者享有优先回购的特权。诸如罗得岛州、明尼苏达州、南卡罗来纳州等将这种财产复归权适用于以高速公路或街道为目的的征收中；得克萨斯州、肯塔基州、纽约州等则不限公用类型，普遍赋予被征收者财产复归权，甚至具体到以 10 年为公用期间。④ 与之相对的是，在征收私有财产后，当征收者或可识别的私人获益者临时将财产用作他用时，例如暂时出租给他人，只要仍然可以认定在合理预见的未来会将之投入公用，并不必然导致征收违反公用要件。⑤

第四节　空间论

公用虽然以普遍性为本质，但是事实上能够从征收活动中获益的公众往

---

① 28 AM. JUR. 2D Estates §13 (2000). A fee simple interest, also called fee simple absolute, "represent[s] the entire and absolute interest and property in the land". 这意味着永久产权的持有者(holder)是唯一对该财产享有法律权利的人。

② Indigo Realty Co., Ltd. v. City of Charleston, 314 S.E.2d 601 (S.C. 1984), 602. 在该案中，系争财产被征收 6 个月后就作他用。

③ Christin Kent. Condemned if They Do, Condemned if They Don't: Eminent Domain, Public Use Abandonment, and the Need for Condemnee Protections[J]. Seattle University Law Review, 2007, 30 (2): 503-540.

④ Lunda J. Oswald. Can a Condemnee Regain Its Property if the Condemnor Abandons the Public Use[J]. Urban Lawyer, 2007, 39 (3): 671-680.

⑤ City of Dallas v. Malloy, 214 S.W.2d 154 (1948).

往只能辐射一定的范围,是一定范围内的普遍的公众。拟征财产有其空间范围,征收的利益辐射范围亦有限,公用多是此地的公共利益。征收发生的空间不仅会作用于公用要件的基本内涵,也会影响司法审查路径及强度的选择。必要性问题是公用审查的重要内容。空间维度也与必要性问题相关,涉及公共利益要求征收哪些财产、征收多少财产,反过来,征收此处的财产是否符合且必要于公共利益。

一、超范围征收

征收范围以必要于实现公用为限,通常指物理范围上的必要性。[1] 但在特定情况下,如出于维护公共项目、节约项目成本的需要,征收者可能需要征收超出必要物理范围的财产。这就是超范围征收(excess condemnation)。"超范围征收不会涉及多少土地必要于公共项目问题,而是涉及拟征土地是否超出了征收者所界定的项目的物理需要。因此,此种案件的问题在于超范围的土地是否是为了制定法授权的公用而征收。"[2] 也就是说,超范围征收虽然超越必要财产的物理范围,但是很可能仍然符合法律的要求。在狭义公用语境下,超范围征收无法满足由公众使用标准,常常被否定;但伴随着公用教义的扩张,超范围征收逐渐获得一定的认可。尤其在20世纪初期,一些州在宪法或制定法中明确规定在特定情况下,征收者可以实施超范围征收。[3] 城市更新运动进一步扩大了超范围征收的认可度。1954年的伯尔曼案提供了直接依据:公用判断应当从整体视角出发,即使并不衰败的土地,只要必要于实现公共项目,也可以被征收。

为了证明超范围征收的正当性,学理及实践中存在三种理论:剩余理论(the remnant theory)、保护理论(the protective theory)、回收理论(the recoupment theory)。如果征收物理上必要于特定公共项目的财产,可被称之为原初征收,那么剩余理论适用于征收那些因为原初征收变得毫无价值的土地。这可以细分为三种情况:(1)物理剩余(physical remnant),即原初征收可能导致被征收者的剩余财产碎片化——面积小、形状怪、难以通行(锁地),以

---

[1] E. L. Strobin. Right to Condemn Property in Excess of Needs for a Particular Public Purpose[R]. 6 A.L.R.3d 297 (Originally published in 1966).

[2] Gideon Kanner. That was the Year that was: Recent Developments in Eminent Domain Law[J]. ALI-ABA, 2000, 45: 571.

[3] A.S.G., R.J.P., A.A.L., A.L.P.. Excess Condemnation—To Take or Not to Take—A Functional Analysis[J]. New York Law Forum, 1969, 15 (1): 119-186.

致对于被征收者毫无实际价值。(2)经济剩余(economic remnant),即征收整片土地的成本与征收必要土地的成本相差不大,例如当整片土地估价为46000美元,必要土地估价为45000美元时,法院认为可以征收整片土地,避免诉讼成本以及可能的畸高补偿,以低成本换更多的土地,从而降低总体项目成本。① (3)财政剩余(financial remnant),发生于剩余财产的分割补偿(severance damage)接近或超过征收整片土地的成本时。例如,被征收者共有119英亩的农场土地,其中65英亩被征收,剩余54英亩变成锁地。征收者选择征收54英亩锁地,以避免支付几乎等于征收整片农场成本的高额分割补偿。法院从经济分析角度出发,认定54英亩土地构成可以征收的财政剩余。② 物理剩余关注剩余财产对于被征收者的经济价值,征收物理剩余倾向于保障被征收者的经济利益;经济剩余与财政剩余关注剩余财产对于征收者的经济意义,征收经济剩余与财政剩余倾向于节约征收的经济成本。三者本质上都蕴含着经济因素考量,很可能忽视了剩余财产对于被征收者的主观价值,因而受到部分学者的批评,③也有法院采取更为严格的观点,强调只有当剩余财产毫无经济价值时,才能被征收。④

保护理论,又称限制理论(the restrictive theory),强调征收超出公共项目必需的财产对于公共项目的意义。例如,在高速公路项目中,征收者可能会征收高速公路两旁的土地,建立维护设施和缓冲区,确保视野开阔,保证高速行驶的安全性,提升高速公路的美观。⑤ 又如,在建设大学图书馆的案件中,法院允许征收图书馆周围的土地,因为"日常经验和判断表明,作为大学艺术、文化及教育的中心,图书馆需要充分的光线、空气并免受噪音和商业干扰,以及恰到好处的意境、便利的道路"⑥。相较于剩余理论,在保护理论中,超范围征

---

① State v. Buck, 94 N.J. Super. 84 (1967). 其他类似判例如 United States ex rel. TVA v. Welch, 327 U.S. 546 (1946).

② People ex rel. Department of Public Works v. Superior Court, 68 Cal. 2d 206 (1968).

③ Frank I. Michelman. Property, Utility, and Fairness: Comments on the Ethical Foundations of "Just Compensation" Law[J]. Harvard Law Review, 1967, 80 (6): 1214-1216.

④ State Highway Commission v. Chapma, 152 Mont. 79 (1968).

⑤ People ex rel. Department of Public Works v. Lagiss, 223 Cal. App. 2d 23 (1963).

⑥ University of Southern California v. Robbins, 1 Cal. App. 2d 523 (1934).

收与原初征收紧密相关,因而有着更为严格的必要性要求,即超范围征收应当必要于或者附带于原初征收。超范围征收的合宪性既依赖原初征收的公用性,也取决于其相对于原初征收的功能。目的正当化手段,同时也要求征收者应充分保证超范围征收的财产用于意定公共目的。因而,尽管征收者可以随后将超范围征收的财产出租或出售,但系争财产受制于严格的管制,应当以促进原初征收目的实现的方式来利用。

在回收理论中,政府通过征收并出售或出租超出必要的财产获取利润以资助公共项目,哲学基础类似于土地发展权理论中的"涨价归公"立场。[①] 因为超出公共项目必要的土地将会因为政府征收或项目而升值,政府有权通过征收来回收这种"不劳而获"的价值。[②] 相较于剩余理论与保护理论,回收理论最受争议。因为原初征收的限制,虽然也会有经济因素考量,但是并不会像回收理论这样天生带有政府以征收谋利的色彩。事实上,在征收者征收物理剩余、经济剩余或者财政剩余,抑或因为公共项目的安全性和美观性要求而征收超出必要范围的财产后,征收者可以通过出售剩余或超出项目所需的财产,回收征收成本。但在这种情况下,回收征收成本仅仅附带于主要的公共目的,因而并不会像纯粹以回收为目的的超范围征收那样,遭受责难。纯粹以回收为目的的征收实际上从未被普遍接受为合宪,法院通常否定这种以牟利为目的的私有财产征收。[③] 而且从手段与目的的关系来看,以回收为主要目的的超范围征收并非实现"涨价归公"的唯一手段。诚如前文所述,征收者可以在公正补偿中扣减被征收者从征收中获得的特别利益,又或者政府可以直接课征一种特别税。与之相比,超范围征收很可能对被征收者造成无法挽回的损失,大幅增加政府滥用征收权谋取私利的风险。

三种理论实质上主要从征收者的视角出发,论证征收者启动超范围征收的合宪性——要么旨在节约征收成本,要么为了促进公共项目的实施。问题在于被征收者是否有权要求征收者启动超范围征收。剩余理论为此提供了部分正当理由,尤其在物理剩余语境下,同样考虑了剩余财产对于被征收者的价值。此外,根据反向征收理论,如果政府征收必要于项目实施的财产,导致被

---

① 程雪阳.土地发展权与土地增值收益的分配[J].法学研究,2014(5):76-97.
② A.S.G., R.J.P., A.A.L., A.L.P.. Excess Condemnation—To Take or Not to Take—A Functional Analysis[J]. New York Law Forum, 1969, 15 (1): 119-186.
③ A.S.G., R.J.P., A.A.L., A.L.P.. Excess Condemnation—To Take or Not to Take—A Functional Analysis[J]. New York Law Forum, 1969, 15 (1): 119-186.

征收者的剩余财产贬值或者毫无经济用途可言,那么被征收者有权诉请法院要求政府征收剩余财产。事实上,已有州法院肯定被征收者提起超范围征收诉讼的权利。在沃乐诉美国电力传输公司案①中,威斯康星州最高法院判决,虽然美国电力传输公司没有必要征收全部财产,但是因此种征收将严重损害土地所有者剩余财产的经济可行性(substantially impaired economic viability),土地所有者有权主张美国传输公司应当征收整个财产的永久产权,而非仅仅地役权。

二、公用的区位因素

除了征收范围外,空间维度还关注拟征财产的区位。在宏观层面上,"在判断拟征财产是否因公用征收时,美国联邦最高法院恰当地考虑地方条件的多元性,非常尊重立法宣告,尤其是州法院从地方急需出发作出的公用判断"②。地方条件是州法院审查公用问题的重要考虑因素,也因此同一种用途在不同地区可能面临不同的公用评判。例如,在干旱地带,私人可以为了灌溉的目的申请征收他人土地上的地役权,因为灌溉干旱的土地有助于促进地方经济的繁荣;在自然资源丰富且为经济支柱的地方,私人公司可以为了运输资源目的而申请征收他人的财产。这也正是19世纪中期以后,东部州多开始采用狭义公用教义,而中西部州甚至支持更为宽泛的公用教义的原因。③ 当州层面的征收行为被诉至联邦法院时,法院很可能基于地方条件遵从州法院作出的判断,理由是州法院更为了解并熟知地方条件以及地方需要。④

在微观层面上,土地征收的第一步涉及区位调研,诸如人口、地缘、开发情况等,初步评估特定区域是否合理必要于拟议征收,⑤而某些类型的公用可能非常依赖区位选择。例如在以铁路、运河、高速公路等贸易工具为目的的征收活动中,拟征财产的选择通常取决于人口情况、土地的地理特征等重要事实。

---

① Waller v. American Transmission Co., 833 N.W.2d 764 (2013).
② U.S. v. 277.97 Acres of Land, 112 F.Supp. 159 (1953).
③ Charles Fels & N. T. Adams etc. The Private Use of Public Power: The Private University and the Power of Eminent Domain[J]. Vanderbilt Law Review, 1974, 27 (4): 681-813.
④ Rindge Co. v. Los Angeles County, 262 U.S. 700 (1923), 705.
⑤ Patricia J. Askew. Take It or Leave It: Eminent Domain for Economic Development —Statutes, Ordinances, & (and) Politics, Oh My! [J]. Texas Wesleyan Law Review, 2006, 12 (2): 523-554.

这些因素整合起来，可能导致只能征收特定的财产。从法经济学的视角出发，波斯纳恰恰认为，"国家征用权的一个适当的经济学理由是，它是防止垄断所必需的……"①。当被征收者垄断征收对象，即征收对象稀缺或者被征收者的财产尤其适合于拟议公共项目时，市况淡静（thin market）。② 在自由市场上抑或协商购买中，被征收者相对于征收者处于优势地位，可能会出现为了获取畸高补偿对价抵抗合理购买要约的情况。为了避免畸高的交易成本，保证公共项目的实施，征收权不得不介入，以强制性政府权力对峙被征收者的供给优势，肯定必要性将直接意味着征收符合公用。相反，在稠密市场（thick market）上，有许多适合于拟议公共项目的财产，被征收者抵抗征收的可能性很小，而且通过购买而非征收方式，交易成本以及对被征收者造成的损害很可能更小。

公共项目的区位依赖性意味着该区位的财产与公用之间存在强必要性关联。公用具有地方性，地方需要直接决定公用的内涵，以及州法院和联邦法院在公用判断中的不同角色。当被征收者垄断拟议公共项目所需财产时，极端的公共必要性意味着公用。作为当前严格审查路径的代表，哈斯考克案允许出于极端必要性或具有独立的公共重要性的征收活动，区位依赖性将直接导致两种情况的出现。③ 除了铁路、收费公路、运河、桥梁等公共项目外，极端必要性情况甚至也适用于为了私人通行目的征收的情形。虽然法院从更为抽象的公共利益出发证成此种征收的合宪性，诸如经济繁荣、民主活动等，但是直接理由在于锁地所有者无法以合理对价获得由被征收者垄断的财产利益。④ 具有独立公共重要性的征收活动以衰败区征收为代表，征收行为本身即清理衰败区符合公用，但衰败概念的界定一般非常依赖此时此地的物理、经济状况。

---

① 理查德·A. 波斯纳. 法律的经济分析[M]. 蒋兆康，译. 北京：中国大百科全书出版社，1997：69.

② Charles E. Cohen. Eminent Domain after Kelo v. City of New London: An Argument for Banning Economic Development Takings[J]. Harvard Journal of Law & Public Policy，2006，29（2）：491-568.

③ County of Wayne v. Hathcock，471 Mich. 445（2004）.

④ Steven M. Crafton. Taking the Oakland Raiders: A Theoretical Reconsideration of the Concepts of Public Use and Just Compensation[J]. Emory Law Journal，1983，32（3）：857-900.

第五节　过程导向的公用审查路径

在主体维度内，征收活动的形态不外乎以下三种：公共机构征收并直接利用财产（公共—公共）、公共机构征收并转移财产给私人机构（公共—私人）、私人被授权者征收并直接利用财产（私人—私人）。后两种是公用判断的难点所在，往往公共利益与私人利益相互交织，难舍难分。当选择公用审查路径时，法院会考虑主体的性质及其与拟征财产的关系。如果征收者为接受征收授权的私人机构、受益者包括可识别的私人机构，抑或拟征财产附着了被征收者显著的人格利益，法院很可能会提高公用审查的标准。征收者、受益者与被征收者的权利、义务、特权、权力分配通过程序设置来框定。无论是征收中的程序，还是影响征收公用性的征收外程序，都必须恰当处理好三者之间的关系，以被征收者、公众的权利来监督并限制征收者或者可识别的私人获益者的行为。程序设置本身甚至可以直接反映公用与私用的交织情况，区分出系争征收活动真正且主要实现的是何种目的。在时间维度内，征收者或者拟征财产受让者负有在合理时间内以促进公共利益的方式使用财产的义务。为了保证征收者、被征收者与受益者在时间维度上的权利义务均衡，拟征财产受让者应当接受政府管制，当其放弃公用时，被征收者享有优先回购权。在空间维度上，地方需要以及区位依赖不仅决定公用的基本内涵，也决定公用司法审查的方式，以致必要性审查与公用审查完全竞合，难以区分。

主体、程序、时间、空间是围绕公用问题展开的四个维度，也是公用判断的主要考量因素。每一个维度的设置与审查都代表了对征收法律关系主体权利、义务、特权、权力的分配与理解。以征收的整体过程为主轴，从征收前到征收中，再到征收后，主体因素、程序因素、时间因素、空间因素分布其间。征收前的审查主要考量征收者的权力来源，征收前的调研、规划、协商程序；征收中的审查主要关注此时此刻是否可以合理预见未来公用，应当选择何种审查标准；征收后的审查主要检视未来公用何时实现，是否存在充分措施保障其实现，以及是否存在公正补偿之外的针对被征收者的权利救济等。这些因素相互交织，遍布整个征收过程中。一种过程导向的公用审查路径要求法院关注征收实施的全过程，而非仅仅聚焦征收者所宣称的结果，通过平衡各个环节关键要素所体现的利益关系，确定系争征收是否符合公用要件。

南博方曾指出:"所谓程序(procedure),是指为了实现某种任务而应当采取的方式及方法;所谓过程(process),是指为了实现某种任务而实施的一系列的行动、工作、体制。由此可见,判断过程审查方式,与程序性审查方式不同,它包含着深入到从着手处分到得出结论的一系列工作的实体性审查的可能性。"①这种论断同样适用于公用审查路径。第二章将一种程序导向的司法审查路径视为解决司法权"反多数难题"的最有效方案之一。一种过程导向的司法审查路径不但关注程序,而且关注实体问题,以"过程"概念统筹动态的、内在关联的征收活动,将公用问题置于整体的征收语境中,更能够全面地、充分地观照并确保征收活动真正符合公用要求。

---

① 南博方. 行政法:第六版[M]. 杨建顺,译. 北京:中国人民大学出版社,2009:43.

第五章

美国经验的中国意义

同样是对征收权的限制,美国法上的公用要件与中国征收法中的公共利益要件可以通约。公用教义很大程度上通过司法判例形成。经过两百多年的判例演进,现代公用教义兼具动态性与不确定性,不同时代背景有着不同类型的公用,虽然能够迎合社会经济的发展需要,但是尤其在当下,也因对商业开发目的的承认,面临越来越多的抨击。尽管如此,美国法上的公用教义仍然具有启示意义。

首先,中国征收法以《宪法》第 10 条第 3 款和第 13 条第 3 款为核心,以《土地管理法》《征收补偿条例》为主要支撑。虽然诸如《征收补偿条例》第 8 条以"列举+兜底"的方式明确了公共利益的基本外延,但是诚如前文所述,这些公共利益规定仍然过于模糊。公共利益问题依赖个案判断,不同的案件事实可能导致不同的公共利益认定。然而,在司法层面上,公共利益问题很大程度上处于未展开状态。补偿仅仅具有事后限制的作用,公共利益是针对征收权的门槛性限制,其作用无可替代。其次,美国公用教义的发展充满个案色彩,联邦最高法院很早就承认无法确立明确的规则统一公用判断。经由判例而来的公用教义展示了立法权与司法权、征收权与财产权之间的博弈,生动地揭示了影响公用判断的各种要素,这对于公共利益要件的司法适用具有借鉴意义。最后,中国正经历着美国曾经经历且现在仍处于其中的城市化和现代化进程。在美国社会中仍然突出存在的城市更新和经济发展问题,也是中国当前亟待解决的问题。无论在美国,还是在中国,征收权都被视为实现城市更新与经济发展的重要手段。公共利益的动态性与不确定性很大程度上源于时代背景。如何处理特定时代背景下的公共利益问题,美国法上的经验值得考虑。

考察特定类型的公用,尤其是两国同样存在且同样重要的征收类型,意义重大。以城市更新为目的的征收,在美国主要表现为衰败区征收(blight takings),在中国主要体现为以旧城改造为目的的征收。衰败区征收主要开始于 20 世纪初期,其发展与演进对于中国正轰轰烈烈展开的旧城改造而言,具有启示意义。在中国征收法中,商业开发问题始终争议纷纷,美国法上处理以商业开发为目的的征收(economic development taking)的路径或可提供一定的指引。除了立法规定外,公共利益要件要想真正发挥限制征收权、保障公民私有财产权的作用,还必须借助司法审查。以凯洛案的判决为启发点,美国法上形成的幌子征收审查路径和征收的规划控制审查路径,值得借鉴。

第一节　衰败区征收①

从 2013 年的"平度事件"②到晚近发生的"平度纵火案"③;从此起彼伏的"钉子户事件"到频占舆论头条的"强拆事件",④各种不动产征收事件不断挑战着公众的忍受极限。这些征收矛盾的迅疾爆发多与城市化进程中的旧城改造密切关联。"旧城"不旧,开发商的大幅介入,盲目地、运动式地、大规模地运用征收权推动旧城重建不可避免地会造成政府、开发商、公民之间利益冲突的升级。众所周知,征收必须依次符合两个要件:(1)为了公共利益;(2)给付公

---

① 本节部分内容分别以《后凯洛时代作为征收理由的"公用"判断标准——以州法院的判决为线索》和《美国法上的衰败区征收及其启示》为题,发表于《公法研究》2015 年第 14 卷和《行政法论丛》2014 年第 16 卷。详见:刘玉姿. 后凯洛时代作为征收理由的公用判断标准——以州法院的判决为线索[M]//章剑生. 公法研究. 杭州:浙江大学出版社,2015(14):104-113;刘玉姿. 美国法上的衰败区征收及其启示[M]// 姜明安. 行政法论丛. 北京:法律出版社,2014(16):105-118.

② 陈宝成. 迷雾中的土地维权者[EB/OL]. [2014-02-13]. http://qd.sohu.com/s2013/hykqd-32/index.shtml.深究"平度事件"的发酵过程,其背景在于地方政府企图通过运动式的旧城改造推动经济快速发展,规划范围的厘定、征收程序的展开弊端百出以及开发商的介入,都成为征收冲突逐渐升级的土壤。

③ 凤凰网. "平度式征地":"造城运动"地方异化的标本[EB/OL]. [2014-03-29]. http://finance.ifeng.com/a/20140329/12009279_0.shtml.

④ 焦点访谈. "旧城改造"与商业拆迁[EB/OL]. [2014-02-23].http://news.cntv.cn/program/jiaodianfangtan/20100913/103735_1.shtml. 普洱市的旧城改造征收就存在"旧城不拆拆新城"的问题。王进. 青岛"钉子户"11 年拆迁路:农家院或被长期保留[EB/OL]. http://www.chinanews.com/sh/2014/01-14/5734072.shtml.

正补偿。旧城改造中的征收自然也不例外。只有确实是为了改造"旧城",征收权的行使才是合宪的。然而,颇为吊诡的是,"旧城改造"这一概念在具体征收案件中一直作为不可辩驳的公共利益而存在,除了被征收者的惶惑质疑外,罕见司法与理论上的讨论。① 正是对"公共利益"的忽视,对"补偿"的过分依赖,成为"钉子户"们讨价还价、政府与开发商合谋掠夺公民财产、征收秩序混乱的土壤。② 因此,虽然当下公正补偿问题的重要性无可非议,但是旧城改造中的利益冲突之有效解决也必然绕不开如何充分界定"旧城改造"这一公共利益。

衰败区征收系指以清除城市衰败(blight elimination)为目的的征收,其与旧城改造征收极其相似——两者都是通过征收权的行使,清除破败城区,实现城市更新。③ 本节正是通过对衰败区征收之变迁的梳理研究,以为旧城改造征收提供有益借鉴。

一、衰败区征收的演变

衰败区征收兴起于 20 世纪 40 年代的美国城市更新运动中。根据 1949 年《联邦住房法》(Federal Housing Act)的规定,城市更新分为两步:首先,征收以清除衰败区;其次,城市重建(一般是商业开发)。④ 这大致勾勒出了衰败区征收的基本模式——为了实现城市更新,政府运用征收权获得私有但被认定为衰败的土地,转移给公共或私人机构,用于城市重建,尤其是商业开发。此种征收模式带有显著的私用征收(private taking)色彩,即形式上似乎是为了 B 的私用而征收 A 的私有财产,显然与传统的财产权观念相冲突。在传统的财产权观念下,私有财产权意味着个人能自由地使用、处分其拥有的财产,作为自由的象征,在美国早期受到了最高程度的尊重。根据联邦宪法第五修正案征收条款的规定,只有出于公用目的且支付公正补偿,政府才能征收私有

---

① 目前所查到的征收案例中,罕有讨论公共利益问题的,遑论具体"旧城改造"的公共利益性质;而理论上对于旧城改造的讨论,也多与城市发展、公共政策有关,具体到征收,则多论及补偿问题。

② 王锡锌.《国有土地上房屋征收与补偿条例》专家解读与法律适用[M].北京:中国法制出版社,2011:51.

③ 章岩,方可.是历史在重演吗?——从美国的"城市更新"到中国的"旧城改造"[J].经济理论与经济管理,2008(12):45-50.

④ 马丁·安德森.美国联邦城市更新计划(1949—1962 年)[M].吴浩军,译.北京:中国建筑工业出版社,2012:1.

财产。与传统的财产权观念相契合,为恰当处理征收权与财产权之间的紧张关系,联邦最高法院一直非常保守地对待私用征收。早在1798年的考德尔案中,联邦最高法院就指出这类征收违背理性和正义。① 虽然19世纪中后期,部分法院支持狭义公用教义,但是鉴于征收权被愈加广泛地用于促进新兴经济的扩张,法院纷纷支持了以建造磨坊、大坝、公路等公用事业为目的的征收,广义公用教义事实上在19世纪占据主导地位。法院逐渐将原先对私用征收的模糊禁止解读为仅禁止那些纯粹以私用为目的的征收,也就是说,即使拟征财产转移给私人,只要财产被用于产生公共利益的活动,征收就合宪。19世纪末20世纪初期,经过一番纠结,联邦最高法院最终在林奇案中确立了广义公用教义的支配地位,为衰败区征收的合宪性证成创造了条件。

在1954年的伯尔曼案中,联邦最高法院最终承认了衰败区征收的合宪性,更大规模的城市更新运动得以"合宪"地开展起来。在伯尔曼案中,哥伦比亚土地重建局(Columbia Redevelopment Land Agency)认定包括伯尔曼的百货商店在内的一大片区域为衰败区,计划将征收后的土地一部分用于公共设施建设,另一部分用于商业开发。伯尔曼认为百货商店没有衰败,也没有危及社区的安全、健康,系争征收实际上是为了私人目的,违背了联邦宪法第五修正案的公用条款。联邦最高法院最终支持了哥伦比亚重建局的征收,理由包括彼此关联的三个方面。首先,在判断何者构成公用上,法院应当遵从立法判断,"国会在哥伦比亚特区拥有一个州可能拥有的所有立法权。换句话说,我们面对的是传统的警察权问题……在具体的宪法界限内,当立法机关已经确认时,公共利益就已经被终局性地决定"②。由此,联邦最高法院成功地限缩了其在公用判断中的角色,几乎将征收是否合宪的判断拱手于立法机关。其次,基于传统的警察权理论——"公共安全、公共健康、道德、和平和安宁、法律和秩序,这些都是警察权适用于市政事务的传统例子……社区是否应该美丽且健康、宽广且整洁、均衡且安全的决定权属于议会"③,立法机关有权决定何者构成公用并选择特定的手段实现这一公用目标,征收权仅仅是国会实现公用目标的手段。因为清除衰败以维护社会福利是警察权范围内的事务,国会有权决定通过行使征收权来实现这一目标。最后,征收范围应当根据整体规划考量,某一财产即使不衰败,但如果出于地区重建的需要,也可以征收。据

---

① Calder v. Bull, 3 U.S. 386 (1798).
② Berman v. Parker, 348 U.S. 26(1954), 32.
③ Berman v. Parker, 348 U.S. 26(1954), 32-33.

此,虽然在伯尔曼案中,清除衰败本身就构成了一项公用,而且清除衰败的目的与商业开发的目的之间仍然存在明显的主客关系,但是征收之"衰败"要件却让位给"重建必需"标准,即使私有财产并未衰败,也有可能因为重建需要而遭到征收,这使得衰败区征收一直处于开放状态,"衰败"术语的内涵也有了更大的解释空间,从而埋下了以商业开发为目的的征收突破"衰败"限制的伏笔。

伯尔曼案不仅推动了衰败区征收的发展,其在整个征收理论,尤其是公用理论的发展上也有里程碑意义——衰败区征收因为得到联邦最高法院的背书,迅速发展;征收之公用要件被更宽泛地解释,公用即公共利益或公共福利。1954年之后,衰败区征收迅速发展,城市更新项目更是遍地开花。[1] 然而,伴随着城市更新项目的发展,作为衰败区征收核心的"衰败"概念日渐宽泛。在联邦层面上,曾经以衰败为前提的商业开发最终在2005年的凯洛案中突破限制,被证成为独立且合宪的公用目的。

乍看之下,凯洛案的判决依据与衰败区征收无涉,但实质上,从凯洛案发生的背景以及此后导致的广泛抵制来说,两者之间的关系不言而喻。众所周知,新伦敦市正是因为数十年的经济衰退、城市破败,才决定通过开发来实现城市复兴的。可能颇为吊诡的是,新伦敦市绕过了城市衰败这一背景,直接以经济发展或者商业开发的名义实施征收,联邦最高法院也直接对以商业开发为目的的征收之合宪性展开讨论。但统观衰败区征收或者20世纪中期以来征收理论的发展,这并不奇怪。自伯尔曼案承认衰败区征收的合宪性以来,无论是"公用",还是"衰败",内涵都渐趋宽泛。1981年的波兰城社区议会案首次认定以商业开发为目的的征收合宪。该案与凯洛案如出一辙,尽管发生在州层面,且随后被2004年判决的哈斯考克案推翻,[2]其仍产生了极为深远的影响。[3] 公用之扩张解释主导了20世纪中后期到21世纪初期的征收理论,"衰败"术语自然也没有摆脱不断扩张的命运,在与商业开发目的的纠葛中,渐被虚化。

凯洛案所导致的立法与司法反制大多聚焦于地区衰败与商业开发之间的关系。立法层面多要求商业开发必须以清除衰败为目的,但不尽如人意的是,大多数州设定了极为宽泛的"衰败"判断标准,这实际上并不构成对商业开发

---

[1] 马丁·安德森.美国联邦城市更新计划(1949—1962年)[M].吴浩军,译.北京:中国建筑工业出版社,2012:23-29.

[2] County of Wayne v Hathcock, 471 Mich. 445 (2004).但该案并没有全然否定以商业开发为目的的征收。

[3] Richard A. Epstein. Takings:Private Property and the Power of Eminent Domain[M]. Massachusetts:Harvard University Press, 1985:179.

目的的充分限制;有些州甚至混淆了衰败区征收和以商业开发为目的的征收,使得衰败区征收沦为以商业开发为目的征收的保护屏障。① 司法层面侧重考量商业开发是否构成判断地区衰败的充分要素。② 俄亥俄州最高法院认为,虽然经济因素可以作为征收私有财产的考量因素之一,但是纯粹的经济因素,或者说衰败区征收将会为社区及政府带来经济利益,并不构成一项充分的公用。③ 俄克拉荷马州最高法院指出,"在不构成衰败的情况下,将财产从一个私主体转移给另一个私主体以促进可能的商业开发或社区改造,这作为一项目的,必须服从于保护个人基本的私有财产权这一更高的宪法义务"④。新泽西州最高法院则狭义地解释了"衰败"术语,认为私有财产商业开发不充分或利用不足不构成"衰败"。⑤ 由此,三州都旗帜鲜明地否定商业开发可以构成一项独立的公用。然而,纽约州上诉法院的两个判决却反其道而行之,不但对"衰败"作了极为宽泛的解释,而且直接肯认商业开发不充分系界定地区"衰败"的现代标准,⑥清除衰败这一原初目的名存实亡,商业开发目的暗度陈仓,成为当代衰败区征收的核心。

二、"衰败"概念的漂移

衰败区征收之所以发生这种变迁,以致名存实亡,与城市更新运动的发展有莫大的关系。"衰败"(blight)一词起源于园艺学,指一种袭击植物的小的、几乎看不见的昆虫;17世纪,该词进入常用语,指"神秘或不可见起源的有害影响"⑦,后随着19世纪晚期和20世纪早期城市化和工业化的推进,由城市更新拥护者引入征收领域,被改善为一种足以摧毁城市的疾病,逐渐与城市衰

---

① Ilya Simon. The Limits of Backlash: Assessing the Political Response to Kelo[J]. Minnesota Law Review, 2008/2009, 93 (6): 2100-2178.

② Ilya Simon. The Judicial Reaction To Kelo[J]. Albany Government Law Review, 2011, 4 (1): 1-37.

③ City of Norwood v. Horney, 853 N.E.2d 1115 (2006).

④ Bd. of County Comm'rs v. Lowery, 136 P.3d 639 (2006). 650-651.

⑤ Gallenthin Realty Development, Inc v. Borough of Paulsboro, 924 A.2d 447 (2007). 458-465.

⑥ Matter of Goldstein v. New York State Urban Dev Corp, 921 N.E.2d 164 (2009); Matter of Kaur v. New York State Urban Dev Corp, 933 N.E.2d 721 (2010).

⑦ George Lefcoe. Redevelopment Takings after Kelo: What's Blight Got To Do With It? [J]. Southern California Review of Law and Social Justice, 2008, 17 (3): 803-854.

落同义。① 城市更新,又称城市重建,主要是指对城市的衰败地区进行重新规划,通过保护、修缮、拆迁或重建,来改变城市中产业和人口的地域分布,并使城市的物质环境现代化,从而满足经济和社会的需求。② 20 世纪初期,经济发展所带来的城市产业构成及其布局的调整改变了城市空间结构,城市郊区日益繁荣的同时,内城则走向衰败。随着城市化进程中新移民浪潮的冲击及战前经济萧条导致的建筑业停滞,这种衰败日益严重,加剧了住房短缺。联邦政府不得不把复兴内城、解决住房短缺作为推动经济增长和城市发展的首要问题来处理,城市更新运动由此兴起。

"衰败"概念产生于城市更新运动中,刻画了一幅城市末日的惨景,城市更新逐渐获得政治及司法上的认可,"清除衰败"被广泛接受为征收的正当理由。③ 俄亥俄州最高法院曾指出,随着城市更新运动的发展,征收权与警察权在促进公共健康面向上日渐趋同,清除贫民窟、衰败地区等危及社区健康与福利的状况被普遍接受为一项合宪的公用;通过一系列判例的发展,"衰败"概念日益成为征收存在公共健康问题的土地的不二法门,为了城市重建而征收衰败区也日益被纳入公用的含义射程内,"公用"概念几乎被不受限制地扩张,甚至伴随着衰败区征收产生的商业开发目的本身也被认为符合公用要件。④ 城市更新运动正式开始于 1949 年的《联邦住房法》,结束于 1973 年,其主要特点在于,政府与私人企业合作,利用联邦巨额资金资助,清理并重建城市贫民窟或衰败区。⑤ 正是私人企业的介入,与清理并重建衰败区的需要相结合,共同促成了"衰败"概念的漂移。

(一)城市更新运动初期:以清除物理衰败为主要目的

从 1949 年《联邦住房法》到 1954 年《住房法》,城市更新运动逐步展开。但事实上,城市更新运动可以上溯至 1934 年联邦住房局的设立,其首先强调个人住房问题,旨在通过金融机构提供担保贷款来购买、建设、维修和改善住

---

① City of Norwood v. Horney, 853 N.E.2d 1115 (2006), 1134.
② 李艳玲. 美国城市更新运动与内城改造[M]. 上海:上海大学出版社,2004:2;李艳玲. 对美国城市更新运动的总体分析与评价[J]. 上海大学学报(社会科学版),2001(6):77-84.
③ Wendell E. Pritchett. Public Menace of Blight: Urban Renewal and the Private Uses of Eminent Domain[J]. Yale Law & Policy Review, 2003, 21 (1): 1-52.
④ City of Norwood v. Horney, 853 N.E. 2d 1115 (2006), 1134-1136.
⑤ 约翰·M. 利维. 现代城市规划[M]. 张景秋,等译. 北京:中国人民大学出版社,2003:183.

房。1937年,国会制定了第一部住房法案,解决住房问题的方案不再局限于个人住房,开始以"项目"的形式展开,通过给付补助为贫民窟的低收入者提供适宜的住房,同时要求清除那些不符合标准的住房并重建等量住房。1949年的《联邦住房法》是第一部综合性住房立法,大规模的城市更新运动由此开始。城市更新项目不再局限于贫民窟,而是扩张至衰败区。"衰败区"通常指的是一个城市中正由相对健康的状态转向贫民窟状态的地区,它是犯罪、疾病以及不健康生存状况的滋生地。① 住房法案所辐射的物理范围大幅扩张,对城市更新整体目标的强调也促使更新机构开始关注地区用途,而非个别区域的用途。虽然联邦政府可以授权地方政府运用征收权来聚敛大片土地,从而获得衰败的私有财产,但是随后仍然需要根据城市总体规划,将清理后的土地出售给那些决定参与重建的公共或私人机构,以从事大规模的公共基础设施建设、住房建设和其他城市建设,改造城市中心区。②

自1949年法案以来,城市更新的目标开始由改善住房向提升城市的整体环境过渡,但在一定程度上,其与1937年法案仍具有一脉相承的狭隘性——"城市重建项目仅限于以特定方式处理住房问题……在审视重建项目中住房问题的重要性时,相关讨论集中于物理界限内会发生的事宜以及重新安置居民的方法"③。地方机构往往考察区域建筑物状态或人居生活条件,根据荒废或闲置的住房比例描述衰败区的情况。例如根据明尼苏达州的规定,所谓衰败区是指50%以上的建筑处于"不符合结构标准"的市区,"不符合结构标准"指的是结构问题已经严重到建筑有倾塌危险或者严重物理瑕疵。④ 1954年的伯尔曼案虽然已经开始偏向商业开发,但是其对住房条件的描述对于理解衰败区仍有意义。根据联邦最高法院援引的调研报告,伯尔曼案所涉衰败区,"64.3%的住宅失于修理,18.4%的住宅需要大规模修理,只有17.3%的住宅令人满意,57.8%的住宅厕所在外面,60.3%的住宅没有浴室,29.3%的住宅没

---

① Hudson Hayes Luce. The Meaning of Blight: A Survey of Statutory and Case Law [J]. Real Property, Probate and Trust Journal, 2000, 35 (2): 389-478.

② 刘玉姿. 后凯洛时代作为征收理由的公用判断标准——以州法院的判决为线索 [A].// 章剑生. 公法研究. 杭州:浙江大学出版社, 2015(14): 72-128.

③ Kenneth L. Kraemerthe. Concept and Objectives of Urban Renewal[J]. Southern California Law Review, 1963/1964, 37: 57-58.

④ George Lefcoe. Redevelopment Takings after Kelo: What's Blight Got to Do With It? [J]. Southern California Review of Law and Social Justice, 2008, 17 (3): 803-854.

有供电,82.2%的住宅没有洗衣间,83.8%的住宅没有中央供暖"①。除了住房条件外,法院关注的财产物理状况主要集中于四个方面:(1)土地形貌大小不规则,相应规划不合理;(2)街道布局不合理;(3)土地所有权由分散的多人享有,无法集中规划;(4)财产用途规划不合理,如居住用途与工业用途、商业用途混合,居民饱受噪音、灰尘、臭气、烟雾之苦。②

(二)城市更新运动发展:逐渐转向清除经济衰败

城市更新运动初期以征收并清理贫民窟、衰败区和住宅重建为主要任务,但由于联邦资助很少到位、私人开发商并不积极参与,呈现拆迁大于建设的特点。联邦政府吸取经验教训,颁布了1954年住房法。根据该法,地方机构将整合住宅建设与内城的全面更新改造,从以往的单一清理重建转变为清理重建和修缮并举,更新改造区域也由贫民窟扩大为整个城市,大量已经衰败或正在衰败的区域被纳入其中。同时,联邦住宅拨款的10%可以用于非住宅建设,鼓励城市商业开发。私人开发商因此大受吸引,纷纷投入城市更新的浪潮中。当更新机构界定衰败区时,不但会关注不符合标准的住房条件,而且也将各种形式的经济发展阻滞问题纳入更新范围。典型的衰败区被描述为那些"因为住房或其他经济目的……不可市场化的(unmarketable)土地"。这种基于市场的城市衰败观念表达了邻里财产之间的相互影响,意味着衰败区的形成往往源于一种"囚徒困境"——个人所有者因为临近财产缺乏类似投资而不愿投资自己的财产,社区价值因此贬值,并进一步导致个人所有者投资动机降低。③ 只有借助政府力量,才能打破困境。相较于城市更新运动初期的衰败定义,当下定义综合了社区的物理和经济情况,有助于实施1954年法案关于城市更新资金可用于满足经济需要的规定。经过1956年和1959年的修正,住房法案的关注点由"项目"本身转向"邻里"(neighborhood)与社区(community),愈加强调城市更新的整体性特征。1954年的伯尔曼案是此一时期的集中反映——零敲碎打地清理个别不良建筑只能暂时缓和衰败状况,整个地区的财产处于相互影响和作用的状态,只有作整体性的规划才有可能控制并防止衰败现象的复发,因此非衰败的财产也可以被纳入更为广泛的衰败区中。

---

① Berman v. Parker, 348 U.S. 26 (1954), 30.

② Jonathan M. LL.B. Purver. What Constitutes "Blighted Area" within Urban Renewal and Redevelopment Statutes[R]. 45 A.L.R.3d 1096 (Originally published in 1972).

③ Adam P. Hellegers. Eminent Domain as an Economic Development Tool: A Proposal to Reform HUD Displacement Policy[J]. Law Review of Michigan State University Detroit College of Law, 2001(3): 901-964.

截至 1966 年综合城市示范法的颁布,十余年间,城市更新运动达到了前所未有的规模,重心不断转移,非住宅建设的比例不断加大,联邦政府给予非住宅建设的资助比例也由 1954 年住房法规定的 10%,逐渐扩张至 1965 年的 35%。虽然仍然以清理衰败和贫民窟为前提,但是商业开发在城市更新运动中日益占据更为重要的地位。清理衰败区不仅仅是为了提供更好的住房,更多的是为了促进地方经济的增长和繁荣。不足为奇的是,这一时期的城市更新运动仍然存在很大的问题。种族隔离造成基础设施、教育和就业及税收等方面的分布不均,加剧了城市贫困和衰败现象;郊区化的势头并未减弱;政府与私人开发商特别是垄断资本合谋的商业开发严重损害了大批低收入居民的利益。联邦与地方政府陷入两难的困境:解决低收入阶层住宅与内城商业开发之间常常顾此失彼。① 1966 年,国会颁布了《示范城市和都市开发法》(*Demonstration Cities and Metropolitan Development Act*),②城市更新运动的中心由以大规模商业开发为主进入以城市综合治理为主的新阶段,关注"整个城市区域"(entire urban areas)。然而,虽然"许多资金被用于住房和社会服务目的,但是全国范围内的示范城市机构也将之用于促进本地工业和零售业的发展,以扩大就业、提升税基,商业开发目的仍然占据重要的地位"。

(三) 城市更新运动结束:被日益架空的衰败概念

1966 年兴起的城市综合治理运动由于目标含混与资金严重脱节而收效不显,最终于 1973 年结束。③ 随着联邦层面城市更新运动逐渐销声匿迹,衰败概念本身也完成了由清理并建造住宅到商业开发的漂移。1974 年,联邦政府启动社区发展整体补助金项目(community development block grant program),商业开发更为深入地整合进城市发展政策中,更多的联邦资助被用于地方商业开发项目中,"商业开发"甚至成为城市重建的主导性口号。1981 年的波兰城社区议会案正是在此背景下发生的,商业开发直接成为城市重建的主要目标。甚至早在 1975 年,纽约州上诉法院就已经肯定征收商业开发不足或经济发展停滞的地区符合公用。④ 在 2002 年的一个判决中,纽约州法院甚至认可曼哈顿商业区的时代广场足够衰败,以至于征收私有财产,用于建设纽约时报的新总部。⑤ 在 2003 年的一个征收案件

---

① 李艳玲. 美国城市更新运动与内城改造[M]. 上海:上海大学出版社,2004:132.
② Demonstration Cities and Metropolitan Development Act, 42 U.S.C. 3301 (1966).
③ 李艳玲. 美国城市更新运动与内城改造[M]. 上海:上海大学出版社,2004:137.
④ Yonkers Community Development Agency v Morris, 37 NY2d 478 (1975).
⑤ West 41st Street Realty L.L.C. v. New York State Urban Development Corp. 744 N.Y.S. 2d 121 (2002).

中,拉斯维加斯市商业区被认定为衰败,理由在于商业区销售额下降、游客减少、许多商业活动失败等。内华达州最高法院支持重建机构的衰败判断,允许征收私有财产,以建设服务于赌场的停车设施。①

在州层面上,衰败概念仍然存在于各州的重建法规中,甚至被移植进入新的法律中。20世纪70年代后,伴随着联邦层面城市更新的倾塌和各州税收增值信贷法(Tax Increment Financing Statute/TIF)的大量出现,与住宅无关的衰败界定以及地方机构在解释衰败上的自由裁量权再次爆发。② TIF通常要求认定"衰败",但事实上,衰败概念的认定早已名不副实,甚至沦落为纯粹商业开发目的的幌子。③ 大多数税收增值信贷法加入了商业开发条款,多允许地方政府将缓慢的经济增长或危及未来经济的情况纳入衰败界定。④ 是否产生充分的效益,是否做到最优利用,成为征收者划定衰败区的重要以至于唯一的依据。一些州的衰败区甚至包括任何有可能阻滞或促进商业开发的地区,⑤纽约州法院则直接肯定缓解经济停滞和低效的土地利用,或者促进商业开发符合清除衰败的目的。⑥ 政府对经济因素的强调和对城市复兴的渴望,很容易受到私人开发商,特别是有权势的利益集团的控制,从而俘获征收程序,为商业开发实质突破衰败限制创造了条件。

如果说联邦层面的城市更新运动时期,商业开发仍然在一定程度上受制于住房建设这一最终目的,那么税收增值信贷法时代,商业开发似乎已经完全

---

① City of Las Vegas Downtown Redev. Agency v. Pappas, 76 P.3d 1 (Nev. 2003), 12-15.

② Colin Gordon. Blighting the Way: Urban Renewal, Economic Development, and the Elusive Definition of Blight[J]. Fordham Urban Law Journal, 2004, 31 (2): 305-338; Judge Harold L. Lowenstein. Redevelopment Condemnations: a Blight or a Blessing upon the Land? [J]. Missouri Law Review, 2009, 74 (2): 301-334. 税收增值信贷是重建政策的产物,是政府通过提供信贷来刺激商业开发的一种方式。较为典型的是由政府发行公债向土地开发或其他费用较高的产业提供资金,然后用从这些产业的开发中产生的或增加的财产税来偿还债务。实质上是政府以未来的税收收入资助重建,以吸引并刺激私人开发商加入城市重建。

③ Josh Reinert. Tax Increment Financing in Missouri: Is it Time for Blight and But-For to Go? [J]. Saint Louis University Law Journal, 2001, 45 (3): 1019-1021.

④ See Mo. Rev. Stat. § 99.805(3), (5) (1982) (amended 1986, 1991 and 1997); Alaska Stat. § 29.47.460 (2003); Ga. Code Ann. § 36-44-3(7)(F) (2002).

⑤ Minor Amanda. From New London to New Directions in Eminent Domain Law: Kelo and the Future Exercise of Eminent Domain by the Federal Government[J]. George Mason University Civil Rights Law Journal, 2012, 22 (2): 177-218.

⑥ Nasim Farjad. Condemnation Friendly or Land Use Wise — A Broad Interpretation of the Public Use Requirement Works Well for New York City[J]. Fordham Law Review, 2007, 76 (2): 1121-1176.

脱离了民生项目这一光环,成为推动政府征收私有财产、追逐间接经济利益的主要手段,"衰败"概念被日益架空。"与其说衰败是一种客观状况,不如说它是各种形式的商业减税的法律托词。重建政策原意在于应对不安全或不充分的城市住房环境,现在则通常更多地被用来扶助郊区购物中心建设。"① 有学者指出,商业开发在联邦城市政策中的重要地位,是不同政治派别长期以来形成的共识之一。不同政治派别"都倾向于认为联邦项目应当扩张公民的经济机会,应当依靠并与私人企业合作,以实现该目标"②。

三、美国法上衰败区征收的启示

中国旧城改造中的征收与美国法上的衰败区征收非常相似,同样是以征收权推动城市更新,也同样面临着盘根错节的利益冲突。迥异之处在于,衰败区征收自始就关注公共利益问题,注重对"衰败"的界定;而旧城改造征收却往往忽视"旧城"之界定,而专注如何实现改造。旧城改造作为一项明确的公共利益,其法律依据在于2011年颁布实施的《征收补偿条例》第8条第(5)项。根据该规定,"旧城"系指具备危房集中、基础设施落后等特点的地段。虽然以一"等"字为"旧城"的界定留有余地,但是考察地方性的相关规范性文件,对于"旧城"的界定亦未见加以细化,多照搬《征收补偿条例》的规定,即使在罕有的专门规制旧城改造征收的规范性文件中,亦是如此。③ 征收机构在"旧城"的界定上拥有极大的自由裁量权。理清"旧城"本身的含义迫在眉睫,否则《征收补偿条例》的公共利益条款关于旧城改造的规定将形同虚设。此外,现有的"旧城"定义显然以不动产的物理情况为中心,④ 并没有将美国法上颇为重视的商业开发程度或者经济利用程度纳入考量范围内。那么,在中国语境下,是否有必要将土地的经济利用情况作为旧城改造的考量因素之一呢?当下城市

---

① Colin Gordon. Blighting the Way: Urban Renewal, Economic Development, and the Elusive Definition of Blight[J]. Fordham Urban Law Journal,2004,31(2):305-338.

② Peter R. Pitegoff. Urban Revitalization and Community Finance: An Introduction [J]. University of Michigan Journal of Law Reform,1994,27(3 & 4):613-632.

③ 目前所能查到的《征收补偿条例》实施以来集中且具体规制旧城改造征收的规范性文件很少,比较系统的如《周口市中心城区旧城和城中村改造暂行办法》《漯河市旧城区和城中村改造管理办法》,但也未见细化多少。

④ 如《周口市中心城区旧城和城中村改造暂行办法》第2条第2款规定:"本办法所称旧城,是指城市规划区内(除城中村之外),房屋破旧、基础设施不全,影响居民生活的党政机关、企事业单位办公区域和居住区域。"

土地利用多存在粗放化、闲置浪费严重的现象,①而城市土地利用效率状况将直接影响城市的社会经济发展和人居环境建设。② "旧城"的形成与城市化过程中的土地利用问题密切相关——大量新产业向郊区扩张,内城由于土地利用及规划不合理而衰败。③ 旧城改造的目的之一就是通过对城市土地使用情况的再规划,优化土地资源配置,实现城市更新。④ 因此,将土地的商业开发或经济利用程度作为界定"旧城"的标准之一,强调城市土地的高效利用,或有必要。事实上,经济因素正是许多地区大刀阔斧地展开旧城改造的重要原因。当然,不动产的经济利用情况固然可以作为考量是否构成"旧城"的标准之一,但如美国法上所示,要想保证征收之公共利益导向,其不宜也不能作为主要因素,而在公共利益难以厘定的情况下,关注征收程序或许是最好的因应之道。

值得注意的是,除了"旧城"界定不清导致政府在征收范围上自由裁量权过于宽泛外,征收过程不够规范也在很大程度上消解了旧城改造中征收的公共利益性质。尽管,由于政府本身力量有限,城市建设又是一项规模浩大的综合工程,必然需要私人力量的协助,私人开发商的介入毋庸置疑是旧城改造有效展开的条件之一。然而,私人开发商往往过早地介入旧城改造之中,本应是国家征收权与公民财产权、政府与被征收者之间的对峙与调和转变为开发商与被征收者之间关于补偿价格的博弈,即使在《征收补偿条例》规定"先补偿、后搬迁""由作出房屋征收决定的市、县级人民政府对被征收人给予补偿"后,⑤私人开发商事先确定并过多地介入征收补偿过程的现象也屡见不鲜。⑥ 一方面,征收所具有的"公共利益"性质——即旧城改造,大为弱化,征收权滥用的空间扩大;另一方面,则导致国家与公民之间的不平等的征收关系形式上扭曲为私人开发商与公民之间的平等的买卖关系,被征收者讨价还价的底气大增,暴力拆迁

---

① 王华春,唐任伍. 中国城市土地资源利用及对策[J]. 北京师范大学学报(社会科学版),2004(2):124-130.
② 吴得文,毛汉英,张小雷,黄金川. 中国城市土地利用效率评价[J]. 地理学报,2011(8):1111-1120.
③ 于今. 城市更新:城市发展的新里程[M]. 北京:国家行政学院出版社,2011.11-12,36-46.
④ 吴良镛. 北京旧城与菊儿胡同[M]. 北京:中国建筑工业出版社,1994:357.
⑤ 《国有土地上房屋征收与补偿条例》第 27 条。
⑥ 环球网. 上海私人博物馆拆迁案开发商被指有官商背景[EB/OL]. [2014-02-25]. http://china.huanqiu.com/local/2013-12/4660074.html;网易新闻. 开发商挖"护城河"围困钉子户[EB/OL]. [2014-02-25]. http://news.163.com/11/1109/10/7IDN2VAA00014AEE.html.

的现象层出不穷。美国法上对征收过程的关注颇值得借鉴。因此,首先,实有必要,或者至少在程序上对"旧城"的征收与补偿与对"旧城"的改造作严格区分,明确政府与私人开发商在旧城改造中的角色:旧城征收补偿的组织者和实施者只能是政府,而私人开发商只是改造旧城的参与者;其次,规范和细化征收与补偿的程序,排除私人开发商的干预。事实上,由《城市房屋拆迁管理条例》到《征收补偿条例》、由"拆迁"到"征收"的演变即部分贯彻了这样的理念。后者自始至终强调政府在房屋征收补偿中的主导作用,并于第27条第2款明确规定,"禁止建设单位参与搬迁活动"。而且《征收补偿条例》第8条第(5)项对旧城改造中的征收亦作出了两项限制:(1)由政府组织;(2)以城乡规划法为依据。由此带来的启示是,政府不能片面地追求"改造",忽视"旧城"征收的合法性,而必须承担起细化旧城征收规范与程序的责任,落实《征收补偿条例》的规定,依法组织实施房屋征收与补偿。而只有依托谨慎制定的城市规划,根据具体可行的"旧城"界定,遵守严格规范的征收程序以框定旧城改造的范围和方式,才能防止并抑制征收权之滥用,促进旧城改造的顺利进行。

第二节 以商业开发为目的的征收[①]

中国目前正处于迅速城市化的进程中,大规模、大范围的城市建设遍及全国,尤其是旧城改造、保障性安居工程以及基础设施建设等。征收权的行使成为推动城市化进程的主要手段,也成为引发各种社会矛盾的导火索。在城市建设过程中,各种利益集团,尤其是房地产开发商的涌入,撩拨着不动产所有者的权利神经,搅乱了正常的征收秩序。商业开发是为了开发商的利益,还是为了经济发展这一政府所谓的公共利益?这样的疑问充斥于各种暴力拆迁、抵制征收的纠纷中。令人遗憾的是,征收实践的纷繁复杂却没有促成国内征收理论的应时解决。

---

① 本节部分内容分别以《后凯洛时代作为征收理由的"公用"判断标准——以州法院的判决为线索》和《美国法上的衰败区征收及其启示》为题,发表于《公法研究》2015年第14卷和《行政法论丛》2014年第16卷。刘玉姿.后凯洛时代作为征收理由的公用判断标准——以州法院的判决为线索[M]// 章剑生.公法研究.杭州:浙江大学出版社,2015(14):104-113;刘玉姿.美国法上的衰败区征收及其启示[M]// 姜明安.行政法论丛.北京:法律出版社,2014(16):105-118.

长期以来,学界关于"公共利益"的讨论虽可谓卷帙浩繁,但理论上仍未达成普遍的共识。就公共利益与商业开发的关系问题而言,部分学者认为应当严格区分公益需要征收与商业需要征收,前者属于行政法律关系,后者属于私法关系;①部分学者指出公共利益并不一定是非商业性的利益,②商业开发也可以成为不动产征收的正当性依据;③也有持中的观点区分了不同情况下商业开发与公共利益的关系,主张"以消除贫民窟为目的的商业开发可以纳入作为征收理由的公共利益范围之内;而除此之外的商业开发则应当被排除在外"④。在某种程度上,征收诉讼中公共利益要件司法审查的缺乏造成了这种未达共识、各执一端的情况,也使得盲目地否定或完全肯定征收中的商业开发目的难免有急躁冒进之嫌。

商业开发与公共利益之间的纠葛,源于商业开发本身的两面性。一方面,商业开发可能带来一定的公共利益,诸如增加就业、提高税收、促进经济繁荣等。另一方面,商业开发意味着私人机构介入公权力领域,很容易导致公共利益成为掩饰私人利益的幌子。如何认识这种两面性是解决两者纠葛的关键。自20世纪中叶以来,以商业开发为目的的征收充斥着美国城市化的进程。经由司法判例,美国征收法已经发育出一系列解决方案,对于商业开发正进行得如火如荼的中国,颇具启示意义。

---

① 梁慧星教授指出,国家征收必须为了公共利益,商业利益绝对不行。参见新京报.人大代表建议废除拆迁条例[EB/OL]. [2012-06-01]. http://finance.qq.com/a/20091211/000327.htm;费安玲教授认为,征收只能以公共利益为直接目的,排除任何商事性质的利益,参见费安玲.对不动产征收的私法思考[J].政法论坛,2003(1):116-124;又如,孙宪忠.论城市房屋拆迁中的物权问题[EB/OL]. [2012-06-01]. http://www.civillaw.com.cn/article/default.asp?id=52665.上述观点多是从私法角度出发,将商业利益需要的拆迁视为私法关系,公益需要的征收为公法关系。实质上,在"公共利益"这一不确定法律概念难以具体辨明且又深受社会需要变迁影响的背景下,这种将商业利益与公共利益完全剥离且对立的观点诚值质疑。

② 张薇,张雪萍.关于公共利益的重新考量——土地征收问题中对美国法的几点借鉴[J].河北理工大学学报(社会科学版),2008(4):33-36;王小岭.论我国征收制度中的公共利益认定[J].中共云南省委党校学报,2007(4):120-122.

③ 刘连泰.将征收的不动产用于商业开发是否违宪——对美国相关判例的考察[J].法商研究,2009(3):145-151.

④ 程铁锁.作为财产征收理由的公共利益之限制解释(硕士学位论文)[D].厦门:厦门大学,2008.

一、征收的经济功能分析

恩斯特·佛罗因德(Ernst Freund)将作为警察权目的的公共福利区分为三类：(1)社会利益；(2)非物质的和政治的利益；(3)经济利益。① 诚如前文所述，伴随着警察权概念的发展，社会利益诸如公共安全、公共秩序，非物质的和政治的利益诸如公共道德、知识和美观等，都已经毋庸置疑地被纳入警察权的目的范围内。联邦最高法院在伯尔曼案中指出，国会有权为了社区的健康、安全、道德及美观等利益而从事征收活动。争议最大之处莫过于经济利益与公共福利的关系。佛罗因德承认"财富像安全、秩序和道德一样对于我们的文明至关重要"②，但也认为财富创造源自个人的努力，政府干涉经济活动，可能带来偏袒与压迫。尽管如此，佛罗因德认可某些政府干涉的正效应，诸如防止欺诈和失序，并主张其合法性因时而异。基于1984年米德基夫案关于"公用要件与主权性警察权的范围一致"的论断，佛罗因德对经济利益的评断或预测同样适用于征收法。事实上，与佛罗因德略显保守的观点相比，美国征收法更为激烈。诚如前文所述，美国征收法部分继承自英国，但有所不同的是，"公用要件从未被英国利用。在美国，它成为国家与经济关系的关键"③。自殖民地时代起，凭借公用概念的动态性和不确定性，作为国家建构的重要手段，征收权扮演着重要的经济角色。

殖民地时期有许多制定法规定，如果原初所有者无法对土地作有效(productive)使用，可授权征收将其财产转移给另一个人。④ 磨坊法案正是其例。建国前后的大多数州都制定了磨坊法案，旨在为农业和制造业的发展提供水力资源。磨坊法案一般允许上游河岸所有者建造大坝以拦截水流，为磨坊提供动力，因大坝导致河水上涨而淹没土地的，应支付土地所有者补偿。建设大坝而淹没土地，通常被作为征收活动对待。这些"鼓励建造作坊的各种不同法

---

① Ernst Freund. The Police Power: Public Policy and Constitutional Rights[M]. Chicago: Callaghan & Company, 1904: 7.

② Ernst Freund. The Police Power: Public Policy and Constitutional Rights[M]. Chicago: Callaghan & Company, 1904: 8.

③ Errol E. Meidinger. The "Public Uses" of Eminent Domain: History and Policy [J]. Environmental Law, 1980, 11 (1): 1-66.

④ John F. Hart. Colonial Land Use Law and Its Significance for Modern Takings Doctrine[J]. Harvard Law Review, 1996, 109 (6): 1252-1300.

案,为美国促进经济发展而牺牲私有财产的神圣性的意愿提供了最早的例证"①。最早的磨坊法案多局限于谷物磨坊,因其允许公众使用,便利公民生活和农业发展,合宪性从未受到质疑。但到了19世纪初期,磨坊法案不再局限于淹没谷物,其用途逐渐扩张至锯木厂、棉纺厂、纸浆厂、铸造厂等制造业。与传统谷物磨坊不同,这些征收虽然也会将财产转移给私人机构,但是往往并无义务为公众提供直接服务,因而备受质疑。最早处理磨坊法案合宪性问题的案件是,1832年马萨诸塞州最高法院判决的波士顿和罗克斯伯里磨坊大坝公司诉纽曼案②。原告是依法设立、旨在建设各种磨坊的私人公司,如磨粉厂、钢铁厂和其他有用目的的磨坊。帕特南(Putnam)法官发表法院意见,支持了原告以磨坊为目的的征收权。在同年的另一个并不涉及磨坊法案合宪性的案件中,马萨诸塞州最高法院进一步指出,"(磨坊法案的)正当性部分在于共同体在磨坊用途上享有的利益,部分在于财产的性质,即除非借助这种权力,就无法对财产作有益利用"③。磨坊法案本身带有促进水力资源或财产作最有效利用的目的。与工业革命相伴而生的动力革命,电力公司或能源制造商成为运用征收权的主要代表,改变了磨坊法案在促进共同体经济发展中的地位,但磨坊法案为征收活动打上了经济烙印,"人们开始把财产作为促进经济发展这一至高无上目标服务的工具性价值"④。甚至在19世纪末期,联邦最高法院大篇幅援引肖法官在前述案件中的判决意见,明确支持磨坊法案的合宪性。⑤

征收权发挥经济功能的另一个领域涉及以建设贸易工具为目的的征收。所谓"贸易工具"主要指道路、铁路、运河、桥梁等。早在殖民地时期,以建设私人道路为目的的征收屡见不鲜。"事实上,当一个州处于定居过程中时,私人道路是开发土地的唯一可行手段,因为公共机构显然不可能一下建成所有必

---

① 莫顿·J.霍维茨.美国法的变迁:1780—1860[M].谢鸿飞,译.北京:中国政法大学出版社,2004:72.
② Boston and Roxbury Mill Dam Corp. v. Newman, 29 Mass. 467 (1832).
③ Friske v. Framinghaim Mfg., Co., 12 Pick. (Mass.) 68 (1832),72.
④ 莫顿·J.霍维茨.美国法的变迁:1780—1860[M].谢鸿飞,译.北京:中国政法大学出版社,2004:82.
⑤ Head v. Amoskeag Mfg. Co., 113 U.S. 9 (1885).

要的公路。"①私人道路虽然是为了私人使用而建的,但是多因其同样开放给公众使用而被法院支持。甚至那些仅仅由私人使用的道路也获得部分州的支持,因为其合理必要于私人履行公共义务或从事商品贸易。19世纪,改良精神席卷全国,更多的征收活动旨在便利国内或者区域之间的相互往来,"事实上,在大多数州处于萌芽状态中的宏伟计划,如建设收费公路、运河、铁路和桥梁,此外还有其他便利国内交往的措施,几乎是数不胜数"②。此一时代征收的主要获益者是铁路,正当理由是"减少步行和机动车拥堵、开发沿线区域、保护或扩张车站建筑"③。受铁路扩张的推动,资本流动与资源开发前所未有地高涨,东部和中西部工业高歌猛进。一些州的宪法先后肯定了征收权在促进经济发展中的作用,诸如爱达荷州宪法承认,采矿、灌溉以及任何必要于本州物质资源开发的用途都符合公用要件。④

早在磨坊法案和铁路建设征收活动中,私人机构就已经广泛介入。但磨坊法案往往依赖狭义公用教义或者公共必要性获得证成,铁路建设则基于公共承运人理论获得正当性。两者表明,私人机构介入并不必然导致征收违背公用要件。伴随着国家任务的扩张,早期征收的经济功能为新类型的征收活动提供了依据。当城市更新运动不再局限于提高住房条件,且必须引入私人公司协助时,以商业开发为目的的征收逐渐发展起来。自20世纪60年代初,联邦政府通过确立一系列的机构和项目,开始资助地方的商业开发项目。到了80年代,虽然联邦政府已经退出该领域,但是地方政府促进商业开发的动力仍然不减,主要源于改善就业状况、增加税收、促进经济复苏的目标。⑤ 因为"正如公司巨头和整个工业一样,地方也可能随着新技术、新竞争者以及消

---

① Philip Nichols. The Law of Eminent Domain: A Treatise on the Principles which Affect the Taking of Property for the Public Use(Ⅰ)[M]. Albany, N.Y.: M. Bender, 1917: 234.

② 莫顿·J.霍维茨. 美国法的变迁:1780—1860[M]. 谢鸿飞,译. 北京:中国政法大学出版社,2004:102.

③ Olga V. Kotlyareyskaya. Public Use Requirement in Eminent Domain Cases Based on Slum Clearance, Elimination of Urban Blight, and Economic Development[J]. Connecticut Public Interest Law Journal, 2006, 5 (2): 197-232.

④ Errol E. Meidinger. The "Public Uses" of Eminent Domain: History and Policy [J]. Environmental Law, 1980, 11 (1): 1-66.

⑤ 约翰·M.利维. 现代城市规划[M]. 张景秋,等译. 北京:中国人民大学出版社,2003:63.

费者偏好的改变而兴衰"①,私人公司一般是本地就业和税收的主要来源,掌握着经济命脉,地方政府常常通过运作选址过程以及共同体营销来吸引并留住这些私人公司,保证就业和税收,防止经济衰落和城市衰败。以商业开发为目的的征收多发生于选址过程中,通过提供符合商业需求的地理位置,留住并扩张现有商业,吸引并便利新商业的入驻。此种征收被大范围地用于挽留或吸引大型零售商、工业园区、赌场、汽车公司、制药公司的地方政策中。② 在2005年的凯洛案中,联邦最高法院直接肯定了此种征收的合宪性。

从磨坊法案到铁路建设,从自然资源开发到商业开发,征收法在美国历史发展进程中扮演着重要的经济角色。每一种新的经济利益的产生都要经受合宪性的挑战,但正如佛罗因德所言,其合法性随着时间的流逝而演进。时至今日,以商业开发为目的的征收遭受了前所未有的质疑。作为征收目的,商业开发指的是增加税收、创造就业、促进经济的发展。相较于磨坊法案、铁路建设等传统征收领域,商业开发与公共利益之间的关联更为疏松,甚至其引为正当理由的增加就业和税收、促进经济复兴等更为抽象和模糊。但对于渴求经济复兴的地方政府来说,商业开发却具有无与伦比的吸引力。一方面是经济复兴的需要,另一方面是更为私人性的机构介入,如何保障公民的经济机会并且避免私人利益集团俘获征收程序,是考察此种征收合宪性时,必须解决的问题。

二、作为独立公用的商业开发目的

观诸新政以来的商业开发活动,征收权运用的方式分为两类:一种仅仅以商业开发为目的,如波兰城社区议会案和凯洛案所认可的征收;另一种为商业开发设定前提条件,如城市更新运动时期的征收活动。两种方式反映了对商业开发的不同态度。本节主要关注作为独立公用的商业开发目的。

(一)商业开发目的的合宪性判断

以商业开发为目的的征收首先发生于州层面,波兰城社区议会案开其先河。在该案中,底特律市企图征收波兰城社区范围内的土地,以优势区位诱惑

---

① Philip ET AL. Kotler. Marketing Places: Attracting Investment, Industry, and Tourism to Cities, States, and Nations[M]. New York: The Free Press, 1993: 6-7.

② E.g. City of Jamestown v. Leevers Supermarkets, Inc., 552 N.W.2d 365 (N.D. 1996); Gen. Bldg. Contractors, L.L.C. v. Bd. of Shawnee County Comm'rs, 66 P.3d 873, 883-84 (Kan. 2003); Poletown Neighborhood Council v. City of Detroit, 304 N.W.2d 455 (Mich. 1981); City of Richfield v. Walser Auto Sales, 641 N.W.2d 885 (Minn. 2002).

通用汽车公司放弃迁址。密歇根州最高法院强调通用汽车公司对于本地就业、税收和经济形势的关键作用，支持了底特律市的征收。为了避免这种对商业开发的肯定被扩大化解读，多数意见着重明确了本判决的适用范围与审查路径。在适用范围上，支持底特律市的征收"并不意味着仅仅因为可能提供某些就业机会或者巩固工业或商业基础，任何商业开发公司提出的征收都会得到支持"①。在审查路径上，"当征收将裨益具体且可识别的私人利益集团时，法院将采取高度审查标准，查明公共利益是否为旨在促进的主导利益"②。所谓"主导利益"指的是，公共利益必须是明确且重大的，而非推测性或边缘性的。

　　菲茨杰拉德法官与瑞安法官发表反对意见。前者认为，以增加就业和税收、刺激经济发展这种经济利益标准来支持征收的公用性，将导致此种征收事实上不受任何限制，因为任何商业都在最宽泛的意义上裨益社会。后者的反对意见成为哈斯考克案所厘定的三种合宪征收的主要内容：（1）具有极端必要性的征收；（2）私人机构受制于政府监督的征收；（3）征收行为本身符合公用的征收，即衰败区征收。虽然哈斯考克案推翻了波兰城社区议会案，但是追随波兰城社区议会案，同样支持以商业开发为目的的征收的州法院并不少见。诸如北达科他州最高法院支持为建设大型超市而征收；③堪萨斯州最高法院认可以建设工业园区为目的的征收；④内华达州最高法院承认以建设赌场停车场为目的的征收合宪。⑤ 菲茨杰拉德法官的反对意见为推翻以商业开发为目的的征收提供了一般性理由，伊利诺伊州最高法院、⑥肯塔基州最高法院、⑦亚利桑那州最高法院⑧均以此为由反对商业开发目的。州层面并不存在针对

---

① Poletown Neighborhood Council v. City of Detroit, 304 N.W.2d 455 (1981), 459.
② Poletown Neighborhood Council v. City of Detroit, 304 N.W.2d 455 (1981), 459-460.
③ City of Jamestown v. Leevers Supermarkets, Inc., 552 N.W.2d 365 (N.D. 1996).
④ Gen. Bldg. Contractors, L.L.C. v. Bd. of Shawnee County Comm'rs, 66 P.3d 873 (Kan. 2003).
⑤ City of Las Vegas Downtown Redev. Agency v. Pappas, 76 P.3d 1 (Nev. 2003).
⑥ Southwestern Illinois Development Authority v. National City Environmental, L.L.C., 199 Ill.2d 225 (2002).
⑦ Owensboro v. McCormick, 581 S.W.2d 3, 7 (Ky. 1979).
⑧ Bailey v. Myers, 76 P.3d 898 (Ariz. Ct. App. 2003).

以商业开发为目的的征收的统一路径,甚至在凯洛案之后,依然如故。①

在联邦层面上,在 2005 年的凯洛案中,联邦最高法院首次承认以商业开发为目的的征收合宪——"促进经济发展是一项传统且长期公认的政府职能。而且,没有原则性的方法来区分经济发展与我们所认可的其他公共目的"②。正如便利农业及采矿业发展的征收一样,商业开发作为经济发展的另一面向,也是合宪的征收目的。在开门见山地承认以商业开发为目的的征收的合宪性后,多数意见花费更多的篇幅论证系争新伦敦市征收的合宪性。以商业开发为目的的征收的突出特征在于,公共利益与私人利益交织在一起。因为其一般路径是,政府机构与私人机构合作,共同推动经济发展目标的实现。多数意见认为,合宪的征收应当在主观上以促进公共利益为目的,私人利益仅仅是附带性的。为了避免公共利益仅仅是实现私人利益的幌子,多数意见进一步考察了新伦敦市征收的全部过程,最终因为存在审慎制定的综合规划排除了幌子征收的可能性。

波兰城社区议会案、凯洛案均肯定商业开发构成独立公用,但从法院的审查路径来看,独立公用判断并非不受任何限制。波兰城社区议会案采取高度审查,强调公共利益必须是明确且重大的;凯洛案强调此种征收的实施应当以审慎制定的综合规划为前提。一系列限制的存在表明了,虽然商业开发可以构成独立公用,但是仍应审慎对待此种征收。诚如波兰城社区议会案多数意见的自我限制一样,凯洛案的多数意见也指出,其对商业开发目的的支持并不妨碍州层面为私有财产提供更高的保护。事实上,波兰城社区议会案与凯洛案之所以被支持,很大程度上源于特殊的地域经济状况。例如通用汽车公司对于底特律市的经济发展影响甚大;新伦敦市则已经存在长达数十年的经济衰退,失业率几乎高达本州的两倍,甚至被官方认证为"贫困市"。

(二)商业开发目的的抨击与修正

以商业开发为目的的征收的首要特点是,征收一个人的私有财产转移给另一个私主体。虽然私主体的介入在终极意义上并不会影响征收的公用性,但是作为公用判断的基本维度之一,相较于以铁路建设、公用事业为目的的征收,必然要受制于更多的合宪性追问。诚如前文所述,与谷物磨坊、铁路建设

---

① David Schultz. Economic Development and Eminent Domain after Kelo: Property Rights and Public Use under State Constitutions[J]. Albany Law Environmental Outlook Journal, 2006, 11 (1): 41-88.

② Kelo v. City of New London, 545 U.S. 469 (2005), 484.

不同,以商业开发为目的的征收并不会即刻产生或者直接产生公共利益,其所提供的公共利益是一种未来的公共利益。只有在征收后且私人机构成功且有效地将财产作私用之后,诸如增加就业、税收等经济利益才会间接产生。因为从事商业开发的私人机构通常不会像铁路公司那样,受制于一定的政府监督,这种"未来的公共利益"带有更大的不确定性。凯洛案的多数意见直接回避了该问题,其理由是,公用判断仅仅关注目的本身,并不关注手段,也就是说,司法审查的核心在于系争用途是否可能产生公共利益,而非是否事实上将会产生公共利益。

商业开发与公共利益关系的不确定性,饱受质疑。一派学者主张完全禁止以商业开发为目的的征收,甚至也反对哈斯考克案提出的三种例外。理由在于,此类征收存在严重的公平和效率问题。首先,商业开发与公共利益之间的疏松关系为私人利益集团俘获征收过程、权力寻租创造了更大的空间,此种征收很可能严重破坏财产所有权制度,私人机构获得巨大利益的同时,私有财产所有者却蒙受难以弥补的损失。① 其次,诚如菲茨杰拉德所言,任何商业在宽泛意义上都会促进经济增长,肯定商业开发的独立公用地位将不可避免地导致征收成为私人机构获取发展所需财产的首选手段,但事实上很多商业开发没有必要通过征收实现,更不用说,以商业开发为目的的征收也会带来沉重的社会、经济、政治成本。② 最后,法院在哈斯考克案中提出的三种例外同样为以商业开发为目的的征收提供了空间,尤其是第三种例外,伴随着"衰败"概念的虚化,衰败区征收实质上已经演变为以商业开发为目的的征收。③ 另一派学者则纠结于此种征收对于地方经济发展的意义,主张对商业开发目的附

---

① Ashley J. Fuhrmeister. In the Name of Economic Development: Reviving Public Use as a Limitation on the Eminent Domain Power in the Wake of Kelo v. City of New London[J]. Drake Law Review,2005,54(1):171-232.

② Ilya Simon. Overcoming Poletown: County of Wayne v. Hathcock, Economic Development Takings, and the Future of Public Use[J]. Michigan State Law Review,2004(4):1005-1040.

③ Charles E. Cohen. Eminent Domain after Kelo v. City of New London: An Argument for Banning Economic Development Takings[J]. Harvard Journal of Law & Public Policy,2006,29(2):491-568.

加其他限制，诸如以衰败或环境污染为前提，又如加强政府监督、提高审查标准等。①

从凯洛案所引发的立法和司法效应来看，两种路径均而有之，本州宪法与制定法的规定、传统认识以及地方经济状况，是各州考量以商业开发为目的的征收是否合宪的参考标准。② 俄亥俄州最高法院直接反对以商业开发为目的的征收：这种征收实质上将导致任何未作最佳利用的财产时刻处于征收危险中，"征收是公共利益最后诉诸的权力，它'并不仅仅是囊中羞涩的城市改善经济状况的工具'"③。俄克拉荷马州最高法院认为，除非为了清除衰败这一法定目的，城市并不享有为了经济重建而征收财产的不受限制的裁量权，"在不构成衰败的情况下，将财产从一个私主体转移给另一个私主体以促进可能的商业开发或提高社区作为一项目的，必须服从于保护并保持个人基本的私有财产所有权这一更高的宪法义务"。

三、附带于公用的商业开发目的

商业开发目的的附带性集中体现在衰败区征收中。衰败区征收最初确实以清除衰败为目的，土地或财产的商业利用状况基本没有纳入法院考虑范围内。警察权与征收权的连通导致公用内涵不断扩大，而随着城市更新运动的深入，地方政府在追求清除衰败与住房建设的同时，也逐渐意识到随后的商业开发的重要性，从而渐趋侧重商业开发。④ 清除衰败与商业开发作为衰败区征收合宪的具体理由，两者之间的关系又当如何理解？

---

① Colin M. Mcniece. A Public Use for the Dirty Side of Economic Development: Finding Common Ground Between Kelo and Hathcock for Collateral Takings in Brownfield Redevelopment[J]. Roger Williams University Law Review, 2006, 12 (1): 229-255. "在禁止商业开发作为有效公用之前，各州应当停下来并考虑商业开发可能包含什么。应当尤其关注许多以重建环境污染土地为基础的商业开发动议。在这种商业开发领域，根据更为传统的公用理论，重建污染土地构成有效公共目的。例如支持以清除衰败为目的的征收，可以适用于征收私人所有的受污染的财产。但是这仅仅是商业开发的一部分。当衰败或健康风险被一般性地接受为征收受污染土地的依据时，可能需要更为宽泛的征收来实现重建被污染的财产的目的。"

② 刘玉姿. 后凯洛时代作为征收理由的公用判断标准——以州法院的判决为线索[M]// 章剑生. 公法研究. 杭州：浙江大学出版社，2015(14)：72-128.

③ City of Norwood v. Horney, 853 N.E.2d 1115 (2006), 1141.

④ 李艳玲. 美国城市更新运动与内城改造[M]. 上海：上海大学出版社，2004：47-137.

(一)商业开发不充分是认定地区衰败的因素之一

事实上,清除衰败与商业开发之间的关系除了这种单向的演进外,两者之间的纠葛早已潜伏在"衰败"术语之中,并在凯洛案后全面爆发。一般而言,考虑某地区是否构成衰败主要从以下几个方面入手:(1)财产所有者可以控制的结构因素,如防火、通风、卫生设施不足等;(2)财产所有者无法控制的因素,如规划不当、交通拥挤、土地用途不兼容等;(3)财产本身的特殊因素,如建筑物寿命、所有权问题;(4)经济因素,如商贸凋敝、财产贬值、利用不足等。① 界定"衰败"强调上述因素单独或相互结合危及社区的健康、安全、道德与福利。经济因素是衰败认定考虑的因素之一。然而,在是否可以仅因经济原因即利用不足或商业开发不充分就可以认定地区衰败上,各州法院颇有分歧。例如新泽西州最高法院认为,虽然衰败概念随着社会需要的多元化而不断演变,但是仍然没有背离其基本的含义,即"恶化或停滞发展对周边的财产造成不利影响",商业开发不充分不构成认定地区衰败的充分因素。② 与之相反,纽约州上诉法院则直接肯认商业开发不充分构成认定地区衰败的充分理由。该院指出,随着人们对城市状况复杂性的了解日益深刻,符合复兴条件的地区由贫民窟、衰败区等严重危及社区健康、安全的地区逐渐扩张至那些商业开发不充分或停滞而危害公众的地区,虽然某地尚未陷入极端可怕的贫民窟境地,但是根据衰败的现代标准,也足以认定为衰败。③

(二)地区衰败作为以商业开发为目的征收的前提

联邦最高法院在凯洛案中的判决使得商业开发目的彻底摆脱了"衰败"限制,直接认定以商业开发为目的的征收合宪,导致史无前例的反制运动。政治及司法层面的反制始终围绕着清除衰败与商业开发的纠葛展开,多希望通过将地区衰败作为商业开发的前提,限制凯洛式征收。在凯洛案的反对意见中,奥康纳大法官重新审视了凯洛案与伯尔曼案和米德基夫案的关系,认为两先例强调征收前的财产状况已经确实危害到社区的健康、安全、道德和福利状况,而凯洛案中征收机构并没有宣告上诉人住宅处于不良状态或衰败以致危

---

① Judge Harold L. Lowenstein. Redevelopment Condemnations: a Blight or a Blessing upon the Land? [J]. Missouri Law Review, 2009, 74 (2): 311-312.

② Gallenthin Realty Development, Inc v. Borough of Paulsboro, 924 A.2d 447 (2007), 456-469.

③ Matter of Goldstein v. New York State Urban Dev Corp, 921 N.E.2d 164 (2009); Matter of Kaur v. New York State Urban Dev Corp, 933 N.E.2d 721 (2010).

及社区健康。① 征收以清除现有危害,符合第五修正案的公用要求,即征收本身就符合公用,征收后是否私用无关紧要。这实质上也认同了社区衰败前提下的商业开发。新泽西州最高法院判决的葛林森案、纽约州上诉法院判决的戈尔茨坦案和考尔诉纽约州商业开发公司案②(以下简称"考尔案")虽然在考量商业开发不充分是否足以认定衰败上分歧很大,但是它们事实上都将商业开发目的限制在衰败地区范围内。

虽然新政以来,人们普遍接受了福利国家的理念,财产权不应该阻碍更广泛的社会目标,但是凯洛式征收所导致的财产权地位降格似乎已经触及公众的底线。而立法及司法层面纷纷要求商业开发目的的追逐须以地区衰败为前提,则突出反映了政府的矛盾心理——实现城市复兴的渴望与对财产权地位或公众情绪的诚惶诚恐。在这样的背景下,衰败区征收虽然已经在商业开发目的的侵蚀下,渐趋空壳化,但是这一术语作为城市发展的工具,似乎仍然充满活力。③

相较于作为独立公用的商业开发目的,附带于公用的商业开发目的更为受到支持,其一方面肯定了商业开发对于共同体的意义,另一方面也有助于防范私人利益集团俘获征收过程。然而,值得注意的是,即使在肯定商业开发为独立公用的判决中,法院并非毫无条件地支持纯粹以商业开发为目的的征收。附带于公用的商业开发目的主要通过立法规定,从根源上避免商业开发因素可能给私有财产所有者带来的征收危险。法院也会通过恰当的审查路径来控制商业开发目的在合理恰当的范围内。作为独立公用的商业开发目的则受制于更为审慎的司法审查,要么提高对立法判断的审查强度,要么考察征收过程是否存在违背公共性的因素。

四、美国法上以商业开发为目的征收的启示

在中国征收法中,公共利益与商业利益的纠葛由来已久。将征收的财产用于商业开发合宪吗?诚如前文所述,答案并不一致。曾有学者认为2011年出台的《征收补偿条例》已经明确将商业利益排除出征收法,但从第8条的规定来看,公共利益条款仍然充斥着一定的经济色彩。诸如"国民经济""旧城改

---

① Kelo v. City of New London, 545 U.S.469 (2005), 500-502.
② Matter of Kaur v. New York State Urban Dev Corp, 933 N.E.2d 721 (2010).
③ Colin Gordon. Blighting the Way: Urban Renewal, Economic Development, and the Elusive Definition of Blight[J]. Fordham Urban Law Journal, 2004, 31 (2): 305-338.

造",乃至兜底条款,都为商业利益的渗透创造了空间。美国法的经验告诉我们,问题的关键并非在公共利益与商业利益之间划出一条泾渭分明的界限,而是如何认识并框定两者在征收活动中的互动关系,保证征收活动事实上为了公用。

首先,作为征收之限制的公共利益与商业开发并非截然势不两立。与理论上对商业开发弊端的担忧相比,政治上追逐经济发展的趋势在城市重建过程中似乎已经势不可挡,出于城市发展的需要,虽然各州通过立法与司法积极反制凯洛式征收,但是商业开发本身仍然在一系列征收中占有一席之地——商业开发在衰败区征收中获得重生,甚至成为衰败区征收的唯一目的。从州法院近来判决的征收案件来看,通过将非议重重的商业开发限定于衰败地区,新泽西州最高法院和纽约州上诉法院都允许系争征收中商业开发目的的存在。① 纵观美国城市更新运动的发展历程,商业开发也首先作为"清除衰败"这一公用的辅助而存在,此后逐渐成为推动城市就业、税收增加、经济发展的主要手段,城市更新本身由以解决住房问题为主,逐渐演变为追求城市经济复兴。

其次,公共利益概念的不确定特质意味着任何纯粹理论上的建构由于脱离社会发展的实际,很可能意义不大。美国法上的情形告诉我们,征收权作为政治需要的产物,承载着一定的社会经济发展目标,而作为征收权限制的公用本身也是一个历时性的概念,随着社会需要的日益多元而不断变化,在不同的历史时期,面对不同的社会发展需要,公用本身可能会生发出多元的内涵,征收所采用的手段以及实现公用的手段也可能不一样。商业开发是否能够纳入公用的含义射程内,作为公用实现的手段而存在,应该放在一定的经济社会发展背景之下,置于具体的个案当中。凯洛式征收虽然遭到了强烈的反制,但是就凯洛案本身而言,以商业开发为目的的征收似乎已经成为解救新伦敦市于经济急剧衰退的唯一良方,大部分公众对于商业开发也并无强烈的抵触情绪;同样,在以伯尔曼案为代表的衰败区征收中,由于社区衰败,商业开发肯定要比不开发的情形要好,因而法院也予以认可。

最后,公共利益与商业开发关系的理清还有待于法院通过具体的案例予以辨明,以为征收实践以及征收矛盾的解决提供凭借。凯洛案本身引起了极

---

① Gallenthin Realty Development, Inc v. Borough of Paulsboro, 924 A.2d 447 (2007); Matter of Goldstein v. New York State Urban Dev Corp, 921 N.E.2d 164 (2009); Matter of Kaur v. New York State Urban Dev Corp, 933 N.E.2d 721 (2010).

为广泛的立法与司法回应,然而立法层面的反制事实上几乎归于无效,无法为财产权提供更有力的保护,而司法层面虽然没有立法反制来得汹涌澎湃,但是事实上更有效地保护了公民的财产利益,这意味着法院在促进征收的合法、正当展开上有着举足轻重的地位。从凯洛案后各州的征收判决来看,当存在公用争议时,法院不应被动地采纳征收机构的公用判断,而应该结合案件本身的情况,综合考虑各种因素,以判断特定的用途是否为了公用。观诸国内征收,纯粹理论的角度似乎无法拨开公共利益与商业开发之间的重重迷雾,《征收补偿条例》虽然以概括结合具体列举的方式对公共利益作了界定,但是显然也存在诸多漏洞,这仍然有赖于法院结合个案予以厘定。①

由此,在处于飞速城市化阶段的中国,问题的重心似乎并不在于单纯的争论是否应当严格划清公共利益与商业开发的界限,而在于如何在具体个案当中,区辨政府对经济发展这一公共利益的追求与私人开发商对于商业利益的期待,如何协调好征收过程中所涉及的这两种利益追求,莫让私人开发商的利益喧宾夺主。以旧城改造为例,这与美国的衰败区征收极为相似。在旧城改造中,私人开发商介入被征收财产的建设,承担部分城市建设成本,推动居住条件改善、就业和税收增加,已成为一种普遍的手段,没有必要也不应全然地、片面地予以否定。关键的问题在于如何防止具有一定政治影响力的私人开发商俘获征收程序——政府与私人开发商合谋打着公用的幌子,行为私人牟利之实。此时,根据美国法上的经验,法院应当通过考察具体的征收程序、项目规划以及公共利益的重要性、征收意图等,识别是否存在幌子征收。中国的《征收补偿条例》也为这种司法审查提供了依据,如第3条强调了征收与补偿应当遵循决策民主、程序正当、结果公开的原则,第9条强调综合规划的重要性,强调规划制定中的公众参与等。

---

① 《中华人民共和国行政诉讼法》第11条规定:"人民法院手里公民、法人和其他组织对下列具体行政行为不服提起的诉讼……(八)认为行政机关侵犯其他人身权、财产权的。"据此,行政征收行为属于行政诉讼的受案范围。虽然征收问题显然属于行政诉讼的受案范围,但是事实上不仅是法院极少问津征收的公共利益问题,令人奇怪的是,被征收者提起的诉讼中似乎也很少涉及这一问题,即使存在征收所为何种利益的分歧,似乎也更经常诉诸个人抵抗。

第三节 公用审查路径（一）——幌子征收①

随着中国城市化进程的推进，征收已经成为一种百试不爽的城市发展手段。然而，政府如果不加节制地将征收作为城市化的推进器，公民的财产权就会葬身在城市化的铁蹄之下，城市化也将走向歧途。近年来，因征收导致的公共事件屡屡见诸报端，成为城市化主旋律中不和谐的音符，其中的因由何在？我们可以从财产所有者的质疑中找到答案："政府与开发商相互勾结，打着公共利益的幌子，谋取私人利益。"②然而，颇为吊诡的是，诉诸法院的征收案件往往纠结于征收补偿问题，很少直接关注这一本质原因，因此导致的直接后果就是公民的财产权并未获得有效保护。相较而言，美国法上有关幌子问题的讨论以 2005 年的凯洛案为契机获得了迅速发展。

众所周知，凯洛案是美国征收发展史上具有里程碑意义的案件之一。③该案的裁判逻辑主要表现在三个方面：第一，法院应当严格遵从议会关于何者为公用的判断；第二，以商业开发为目的的征收合宪；第三，如果政府打着公共利益的幌子而行为私人牟利之实，属于幌子征收，违宪。通观后凯洛时代关于征收之公用标准的讨论多集中于前两个方面，凯洛案也因此背负了严重削弱财产权保护的恶名，而对于第三方面的关注则寥寥无几，不过亦有真知灼见者旗帜鲜明地指出凯洛案通过引入幌子问题的讨论，另辟蹊径，打开了保护公民

---

① 本节大部分内容以《美国法上的幌子征收及其启示》为题，发表于《浙江社会科学》2013 年第 10 期。刘玉姿. 美国法上的幌子征收及其启示[J]. 浙江社会科学，2013(10)：67-74.

② 吕明合. 开发商遭报复反咬出省府高官 绍兴房地产官商勾结被总清算[EB/OL].[2015-09-11]. http://www.infzm.com/content/18220；黄秀丽. 新征收条例难产，拆迁条例变"钉子户"[EB/OL]. http://www.infzm.com/content/47018，2015-09-11；刘俊. 新"贪吃蛇"游戏——一条地铁引发的拆迁博弈[EB/OL]. [2015-09-11]. http://infzm.com/content/53573.

③ 凯洛案的里程碑意义不仅体现在征收权与财产权长期纠结之后，财产权地位的显著降低，也体现在公用标准进一步被虚置。同时，凯洛案后，44 个州以宪法修正案或立法改革方式迅速展开反制，而民意测验表明，超过 80% 的民众极力反对凯洛案。参考 Janet Thompson Jackson. What Is Property? Property is Theft: the Lack of Social Justice in U.S. Eminent Domain Law[J]. St. John's Law Review，2010，84(1)：63-116.

财产权的另一扇门。① 观诸中国的征收发展,虽然人们对于征收之幌子问题的质疑比比皆是,但是相关的讨论似乎尚未展开。本节将从凯洛案裁判逻辑的第三方面入手,希望通过对幌子征收问题的探讨,进一步明确公共利益要件的司法审查路径。

一、幌子征收问题的演变

美国法上存在着三种颇为显著的征收类型:首先,主权者可以征收私人财产转为公共所有,如政府拥有的医院或军事基地;其次,主权者可以征收私有财产转移给居于公共承运人地位的私主体,如公众可以平等使用的铁路设施或运动场;最后,在特定并具有紧迫必要性的情况下,即使征收的财产随后用于私用也符合公共目的。② 由第一种类型至第三种类型反映了美国征收理论中两种不同的公用解释,即由公众使用与公共利益。③ 通常情况下,幌子问题的核心在于征收是为了将财产转为私用,还是首先是为了公用,因此一般发生于第三种类型的征收中。

(一)幌子问题的提出

联邦最高法院对于幌子征收问题的关注始于1848年西江桥公司案。西江桥公司于1795年根据佛蒙特州的法律授权修建了横跨西江的大桥,并被授予100年的收费特权。此后,地方政府意图在大桥上修建免费的高速公路,遂启动了征收。联邦最高法院审理了本案,并支持了系争征收,多数意见指出,收取通行费用的特权与不动产一样受制于征收权,系争征收不因违反合同而违宪。在该案协同意见中,麦克莱恩大法官(McLean)认为征收必须是善意的,不能征收个人财产转移给其他私人,征收的公共目的必须是真实而非伪装的;④伍德伯里大法官则进一步分析道,"我认为,除非手段是诚实的、善意的,而且确实要求取得所有权,否则作为财产,这项特权不可以……被征收,毕竟,

---

① Robert H. Thomas. Recent Developments in Public Use and Pretext in Eminent Domain[J]. Urban Lawyer, 2009, 41 (3): 563-578; Daniel B. Kelly. Pretextual Takings: Of Private Developers, Local Governments, and Impermissible Favoritism[J]. Supreme Court Economic Review, 2009, 17: 173-236; Norman Siegel & Steven Hyman The Trouble with Eminent Domain in New York[J]. Albany Government Law Review, 2011, 4 (1): 77-105.

② Berman v. Parker, 348 U.S. 26 (1954); Hawaii Housing Authority v. Midkiff, 467 U.S. 229 (1984). 在伯尔曼案中,征收财产转为私用之所以合宪是因为征收系为了清除衰败;在米德基夫案中,征收私有财产是为了防止土地垄断,促进市场有序发展。

③ 诚如第一章所言,公共所有标准事实上可以包含在由公众使用标准中。

④ West River Bridge Co. v. Dix, 47 U.S. 507 (1848), 537.

如前所述,考虑到财产的地方性和特质,以此为目的的征收才是恰当的……尽管我认同就大多数情况和目的而言,一州的公共机构是该问题的最佳判断者,司法机关仅能裁断法律是否合宪;议会的行为一般是为了公众。然而,我不认为:如果从整个程序表面来看——法律、官员的报告及法院的行为——显然,目的是不合法的、违法意图被掩饰,或者整个程序只不过是'幌子',给予支持是法院的责任"①。由是,经由两位大法官的论述,幌子征收问题由此进入司法视野——如果征收动机显然是恶意或所谓公用仅仅是幌子的情况下,征收违宪,而且法院应当做更深入的审查。

(二)幌子问题的休眠期

虽然西江桥公司案打开了幌子问题进入征收领域的通道,但是在此后的150多年间,幌子征收问题几乎一直处于休眠状态,仅在其他形式的案件中有所体现。西江桥公司案后,幌子问题在征收案件中再次出现源于政府对其行为后果而非行为动机的否认——政府对私有财产用途的不当干涉构成需补偿的征收,这是管制性征收理论的先兆。在帕姆伯里诉格林湾公司案②中,政府允许第三方修建大坝,造成河水外溢,原告 640 英亩土地被淹没,遭受了严重的损失。原告要求根据征收条款予以补偿。联邦最高法院认为只要邻近的公共设施对公民财产之通常且必要的用途造成了毁灭性的破坏或干扰,就足以构成一项征收,公民有权要求公正补偿;在本案中,虽然政府没有宣告征收且的确是为了公共利益而允许第三人在原告土地附近修建大坝,但是完全剥夺并摧毁了系争土地的所有价值及用途,最终导致了与征收同样的影响:实质上,政府打着公共利益的幌子严重干涉了私人利益,应当给予原告补偿。

(三)幌子问题的回归

在凯洛案前,幌子问题讨论就已经陆续出现于法院的判决中。在阿门达里兹诉派莫恩案③中,法院裁决,由于官方清除衰败仅仅是一个幌子,其实质目的在于剥夺原告的财产以使购物中心的开发商能够以较低的价格购买,所以征收无效;在柯特恩伍德基督徒中心诉塞普拉斯重建局案④中,法院进一步认为法院应当考察政府所宣告的目的是征收的真正原因,还是仅仅为幌子。

---

① West River Bridge Co. v. Dix, 47 U.S. 507 (1848), 548.
② Pumpelly v. Green Bay Co., 80 U.S. 166 (1871), 177-178.
③ Armendariz v. Penman, 75 F.3d 1311 (9th Cir. 1996), 1321.
④ Cottonwood Christian Ctr v. Cypress Redev. Agency, 218 F. Supp. 2d 1203 (C.D. Cal. 2002), 1229.

在 2001 年的 99 美分商店诉兰彻斯特重建局案①中，法院指出本案的关键在于兰彻斯特市征收 99 美分商店的目的是公用，还是仅仅是幌子；虽然司法上对公用判断的审查是狭窄的，但是如果征收机构所宣称的公用目的明显缺乏合理的基础，其真实目的在于满足好市多商场的规模扩张需求，那么过分的司法遵从就是不必要的，征收违宪。在这些案件中，法院一般将幌子问题作为征收机构的动机来审查，虽然意识到了幌子问题的重要性，但是均未深入问题本质，相关讨论仍然较为概括。法院也没有着手区辨出具体明确的幌子征收识别标准，幌子问题与公用标准无法实现紧密连接，保护公民财产权的作用大打折扣。

2005 年的凯洛案及其引发的学术讨论真正细化了幌子征收审查。凯洛案因为肯定了以商业开发为目的的征收合宪，危及公民财产权而备受指责。然而，细究起来，虽然联邦最高法院排除了传统上对商业开发目的的衰败限制，但是其并非毫无限制。征收理论一直存在一个悖论：主权者不能为了转移给 B，而征收 A 的财产，即使支付公正补偿；但是，如果是为了公用，那么这类征收就是合宪的。在凯洛案之后，似乎应该再附加一层例外，如果所谓的公用仅仅是转移给特定私人或使特定私人获益的幌子，那么这类征收仍然为宪法所禁止。凯洛案的多数意见、协同意见以及反对意见中对幌子征收问题都有关注。肯尼迪法官的协同意见指出当征收以商业开发为目的，由私主体实施，或有私主体受益，即可能存在"不允许的偏袒"（impermissible favoritism）时，法院必须查明所谓的公共目的——城市的经济利益——是否仅仅附带于开发规划中的私人利益，亦即是否存在幌子征收。肯尼迪法官随后从以下几个方面对凯洛案征收是否存在幌子问题展开分析：(1) 经济利益是否显著；(2) 受益人的身份在开发规划制定前是否已经确知，是否存在事先确定受益人的情况；(3) 征收者是否遵循了复杂的程序；(4) 是否存在综合开发规划。如果在一项征收中，财产转让极为可疑，规划或征收程序容易被滥用，或者所谓的公共利

---

① 99 Cents Only Stores v. Lancaster Redevelopment Agency, 237 F. Supp. 2d 1123 (2001). 该案的基本案情：好市多商店与 99 美分商场位于兰彻斯特市商业中心且相互毗邻，其中好市多商场是兰彻斯特经济发展的关键之一，为了满足好市多商场向 99 美分商店所占土地扩张规模的要求，兰彻斯特市授权兰彻斯特重建局征收 99 美分商店在其所占土地上的租赁权益，兰彻斯特重建局声称保证好市多商场留在本市对于经济发展有重要意义，否则将会导致商业中心在未来走向衰败。法院支持了 99 美分商店的诉求，认为只要兰彻斯特市征收 99 美分商店的目的是满足好市多的物理扩张需求，就是违宪的，应被禁止。

益微不足道或不合情理,法院应当推定系争征收属于幌子征收,违宪。① 多数意见也认为,如果系争征收所宣称的公用仅仅是幌子(mere pretext),实质上是为了私人利益,那么征收违宪。执笔多数意见的史蒂文斯大法官也提出了三项识别标准,虽与肯尼迪大法官有所重合且不够全面,这里仍一道指出:(1)是否存在审慎制定的综合规划;(2)征收受益人的身份是否在规划采纳前已经知道;②(3)一对一的财产转让是否超出了整体开发规划的界限。③ 奥康纳大法官的反对意见实质上也论及幌子征收问题,与多数意见以及协同意见相左的是,其主张严格禁止征收 A 的财产转移给 B 的行为:联邦最高法院为这种征收行为背书,认为系争征收只要存在间接或可能的公共利益就足以认定合宪,这将会导致公用与私用相互混淆,更何况事实上无法对征收机构的动机作公用与私用的分离;多数意见和协同意见对审查规划程序或征收过程的强调不具有可操作性,只会使得公用标准无用武之地。④

在凯洛案之后,幌子征收问题讨论迅速波及理论和实务界,虽然现有可查文献与案例难说铺天盖地,但是从中我们仍可以窥探出基本的脉络。相关论述突出地呈现为两个极端:要么关注幌子问题并将之作为保护公民财产权的有力武器;要么对幌子问题不屑一顾片面追求商业开发。就后者而言,最为著名的案例莫过于纽约州的戈尔茨坦案⑤及其追随者考尔案。⑥ 戈尔茨坦案与考尔案的共同特点在于:(1)征收机构对于"衰败"的界定极为宽泛;(2)衰败区调研可能被征收受益者垄断;(3)作为征收原因的地区"衰败"事实上可能由征收受益人导致。后两个方面成为财产所有者质疑征收具有恶意、公用为幌子的主要原因。虽然纽约州最高法院上诉庭否定系争征收,但是作为终审法院的纽约州上诉法院却沿袭了凯洛案极端遵从的司法审查路径,完全忽视凯洛式征收的例外情形——"不允许的偏袒"或幌子征收。以考尔案为例,上诉人认为开发商哥伦比亚大学干预了衰败区调研并制造了主要的衰败,系争征收

---

① Kelo v. City of New London,545 U.S. 469 (2005),492;Michael Paul Wilt. Intermediate Scrutiny For Economic Development Takings:Proposing a New Test Based on Justice Kennedy's Kelo Concurrence[J]. Thomas Jefferson Law Review,2008,31 (2):451-456.该文作者也对肯尼迪大法官的协同意见作了如是分析。

② Kelo v. City of New London,545 U.S. 469 (2005),478.

③ Kelo v. City of New London,545 U.S. 469 (2005),487.

④ Kelo v. City of New London,545 U.S. 469 (2005),494-504.

⑤ Matter of Goldstein v. New York State Urban Dev Corp,921 N.E.2d 164 (2009).

⑥ Matter of Kaur v. New York State Urban Dev Corp,933 N.E.2d 721 (2010).

存在"不允许的偏袒",是恶意的,应被宣告无效。纽约州上诉法院并未充分关注这一主张,直接因循了戈尔茨坦案关于商业开发不充分构成征收之充分理由的立场,指出衰败是一个弹性概念,没有固定且一体适用的界定,进而认定哥伦比亚大学的校园扩张属于一项合宪的土地用途改善项目和民政项目,支持了纽约州商业开发公司的征收裁定。①

二、幌子征收的识别标准

凯洛案的意义在于幌子问题重新回归征收问题的核心领域。凯洛案明确了联邦最高法院对幌子征收的禁止态度,其后开始发育出一系列较为明确的幌子征收识别标准,促进了征收理论的发展。考诸相关文献,值得一提的是,通过分析凯洛案前后的征收判例,丹尼尔·B.凯利(Daniel B. Kelly)教授识别出了四项较为可行的标准,与肯尼迪大法官的分析不谋而合。这四项标准是:(1)预期公共利益的重要性;(2)规划程序的广泛性;(3)征收的私人受益人身份是否事先确定;(4)征收机构的主观意图。②

(一)预期公共利益的重要性

以商业开发为目的的征收的一个重要特点在于,征收机构所宣称的公共利益不是现时、当下的,而是可能发生在未来的。正因为公共利益未来是否可能发生完全是一个经验问题,联邦最高法院在凯洛案中自觉地规避了这一问题,仅仅论及所宣称的公共利益本身是否合宪。然而,肯尼迪法官却在协同意见中作了颇有意义的分析,指出凯洛案所涉综合规划中的利益并非小事,如果所谓的利益是琐碎的或不合情理的话,那么就足以推定系争征收存在不允许的偏袒。预期公共利益的重要性或可表述为:政府征收私有财产转移给另一个私主体时,如果公共利益仅仅附带于私人利益,或者公共利益的取得具有偶然性,那么"幌子"抗辩很容易成功。③ 在弗兰科诉国家资本复兴公司案④中,基于肯尼迪大法官对公共利益重要性的强调,哥伦比亚地区上诉法院认为,凯洛案为私有财产所有者以幌子征收抗辩提供了依据:在财产最终转移给私人开发的征收中,如果公共利益仅具有附带性,私人利益才是实质上的征收目

---

① Matter of Kaur v. New York State Urban Dev Corp, 933 N.E.2d 721 (2010), 724.
② Daniel B. Kelly. Pretextual Takings: Of Private Developers, Local Governments, and Impermissible Favoritism[J]. Supreme Court Economic Review, 2009, 17: 173-236.
③ Ilya Simon. The Judicial Reaction To Kelo[J]. Albany Government Law Review, 2011, 4 (1): 1-37.
④ Franco v. Nat'l Capital Revitalization Corp., 930 A2d 160 (2007).

的,那么征收应被宣告无效。

(二)规划程序的广泛性

美国征收历史的发展有一个极为显著的特点,即征收与城市规划并驾齐驱,既削弱了财产权这一阻碍,又相互辅助成为彼此的支撑。是否存在综合规划、综合规划是否经过充分审议、规划程序是否存在广泛参与一直是判断系争征收是否符合公用标准的维度之一,凯洛案的多数意见也未能免俗。虽然采取了极端遵从的司法审查路径,但是是否存在审慎制定的综合规划成为该案司法权介入立法判断的唯一面向,也是判断系争征收之公用宣告是否仅为幌子的主要依据。在罗得岛开发公司案中,罗得岛州最高法院强调了整体发展规划的重要性——缺乏广泛规划意味着征收的理由是个幌子,真实的目的在于增加收入并以折扣价格获得私人财产。① 在米德尔顿镇案中,宾夕法尼亚州最高法院更是直接指出,"一个经过审慎开发并有着恰当范围的规划足以证明一个合法的目的事实上推动了系争征收"②。

(三)征收受益人的事先确定性

当私人机构获得征收授权,或者私人机构受让拟征财产时,幌子征收最容易发生。因为征收机构很容易受到有权势的私人利益集团的影响,很可能导致利益集团俘获政治过程,利用征收权从事谋取私益的活动。在这种情况下,征收的受益人是否为特定的私人,是否在征收或规划前已经确定,是识别幌子征收的另一标准。可以说,正是因为一些征收中存在着明显特定的私人受益主体,才最终导致了私有财产所有者与征收机构对簿公堂。以考尔案为例,上诉人曾在诉讼过程中提出幌子质疑,但纽约州上诉法院视若无物。但从考尔案本身所涉征收的发展过程来看,哥伦比亚大学自始至终都扮演了相当重要的角色:提供经费支持纽约州商业开发公司的调研,证明系争征收之正当性;直接造成被征收地区衰败;与征收机构所采用的调研公司存在利害关系;等等。正是基于此,纽约州最高法院上诉庭认为系争征收存在不允许的偏袒。凯洛案系争征收被判合宪,也正是因为私人获益者的身份直到开发规划被采纳后才确定下来。

---

① R.I. Econ. Dev. Corp v. Parking Co, LP., 892 A.2d 87 (2006). 该案涉及快速征收,罗得岛州最高法院认为,法院有义务查明征收机构是否超越征收权授权,恣意、反复无常或恶意地征收私有财产,况且联邦最高法院在凯洛案中也仍然强调必须有审慎制定的综合规划,征收者负有诚信且尽职调查的责任。据此,该法院全面审查了系争征收的方式、动机,最终判定征收的实际目的在于以折扣价格获得私有财产,违宪。

② Middletown Township v. Lands of Stone, 939 A.2d. 331 (Pa.2007), 338.

(四)征收机构的主观意图

征收机构的主观意图似乎是一个罗生门式的识别标准。"联邦最高法院常常热衷于强调动机与司法判断无关,从而规避对立法动机的审视。然而,事实上,动机确实有莫大的关系。"① 征收的缘起自始就与征收机构的主观意图有着千丝万缕的联系,法院最初就以征收机构的主观意图为判断是否存在幌子征收的主要依据。对征收机构主观意图的考察强调系争征收不应出于恶意,征收机构的主要且真实意图是使公众获益。凯洛案着重探讨了这一问题:当政府征收土地的行为使某个私人获益时,征收行为的合宪性是否会因此削弱?多数意见的回答是,当政府主观上为了公共利益,客观上带来私人受益,则征收行为合宪;如果政府主观上为了私人利益,仅仅产生客观上附带的公共利益,则征收行为违宪。在考尔案中,纽约州最高法院上诉庭的判决考量了纽约州商业开发公司与哥伦比亚大学的历史渊源,以及哥伦比亚大学在地区衰败中的作用,指出系争征收是恶意的,很可能是两者串通合谋的产物。在米德尔顿镇案中,哥伦比亚特区上诉法院也强调主观意图标准——法院必须寻求"征收背后的真实或根本意图……真实的意图必须是使公众成为主要的获益者"②。

三、幌子征收语境下的公用标准

(一)程序导向的司法审查标准

将征收后的不动产转移给私人,存在广泛的权力寻租空间,学界对此褒贬不一。幌子征收问题正是源出于此。幌子问题的实质是公用判断,即一项征收活动是否事实上以公用为目的。从产生到休眠,再到回归,围绕凯洛案发展起来的幌子征收理论,将会如何影响公用司法审查,值得检讨。结合凯洛案来看,幌子征收理论事实上揭示了一种程序导向的司法审查路径。幌子问题的识别标准主要包括"预期公共利益的重要性""规划程序的广泛性""征收的私人受益人身份是否事先知道""征收机构的主观意图"。这些因素在公用实体审查中都曾不同程度地有所涉及,尤其是预期公共利益、征收机构的主观意图。当将这四项标准纳入幌子征收中时,尤其根据法院的相关判决来看,司法审查实质上关注征收之过程而非征收之结果,关注征收中公共利益的确定过程、系争财产用途的规划过程、征收机构之征收的启动过程是否符合正当程序

---

① Lynn E. Blais. The Problem with Pretext[J]. Fordham Urban Law Journal, 2011, 38(4):963-986.

② Middletown Township v. Lands of Stone, 939 A.2d. 331 (Pa.2007), 337.

原则,而非仅仅局限于征收最终能否实现公用这样的实体问题。

这种过程导向或者说程序导向的审查路径表明了正当程序原则对征收语境的适用。实际上,正当程序原则也是判断系争征收是否合宪的主要标准之一,只不过一直淹没在公用标准及公正补偿问题的讨论中,备受冷落。程序导向的司法审查路径则意味着征收必须符合正当程序原则。在"公用"标准实质上无法具体界说,其内涵无法通过明确的规则予以定型化的情况下,这样做的好处在于避免实体审查僭越对立法权造成的挑战,以程序的控制来制衡议会征收权的恣意及滥用,防止征收机构与开发商相互勾结,合谋侵犯公民的私有财产权。采用这一路径形式上可以说是司法权对立法权的谦抑表现,实质上则是法院面对基本权利保护与分权原则的冲突时作出的一种妥协式平衡。在一定程度上,幌子征收作为凯洛式以商业开发为目的征收的例外,通过正当程序原则的适用,可以为公民财产权提供有意义的保护。

(二)幌子征收对司法审查标准的影响

一般而言,立法机关是公用问题的最佳判断者;法院遵循理性基准审查标准,只要能够确认征收是为了公用,无论是现时的公共利益,还是未来的公共利益,都肯认征收合宪;仅当议会存在明显权力滥用且显然违背公用要求的情况下,法院才会深入介入公用问题的判断。这种目的导向且极富遵从性的司法审查路径将导致幌子征收理论对于保护财产权的作用大打折扣——浅尝辄止式的幌子审查最终会消解引入幌子征收理论的意义。幌子征收的识别标准能否有效地运用到具体的案件中,充分发挥对财产权的保护作用,还有待于法院对其司法审查标准的重新考量。

肯尼迪大法官在凯洛案协同意见中论及这一问题:(1)理性基准审查意味着,如果系争征收明显意图偏向个别私主体,公共利益仅仅是附带品或者幌子,那么法院应当宣告征收无效;(2)征收以商业开发为目的并不直接导致司法审查标准的提高,多数意见适用理性基准审查是适当的,更何况凯洛案中系争征收存在审慎制定的综合规划;(3)在转让给私人机构的征收中,当极易产生不允许的偏袒时,根据公用标准,推定征收无效或者提高司法审查的强度是正当的,但我们无法给出一个普适的抽象规则。① 因此,肯尼迪大法官并不否认私人征收在特定情况下可以适用较高的司法审查标准,尽管其并未对何种情况应当提高司法审查标准作出具体的讨论。在凯洛案后,有学者试图完成肯尼迪大法官未竟之业,提出了更为严格的司法审查标准:第一,法院必须判

---

① Kelo v. City of New London,545 U.S. 469 (2005),493.

断所宣称的公共目的是否具有实质性;第二,法院必须判断征收是否实质上促进了所谓的公共利益;第三,法院必须判断征收是否超过了促进实质公共利益之必要。① 一项征收只有通过以上三项标准的审视,并经受住幌子问题之识别标准以及程序审查,才是合宪的。

有趣的是,关于征收之公用审查应在适当情况下提高标准的讨论也散见于凯洛案所引起的司法反制浪潮中。举例而言,在诺伍德案中,俄亥俄州最高法院一方面援引肯尼迪法官的凯洛案协同意见,指出遵从性的司法审查路径并不意味着肤浅的审查,界定征收权的范围仍是法院的职责;另一方面,则依据模糊无效原则(void-for-vagueness doctrine),②认为审查授予征收权的立法时,法院应当区别情况适用不同的审查标准:虽然司法审查的强度无法具体描述,但是对于涉及经济事务且仅施加民事处罚的立法应当适用不那么严格的审查标准,而如果某项立法阻碍了宪法上基本权利的行使,那么应受制于更为严格的标准。③

法院在征收案件之公用判断上应当适用何种强度的司法审查标准关乎分权原则。如果法院采取极端遵从的司法审查路径,那么一般只需要审查议会所宣称的目的是否符合公用,司法审查的意义大打折扣,公用标准形同虚设,公民财产权时刻面临着被征收的危险;如果法院在尊重议会之公用判断的情况下,不放弃其作为公民财产权保护的最后屏障这一角色,克制地审查议会作出征收决定的过程以至征收本身的必要性,则公用标准将不至于形同虚设。这正是分权原则的两个侧面:既要求司法机关适度克制,不过分干涉议会的判断;又要求司法机关应当起到保护公民基本权利,制衡立法权行使的作用。

四、美国法上幌子征收对中国的启示

近年来,房地产行业奇迹般地成为不少城市的经济发展支柱,加之城镇化

---

① Michael Paul Wilt. Intermediate Scrutiny For Economic Development Takings: Proposing a New Test Based on Justice Kennedy's Kelo Concurrence[J]. Thomas Jefferson Law Review, 2008, 31 (2): 451-456.

② 模糊无效原则是美国法上一项比较重要的原则,其经典表述是:如果一部法律无法就被禁止行为提供公平告知,或者缺乏标准以至于允许歧视执行,那么因为模糊而无效。该原则的核心在于法律必须给予公民充分的告知,以使普通公民能够合理调整自己的活动并依法而为。Andrew E. Goldsmith. The Void-For- Vagueness Doctrine in the Supreme Court, Revisited[J]. American Journal of Criminal Law, 2003, 30 (2): 279-314.

③ City of Norwood v. Horney, 853 N.E.2d 1115 (2006), 1143.

运动的推进,政府的征收权已经且将继续作为一项颇具威胁性的权力存在。权力本身的扩张性和腐蚀性不独会使公民的财产权利几无防护地暴露于政府乃至私人的虎视眈眈之下,更可能成为权力拥有者与妄图分享者相互勾结、各取所需的连接点。

当下,我国普遍流行的征收模式为:政府主导、开发商参与,个别情况下,开发商参与甚至主导征收。这种征收模式的危险之处在于其将不可避免地造成公共利益与商业利益相互纠葛,私人开发商浑水摸鱼,政府官员从中协助,打着公共利益的幌子,追逐私人利益。然而,在征收实践中,私人开发商参与到征收及之后的城市建设中已经成为最行之有效的经济发展策略。就此而言,政府必然主张征收是为了城市的经济发展,符合公共利益,而被征收者往往抓住征收中的商业利益因素不放,质疑征收系打着公共利益的幌子谋取私利。司法审查则往往局限于征收补偿及征收程序方面,对这一问题几无关注,①由此导致的直接后果诚如前文所述,理论层面上的讨论由于没有关注生动的判例,难免各说各话,涉及的方案"看起来很美",却无异于空中楼阁。如果无法结合具体的案件阐明公共利益以及商业利益的可能内涵,盲目地排斥商业利益或强调公共利益追求的纯粹性,最终妨害的将是公共利益本身。或许,我们可以放下征收中是否可以存在商业利益的争论,借鉴美国法上的幌子征收理论来确保征收确是为了公共利益。

事实上,我国征收规范领域存在着幌子征收理论的适用可能。2011年1月19日颁布实施的《征收补偿条例》不仅于第8条对征收之公共利益要件的内涵作了列举,也为征收中幌子问题的识别奠定了规范基础,如第3条强调了征收与补偿应当遵循决策民主、程序正当、结果公开的原则;第9条强调综合规划的重要性,强调规划制定中的公众参与;第10条要求征收补偿方案应当广泛征求意见等。当某一征收因为公共利益与商业利益相互纠葛而备受质疑,诉诸法院时,司法审查不应当因为无法明确区分征收中的公共利益与商业利益而直接规避公共利益问题,此时,法院的关键作用在于如何防止具有一定政治影响力的私人开发商俘获征收程序——政府与私人开发商合谋打着公用的幌子,行为私人牟利之实。根据美国法上的幌子征收理论,法院应当以现有的规范为基础,关注征收之过程是否遵循了正当的法律程序,是否符合比例原

---

① 截至2013年9月,在北大法宝上,以"土地征收"为标题,共查找到相关行政案件7篇;以"房屋拆迁"为关键词,共查找到相关行政案件466篇,法院在讨论这些案件时多是针对补偿与程序方面,鲜见针对公共利益问题的审查。

则,通过考察具体的征收程序、项目规划以及公共利益的重要性、征收意图等,识别是否存在幌子征收,从而确证或否定系争征收的公共利益性,有效保护公民合法的财产权益。

第四节 公用审查路径(二)——征收的规划控制①

《征收补偿条例》第 9 条规定:"依照本条例第八条规定,确需征收房屋的各项建设活动,应当符合国民经济和社会发展规划、土地利用总体规划、城乡规划和专项规划。保障性安居工程建设、旧城区改建,应当纳入市、县级国民经济和社会发展年度计划。制定国民经济和社会发展规划、土地利用总体规划、城乡规划和专项规划,应当广泛征求社会公众意见,经过科学论证。"②该条款是中国语境下征收与规划关系的直接依据,理论上简称为征收的规划控制条款。③ 虽然有明确的规范依据,但是征收之规划控制的中国图景并不明晰。首先,理论上关于征收与规划的研究始终处于分离状态,少有学者关注征收为什么应当符合规划,以及规划究竟如何影响征收;④其次,司法实践中亦较少适用征收的规

---

① 本节主要内容以《征收的规划控制》为题,发表于《城市规划》2015 年第 8 期。刘玉姿.征收的规划控制[J].城市规划,2015(8):56-62.

② 《国有土地上房屋征收与补偿条例》第 9 条。

③ 王锡锌.《国有土地上房屋征收与补偿条例》专家解读与法律适用[M].北京:中国法制出版社,2011:54.还有学者称为"合规划性"条款,参见江必新.《国有土地上房屋征收与补偿条例》理解与适用[M].北京:中国法制出版社,2011:97.此外,已被废止的《城市房屋拆迁管理条例》也存在类似的规定,其第 3 条要求"城市房屋拆迁必须符合城市规划"。

④ 李成玲.对城市规划中的房屋征收与损失补偿的规制思考[J].法治论丛,2011(5):12-16.此外,论及征收与规划关系的资料主要是一些针对《国有土地上房屋征收与补偿条例》的学者解读:薛刚凌.《国有土地上房屋征收与补偿条例》理解与运用[M].北京:中国法制出版社,2011:51-57;于宏伟.《国有土地上房屋征收与补偿条例》焦点问题解析[M].北京:法律出版社,2011:72;江必新.《国有土地上房屋征收与补偿条例》理解与适用[M].北京:中国法制出版社,2011:97-104.但这些解读多点到为止,要么视规划为征收的形式要件,是"预征收",要么认为征收是对规划的宏观和外在控制。

划控制条款,仅有的审查并未论及征收与规划关系的实质层面。①

众所周知,伴随着城市化进程的突飞猛进,一方面,征收权急速扩张,另一方面,运用规划管制土地利用与城市建设成为政府实现社会目标的一柄利剑——两相交织之处,越来越多的征收活动以规划之名展开,保障性安居工程、旧城改造成为征收与规划互动最为频繁的领域。明确征收与规划之间的关系成为眼前较为紧迫的课题。征收与规划之关系也是美国征收法的重要课题,自 2005 年凯洛案以来,更受关注。根据对美国法上征收与规划关系之演变的梳理,本节力图描摹出征收之规划控制的基本样态,②继而对照《征收补偿条例》《城乡规划法》等相关规定,作为进一步解释征收之规划控制条款的借鉴。③

一、征收与规划关系的演变

征收与规划是国家管制私有财产的两种不同手段,并非天然相连,直至 20 世纪 40 年代,经由城市更新运动,规划才逐渐进入征收视野。1954 年的伯尔曼案推进了规划与征收的聚合交织;2005 年的凯洛案进一步明确了征收的

---

① 截至 2014 年 7 月 26 日,在北大法宝上收集到的直接引用征收之规划控制条款的案例只有 21 件,其中只有 6 件对此略有论述,但这些司法审查多聚焦规划是否存在,只要政府提供了所依据的相关规划,法院即认可征收符合规划,且政府不需要提供证据证明规划制定时已经广泛征求公众意见,如李凤芹诉夏津县人民政府征收决定案。就已被废止的《城市房屋拆迁管理条例》而言,明确且直接适用第 3 条的案例也是少之又少。

② 需注意的是,本书所提征收均指典型征收,不包括美国法上的管制性征收。虽然在管制性征收中,规划与征收之间的关系更加明了,但是我国目前并不存在管制性征收一说,缺乏可对照性。

③ 在进入正文之前,首先要明确"规划"的含义。在美国法上,规划(planning)主要关注某一地区的长期发展,分区(zoning)是实现规划的主要工具,但实际上它已经取代了规划的功能。因此,如下文将述及的,欧几里得镇案确立了分区权力的合宪性,实际上也就确立了规划权的合宪性。在中国法上,根据《城乡规划法》第 2 条的规定城乡规划包括城镇体系规划、城市规划、镇规划、乡规划和村庄规划;城市规划、镇规划分为总体规划和详细规划,详细规划又可分为控制性详细规划和修建性详细规划。有学者套用我国法上的语词,直接指出分区实质上就是"以宪法理论中的规制权(police power)为权源,为了促进公共健康、安全、道德和公共福祉,以地方立法形成的、对土地使用进行限制的详细的城市规划",虽不无道理,但将美国法上的分区完全等同于中国法上的详细规划显失绝对。李冷烨. 城市规划合法性基础研究——以美国区划制度初期的公共利益判断为对象[J]. 环球法律评论,2010(3):59-71. 但无论如何,美国法上征收与规划之间的关系大致可以对应于《征收补偿条例》第 9 条的征收的规划控制条款。

规划控制。

（一）互不相干：规划与征收的平行世界

征收权作为主权的延伸，是政府固有权力的一部分，并于1791年明确规定于联邦宪法第五修正案中——未经公正补偿，不得因公用征收私有财产。征收与北美土地的开发相伴而生，由于政府履行经济职能的需要，其使用日益频繁。殖民地及独立前后，征收就已普遍出现于道路、磨坊建设及其他土地开发领域；工业革命时期，被广泛用于推动铁路运输与新兴工业的扩张；自20世纪40年代以降，随着城市更新运动的发展，征收权更是成为促进城市建设、解决城市经济问题的不二手段。[①]

相比之下，规划权则命途多舛。规划权并未出现在宪法文本中，其合宪性聚讼纷纭。支持者认为城市生活的各种丑陋现象可以通过综合的土地利用管理规划予以解决；反对者则认为分区规划违反了实体性正当程序与平等保护。[②] 最终，在1926年的欧几里得镇案中，联邦最高法院明确了政府规划权力的合宪性。[③] 在该案中，漫步者地产公司购买了欧几里得镇68英亩尚未开发的土地。此后，欧几里得镇制定了1922年综合分区条例，对土地用途、建筑物高度及地块面积等作了限制规定，从而导致漫步者地产公司的土地大幅贬值。漫步者地产公司因此提起诉讼，认为分区条例侵犯了它享有的正当程序和平等保护权利。萨瑟兰大法官代表联邦最高法院撰写多数意见，其指出，警察权的合理范围应当与时俱进，迎合不断变化的环境，"城市人口的持续增长、各种工业的爆发以及人类文明日渐复杂必然需要政府直接或通过其授权的公共机构对个人活动作前所未有的限制"[④]，分区作为一种解决方案，是警察权的合宪行使。一般而言，在美国法上，规划主要关注某一地区的长期发展，分区是实现规划的主要工具，但由于分区实际上已经取代了规划的功能，[⑤] 所以

[①] Errol E. Meidinger. The "Public Uses" of Eminent Domain: History and Policy [J]. Environmental Law, 1980, 11(1): 1-66; 高建伟. 美国土地征收中的"公共利益"[J]. 美国研究, 2011(3): 126-141.

[②] 约翰·G.斯普兰克林. 美国财产法精解[M]. 钟书峰, 译. 北京：北京大学出版社, 2009: 592.

[③] Gerald Frug & David Barron. Making Planning Matter: A New Approach to Eminent Domain[N]. Harvard Design Magazine, 2005(71).

[④] Village of Euclid, Ohio v. Ambler Realty Co., 272 U.S. 365 (1926), 392.

[⑤] J. Barry Cullingworth. The Political Culture of Planning: American Land Use Planning in Comparative Perspective[N]. Routledge, 1993(9).

欧几里得镇案肯定了分区权力,也就确立了规划权力的合宪性。

与征收相比,规划与城市化纠葛更深,正因为城市化带来了一系列难以解决的问题,现代城市规划才应运而生。① 由于各自为政的私人土地利用管理模式,19 世纪以来的城市面临着严重的环境卫生、公共健康、公共安全问题,"烟尘、臭气、噪音、垃圾、疾病、拥挤等威胁着城市居民的福祉"②,进而引发了一系列的改革运动,如环境卫生改革、住房改革运动、城市改良运动、城市美化运动等。1909 年的《芝加哥规划》最终开启了现代城市规划的新时代。及至 20 世纪 20 年代,美国商务部的咨询委员会先后制定了《标准州分区授权法》(Standard State Zoning Enabling Act)和《标准城市规划授权法》(Standard City Planning Enabling Act)。③

(二)聚合交织:征收之规划控制司法审查标准的初步确立

规划与征收虽然有着不同的权力面向,但是随着城市化带来的各种问题凸显,两者渐被用于相同的目的——改善城市环境,促进城市发展。20 世纪 40 年代的城市更新运动打通了规划进入征收视野的管道。以 1949 年《联邦住房法》为标志,城市更新运动冀图通过复兴内城、解决住房短缺问题来推动经济增长和城市发展。为此,联邦政府可以授权地方政府运用征收权来聚敛成片衰败土地,经过规划和清理后再卖给具体实施重建的公私机构。④《联邦住房法》明确规定了规划与征收的关系。据其要求,城市更新规划必须与总体规划相一致,做到详细且可行;根据更新规划获得的土地在清理和出售给开发商后,必须依照规划建设,不得任意变更土地用途;规划须广泛征求意见。⑤由此,规划制约着征收的范围,征收则成为规划得以实现的手段。

1954 年的伯尔曼案进一步推动了规划与征收的聚合交织。诚如前文所述,在该案中,联邦最高法院支持了一项针对哥伦比亚衰败区的重建规划。根

---

① 约翰·M.利维.现代城市规划[M].孙景秋,等译.北京:中国人民大学出版社,2003:28-66.

② 约翰·G.斯普兰克林.美国财产法精解[M].钟书峰,译.北京:北京大学出版社,2009:589.

③ 陈振宇.城市规划中的公众参与程序研究[M].北京:法律出版社,2009:32. 两部授权法案,参见美国规划委员会网站:https://www.planning.org/growingsmart/enablingacts.htm.

④ 马丁·安德森.美国联邦城市更新计划:1949—1962 年[M].吴浩军,译.北京:中国建筑工业出版社,2012:2.

⑤ Pub.L.No.171,63 Stat. 413(1949).

据该规划,哥伦比亚特区西南部分区域将被征收,一部分用作公共设施建设,一部分用作商业开发。就规划与征收的关系而言,道格拉斯大法官撰写的多数意见尤其指出,征收应当根据整体规划考量,不能零敲碎打地展开,某一财产即使并不衰败,但如果出于地区重建的需要,也可以征收。这种整体性的司法审查路径与极端遵从的司法审查态度相结合,明确了规划对征收范围的影响:重建规划区的认定以必要性为前提,不受个别财产衰败程度的限制;出于重建的需要,征收机构可以征收衰败区内的非衰败财产。由是,早期征收虽然与规划各行其是,但是在伯尔曼案后,两者由平行到交织——规划与征收都是立法机关实现公共利益的手段,衰败虽然是重建规划与征收旨在解决的问题,但是并非制定规划和确定征收范围的唯一标准,如果非衰败财产对于更大的衰败区重建必要,亦应纳入重建规划;因征收须以规划为依据,征收的范围很可能扩大,超出公共项目物理上所必需的财产范围。

(三)日渐紧密:征收之规划控制司法审查标准的再发展

自从城市化推进了规划与征收的聚合交织以来,征收是否能够促进有效的公用这一问题的关键转而在于具体开发规划如何能够实现公用。[①] 承沿伯尔曼案所确立的整体性司法审查路径,首先,凯洛案进一步将规划与公用判断连接在一起——经由充分审议(thorough deliberation)的综合规划证成征收之公用性;其次,规划对征收范围的影响备受司法肯认,一些法院提供了相应的审查工具。

1.经由充分审议的综合规划证成征收之公用性

在凯洛案中,经济低迷的新伦敦市决定通过开发宝特朗布尔区来实现城市复兴,遂授权新伦敦市开发公司制定相应的开发规划。1998年2月,辉瑞制药公司宣布将在宝特朗布尔区建造价值3亿美元的研究设施。新伦敦市开发公司紧抓这一机遇,制定了囊括休闲娱乐在内的开发规划,并于2000年1月获得市议会批准。市议会同时授权新伦敦市开发公司负责规划的实施——有权购买所需财产或以新伦敦市的名义征收财产。凯洛等人的财产正好位于规划区内。协商未果,新伦敦市开发公司启动了征收程序。凯洛等人最终诉至联邦最高法院,联邦最高法院以5:4的微弱多数支持了系争征收。

在其撰写的多数意见中,史蒂文斯大法官首先指出传统征收理论并不适用于凯洛案,即征收A的财产转移给B,违宪,但如果征收具有预期公共利

---

① City of Las Vegas Downtown Redevelopment Agency v. Pappas, 76 P.3d 1 (Nev. 2003), 12.

益,那么合宪。因为系争征收根据经由充分审议的综合开发规划展开,而且公用就是由公众使用的狭隘观点早已式微,自19世纪末期以来,公用被更自然地解释为"公共目的"。"本案的实质问题进一步转向新伦敦市的开发规划是否符合'公共目的'"①。在接下来的分析中,史蒂文斯大法官承沿先例,在肯定司法应当遵从立法判断、征收可以用于经济目的之后,开始浓墨重彩地论证综合规划在公用判断中的作用。"新伦敦市精心制定了一份经济开发规划,并相信将产生客观的社区利益,包括——但不限于——增加就业和税收。与我们城市规划和开发中的其他活动一样,新伦敦市力图协调多元的土地用途,以使整体效用大于部分之和。为了执行该规划……授权征收……鉴于规划的综合性、批准之前的充分审议、司法审查范围的有限性,正如伯尔曼案一样,我们最好从规划整体出发,而非零敲碎打地评断财产所有者的征收挑战。因为该规划显然服务于公共目的,所以系争征收符合第五修正案的公用要求。"②也就是说,经过"审慎考量"(carefully considered)的开发规划表明系争征收并非一对一的财产转移,而是客观上以公用为目的,因此合宪。无独有偶,肯尼迪大法官在协同意见中亦提及综合规划的重要性。他着重考虑了幌子征收问题,尤其将是否存在综合开发规划作为幌子征收的识别标准之一。据其论述,缺乏综合开发规划可能意味着公用只是幌子,系争征收只是为了私用,因而无效。

  凯洛案强调规划密切关联于征收之合宪性,这深刻影响了此后的征收判决。在西部海鲜公司诉弗里波特市案③中,第五巡回上诉法院完全照搬凯洛案的推理逻辑,指出拟议征收是经由审慎考量的开发规划(弗里波特市提交了一份长达240页的研究报告)的结果,从而予以支持;在罗得岛开发公司案中,罗得岛州最高法院强调整体开发规划的重要性,缺乏广泛的规划意味着征收违宪;在米德尔顿镇案中,宾夕法尼亚州最高法院更是指出,"一个经过审慎考量并有着恰当范围的规划足以证明一个合法的目的事实上推动了系争征收"④。凯洛案因承认以商业开发为目的的征收合宪而备受抨击,但从其对综合规划的强调来看,这种肯认并非毫无条件,而是在普遍遵从立法判断的征收先例背景下,又附加了对规划的考量,并将规划作为判断征收是否符合公用的

---

① Kelo v. City of New London,545 U.S. 469 (2005),480.
② Kelo v. City of New London,545 U.S. 469 (2005),483-484.
③ Western Seafood Co. v. City of Freeport,202 Fed.Appx. 670 (2006).
④ Middletown Township v. Lands of Stone,939 A.2d. 331 (Pa.2007),338.

关键标准。这意味着联邦最高法院由伯尔曼案的完全遵从路径转向对立法过程更具洞察力的审查,① 亦即由关注公用的实质内涵转向强调征收程序,试图以程序审查确保征收的公用性。

2. 规划决定征收范围

自城市更新运动以来,清除贫民窟和衰败地区一直是城市规划及土地征收的正当理由。② 如前所述,伯尔曼案在肯定清除衰败构成一项公用的同时,还指出当衰败区的个别非衰败财产必要于重建规划时,征收非衰败财产也合宪。这在一定程度上明示了规划对于征收范围的可能影响。2007 年的葛林森案进一步重申了这一规则。该案涉及对衰败区财产的征收,其争议焦点之一就在于葛林森地产开发公司的财产是否符合"为重建所必需"(in need of redevelopment)的法定标准。新泽西州最高法院支持了系争"为重建所必需"的认定,指出如果对于更大衰败区的复兴必要的话,重建规划可以纳入未衰败的土地,但征收机构必须证明拟征财产对于重建的必要性。在审查拟征财产是否为重建所必需时,新泽西州最高法院提供了实质性证据标准作为审查工具。据此,只有当政府对重建区的认定为大量有记录可查的实质性证据支持时,法院才会遵从城市的重建认定;政府所提供的记录除了详述所适用的法定标准外,还必须具体阐明拟重建地区符合法定标准。③ 在宣告财产衰败而应被重建前,这就迫使征收机构进行实质性研究和调查。

重建规划的制定旨在划定衰败区的范围,为征收的展开提供依据。然而,实际上,一直以来,地方政府或重建征收机构在界定衰败上一直享有广泛的自由裁量权——大多数州围绕公共健康和安全因素提出了界定衰败的法定清单,④ 并规定某地区只要达到一定比例的衰败,就可以认定整片地区衰败,进

---

① Brandon Simmons. Kelo's Planning Mandate: Replacing Clarity With Complication[J]. Real Property, Trust and Estate Law Journal, 2008, 43 (1): 139-168.

② George Lefcoe. Redevelopment Takings after Kelo: What's Blight Got To Do With It? [J]. Southern California Review of Law and Social Justice, 2008, 17 (3): 803-854.

③ Gallenthin Realty Development, Inc v. Borough of Paulsboro, 924 A. 2d 447 (2007), 465.

④ Hudson Hayes Luce. The Meaning of Blight: A Survey of Statutory and Case Law [J]. Real Property, Probate and Trust Journal, 2000, 35 (2): 389-478.

而规划为重建区,而且重建机构也不需要对纳入的非衰败财产作特别裁定或说明。① 由是,重建规划区实质上不受个别财产衰败程度的限制,通常认为不衰败的财产,只要合理必要于城市重建,就会被纳入重建规划。新泽西州最高法院对实质性证据标准的适用无疑能够促使政府审慎对待重建规划,在某种意义上,有利于限制征收范围的肆意扩张。

值得注意的是,规划对征收范围的决定作用并非绝对,因为规划本身也可能面临合理性质疑。基于前文的分析,经由充分审议的综合规划既然保证了征收的公用性,也就决定了征收的范围,但若规划本身不合理,怎么办?首先,如果应被纳入特定规划区域的财产未被纳入,后来的征收导致该财产大幅贬值或效用近无,那么根据美国法上的反向征收理论,财产所有者就可以提起反向征收诉讼,要求获得公正补偿;②其次,如果不应被纳入规划区域的财产被纳入,进而导致征收,那么法院应综合整体视角与个别视角,审慎判断系争财产是否应当被征收。

至此,毋庸置疑的是,规划与征收是城市建设的两种不同手段,但随着城市化的推进以及城市问题的凸显,规划与征收的关系渐趋紧密。综合前文之论述,拟议征收如果旨在清除衰败,那么合宪;拟议征收如果以审慎制定的综合规划为前提,那么即使拟征财产不衰败,征收也合宪;旨在对城市或某一地区作宏观、整体考量的规划决定了对应征收亦应作如是观——征收个别财产的正当性取决于该财产所在区域的整体情况。然而,仍需注意的是,虽然法院

---

① Colin Gordon. Blighting the Way: Urban Renewal, Economic Development, and the Elusive Definition of Blight[J]. Fordham Urban Law Journal, 2004, 31 (2): 305-338. 如密苏里州规定,如果某一地区50%以上的建筑都衰败,就可以划为重建区,艾奥瓦州则以75%为界。

② 刘连泰. 宪法上征收规范效力的前移——美国法的情形及其启示[J]. 法学家, 2012(5):167. "通常情况下是政府主动启动征收程序。但在政府没有启动征收程序而政府行为已事实上构成征收时,财产所有人有权要求政府按照征收程序予以补偿。此时,征收程序事实上是由财产所有人启动的,所以称为反向征收。"还可参见,Ricky J. Nelson. Inverse Condemnation Actions Present Unique Problems When Determining "Just Compensation"[J]. Brigham Young University Law Review, 2010(6): 2315-2344. 该文将反向征收区分为三类:(1)当征收者物理上侵入私有财产但未启动征收程序时,财产所有者被迫提起征收诉讼;(2)当土地的一部分已被征收时,所有者提起针对未被征收部分的损害赔偿诉讼,财产所有者认为未被征收部分并未在最初且正式的征收程序中被补偿;(3)虽然没有基于征收权正式且物理上取得任何土地,但是财产所有者认为由于剥夺了构成其所有权的财产权利束的特定部分,遭受了可予补偿的损害。

可以在形式上判断拟议征收所依据的规划是否具有综合性且经由充分审议，但是由于缺乏相关的规划专业知识及经验，它们很可能没有能力进行实质审查，而且实质审查亦面临着司法与立法分权的拷问。

二、征收的规划控制的正当性基础

明确征收之规划控制的基本内涵之后，需要进一步追问的是，除了城市化运动带来的机缘巧合外，征收为什么要符合规划？其正当性依据是什么？大体言之，可以从两个角度回答这个问题：首先，规划的公共利益要求与征收的公用要求在很大程度上可以通约；其次，规划过程强调公共参与，保障了征收的正当性。

(一) 可通约的前提：征收与规划都需符合公共利益

如前所述，现代城市规划的初衷在于解决城市化导致的公共卫生、公共安全、公共健康等问题，提升公共福利水平，实现人人体面地生活。城市更新运动推动了规划与征收的聚合，两者都被用于清除社区衰败，刺激住房建设和社区发展。也就是说，在城市建设背景下，征收之公用要求与规划之公共利益前提一脉相承。更为重要的是，城市更新运动以来的征收判例明确了作为各自前提的公共利益要求的可通约性。

如前所述，早期征收理论并不关注规划，征收权与警察权泾渭分明——根据最严格的界定，警察权即政府拥有的为了公共健康、公共安全及公共道德进行管制的权力，① 实质在于排除公共妨害；征收权则指为了实现公用而强制征收私有财产，实质在于创造公共利益。② 然而，随着城市问题的恶化以及城市更新运动的展开，征收权之公用要求渐趋宽泛——广义公用教义占据主导地位，排除公共妨害也被毋庸置疑地纳入，而警察权本身，尤其是规划权力的行使也由排除妨害扩张到提高社区生活的质量，③ 两者目的渐趋竞合。伯尔曼案连通了征收权与警察权的桥梁，1984年的米德基夫案进一步明确了征收权

---

① 刘连泰. 政府对拟征收不动产的管制[J]. 法律科学（西北政法大学学报），2014 (2)：101.

② Christopher Supino. The Police Power and Public Use：Balancing the Public Interest against Private Rights through Principled Constitutional Distinctions[J]. West Virginia Law Review，2008，110 (2)：728-729.

③ Ramsin G. Canon. Participatory Democracy and the Entrepreneurial Government：Addressing Process Efficiencies in the Creation of land Use Development Agreements[J]. Chicago-Kent Law Review，2014，89 (2)：781-822.

与警察权在公用要求上的可通约性。在米德基夫案中,联邦最高法院将征收权与警察权的关系简化为:"征收之公用要求与作为主权性权力的警察权范围一致。"①结合欧几里得镇案,不难看出,规划权作为警察权的一支,其旨在实现的公共利益与征收之公用要求具有可通约性。

不过,还须追问的是,规划的宏观性与征收的个别性是否会影响两者在公共利益前提下的可通约性?答案显而易见。无论是伯尔曼案,还是凯洛案,或者新泽西州最高法院判决的葛林森案,都强调关于征收是否符合公用的判断应当从整体规划入手,不应零敲碎打地展开。也就是说,法院对规划,以及征收的审查都采取了一种整体视角,这与公用之公共性特点契合。

(二)公共参与:规划程序对征收正当性的影响

城市规划既是一个法律问题,也是一个政治、经济和社会问题,多元且冲突的利益在此交锋——公民的财产利益备受影响,政府获得促进经济发展的有效工具,私人企业找到借助公权力谋求利益的新通道。美国法上强调规划之公共参与或参与型规划(participatory planning),从而为各方利益的协调搭建了平台,也为规划的民主性奠定基础。

美国的规划立法很早就确立了公共参与程序。1926年的《标准州分区授权法》规定,分区管制只有在公开听证后才可生效,且必须在发行量大的报纸和官方报纸上持续15天公告听证地点和时间,所有利害关系人都可以参加。1928年的《标准城市规划授权法》规定,规划的制定、修改至少必须召开一次公开听证,且必须在发行量大的报纸和官方公报上公开时间和地点;规划及其修正的采纳必须获得规划委员会6名成员的赞成票(共9名成员),以决议形式通过。虽然两者都强调公开听证的重要性,但是公共参与的实践迥然有别——早期规划与开发在很大程度上是"向政府部门、立法机构与开发商等少数群体开放的领域,具有明显的排他性和非公开性"②。公共参与不足导致早期规划与开发的失败,进而引发了20世纪60年代和70年代的法律改革,大量的联邦重建法律被修正,不但要求更多的公共参与以获得公众支持,而且将公共参与作为州及地方政府申请联邦资助的前提条件——申请联邦资助者须

---

① Hawai'i Housing Authority v. Midkiff, 467 U.S. 229 (1984), 240.
② 王郁. 公众参与及美国城市规划制度的发展[J]. 城市发展研究,2009(6):59.

证明重建规划有着充分的公共参与。① 州层面的重建法律则多要求在划定重建区之前与批准具体重建规划之前都必须举行公开听证。② 以凯洛案为例，新伦敦市开发公司在制定规划的过程中，召开了一系列邻里会议，说明规划内容，各种政府机构则通过深入调研评估规划的经济、环境和社会影响。③

公共参与搭建了一个利害关系人各抒己见的开放性平台，经由充分协商而达致的规划更能获得公众支持，最小化可能的冲突和损害。因为经由充分且公开的商谈产生的规则，保证了利害关系人在规则制定中能够有效表达建议或意见，从而将分歧与争执化解在协商过程中，参与者对其制定过程和结果会更认可和满意。④ 尤其是在政府权力与个人权利、公共利益与私人利益博弈的过程中，公共参与程序既构成对政府权力的制约，有利于决策者更好地了解政府行为的后果，也表明了权力主体对公民人格尊严的尊重和维护，有利于保证对公民财产权的限制符合正当程序。由此，如果征收旨在实施经由充分审议而制定的综合规划，那么在其出发点上就具有民主正当性。

三、比较与借鉴：征收的规划控制的中国语境

规划对征收范围以及征收之公用判断的作用是美国法上征收的规划控制的主要关注点。征收权与警察权在征收领域的关系，以及规划对公共参与的严格要求奠定了征收的规划控制的正当性基础。回到中国语境，基于地方性的差异，美国法上的知识到底会带来什么样的启示呢？

（一）规范层面的比较

《征收补偿条例》第 8 条明确了征收的公共利益要求，第 9 条第 1 款规定了"确需征收房屋的各项建设活动"应当符合"国民经济和社会发展规划、土地利用总体规划、城乡规划和专项规划"，第 9 条第 2 款要求相关规划之制定应当广泛征求社会公众意见，经过科学论证。从规范结构来看，首先，规划构成征收得以展开的前提要件——只有符合各项规划，建设活动才能通过征收权

---

① Damon Y. Smith. Participatory Planning and Procedural Protections: The Case for Deeper Public Participation in Urban Redevelopment[J]. Saint Louis University Public Law Review, 2009, 29 (1):248-252.

② Daniel R. Mandelker. The Comprehensive Planning Requirement in Urban Renewal[J]. University of Pennsylvania Law Review, 1967, 116 (1): 29.

③ Kelo v. City of New London, 545 U.S. 469 (2005), 473-474.

④ Jody Freeman & Laura I Langbein. Regulatory Negotiation and the Legitimacy Benefit[J]. New York University Environmental Law Journal, 2000, 9 (1): 60-151.

的行使展开;其次,规划作为前提要件的正当性基础在于规划本身基于民主与专业知识的正当性。相较于美国法上的经验,这两点既有契合,也有差异。

就前者而言,中国语境亦强调规划对征收的外部控制作用,征收应当根据规划展开,但反过来,并不能直接得出诸如"规划决定征收的范围""经由充分审议的综合规划证成征收之公用性"这样的论断。如前所述,美国法语境所涉规划往往是具体的、某一地区或区域的开发规划,与征收紧密相连,正是某一具体开发规划的存在直接导致了相应的征收。反观中国语境,首先,规划与征收的关系并没有这么紧密,无论是国民经济和社会发展规划、土地利用总体规划,甚或是城乡规划和专项规划,往往在需要启动征收之前,很早就已经存在,征收只是以建设活动为引线的最终结果;其次,揆诸《征收补偿条例》第 9 条,也不难发现规划体系本身的庞杂性,征收的规划控制要想完全落实,还必须严格地嵌入各项规划的关系谱系中,这也注定了其适用的难度。值得注意的是,地方层面出台的部分实施《征收补偿条例》的规定进一步细化了征收与规划的关系,尤其在征收范围方面,或者要求根据规划用地范围和房屋状况确定,或者要求根据建设用地规划许可证确定。①

就后者而言,中国法上为征收的规划控制提供的正当理由与美国法上的依据颇为相似,但仍需谨慎解读。首先,《城乡规划法》第 4 条系规划中的公共利益条款,②其关于规划之公共利益要件的规定,相较于《征收补偿条例》第 8 条而言,虽然在规范结构上——一般条款,而未具体列举,但是在具体的公共利益内容上,两者似乎可以通约。但值得注意的是,征收的公共利益条款强调"确需征收房屋的",意即征收权是最后手段,而从规划的公共利益条款来看,规划权系可选择的一般手段,在适用上更为宽泛,两者并不能完全通约,如前所述,"各项建设活动都应当符合相应的规划,但这并不意味着凡合乎规划要求的建设活动就一定符合确需征收房屋的公益要求"③。其次,中国语境也强

---

① 前者如《四川省国有土地上房屋征收与补偿条例》第 9 条、《浙江省国有土地上房屋征收与补偿条例》第 7 条;后者诸如《上海市国有土地上房屋征收与补偿实施细则》第 10 条的规定。

② 《中华人民共和国城乡规划法》第 4 条规定:"制定和实施城乡规划,应当遵循城乡统筹、合理布局、节约土地、集约发展和先规划后建设的原则,改善生态环境,促进资源、能源节约和综合利用,保护耕地等自然资源和历史文化遗产,保持地方特色、民族特色和传统风貌,防止污染和其他公害,并符合区域人口发展、国防建设、防灾减灾和公共卫生、公共安全的需要。"

③ 房绍坤.国有土地上房屋征收的法律问题与对策[J].中国法学,2012(1):55-63.

调规划之公共参与,但与《征收补偿条例》第 9 条第 2 款关于规划程序的规定相对应,《城乡规划法》及相关的《环境影响评价法》和《行政许可法》虽然为公众参与规划提供了法律保障,但是"总的来说,这些参与程序相对原则,可操作性还有待提高;同时这些参与程序反映出我国目前公众参与的程度还不高"①。

  由此可见,虽然征收之规划控制在我国有着明确的规范依据,但是由于规划制度本身的不完善性,如规划体系庞杂、规划程序宽松等,其适用既有难点,也有风险,美国法上的教义虽然落实了征收的规划控制,并为解读中国的征收之规划控制条款提供了借鉴,但是尚难以完全适用于中国语境,"要真正发挥规划在城市房屋征收中的依据作用,就必须提高规划的质量,完善规划相关制度"②。

(二)司法层面的分析

  诚如前文所言,征收的规划控制条款并非司法实践热衷的对象,但从寥寥直接援引该条款的案件中,还是能够初步窥探出司法审查的基本态度。以李凤芹诉夏津县人民政府征收决定案为例,③原审法院直接指出,根据被告提供的《夏津县国民经济和社会发展第十二个五年规划纲要和夏津县人民代表大会常务委员会决议》《夏津县土地利用总体规划》《夏津县城乡规划》,可以认定征收活动符合相关规划;同时,被告虽未提供证据证明系争规划在编制过程中征求了公众的意见,但是并不能就此认定无效,因为系争规划经由夏津县第十五届人民代表大会第五次决议通过,具有法律效力。上诉法院不但认可了原审法院的判断,而且直接跳过征求公众意见的程序要求,直接指出系争规划经夏津县人民代表大会研究通过,具有法律效力。由是,征收的规划控制条款的司法审查主要聚焦于规划是否存在,只要政府提供了所依据的相关规划,法院即认可征收符合规划,且政府不需要提供证据论证规划制定时已经广泛征求

---

  ① 陈振宇.城市规划中的公众参与程序研究[M].北京:法律出版社,2009:29.如《城乡规划法》关于规划程序的规定,带有浓厚的行政审批色彩,仅在第 26 条原则性地要求"城乡规划报送审批前,组织编制机关应当依法将城乡规划草案予以公告,并采取论证会、听证会或其他方式征收专家和公众的意见"。

  ② 薛刚凌.《国有土地上房屋征收与补偿条例》理解与运用[M].北京:中国法制出版社,2011:57.

  ③ 北大法宝."李凤芹与夏津县人民政府征收决定上诉案"[EB/OL].[2015-03-01]. http://pkulaw.cn/fulltext_form.aspx?Db=pfnl&Gid=119901141&keyword=&EncodingName=&Search_Mode=accurate.

社会公众的意见。与此一脉相承，有学者指出，"……公共参与多为政策提倡，不能作为相关规划活动违法或无效的判断标准，更不能因为相关规划违反公共参与进而认定征收活动违法"①。这种司法审查态度，实际上部分瓦解了征收的规划控制条款的意义。

征收的规划控制条款直接反映了征收与规划之间的关系，但法院对征收与规划关系的审查并非完全在该条款下展开。2014年最高人民法院公布的征收拆迁十大案例之"杨瑞芬诉株洲市人民政府房屋征收决定案"实际上突破了征收的规划控制，描摹出了中国语境下规划与征收范围的关系。该案认为，"在房屋征收过程中，如果因规划不合理，致使整幢建筑的一部分未纳入规划红线范围内，则政府出于实用性、居住安全性等因素考虑，将未纳入规划的部分一并征收，该行为体现了以人为本，有利于征收工作顺利推进"②。从积极面向来看，这种审查路径与征收的规划控制都旨在充分保障被征收者的合法利益，前者为例外，后者是一般情况；从消极面向来看，这可能会破坏征收的规划控制条款，与规划控制之下的征收范围扩张相比，在相对遵从立法、行政判断的审查语境下，这种例外情况仅受法官判断的限制，更可能赋予征收者广泛的裁量空间，严重危及公民的财产权益。之所以确立征收的规划控制的例外情况，根本上源于规划可能存在的不合理性。两相对照，这种路径与美国法上的反向征收理论异曲同工，③差别仅在于对规划外财产的征收在中国语境下系由征收机构决定，而美国法上则将主动权交予财产所有者。

此外，如美国法上的知识所表明的，征收的规划控制条款的适用实际上意味着对征收之程序面向的强调——征收是否符合规划在一定程度上影响了征收的公共利益判断。由此，征收的规划控制的司法审查包含了一种程序路径，即"以立法程序中的广泛参与来消解'公共利益'与个人财产权之间的紧张"④，保障征收的公共利益性质。这里的"立法程序"可以解读为囊括了从规

---

① 江必新.《国有土地上房屋征收与补偿条例》理解与适用[M]. 北京：中国法制出版社，2011：104.

② 中国法院网. 2014年最高人民法院公布的征收拆迁十大案例之"杨瑞芬诉株洲市人民政府房屋征收决定案"[EB/OL]. [2014-09-17]. http://www.chinacourt.org/article/detail/2014/08/id/1429364.shtml. 需注意的是，从目前发布的该案内容来看，其似乎并未直接论及征收之规划控制条款。

③ 杨瑞芬案所反映的这种情况，即整幢建筑一部分被征收，另一部分未被征收，大致相当于前文所及三种反向征收类型中的第二类。

④ 刘连泰."公共利益"的解释困境及其突围[J]. 文史哲，2006(2). 162.

划到征收的整个过程。虽然《征收补偿条例》第 8 条明确规定了公共利益的实体内涵,但是其关于"保障国家安全、促进国民经济和社会发展""法律、行政法规规定的其他公共利益的需要"的表述,显然较为原则,为公共利益的解释留有极大的伸缩空间,如公共利益条款实际上仍无法解决公共利益与商业开发之间的纠葛,而国民经济和社会发展离不开公私合作。实际上,不乏学者主张采用程序路径定义公共利益,要求集中关注征收程序启动前后的调查与公共参与。① 由是观之,征收的规划控制条款实际上提供了征收的程序审查的切入点。

综合观之,征收的规划控制条款的正当性部分取决于规划制度本身的完善性,而其有效适用则很大程度上仰赖司法审查的范围。虽然在直接涉及征收的规划控制条款适用的情况下,法院似乎对规划的合法性敬而远之,但是实际上,在涉及城乡规划的其他案件中,司法审查的触角已经逐步延及对城乡规划的合法性审查,②这为征收之规划条款在中国语境的进一步展开提供了凭借。就当下而言,美国法上的经验虽然提供了征收与规划关系的一种进路,但是基于语境的差异性,相关借鉴必须谨慎——规划制度的不健全与经济开发的欲望相结合,可能导致司法审查落入征收之规划控制条款的适用陷阱;司法审查对规划合法性的回避可能导致不合法的规划成为不合法征收的掩护,严重损害公民的财产权利。

---

① 房绍坤.论征收中"公共利益"界定的程序机制[J].法学家,2010(6):46-52.
② 郑春燕.论城乡规划的司法审查路径——以涉及城乡规划案件的司法裁判文书为例[J].中外法学,2013(4):803.

结　语

美国征收法中的公用教义并非纯粹的理论建构，也非仅仅停留于文本，而是真实世界中的公共利益。虽然联邦宪法第五修正案以及各州宪法都明文规定，征收权受制于公用要件，但是公用教义本身很大程度上仰赖司法形成。经过两百余年的判例演进，公用教义并不止于公用要件本身，而是延伸至美国宪法理论的角角落落，反过来，甚至仅仅通过公用教义本身，就足以管窥美国宪法理论的全貌。公用教义的变迁与联邦最高法院司法哲学的演进、分权理论与联邦主义原则的演进、财产权概念的演进紧密相关。对于这种"窥一斑而知全豹"效应，原旨主义理论以及先例传统功不可没。联邦最高法院在公用判断中的进退生动展现了权力与权利关系如何在美国法历史长河中百转千回。

诸如文霍利承租人案、法布鲁克灌溉区案、林奇案、伯尔曼案、米德基夫案、凯洛案等典型判例，串联起了公用教义时空变迁的链条。联邦最高法院在这些案件中的解释作业揭示了美国征收法的基本生态。巴尔金关于"法院善于固定，不善于打桩"的论断形象地呈现于公用教义的演进中。诸如磨坊法案、私人道路契合了建国初期的土地开发需要；诸如交通运输、制造业迎合了19世纪以来的改良需要；诸如清除衰败、商业开发密切关联于城市更新、复苏经济的需要。每一时期公用教义的变迁无不与此时此地的社会经济情况密切相关，公用要件具有动态性与社会性。但这并不意味着法院只是时代发展的应声虫。法院的司法审查技术——联邦法院与州法院在人权保护上的分工，法院对具体征收过程的关注、对幌子征收问题的审查、对征收的规划控制的强调，弥补了这种回应时代需要可能带来的功能折损。

美国征收活动的独特之处在于以司法机关为核心——征收程序必须在法院启动。追究其原因，很大程度上源于征收行为本身对社会公平正义的破坏——被征收者被单独挑选出来承受本应由全体公众承受的公共利益负担。

此种程序设置无形中会强化征收者的成本－收益考量以慎重行事,带有鲜明的财产权保护色彩。中国的征收程序设置从根本上未考虑到被征收者的孤立地位,司法实践多关注补偿问题更是进一步削弱了对被征收者利益的保护。在既有的公共利益研究中,实质主义路径依循抽象界定,规范主义路径关注立法设计与功能,程序主义路径强调民主过程,虽各有所长,但理想多过现实,在很大程度上无法进入真实世界。综合判断路径关注具体的征收过程,提供了真实世界的切入点。诚如黄卉教授所呼吁的,这还有赖于法官的个案判断。只有在丰富的司法土壤滋养下,中国的公共利益教义才能真正生根发芽,茁壮成长。

相较于既有的美国征收法公用教义研究,本书力争不做碎片化的解读,不做粗略化的勾勒,不孤立地对待公用要件本身。历史视角、整体性视角提供了全景观照公用教义、描绘公用要件与其他参照系、宪法原则之间的相互关系的最佳方法。我们可以确知,公用并不仅仅是其本身,也是征收条款中的公用,更是美国宪法中的公用。诉诸分权制衡、联邦主义等美国宪法上的基本原则,并非漂浮于公用要件之上的空谈,它们确确实实就在公用教义之中,影响着美国征收法的变迁。公用教义的基本面向虽然初步廓清,但是仍有诸多与之勾连的问题,诸如实体性正当程序教义与征收教义的关系,日渐兴起的公用要件经济分析,以及如何更全面地借鉴美国经验观照中国不动产征收制度等,有待后续检讨。

参考文献

一、著作类

(一)中文著作

[1]陈征.国家权力与公民权利的宪法界限[M].北京:清华大学出版社,2015.

[2]刘连泰.宪法文本中的征收规范解释——以中国宪法第十三条第三款为中心[M].北京:中国政法大学出版社,2014.

[3]郑永流,朱庆育.中国法律中的公共利益[M].北京:北京大学出版社,2014.

[4]褚江丽.中国宪法公共利益原则研究[M].北京:中国社会科学出版社,2013.

[5]尹建国.行政法中的不确定法律概念研究[M].北京:中国社会科学出版社,2012.

[6]韩立达,李勇,韩冬.农村土地制度改革研究[M].北京:中国经济出版社,2011.

[7]江必新.《国有土地上房屋征收与补偿条例》理解与适用[M].北京:中国法制出版社,2011.

[8]王锡锌.《国有土地上房屋征收与补偿条例》专家解读与法律适用[M].北京:中国法制出版社,2011.

[9]沈开举.《国有土地上房屋征收与补偿条例》条文解读与案例评点[M].北京:中国法制出版社,2011.

[10]薛刚凌.《国有土地上房屋征收与补偿条例》理解与运用[M].北京:中国法制出版社,2011.

[11]于宏伟.《国有土地上房屋征收与补偿条例》焦点问题解析[M].北京:法律出版社,2011.

[12]章彦英.土地征收救济机制研究:以美国为参照系[M].北京:法律出版社,2011.

[13]房绍坤,王洪平.公益征收法研究[M].北京:中国人民大学出版社,2011.

[14]于今.城市更新:城市发展的新里程[M].北京:国家行政学院出版社,2011.

[15]陈新民.德国公法学基础理论:增订新版·上卷[M].北京:法律出版社,2010.

[16]楼利明.法律对公共利益判断的控制:一种原则与规则并重的程序控制方法[M].杭州:浙江工商大学出版社,2010.

[17]冯桂.美国财产法——经典判例与理论研究[M].北京:人民法院出版社,2010.

[18]肖顺武.公共利益研究——一种分析范式及其在土地征收中的运用[M].北京:法律出版社,2010.

[19]范进学.美国宪法解释方法论[M].北京:法律出版社,2010.

[20]唐清利,何真.财产权与宪法的演进[M].北京:法律出版社,2010.

[21]吴高盛.公共利益的界定与法律规制研究[M].北京:中国民主法制出版社,2009.

[22]陈振宇.城市规划中的公众参与程序研究[M].北京:法律出版社,2009.

[23]邢益精.宪法征收条款中公共利益要件之界定[M].杭州:浙江大学出版社,2008.

[24]薛源.美国财产法[M].北京:对外经济贸易大学出版社,2006.

[25]许渊冲.翻译的艺术[M].北京:五洲传播出版社,2006.

[26]王名扬.美国行政法(上/下)[M].北京:中国法制出版社,2005.

[27]李艳玲.美国城市更新运动与内城改造[M].上海:上海大学出版社,2004.

[28]林来梵.从宪法规范到规范宪法——规范宪法学的一种前言[M].北京:法律出版社,2001.

[29]吴良镛.北京旧城与菊儿胡同[M].北京:中国建筑工业出版社,1994.

(二)译著

[1]詹姆斯·麦迪逊.辩论:美国制宪会议记录[M].南京:译林出版社,2015.

[2]杰克·M.巴尔金.活的原旨主义[M].刘连泰,刘玉姿,译.厦门:厦门大学出版社,2015.

[3]迈克·费恩塔克.规制中的公共利益[M].戴昕,译.龚捷,校.北京:中国人民大学出版社,2014.

[4]斯蒂芬·卡拉布雷西.美国宪法的原旨主义——廿五年的争论[M].李松峰,译.北京:当代中国出版社,2014.

[5]格奥尔格·耶利内克.《人权与公民权利宣言》——现代宪法史论[M].李金辉,译.北京:商务印书馆,2013.

[6]马丁·安德森.美国联邦城市更新计划:1949—1962年[M].吴浩军,译.北京:中国建筑工业出版社,2012.

[7]J.格里高利·西达克,丹尼尔·F.史普博.美国公用事业的竞争转型——放松管制征用与管制契约[M].宋华琳,李鸽,等译.上海:上海人民出版社,2012.

[8]戴维·施特劳斯.活的宪法[M].毕洪海,译.北京:中国政法大学出版社,2012.

[9]理查德·A.艾珀斯坦.征收：私人财产和征用权[M].李昊,刘刚,翟小波,译.北京：中国人民大学出版社,2011.

[10]约翰·哈特·伊利.民主与不信任——司法审查的一个理论[M].北京：法律出版社,2011.

[11]洛克.政府论：下篇[M].叶启芳,瞿菊农,译.北京：商务印书馆,2011.

[12]伯纳德·施瓦茨.美国法律史[M].王军,洪德,杨晶辉,译.潘华,仿校.北京：法律出版社,2011.

[13]亚历山大·汉密尔顿,约翰·杰伊,詹姆斯·麦迪逊.联邦党人文集[M].张晓庆,译.北京：中国社会科学出版社,2011.

[14]约翰·G.斯普兰克林.美国财产法精解[M].钟书峰,译.北京：北京大学出版社,2009.

[15]霍菲尔德.基本法律概念[M].张书友,编译.北京：中国法制出版社,2009.

[16]基思·E.惠廷顿.宪法解释：文本含义、原初意图与司法审查[M].杜强强,刘国,柳建龙,译.北京：中国人民大学出版社,2009.

[17]南博方.行政法：第6版[M].杨建顺,译.北京：中国人民大学出版社,2009.

[18]罗伯特·A.达尔.美国宪法的民主批判[M].北京：东方出版社,2007.

[19]阿奇博尔德·考克斯.法院与宪法[M].田雷,译.北京：北京大学出版社,2006.

[20]伯纳德·施瓦茨.美国最高法院史[M].毕洪海,柯翀,石明磊,译.北京：中国政法大学出版社,2005.

[21]丹尼尔·J.伊拉扎.联邦主义探索[M].彭利平,译.上海：上海三联书店,2004.

[22]莫顿·J.霍维茨.美国法的变迁：1780—1860[M].谢鸿飞,译.北京：中国政法大学出版社,2004.

[23]约翰·M.利维.现代城市规划[M].张景秋,等译.北京：中国人民大学出版社,2003.

[24]理查德·A.波斯纳.法律的经济分析[M].蒋兆康,译.北京：中国大百科全书出版社,1997.

(三)外文著作

[1]Robert H. Bork. The Tempting of America：The Political Seduction of the Law[M]. New York：Free Press,1997.

[2]Bruce L. Benson. Property Rights,Eminent Domain and Regulatory Takings Re-Examined[M]. London：Palgrave Macmillan,2010.

[3]Naomi Carmon & Susan S. Fainstein. Policy, Planning and People：Promoting Justice in Urban Development[M]. Philadelphia：University of Pennsylvania Press,2013.

[4]Thomas M. Cooley. A Treatise on the Constitutional Limitations Which Rest on the Legislative Power of the States of the American Union(2nd ed.)[M]. Boston：Little, Brown & Co.,1871.

[5] Thomas M. Cooley. A Treatise on the Law of Taxation, Including the Law of Assessments [M]. Chicago: Callaghan & Company, 1881.

[6] Richard A. Epstein. Takings: Private Property and the Power of Eminent Domain [M]. Massachusetts: Harvard University Press, 1985.

[7] Ernst Freund. The Police Power: Public Policy and Constitutional Rights[M]. Chicago: Callaghan & Company, 1904.

[8] Dennis J. Goldford. The American Constitution and the Debate over Originalism [M]. Cambridge: Cambridge University Press, 2005.

[9] Lewis D. Hopkins. Urban Development: the Logic of Making Plans[M]. Washington: Island Press, 2001.

[10] Grotius Hugo. 3 The Law of War and Peace[M]. Kelsey, Francis W. trans, New York: Oceana Publications, 1964.

[11] Leonard W. Levy. Seasoned Judgments: The American Constitution, Rights, and History[M]. New Brunswick, NJ: Transaction Publishers, 1995.

[12] John A. Lewis. A Treatise of Eminent Domain in the United States(Ⅰ/Ⅱ)[M], Chicago: Callaghan & Company, 1900.

[13] Thomas J. Miceli & Kathleen Segerson. The Economics of Eminent Domain: Private Property, Public Use, and Just Compensation[M]. Norwell, MA: NOW Publishers Inc, 2007.

[14] Carla T. Main. Bulldozed: "Kelo", Eminent Domain and the American Lust for Land[M]. New York: Encounter Books, 2007.

[15] Robin Paul Malloy Private Property, Community Development, and Eminent Domain[M]. Farnham: Ashgate Publishing, 2008.

[16] Carla T. Main. Bulldozed: "Kelo", Eminent Domain and the American Lust for Land[M]. New York: Encounter Books, 2007.

[17] Philip Nichols. The Law of Eminent Domain: A Treatise on the Principles which Affect the Taking of Property for the Public Use (Ⅰ) [M]. Albany, N.Y.: M. Bender, 1917.

[18] Samuel Von Pufendorf. On the Duty of Man and Citizen[M]. Tully, J. ed., Silverthorne, M. trans., Cambridge: Cambridge University Press, 1991.

[19] Edward H. Rabin & Roberta Rosenthal Kwall. etc. Fundamentals of Modern Property Law[M]. NY : Foundation Press, 2011.

[20] John Ryskamp. The Eminent Domain Revolt: Changing Perceptions in a New Constitutional Epoch[M]. New York: Algora Pub., 2007.

[21] Susan Reynolds. Before Eminent Domain: Toward a History of Expropriation of Land for the Common Good [M]. Chapel Hill: The University of North California

Press，2010.

[22]Norman Siegel & Philip ET AL. Kotler. Marketing Places：Attracting Investment，Industry，and Tourism to Cities，States，and Nations[M]. New York：The Free Press，1993.

[23]William B. Stoebuck. Nontrespassory Takings in Eminent Domain[M]. Virginia：The Michie Company，1977.

[24]Lawrence B. Solum & Robert W. Bennett. Constitutional Originalism：A Debate[M]. Ithaca：Cornell University Press，2011.

[25]Gordon S. Wood. The Creation of the American Republic，1776-1789 [M]. Chapel Hill：The University of North Carolina Press，1969.

二、论文

(一)中文论文

[1]刘连泰.美国法上请愿免责的标准变迁[J].法制与社会发展，2015(3).

[2]刘连泰.法理的救赎——互惠原理在管制性征收案件中的适用[J].现代法学，2015(4).

[3]刘玉姿.后凯洛时代作为征收理由的公用判断标准——以州法院的判决为线索[M]// 章剑生.公法研究.杭州：浙江大学出版社，2015(14).

[4]冉昊.法经济学中的"财产权"怎么了？——一个民法学人的困惑[J].华东政法大学学报，2015(2).

[5]刘玉姿.征收的规划控制[J].城市规划，2015(8).

[6]李俊慧.科斯定理的三个版本与权利界定[J].学术研究，2015(9).

[7]毕洪海.本质上政府的职能[J].行政法学研究，2015(1).

[8]刘连泰，刘玉姿.作为基本权利的集体土地所有权[J].江苏行政学院学报，2015(1).

[9]高志宏.土地征收中法院的角色功能及实现——以《国有土地上房屋征收与补偿条例》为核心[J].时代法学，2015(2).

[10] 程雪阳.土地发展权与土地增值收益的分配[J].法学研究，2014(5).

[11]刘玉姿.美国法上的衰败区征收及其启示[M]// 姜明安.行政法论丛.北京：法律出版社，2014(16).

[12]刘连泰.确定"管制性征收"的坐标系[J].法治研究，2014(3).

[13]屠振宇.人权司法保障：美国新司法联邦主义的演进与启示[J].比较法研究，2014(5).

[14]余军.正当程序：作为概括性人权保障条款——基于美国联邦最高法院司法史的考察[J].浙江学刊，2014(6).

[15]刘连泰，左迪.美国医改法案中个人强制条款的税法解读与启示[J].河南社会科学，2014(2).

[16] 刘连泰. 集体土地征收制度变革的宪法空间[J]. 法商研究, 2014(3).

[17] 张玉洁. 法律文本中的"公共利益"的法规范分析——以类型理论为视角[J]. 大连理工大学学报(社会科学版), 2014(4).

[18] 高志宏. 公共利益类型化研究——一种实证分析的研究进路[J]. 南京财经大学学报, 2014(5).

[19] 朱庆育. 公共利益的民法意义——以《民法通则》第7条为中心[M]//郑永流, 等. 中国法律中的公共利益. 北京: 北京大学出版社, 2014.

[20] 黄卉, 毛亚满. 城市房屋征收中的"公共利益"概念及其界定[M]//郑永流, 等. 中国法律中的公共利益. 北京: 北京大学出版社, 2014.

[21] 欧阳君君, 杨国永. 台湾地区土地征收中的公共利益界定程序及其争论[J]. 江汉学术, 2014(6).

[22] 刘连泰, 左迪. 征收法上按公平市场价值补偿规则的白圭之玷[J]. 浙江社会科学, 2013(9).

[23] 郑春燕. 论城乡规划的司法审查路径——以涉及城乡规划案件的司法裁判文书为例[J]. 中外法学, 2013(4).

[24] 许中缘. 论公共利益的程序控制——以法国不动产征收作为比较对象[J]. 环球法律评论, 2013(3).

[25] 陈晓芳. 土地征收中的"公共利益"界定[J]. 北京大学学报(哲学社会科学版), 2013(6).

[26] 许乙川. 现行《土地管理法》的不足及修改完善思路[J]. 法治研究, 2013(6).

[27] 刘玉姿. 美国法上的幌子征收及其启示[J]. 浙江社会科学, 2013(10).

[28] 余军. "公共利益"的论证方法探析[J]. 当代法学, 2012(4).

[29] 蔡乐渭. 从拟制走向虚无——土地征收中"公共利益"的演变[J]. 政法论坛, 2012(6).

[30] 刘连泰. 宪法上征收规范效力的前移——美国法的情形及其启示[J]. 法学家, 2012(5).

[31] 房绍坤. 国有土地上房屋征收的法律问题与对策[J]. 中国法学, 2012(1).

[32] 吴得文, 毛汉英, 张小雷, 黄金川. 中国城市土地利用效率评价[J]. 地理学报, 2011(8).

[33] 陈新民. 台湾土地征收法制的困境与前瞻[M]//姜明安. 行政法论丛. 北京: 法律出版社, 2011.

[34] 李成玲. 对城市规划中的房屋征收与损失补偿的规制思考[J]. 法治论丛, 2011(5).

[35] 高建伟. 美国土地征收中的"公共利益"[J]. 美国研究, 2011(3).

[36] 王书成. 合宪性推定的正当性[J]. 法学研究, 2010(2).

[37] 程汉大. 司法克制、能动与民主——美国司法审查理论与实践透析[J]. 清华法学, 2010(4).

[38]方乐坤.我国土地征收中的公共利益评断模式分析——兼及代议均衡型公益评断模式的成立[J].河南社会科学,2010(5).

[39]王静.美国财产征收中的公共利益——从柯罗诉新伦敦市政府案说起[J].国家行政学院学报,2010(3).

[40]宋志红.小产权房治理与《土地管理法》修改[J].中国土地科学,2010(5).

[41]房绍坤.论征收中"公共利益"界定的程序机制[J].法学家,2010(6).

[42]倪斐.公共利益的法律类型化研究——规范目的标准的提出与展开[J].法商研究,2010(3).

[43]林彦,姚佐莲.美国土地征收中公共用途的司法判定——财产权地位降格背景下的思考兼对我国的启示[J].交大法学,2010(1).

[44]方乐坤.我国土地征收中的公共利益评断模式分析——兼及代议均衡型公益评断模式的成立[J].河南社会科学,2010(5).

[45]黄毅,汪厚冬.土地征收中公益控制的司法途径[J].国家检察官学院学报,2010(4).

[46]冯桂."公共利益"的作用与局限——对美国不动产征收判例法的观察和思考[J].华东政法大学学报,2009(2).

[47]刘连泰.将征收的不动产用于商业开发是否违宪——对美国相关判例的考察[J].法商研究,2009(3).

[48]王利明.论征收制度中的公共利益[J].中国法学,2009(2).

[49]刘连泰.征收和征税的关系规则及其适用:美国法上的情形[J].当代法学,2009(6).

[50]王铁雄.布莱克斯通与美国财产法个人绝对财产权观[J].比较法研究,2009(4).

[51]刘翀.现实主义法学的批判与建构[J].法律科学(西北政法大学学报),2009(5).

[52]王郁.公众参与及美国城市规划制度的发展[J].城市发展研究,2009(6).

[53]张莉.法国土地征收公益性审查机制及其对中国的启示[J].行政法学研究,2009(1).

[54]倪斐.公共利益法律化:理论、路径与制度完善[J].法律科学(西北政法大学学报),2009(6).

[55]胡鸿高.公共利益的法律界定[J].中国法学,2008(4).

[56]莫志宏.科斯定理与初始权利的界定——关于初始权利界定的法与经济学[J].中国政法大学学报,2008(5).

[57]曹飞,陈凌.法经济学的现实主义溯源[J].经济社会体制比较,2008(5).

[58]章岩,方可.是历史在重演吗?——从美国的"城市更新"到中国的"旧城改造"[J].经济理论与经济管理,2008(12).

[59]李叶叶.公共利益研究综述[J].湖南社会科学,2008(2).

[60]张薇,张雪萍.关于公共利益的重新考量——土地征收问题中对美国法的几点借鉴[J].河北理工大学学报(社会科学版),2008(4).

[61]王小岭.论我国征收制度中的公共利益认定[J].中共云南省委党校学报,2007

(4).

[62]钱锦宇.司法审查的能与不能:从"麦迪逊式困境"的重新解读及其解决说起[J].环球法律评论,2007(5).

[63]林来梵,陈丹.城市房屋拆迁中的公共利益界定——中美"钉子户"案件的比较[J].法学,2007(8).

[64]田雷.当司法审查遭遇"反多数难题"[J].博览群书,2007(2).

[65]任东来."反多数难题"不是一个难题[J].博览群书,2007(4).

[66]汪庆华.土地征收、公共使用与公平补偿——评Kelo v. City of New London一案的判决[J].北大法律评论,2007(8).

[67]耿利航.如何界定公共利益——美国联邦最高法院"凯洛诉新伦敦市案"的剖析和启示[J].法学杂志,2007(2).

[68]钱天国."公共使用"与"公共利益"的法律解读——从美国新伦敦市征收案谈起[J].浙江社会科学,2006(6).

[69]程洁.土地征收征用中的程序失范与重构[J].法学研究,2006(1).

[70]范进学.美国宪法解释:"麦迪逊两难"之消解[J].法律科学(西北政法学院学报),2006(6).

[71]房绍坤,王洪平.论我国征收立法中公共利益的规范模式[J].当代法学,2006(1).

[72]钱锦宇.也说美国宪政的"反多数难题"[J].博览群书,2006(8).

[73]姚佐莲.公用征收中的公共利益标准——美国判例的发展演变[J].环球法律评论,2006(1).

[74]刘连泰."公共利益"的解释困境及其突围[J].文史哲,2006(2).

[75]刘连泰.我国宪法文本中作为人权限制理由的四个利益范畴之关系[J].法律科学(西北政法大学学报),2006(4).

[76]郑贤君."公共利益"的界定是一个宪法分权问题——从Eminent Domain的主权属性谈起[J].法学论坛,2005(1).

[77]卢鹏.法律拟制正名[J].比较法研究,2005(1).

[78]张千帆."公共利益"困境与出路:美国公用征收条款的宪法解释及其对征收权的启示[J].中国法学,2005(5).

[79]周其仁.农地产权与征地制度——中国城市化面临的重大选择[J].经济学(季刊),2004(4).

[80]黄学贤.公共利益界定的基本要素及应用[J].法学,2004(10).

[81]杨寅.公共利益的程序主义考量[J].法学,2004(10).

[82]王华春,唐任伍.中国城市土地资源利用及对策[J].北京师范大学学报(社会科学版),2004(2).

[83]刘志刚.美国联邦法院对财产权的宪法性保护——从宪法诉讼的角度审视[J].

法学，2004(5).

[84]韩大元.私有财产权入宪的宪法学思考[J].法学，2004(4).

[85]费安玲.对不动产征收的私法思考[J].政法论坛，2003(1).

[86]张鹏.财产权合理限制的界限与我国公用征收制度的完善[J].法商研究，2003(4).

[87]李曙光.论宪法与私有财产权保护[J].比较法研究，2002(1).

[88][美]托马斯·C.格雷.论财产权的解体[J].高新军，译.经济社会体制比较，1994(5).

(二)学位论文

[1]王灵慧.公共利益的界定及其实现机制[D].上海：华东政法大学，2012.

[2]忻诚.美国宪政视野下的征收制度法理研究[D].上海：复旦大学，2011.

[3]魏洁.征收权发动的要件研究——美国城市更新中"破败"的概念构成[D].上海：上海交通大学，2010.

[4]陈海燕.法国公用征收制度研究[D].上海：复旦大学，2010.

[5]王丽晖.美国法上管制性征收界定标准的演变——以联邦最高法院的判例为中心[D].厦门：厦门大学，2010.

[6]高建伟.中国集体所有土地征收研究——基于法经济学的分析[D].天津：南开大学，2009.

[7]程铁锁.作为财产征收理由的公共利益之限制解释[D].厦门：厦门大学，2008.

[8]蔡乐渭.论行政法上的公共利益——以土地征收为中心的研究[D].北京：中国政法大学，2007.

(三)英文论文

[1]Shirley S. Abrahamson. State Constitutional Law, New Judicial Federalism, and the Rehnquist Court[J]. Cleveland State Law Review, 2004, 51 (3&4).

[2]Alan Ackerman & Noah Yanich. Eminent Domain: The Constitutionality of Condemnation Quick-Take Statutes[J]. University of Detroit Journal of Urban Law, 1982, 60 (1).

[3]Acheson. Book Review[J]. Harvard Law Review, 1919, 33 (2).

[4]Gregory S. Aleander. The Social-Obligation Norm in American Property Law[J]. Cornell Law Review, 2009, 94 (4).

[5]Patricia J. Askew. Take It or Leave It: Eminent Domain for Economic Development —Statutes, Ordinances, & (and) Politics, Oh My! [J]. Texas Wesleyan Law Review, 2006, 12 (2).

[6]A.S.G., R.J.P., A.A.L., A.L.P., Excess Condemnation—To Take or Not to Take—A Functional Analysis[J]. New York Law Forum, 1969, 15 (1).

[7]Jane B. Baron. Rescuing the Bundle-of-Rights Metaphor in Property Law[J]. Uni-

versity of Cincinnati Law Review, 2013, 82 (3).

[8]John P. Baker. Procedural Issues in Eminent Domain[J]. Texas Wesleyan Law Review, 2011, 18 (1).

[9]Randy E. Barnett. Is the Constitution Libertarian? [J]. Cato Supreme Court Review, 2008/2009.

[10]Benjamin D. Barros. The Police Power and the Takings Clause[J]. University of Miami Law Review, 2004, 58 (2).

[11]Thomas Darren Barker. Public Use, Private Taking and Economic Growth or Disney's Latest E(minent Domain)-Ticket Attraction[J]. Western State University Law Review, 1994, 21 (2).

[12]Lawrence Berger. The Public Use Requirement in Eminent Domain[J]. Oregon Law Review, 1978, 57 (2).

[13]Robert C. Bird & Lynda J. Oswald. Necessity as a Check on State Eminent Domain Power[J]. University of Pennsylvania Journal of Constitutional Law, 2009, 12 (1).

[14]Lynn E. Blais. The Problem with Pretext[J]. Fordham Urban Law Journal, 2011, 38 (4).

[15]Josh Blackman. Equal Protection from Eminent Domain: Protecting the Home of Olech's Class of One[J]. Loyola Law Review, 2009, 55 (4).

[16]Caitlin E. Borgmann. Rethinking Judicial Deference to Legislative Fact-Finding [J]. Indiana Law Journal, 2009, 84 (1).

[17]Bret Boyce. Property as a Natural Right and as a Conventional Right in Constitutional Law[J]. Loyola of Los Angeles International and Comparative Law Review, 2007, 29 (2).

[18]David L. Breau. Justice Thomas' Kelo Dissent, or, "History as a Grab Bag of Principles"[J]. McGeorge Law Review, 2007, 38 (2).

[19]William J. Brennan Jr. State Constitutions and the Protection of Individual Rights [J]. Harvard Law Review, 1977, 90 (3).

[20]Paul Brest. The Misconceived Quest for the Original Understanding[J]. Boston University Law Review,1980, 60 (2).

[21]Ramsin G. Canon. Participatory Democracy and the Entrepreneurial Government: Addressing Process Efficiencies in the Creation of land Use Development Agreements[J]. Chicago-Kent Law Review, 2014, 89 (2).

[22]Guido Calabresi & Douglas A. Melamed. Property Rules, Liability Rules, and Inalienability: One View of the Cathedral[J]. Harvard Law Review, 1972, 85 (6).

[23]Terence J. Centner. Legitimate Exercises of the Police Power or Compensable Takings: Courts May Recognize Private Property Rights[J]. Journal of Food Law & Poli-

cy, 2011, 7 (2).

[24]Eric R. Claeys. Public-use Limitations and Natural Property Rights[J]. Michigan State Law Review, 2004, 2004 (4).

[25]CLAUS, LAURENCE. "Uniform throughout the United States": Limits on Taxing as Limits on Spending[J]. Constitutional Commentary, 2001, 18 (3).

[26]Charles E. Cohen. The Abstruse Science: Kelo, Lochner, and Representation Reinforcement in the Public Use Debate[J]. Duquesne Law Review, 2007/2008, 46 (3).

[27]Charles E. Cohen. Eminent Domain after Kelo v. City of New London: An Argument for Banning Economic Development Takings[J]. Harvard Journal of Law & Public Policy, 2006, 29 (2).

[28]Morris R. Cohen. Property and Sovereignty[J]. Cornell Law Quarterly, 1927, 13 (1).

[29]William J. Cohen. Private Property and the Takings Issue: Enhancing the Position of Ecological Values in the Supreme Court's Constitutional Calculus[J]. Journal of Environmental Law and Litigation, 2013, 28 (3).

[30]Michael J. Coughlin. Absolute Deference Leads to Unconstitutional Governance: The Need for a New Public Use Rule[J]. Catholic University Law Review, 2004/2005, 54 (3).

[31]Robert M. Cover. The Origins of Judicial Activism in the Protection of Minorities [J]. The Yale Law Journal, 1982, 91 (7).

[32]R. H. Coase. The Federal Communications Commission[J]. Journal of Law & Economics, 1959, 2.

[33]R. H. Coase. The Problem of Social Cost[J]. Journal of Law & Economics, 1960, 3.

[34]Bluebook 20th ed. Privacy, Property, Public Use, and Just Compensation[J]. Southern California Law Review, 1968, 41 (4).

[35]Milton Covlin. Property Which Cannot be Reached by the Power of Eminent Domain for a Public Use or Purpose[J]. University of Pennsylvania Law Review & American Law Register, 1929,78 (2).

[36]Bluebook 20th ed. The Public Use Limitation on Eminent Domain: An Advance Requiem[J]. Yale Law Journal, 1949, 58 (4).

[37]Steven M. Crafton. Taking the Oakland Raiders: A Theoretical Reconsideration of the Concepts of Public Use and Just Compensation [J]. Emory Law Journal, 1983, 32 (3).

[38]Christopher D. Cutting. Independent Judicial Determination: How Courts Can Use the Standard of Review to Uphold Private Property Rights without Undermining

Public Use[J]. Phoenix Law Review, 2010/2011, 4 (2).

[39]James Geoffrey Durham. Efficient Just Compensation as a Limit on Eminent Domain[J]. Minnesota Law Review, 1985, 69 (6).

[40]James W. Ely Jr. The Historical Context of Just Compensation[J]. Practical Real Estate Lawyer, 2014, 30 (3).

[41] Richard A. Epstein. Public Use in a Post-Kelo World[J]. Supreme Court Economic Review, 2009, 17.

[42]Richard A. Epstein. Not Deference, but Doctrine: The Eminent Domain Clause[J]. Supreme Court Review, 1982, 1982.

[43] William Epstein. The Public Purpose Limitation on the Power of Eminent Domain: A Constitutional Liberty Under Attack[J]. Pace Law Review, 1983/1984, 4 (2).

[44]Nasim Farjad. Condemnation Friendly or Land Use Wise—A Broad Interpretation of the Public Use Requirement Works Well for New York City[J]. Fordham Law Review, 2007, 76 (2).

[45] Richard H. Fallon Jr., Foreword: Implementing the Constitution[J]. Harvard Law Review, 1997, 111 (1).

[46]David L. Faigma. Reconciling Individual Rights and Government Interests: Madisonian Principles versus Supreme Court Practice[J]. Virginia Law Review, 1992, 78 (7).

[47]David B. Fawcett. III. Eminent Domain, the Police Power, and the Fifth Amendment: Defining the Domain of the Takings Analysis[J]. University of Pittsburgh Law Review, 1986, 47 (2).

[48]Marisa Fegan. Just Compensation Standard and Eminent Domain Injustices: An Underexamined Connection and Opportunity for Reform[J]. 2007, 6 (2).

[49]Charles Fels & N. T. Adams etc. The Private Use of Public Power: The Private University and the Power of Eminent Domain[J]. Vanderbilt Law Review, 1974, 27 (4).

[50]Lee Anne Fennell. Taking Eminent Domain Apart[J]. 2004 (4).

[51]James E. Fleming. The Inclusiveness of the new Originalism[M]. Fordham Law Review, 2013, 82 (2).

[52]Martin S. Flaherty. History "Lite" in Modern American Constitutionalism[J]. Columbia Law Review, 1995, 95 (3).

[53]Jerry P. Fortenberry. Exercise of Eminent Domain by Private Bodies for Public Purposes[J]. University of Illinois Law Forum, 1966.

[54]Jody Freeman & Laura I. Langbein. Regulatory Negotiation and the Legitimacy Benefit[J]. New York University Environmental Law Journal, 2000, 9 (1).

[55]Ashley J. Fuhrmeister. In the Name of Economic Development: Reviving Public Use as a Limitation on the Eminent Domain Power in the Wake of Kelo v. City of New

London[J]. Drake Law Review, 2005, 54 (1).

[56]Nicole Stelle Garnett. Planning as Public Use? [J]. Ecology Law Quarterly, 2007, 34 (2).

[57]Colin Gordon. Blighting the Way: Urban Renewal, Economic Development, and the Elusive Definition of Blight[J]. Fordham Urban Law Journal, 2004, 31 (2).

[58] Amanda W. Goodin. Rejecting The Return To Blight in Post-Kelo State Legislation[J]. New York University Law Review, 2007, 82 (1).

[59]Shaun A. Goho. Process-oriented Review and the Original Understanding of the Public Use Requirement[J]. Southwestern Law Review, 2008, 38 (1).

[60]Andrew E.Goldsmith. The Void-For-Vagueness Doctrine in the Supreme Court, Revisited [J]. American Journal of Criminal Law, 2003, 30 (2).

[61]J. A. C. Grant. The "Higher Law" Background of the Law of Eminent Domain [J]. 1930/1931, 6 (2).

[62]John F. Hart. Colonial Land Use Law and Its Significance for Modern Takings Doctrine[J]. Harvard Law Review, 1996, 109 (6).

[63]T. D. Havran. Eminent Domain and the Police Power[J]. Notre Dame Lawyer, 1930, 5 (7).

[64]Matthew P. Harrington. "Public Use" and the Original Understanding of the So-Called "Takings" Clause[J]. Hastings Law Journal, 2002, 53 (6).

[65]Edward A. Hartnett. A Matter of Judgment, Not a Matter of Opinion[J]. New York University Law Review, 1999, 74 (1).

[66] Margaret Teresa Harris & John Patrick Parker. Compensable Takings—And Why Not—An Analysis of the Fifth Amendment Just Compensation Clause and Police Power Regulatory Takings[J]. American Journal of Trial Advocacy, 1986, 10 (2).

[67]Adam P. Hellegers. Eminent Domain as an Economic Development Tool: A Proposal to Reform HUD Displacement Policy[J]. Law Review of Michigan State University Detroit College of Law, 2001 (3).

[68]Benjamin E. Hermalin. An Economic Analysis of Takings[J]. Journal of Law, Economics and Organization, 1995, 11 (1).

[69]A. M. Honore. Ownership[A], in AG Guest ed. Oxford Essays in Jurisprudence [C]. Oxford: Clarendon Press, 1961.

[70]Jeremy P. Hopkins & Elisabeth M. Hopkins. Separation of Powers: A Forgotten Protection in the Context of Eminent Domain and the Natural Gas Act[J]. Regent University Law Review, 2003/2004, 16 (2).

[71]Philip P. Houle. Eminent Domain, Police Power, and Business Regulation: Economic Liberty and the Constitution[J]. West Virginia Law Review, 1989, 92 (1).

[72] Jeremy P. Hopkins & Elisabeth M. Hopkins. Separation of Powers: A Forgotten Protection in the Context of Eminent Domain and the Natural Gas Act[J]. Regent University Law Review, 2003/2004, 16 (2).

[73] Zachary D. Hudson. Eminent Domain Due Process[J]. The Yale Law Journal, 2010, 119 (6).

[74] Steven Hyman. The Trouble with Eminent Domain in New York[J]. Albany Government Law Review, 2011, 4(1).

[75] Ronald WM. Hulen. Abusive Exercises of the Power of Eminent Domain—Taking a Look at What the Taker Took[J]. Washington Law Review, 1968, 44 (1).

[76] Janet Thompson Jackson. What Is Property? Property is Theft: the Lack of Social Justice in U.S. Eminent Domain Law[J]. St. John's Law Review, 2010, 84 (1).

[77] Asmara Tekle Johnson. Privatizing Eminent Domain: The Delegation of a very Public Power to Private, Non-Profit and Charitable Corporations[J]. American University Law Review, 2007, 56 (3).

[78] Denise R. Johnson. Reflections on the Bundle of Rights[J]. Vermont Law Review, 2007, 32 (2).

[79] Stephen J. Jones. Trumping Eminent Domain Law: An Argument for Strict Scrutiny Analysis under the Public Use Requirement of the Fifth Amendment[J]. Syracuse Law Review, 2000, 50 (1).

[80] Walter J. Jones. Expropriation in Roman Law[J]. The Law Quarterly Review, 1929, 45 (4).

[81] Gideon Kanner. The Public Use Clause: Constitutional Mandate or "Hortatory Fluff"? [J]. Pepperdine Law Review, 2006, 33 (2).

[82] Eric Kades. Drawing the Line between Taxes and Takings: The Continuous Burdens Principle, and Its Broader Application [J]. Northwestern University Law Review, 2002/2003, 97 (1).

[83] Gideon Kanner. That was the Year that was: Recent Developments in Eminent Domain Law[J]. ALI-ABA, 2000, 45.

[84] Christin Kent. Condemned if They Do, Condemned if They Don't: Eminent Domain, Public Use Abandonment, and the Need for Condemnee Protections[J]. Seattle University Law Review, 2007, 30 (2).

[85] John C. Keene. When Does a Regulation Go Too Far—The Supreme Court's Analytical Framework for Drawing the Line between an Exercise of the Police Power and an Exercise of the Power of Eminent Domain[J]. Penn State Environmental Law Review, 2006, 14 (3).

[86] Daniel B. Kelly. Pretextual Takings: Of Private Developers, Local Governments,

and Impermissible Favoritism[J]. Supreme Court Economic Review, 2009, 17.

[87] Martin J. King. Rex Non Protest Peccare—The Decline and Fall of the Public Use Limitation on Eminent Domain[J]. Dickinson Law Review, 1972, 76 (2).

[88] Olga V. Kotlyareyskaya. Public Use Requirement in Eminent Domain Cases Based on Slum Clearance, Elimination of Urban Blight, and Economic Development[J]. Connecticut Public Interest Law Journal, 2006, 5 (2).

[89] Donald J. Kochan. Public Use and the Independent Judiciary: Condemnation in an Interest-Group Perspective[J]. Texas Review of Law & Politics, 1998, 3 (1).

[90] Jennifer J. Kruckeberg. Can Government Buy Everything?: The Takings Clause and the Erosion of the "Public Use" Requirement[J]. 2002/2003, 87 (2).

[91] Peter J. Kulick. Rolling the Dice: Determining Public Use in Order to Effectuate a "Public-Private Taking" —A Proposal to Redefine "Public Use"[J]. Law Review of Michigan State University-Detroit College of Law, 2000(3).

[92] Suzanne Laberge. The Public Use Requirement in Eminent Domain: A Constantly Evolving Doctrine[J]. Stetson Law Review, 1984/1985, 14 (3).

[93] David M. Lawrence. Private Exercise of Governmental Power[J]. Indiana Law Journal, 1986, 61.

[94] P. Lenta. Judicial Deference and Rights[J]. Journal of South African Law, 2006 (3).

[95] George Lefcoe. Redevelopment Takings after Kelo: What's Blight Got to Do With It? [J]. Southern California Review of Law and Social Justice, 2008, 17 (3).

[96] Joseph Lesser & Vigdor D. Bernstein. Evolution of Public Purpose, General Welfare, and American Federalism[J]. Urban Lawyer, 1987, 19 (3).

[97] Connie Liu. Re-defining Public Use: Kelo v. City of New London[J]. University of Hawai'i Law Review, 2006, 28 (2).

[98] Judge Harold L. Lowenstein. Redevelopment Condemnations: a Blight or a Blessing upon the Land? [J]. Missouri Law Review, 2009, 74 (2).

[99] Hudson Hayes Luce. The Meaning of Blight: A Survey of Statutory and Case Law[J]. Real Property, Probate and Trust Journal, 2000, 35 (2).

[100] Glynn S. Lunney. Jr. Compensation for Takings: How Much Is Just[J]. Catholic University Law Review, 1993, 42 (4).

[101] David A. Lyons. Public Use, Public Choice, and the Urban Growth Machine: Competing Political Economies of Takings Law[J]. University of Michigan Journal of Law Reform, 2008/2009, 42 (2).

[102] David R. Mandelker. The Comprehensive Planning Requirement in Urban Renewal[J]. University of Pennsylvania Law Review, 1967, 116 (1).

[103] Laura Mansnerus. Public Use, Private Use, and Judicial Review in Eminent Domain[J]. New York University Law Review, 1983, 58 (2).

[104] Katherine M. Mcfarland. Privacy and Property: Two Sides of the Same Coin: The Mandate for Stricter Scrutiny for Government Uses of Eminent Domain[J]. Boston University Public Interest Law Journal, 2005, 14 (1).

[105] Colin M. Mcniece. A Public Use for the Dirty Side of Economic Development: Finding Common Ground Between Kelo and Hathcock for Collateral Takings in Brownfield Redevelopment[J]. Roger Williams University Law Review, 2006, 12 (1).

[106] Breck P. Mcallister. Public Purpose in Taxation[J]. California Law Review, 1930, 18 (3).

[107] Errol E. Meidinger. The "Public Uses" of Eminent Domain: History and Policy[J]. Environmental Law, 1980, 11 (1).

[108] Thomas W. Merrill & Henry E. Smith. What Happened to Property in Law and Economics?[J]. Yale Law Journal, 2001, 111 (2).

[109] Thomas W. Merrill. Property and the Right to Exclude[J], Nebraska Law Review, 1998, 77 (4).

[110] Thomas W. Merrill. The Economics of Public Use[J]. Cornell Law Review, 1986, 72 (1).

[111] Thomas W. Merrill. The Landscape of Constitutional Property[J]. Virginia Law Review, 2000, 86 (5).

[112] Thomas W. Merrill. Rescuing Federalism after Raich: The Case for Clear Statement Rules[J]. Lewis & Clark Law Review, 2005, 9 (4).

[113] Buckner F. Melton. Jr. Eminent Domain, "Public Use," and the Conundrum of Original Intent[J]. Natural Resources Journal, 1996, 36 (1).

[114] Frank I. Michelman. Property, Utility, and Fairness: Comments on the Ethical Foundations of "Just Compensation" Law[J]. Harvard Law Review, 1967, 80 (6).

[115] Amanda Minor. From New London to New Directions in Eminent Domain Law: Kelo and the Future Exercise of Eminent Domain by the Federal Government[J]. George Mason University Civil Rights Law Journal, 2012, 22 (2).

[116] Adam Mossoff. What Is Property—Putting the Pieces Back Together[J]. Arizona Law Review, 2003, 45 (2).

[117] Terri A. Muren. Public Use Coterminous with Scope of Police Power[J]. UMKC Law Review, 1985, 53 (2).

[118] Jon O. Newman. The Old Federalism: Protection of Individual Rights by State Constitutions in an Era of Federal Court Passivity[J]. Connecticut Law Review, 1982/1983, 15 (1).

[119]Brent Nicholson & Sue Ann Mota. From Public Use to Public Purpose: The Supreme Court Stretches the Takings Clause in Kelo v. City of New London[J]. Gonzaga Law Review, 2005/2006, 41 (1).

[120]Bluebook 20th ed. Land Use Regulation, the Federal Courts, and the Abstentia Doctrine[J]. Yale Law Journal, 1980, 89 (6).

[121]Bluebook 20th ed. "Public Use" as a Limitation on the Exercise of the Eminent Domain Power by Private Entities[J]. Iowa Law Review, 1965, 50 (3).

[122]Bluebook 20th ed. Liability of a Common Carrier[J]. University of Detroit Bi-Monthly Law Review, 1929, 13 (1).

[123]Dale Orthner. Toward a More "Just" Compensation in Eminent Domain[J]. McGeorge Law Review, 2007, 38 (2).

[124]Lunda J. Osward. Can a Condemnee Regain Its Property if the Condemnor Abandons the Public Use[J]. Urban Lawyer, 2007, 39 (3).

[125]Lynda J. Osward. Role of Deference in Judicial Review of Public Use Determinations[J]. Boston College Environmental Affairs Law Review, 2012, 39 (2).

[126]Raul C. Panagalangan. Property as a Bundle of Rights: Redistributive Takings and the Social Justice Clause[J]. Philippine Law Journal, 1996, 71 (2).

[127]J. E. Penner. The "Bundle of Rights" Picture of Property[J]. UCLA Law Review, 1996, 43 (3).

[128]Nichols Philip. Jr. The Meaning of Public Use in the Law of Eminent Domain[J]. Boston University Law Review, 1940, 20 (4).

[129]Thaddeus L. Pitney. Loans, and Takings, and Buildings—Oh My: A Necessary Difference between Public Purpose and Public Use in Economic Development[J]. Syracuse Law Review, 2005/2006, 56 (2).

[130] Peter R. Pitegoff. Urban Revitalization and Community Finance: An Introduction[J]. University of Michigan Journal of Law Reform, 1994, 27 (3 & 4).

[131]Jefferson H. Powell. The Original Understanding of Original Intent[J]. Harvard Law Review, 1985, 98 (5).

[132]Wendell E. Pritchett. Public Menace of Blight: Urban Renewal and the Private Uses of Eminent Domain[J]. Yale Law & Policy Review, 2003, 21 (1).

[133]Margaret Jane Radin. Property and Personhood[J]. Stanford Law Review, 1982, 34 (5).

[134]Margaret Jane Radin. The Liberal Conception of Property: Cross Currents in the Jurisprudence of Takings, The Jurisprudence of Takings[J]. Columbia Law Review, 1988, 88 (8).

[135]Martin M. Randall. The Different Faces of "Public Purpose": Shouldn't It Al-

ways Mean the Same Thing? [J]. Florida State University Law Review, 2003, 30 (3).

[136]Josh Reinert. Tax Increment Financing in Missouri: Is it Time for Blight and But-For to Go? [J]. Saint Louis University Law Journal, 2001, 45 (3).

[137]Charles A. Reich. The New Property[J]. Yale Law Journal, 1964, 73 (5).

[138]William H. Riker & Barry R. Weingast. Constitutional Regulation of Legislative Choice: The Political Consequences of Judicial Deference to Legislatures[J]. Virginia Law Review, 1988, 74 (2).

[139]Thomas Ross. Transferring Land to Private Entities by the Power of Eminent Domain[J]. George Washington Law Review, 1983, 51 (3).

[140]Carol M. Rose. Property as the Keystone Right[J]. Notre Dame Law Review, 1996, 71 (3).

[141]Eric Rutkow. Case Comment, Kelo v. City of New London[J]. Harvard Environmental Law Review, 2006, 30 (1).

[142]Jed Rubenfeld. Usings[J], Yale Law Journal, 1993, 102 (5).

[143]Louis M. Russo. From Railroads to Sand Dunes: An Examination of the Offsetting Doctrine in Partial Takings[J]. Fordham Law Review, 2014, 83 (3).

[144]Terrance Sandalow. Judicial Protection of Minorities[J]. Michigan Law Review, 1977, 75 (5&6).

[145]Timothy A. Sanderfur. A Natural Rights Perspective on Eminent Domain in California: A Rationale for Meaningful Judicial Scrutiny of "Public Use"[J]. Southwestern University Law Review, 2003, 32 (4).

[146]Joseph L. Sax. Takings and the Police Power[J]. Yale Law Journal, 1964, 74 (1).

[147]Nathan Alexander Sales. Classical Republicanism and the Fifth Amendment's Public Use Requirement[J]. Duke Law Journal, 1999, 49 (1).

[148]Robert A. Schapiro. Judicial Deference and Interpretive Coordinacy in State and Federal Constitutional Law[J]. Cornell Law Review, 1999/2000, 85 (3).

[149]David A. Schlueter. Judicial Federalism and Supreme Court Review of State Court Decisions: A Sensible Balance Emerges[J]. Notre Dame Law Review, 1983/1984, 59 (5).

[150]David Schultz. Economic Development and Eminent Domain after Kelo: Property Rights and Public Use under State Constitutions[J]. Albany Law Environmental Outlook Journal, 2006, 11 (1).

[151]Christopher Serkin. The Meaning of Value: Assessing Just Compensation for Regulatory Takings[J]. Northwestern University Law Review, 2005, 99 (2).

[152]Jonathan S. Sidhu. For the General Welfare: Finding a Limit on the Taxing Power after NFIB v. Sebelius[J]. California Law Review, 2015, 103 (1).

[153]Brandon Simmons. Kelo's Planning Mandate: Replacing Clarity With Complication[J]. Real Property, Trust and Estate Law Journal, 2008, 43 (1).

[154]Damon Y. Smith. Participatory Planning and Procedural Protections: The Case for Deeper Public Participation in Urban Redevelopment[J]. Saint Louis University Public Law Review, 2009, 29 (1).

[155]Lawrence B. Solum. Originalism and Constitutional Construction[J]. Fordham Law Review, 2013, 82 (2).

[156]Ilya Somin. The Judicial Reaction To Kelo[J]. Albany Government Law Review, 2011, 4 (1).

[157]Ilya Somin. The Limits of Backlash: Assessing the Political Response to Kelo[J]. Minnesota Law Review, 2008/2009, 93 (6).

[158]Ilya Somin. Overcoming Poletown: County of Wayne v. Hathcock, Economic Development Takings, and the Future of Public Use[J]. Michigan State Law Review, 2004 (4).

[159]Aviam Soifer. On Being Overly Discrete and Insular: Involuntary Groups and the Anglo-American Judicial Tradition[J]. Washington and Lee Law Review, 1991, 48 (2).

[160]William B. Stoebuck. Police Power, Takings, and Due Process[J]. Washington and Lee Law Review, 1980, 37 (4).

[161]William B. Stoebuck. A General Theory of Eminent Domain[J]. Washington Law Review, 1972, 47 (4).

[162]Cass R. Sunstein. Lochner's Legacy[J]. Columbia Law Review, 1987, 87 (5).

[163]Cass R. Sunstein. Nondelegation Canons[J]. University of Chicago Law Review, 2000, 67 (2).

[164]Christopher Supino. The Police Power and Public Use: Balancing the Public Interest against Private Rights through Principled Constitutional Distinctions[J]. West Virginia Law Review, 2008, 110 (2).

[165]Elizabeth A. Taylor. The Dudley Street Neighborhood Initiative and the Power of Eminent Domain[J]. Boston College Law Review, 1995, 36 (5).

[166]James B. Thayer. The Origin and Scope of the American Doctrine of Constitutional Law[J]. Harvard Law Review, 1893, 7 (3).

[167]Robert H. Thomas. Recent Developments in Public Use and Pretext in Eminent Domain[J]. Urban Lawyer, 2009, 41 (3).

[168] William Michael Treanor. The Origins and Original Significance of the Just Compensation Clause of the Fifth Amendment[J]. Yale Law Journal, 1985, 94 (3).

[169]Laura S. Underkuffler-freund. Property: A Special Right[J]. Notre Dame Law Review, 1996, 71 (5).

[170]Kenneth J. Vandevelde. The New Property of the Nineteenth Century: The Development of the Modern Concept of Property[J]. Buffalo Law Review, 1980, 29 (2).

[171]Norton Wasserman. Procedure in Eminent Domain[J]. Mercer Law Review, 1960, 11 (2).

[172] Michael D. Weiss & Mark W. Bennett. New Federalism and State Court Activism[J]. Memphis State University Law Review, 1993/1994, 24 (2).

[173]Robert C. Welsh. Whose Federalism? —The Burger Court's Treatment of State Civil Liberties Judgments[J]. Hastings Constitutional Law Quarterly, 1982/1983, 10 (4).

[174]Derek Werner. The Public Use Clause, Common Sense and Takings[J]. Boston University Public Interest Law Journal, 2001, 10 (2).

[175]Keith E. Whittington. The New Originalism[J],Georgetown Journal of Law & Public Policy, 2004, 2 (2).

[176]Keith E. Whittington. Originalism: A Critical Introduction[J]. Fordham Law Review, 2013, 82 (2).

[177] Stanley H. Williams. Substitute Condemnation[J]. California Law Review, 1966, 54 (2).

[178]Michael Paul Wilt. Intermediate Scrutiny For Economic Development Takings: Proposing a New Test Based on Justice Kennedy's Kelo Concurrence[J]. Thomas Jefferson Law Review, 2008, 31 (2).

[179]Robert R. Wright. Exclusionary Land Use Controls and the Taking Issue[J]. Hastings Constitutional Law Quarterly, 1981, 8 (3).

三、外文案例

[1]Adkins v. Children's Hospital of the District of Columbia, 261 U.S. 525 (1923).

[2]Allgeyer v. Louisiana, 165 U.S. 578 (1897).

[3]Allen v. Inhabitants of Jay, 60 Me. 124 (1872).

[4]Andrus v. Allard, 444 U.S. 51 (1979).

[5]Annbar Associates v. West Side Redevelopment Corp., 397 S.W.2d 635 (1965).

[6]Armendariz v. Penman, 75 F.3d 1311 (1996).

[7]Armstrong v. United States, 364 U.S. 40 (1960).

[8]B. & Q.R.R. v. Chicago, 166 U.S. 226 (1897).

[9]Bailey v. Myers, 76 P.3d 898 (2003).

[10]Bailey v. Anderson, 326 U.S. 203 (1945).

[11]Barron v. City of Baltimore, 32 U.S. 243 (1833).

[12]Bd. of County Comm'rs v. Lowery, 136 P.3d 639 (2006).

[13]Benton v. Maryland, 395 U.S. 784 (1969).

[14]Berman v. Parker, 348 U.S. 26 (1954).

[15]Beekman v. Saratoga & S.R.R., 3 Paige 45 (1831).

[16]Bloodgood v. Mohawk & H.R.R, 18 Wend. 9 (1837).

[17]Block v. Hirsh, 256 U.S. 135 (1921).

[18]Board of Education v. Baczewski, 65 N.W.2d 810, 811 (1954).

[19]Boston and Roxbury Mill Dam Corp. v. Newman, 39 Mass. 467 (1832).

[20]Bragg v. Weaver, 251 U.S. 57 (1919).

[21]Braunfeld v. Brown, 366 U.S. 599, (1961).

[22]Brest v. Jacksonville Expressway Authority, 194 So.2d 658 (1967).

[23]Brown v. Maryland, 25 U.S. 419 (1827).

[24]Brown v. U.S., 263 U.S. 78 (1923).

[25]Brown v. Board of Education, 347 U.S. 483 (1954).

[26]Buchanan v. Warley, 245 U.S. 60 (1917).

[27]Callender v. Marsh 18 Mass. (1 Pick.) 417 (1823).

[28]Calder v. Bull, 3 U.S. 386 (1798).

[29]California v. Central Pac. R. Co., 127 U.S. 1 (1887).

[30]Carmichael v. Southern Coal & Coke Co., 301 U.S. 495 (1937).

[31]Carter v. Carter Coal Co., 298 U.S. 238 (1936).

[32] Casino Reinvestment Development Authority v. Banin, 320 N. J. Super. 342 (1998).

[33]Central Puget Sound Regional Transit Authority v. Miller, 128 P.3d 588 (2006).

[34]Cherokee Nation v. S. Kan. Railway Co., 135 U.S. 641 (1890).

[35]Charles River Bridge v. Warren Bridge, 11 Pet. 420 (1837).

[36]Citizens' Savings & Loan Ass'n v. City of Topeka, 87 U.S. 655 (1874).

[37]City of Norwood v. Horney, 853 N.E.2d 1115 (2006).

[38] City of Las Vegas Downtown Redevelopment Agency v. Pappas, 76 P.3d 1 (2003).

[39]City of Boerne v. Flores, 521 U.S. 507 (1997).

[40]City of Jamestown v. Leevers Supermarkets, Inc., 552 N.W.2d 365 (1996).

[41]City of Oakland v. Oakland Raiders, 31 Cal.3d 656 (1982).

[42]City of Helena v. DeWolf, 508 P.2d 122, 124 (1973).

[43]City of Dallas v. Malloy, 214 S.W.2d 154 (1948).

[44]City of Cincinnati v. Vester, 281 U.S. 439 (1930).

[45]Clark v. Nash, 198 U.S. 361 (1905).

[46]Connecticut Light and Power Company v. Huschk, 35 Conn. Supp. 303 (1979).

[47]Cooper v. Aaron, 358 U.S. 1 (1958).

[48] County of Wayne v. Hathcock, 471 Mich. 445 (2004).

[49] Commissioners of Beaufort County v. Bonner, 153 N.C. 66 (1910).

[50] Coniston Corp. v. Village of Hoffman Estates, 844 F.2d 461 (1988).

[51] Cottonwood Christian Ctr v. Cypress Redev. Agency, 218 F. Supp. 2d 1203 (2002).

[52] County of Wayne v. Hathcock, 471 Mich. 445 (2004).

[53] Commonwealth v. Alger, 61 Mass. 53 (1851).

[54] Daniels v. Area Plan Com'n of Allen County, 306 F.3d 445 (2002).

[55] Day Gold & Silver mining Co. v. Seawell, 11 Nev. 394 (1876).

[56] Dolan v. City of Tigard, 512 U.S. 374 (1994).

[57] Dohany v. Rogers, 281 U.S. 362 (1930).

[58] Duncan v. Louisiana, 391 U.S. 145 (1968).

[59] Fallbrook Irrigation District v. Bradley, 164 U.S. 112 (1896).

[60] Fasano v. Board of County Com'rs of Washington County, 264 Or. 574 (1973).

[61] First English Evangelical Lutheran Church v. County of Los Angeles, 482 U.S. 304 (1987).

[62] Fox v. State of Ohio, 46 U.S. 410 (1847).

[63] Franco v. Nat'l Capital Revitalization Corp., 930 A2d 160 (2007).

[64] Friske v. Framinghaim Mfg., Co., 12 Pick. (Mass.) 68 (1832).

[65] Furman v. Georgia, 408 U.S.238 (1972).

[66] Fuentes v. Shevin, 404 U.S. 1012 (1972).

[67] Gallenthin Realty Development, Inc v. Borough of Paulsboro, 924 A. 2d 447 (2007).

[68] Gen. Bldg. Contractors, L.L.C. v. Bd. of Shawnee County Comm'rs, 66 P.3d 873 (2003).

[69] Gideon v. Wainwright, 372 U.S. 335 (1963).

[70] Gitlow v. New York, 268 U.S. 652 (1925).

[71] Gilmer v. Lime Point, 18 Cal. 229 (1861).

[72] Gibbons v. Ogden, 22 U.S. 1 (1824).

[73] Goodridge v. Department of Public Health, 798 N.E.2d 941 (2003).

[74] Green v. Frazier, 253 U.S. 233 (1920).

[75] Griffin v. Mayor of Brooklyn, 4 N.Y. 419 (1851).

[76] Guinn v. United States, 238 U.S. 347 (1915).

[77] Hairston v. Danville and Western Railway Co., 208 U.S. 598 (1908).

[78] Hawaii Housing Authority v. Midkiff, 467 U.S. 229 (1984).

[79] Herb v. Pitcairn, 324 U.S. 117 (1945).

［80］Helvering v. Davis, 301 U.S. 619 (1937).

［81］Hebe Co. v. Shaw, 248 U.S. 297 (1919).

［82］Head v. Amoskeag Mfg. Co., 113 U.S. 9 (1885).

［83］In re Condemnation of 110 Washington St., 767 A.2d 1154 (2001).

［84］In re School Dist. of Pittsburgh, Allegheny County, 430 Pa. 566 (1968).

［85］International News Service v. Associated Press, 248 U.S. 215 (1918).

［86］99 Cents Only Stores v. Lancaster Redevelopment Agency, 237 F. Supp. 2d 1123 (2001).

［87］Joiner v. City of Dallas, 380 F.Supp. 754 (1974).

［88］Jones v. City of Opelika, 316 U.S. 584 (1942).

［89］Katzenbach v. Morgan, 384 U.S. 641 (1966).

［90］Kaukauna Water Power Co. v. Green Bay & M. Canal Co., 142 U.S. 254 (1891).

［91］Kelo v. City of New London, 545 U.S. 469 (2005).

［92］Keystone Bituminous Coal Ass'n v. Debenedictis, 480 U.S 470 (1987).

［93］Kimball Laundry Co. v. US, 338 U.S. 1 (1949).

［94］Kohl v. United States, 91 U.S. 367 (1875).

［95］L. Vogelstein & Co., Inc., v. United States, 262 U. S. 337 (1923).

［96］Lingle v. Chevron U.S.A. Inc., 544 U.S. 528 (2005).

［97］Lynch v. Household Finance Corp., 405 U.S. 538 (1972).

［98］Loretto v. Teleprompter Manhattan CATV Corp., 458 U.S. 419 (1982).

［99］Lough bridge v. Harris, 42 Ga. 500 (1871).

［100］Logan v. Stogdale, 24 N.E. 135 (1890).

［101］Lowell v. City of Boston, 111 Mass. 454 (1873).

［102］Lucas v. South Carolina Coastal Council, 505 U.S. 1003 (1992).

［103］Luke v. Massachusetts Turnpike Authority, 337 Mass. 304 (1958).

［104］Luxton v. North River Bridge Co., 153 US 525 (1894).

［105］Lynch v. Household Finance Corp. 405 U.S. 538 (1972).

［106］Malloy v. Hogan, 378 U.S. 1 (1964).

［107］Manufactured Hous. Cmtys. of Wash. v. State, 13 P.3d 183 (2000).

［108］Marbury v. Madison, 5 U.S.(1 Cranch) 137 (1803).

［109］Matter of Kaur v. New York State Urban Dev Corp,933 N.E.2d 721 (2010).

［110］Matter of Goldstein v. New York State Urban Dev Corp, 921 N.E.2d 164 (2009).

［111］Mathews v. Eldridge, 424 U.S. 319 (1976).

［112］Mayor and City Council of Baltimore City v. Valsamaki, 916 A.2d 324 (2007).

［113］Mayor of Baltimore City v. Valsamaki, 916 A.2d 324 (2007).

[114] Mayor of New York v. Miln, 36 U.S. 102 (1837).

[115] McCulloch v. Maryland, 17 U.S. (4 Wheat.) 316 (1819).

[116] Meyer v. Nebraska, 262 U.S. 390 (1923).

[117] Michigan v. Long. 463 U.S. 1032 (1983).

[118] Middletown Township v. Lands of Stone, 939 A.2d. 331 (2007)

[119] Minersville School Dist. v. Gobitis, 310 U.S. 586 (1940).

[120] Mitchell v. United States, 267 U.S. 341 (1925).

[121] Missouri Pac. Ry. Co. v. State of Nebraska, 164 U.S. 403 (1896).

[122] Monongahela Nav. Co. v. U S, 148 U.S. 312 (1893).

[123] Monongahela Navigation Co. v. Coons 6 Watts & Serg. 101 (1843).

[124] Mt. Vernon-Woodberry Cotton Duck Co. v. Alabama Interstate Power Co., 240 U.S. 30 (1916).

[125] Mugler v. Kansas, 123 U.S. 623 (1887).

[126] Mullane v. Central Hanover Bank & Trust Co., 339 U.S. 306 (1950).

[127] Munn v. Illinios, 94 U.S. 113 (1876).

[128] Murdock v. city of Memphis, 87 U.S. (20 Wall.) 590 (1875).

[129] National Federation of Independent Business v. Sebelius, 132 S.Ct. 2566 (2012).

[130] Nebbia v. People of New York, 291 U.S. 502 (1934).

[131] New York City Housing Auth. v. Muller, 279 N.Y.S. 299 (1935).

[132] New York v. United States, 505 U.S. 144 (1992).

[133] Nixon v. Herndon, 273 U.S. 536 (1927).

[134] Norwood v. Baker, 172 U.S. 269 (1907).

[135] Ogden v. Saunders, 25 U.S. (12 Wheat.) 213 (1827).

[136] Olson v. United States, 292 U.S. 246(1934).

[137] Old Dominion Land Co. v. United States, 269 U.S. 55 (1925).

[138] Oury v. Goodwin, 3 Ariz. 255, 26 P. 376 (1891).

[139] Owensboro v. McCormick, 581 S.W.2d 3 (1979).

[140] Pennsylvania Coal Co. v. Mahon, 260 U.S. 393 (1922).

[141] Penn Cent. Transp. Co. v. City of New York, 438 U.S. 104 (1978).

[142] People ex rel. Department of Public Works v. Lagiss, 223 Cal. App. 2d 23 (1963).

[143] People ex rel. Detroit & H. R. Co. v. Salem Township Bd., 20 Mich. 452 (1870).

[144] Pierce v. Society of Sisters, 268 U.S. 510 (1925).

[145] Poletown Neighborhood Council v. City of Detroit, 304 N.W.2d 455 (1981).

[146] Port of Umatilla v. Richmond, 321 P.2d 338 (1958).

[147]Prigg v. Com. of Pennsylvania, 41 U.S. 539 (1842).

[148]Public Service Co. of Oklahoma v. B. Willis, C.P.A, Inc., 941 P.2d 995 (1997).

[149]Pumpelly v. Green Bay Company, 80 U.S. 166 (1871).

[150]Puget Sound Traction, Light & Power Co. v. Grassmeyer, 102 Wash. 482 (1918).

[151]Reichelderfer v. Quinn, 287 U.S. 315 (1932).

[152]Rindge Co. v. Los Angeles County, 262 U.S. 700 (1923).

[153]R.I. Econ. Dev. Corp v. Parking Co, LP., 892 A.2d 87 (2006).

[154]Rorabank v. Motion Picture Operators' Union of Minneapolis, 140 Minn. 481 (1918).

[155]Rogers v. Bradshaw, 20 Johns. 735 (1823).

[156]Robinson v. Swope, 75 Ky. (12 Bush) 21 (1876).

[157]Ruckelshaus v. Monsanto Co. 467 U.S. 986 (1984).

[158]Ryerson v. Brown, 35 Mich. 333 (1877).

[159]Scudder v. Trenton Delaware Falls Co. 1 N.J. Eq. 694 (1832).

[160]Sharpless v. Mayor of Philadelphia, 21 Pa. 147 (1853).

[161]Sholl v. German Coal Co., 118 Ill. 427 (1887).

[162]Shoemaker v. United States, 147 U.S. 282 (1893).

[163]Smouse v. Kansas City Southern Ry. Co., 129 Kan. 176 (1929).

[164]Southwestern Illinois Development Authority v. National City Environmental, L.L.C., 199 Ill.2d 225 (2002).

[165]South Dakota v. Dole, 483 U.S. 203 (1987).

[166]State v. Pacific Shore Land Co., 269 P.2d 512 (1954).

[167]State by State Highway Commissioner v. Totowa Lumber Supply Company, 96 N.J.Super. 115 (1967).

[168]State v. Buck, 94 N.J. Super. 84 (1967).

[169]State Highway Commission v. Chapma, 152 Mont. 79 (1968).

[170]State ex rel. Sharp v 0.62033 Acres of Land, 49 Del 174 (1955).

[171]Sweet v. Rechel, 159 U.S. 380 (1895).

[172]Thomas v. Collins, 323 U.S. 516 (1945).

[173]Thornhill v.Alabama, 310 U.S. 88 (1940).

[174]Thomison v. Hillerest Athletic Ass'n, 39 Del. (9 W.W. Harr.) 590 (1939).

[175]Town of Queensbury v. Culver, 86 U.S. 83 (1873).

[176]Trustees of Dartmouth College v. Woodward, 17 U.S. 518 (1819).

[177]United States v. Lopez, 514 U.S. 54Y (1995).

[178]United States v. James Daniel Good Real Property, 510 U.S. 43 (1993).

[179]United States v. 50 Acres of Land，469 U.S. 24 (1984).

[180]United States v. 564.54 Acres of Land，441 U.S. 506 (1979).

[181]United States v. Fuller，409 U.S. 488 (1973).

[182]United States v. Virginia Elec. & Power Co.，365 U.S. 624 (1961).

[183]United States v. 2,005.32 Acres，160 F. Supp. 193 (1958).

[184]United States v. Dow，357 U.S. 17 (1958).

[185]United States v. 277.97 Acres of Land，112 F.Supp. 159 (1953).

[186]United States v. Commodities Trading Corp.，339 U.S.121 (1950).

[187]United States ex rel. TVA v. Welch，327 U.S. 546 (1946).

[188]United States v. Miller，317 U.S. 369 (1943).

[189]United States v. Carolene Products Co.，304 U.S. 144(1938).

[190]United States v. Butler，297 U.S. 1 (1936).

[191]University of Southern California v. Robbins，1 Cal. App. 2d 523 (1934).

[192]United States v. New River Collieries Co.，262 U.S. 341 (1923).

[193]United States v. Chandler-Dunbar Water Power Co.，229 U.S. 53 (1913).

[194]United States v. Gettysburg Electric Railway Co.，160 U.S. 668 (1896).

[195]United States v. Union Pac. R.R. Co.，91 U.S. 72 (1875).

[196]Van Horne's Lessee v. Dorrance，2 U.S. 304 (1795).

[197]Village of Euclid，Ohio v. Ambler Realty Co.，272 U.S. 365 (1926).

[198]Waller v. American Transmission Co.，833 N.W.2d 764 (2013).

[199]Washington v. Glucksberg，521 U.S.702 (1997).

[200]West 41st Street Realty L.L.C. v. New York State Urban Development Corp. 744 N.Y.S.2d 121 (2002).

[201]West River Bridge Co. v. Dix，47 U.S. 507 (1848).

[202]Williams v. Parker，188 U.S. 491 (1903).

[203]Withers v. Buckley，61 U.S. (20 How.) 84 (1857).

[204]Wilkinson v. Leland，27 U.S. (2 Pet.) 627 (1829).

[205]Woods v. Greensboro Natural Gas Co.，204 Pa. 606 (1903).

[206]Yonkers Community Development Agency v Morris，37 NY2d 478 (1975).

[207]Zurn v. City of Chicago，59 N.E.2d 18 (1925).

四、美国法律报告

[1]William J. Appel. Eminent Domain：Industrial Park or Similar Development as Public Use Justifying Condemnation of Private Property[R]. 62 A. L. R. 4th 1183 (Originally published in 1988).

[2]A. S. M. Exercise of Eminent Domain for Purpose of Irrigating Land of Private

Owner[R]. 27 A.L.R. 519 (Originally published in 1923).

[3]James L. Buchwalter. Construction and Application of "Public Use" Restriction in Fifth Amendment's Takings Clause—United States Supreme Court Cases[R]. 10 A.L.R. Fed. 2d 407 (Originally published in 2006).

[4] L. A. Bradshaw. Substitute Condemnation: Power to Condemn Property or Interest therein to Replace other Property Taken for Public Use[R]. 20 A.L.R.3d 862 (Originally published in 1968).

[5]Francis M. Dougherty. Eminent Domain: Possibility of Overcoming Specific Obstacles to Contemplated Use as Element in Determining Existence of Necessary Public Use [R]. 22 A.L.R.4th 840 (Originally published in 1983).

[6]F. E. M. Furnishing Electricity to Public as Public Use or Purpose for Which Power of Eminent Domain may be Exercised[R]. 58 A.L.R. 787 (Originally published in 1929).

[7]Theresa Ludwig Kruk. Eminent Domain: Public Taking of Sports or Entertainment Franchise or Organization as Taking for Public Purpose[R]. 30 A.L.R.4th 1226 (Originally published in 1984).

[8]Charles C. Marvel. Local Use Zoning of Wetlands or Flood Plain as Taking without Compensation[R]. 19 A.L.R.4th 756 (Originally published in 1983).

[9]Jonathan M. Purver. What Constitutes "Blighted Area" within Urban Renewal and Redevelopment Statutes[R]. 45 A.L.R.3d 1096 (Originally published in 1972).

[10]R. E. H. Public Benefit or Convenience as Distinguished from Use by the Public as Ground for the Exercise of the Power of Eminent Domain[R]. 54 A.L.R. 7 (Originally published in 1928).

[11]Michael A. Rosenhouse. Application of Kelo v. City of New London, Conn., 125 S. Ct. 2655, 162 L. Ed. 2d 439, 60 Env't. Rep. Cas. (BNA) 1769, 35 Envtl. L. Rep. 20134, 10 A.L.R. Fed. 2d 733 (U.S. 2005), to "Public Use" Restrictions in Federal and State Constitutions Takings Clauses and Eminent Domain Statutes[R]. 21 A.L.R.6th 261 (Originally published in 2007).

[12]E. H. Schopflocher. Deduction of Benefits in Determining Compensation or Damages in Eminent Domain[R]. 145 A.L.R. 7 (Originally published in 1943).

[13]Linda A. Sharp. Construction and Application of Rule Requiring Public Use for Which Property is Condemned to be "More Necessary" or "Higher Use" than Public Use to Which Property is already Appropriated—State Takings[R]. 49 A.L.R.5th 769 (Originally published in 1997).

[14]E. L. Strobin. Right to Condemn Property in Excess of Needs for a Particular Public Purpose[R]. 6 A.L.R.3d 297 (Originally published in 1966).

[15]Ann K. Wooster. What Constitutes Taking of Property Requiring Compensation Under Takings Clause of Fifth Amendment to United States Constitution—Supreme Court Cases[R]. 10 A.L.R. Fed. 2d 231 (Originally published in 2006).

[16]Jay M. Zitter. Zoning Regulations Limiting Use of Property Near Airport as Taking of Property[R]. 18 A.L.R.4th 542 (Originally published in 1982).

[17]Donald M. Zupanec. Eminent Domain: Validity of Appropriation of Property for Anticipated Future Use[R]. 80 A.L.R.3d 1085 (Originally published in 1977).

五、其他参考文献

[1]薛波,主编.元照英美法词典[Z].北京:法律出版社,2003:1326.

[2]SamuelJohnson. A Dictionary of the English Language(7ᵗʰ ed.)[Z]. London: W. Tegg & CO., 1850.

[3]Barry J. Cullingworth. The Political Culture of Planning: American Land Use Planning in Comparative Perspective[N]. Routledge,1993(9).

[4]GeraldFrug & David Barron. Making Planning Matter: A New Approach to Eminent Domain[N]. Harvard Design Magazine,2005(71).

[5]陈征.德国《基本法》中私有财产权的内涵和保护范围[EB/OL].[2016-02-29].http://www.360doc.com/content/16/0107/12/22741532_526122953.shtml.

[6]王才亮.2015年中国拆迁年度报告[EB/OL].[2016-03-31].http://blog.sina.com.cn/s/blog_49858b220102w26k.html,2016-03-31.

[7]WilliamBlackstone. Commentaries on the Laws of England[EB/OL].[2016-02-29].http://lonang.com/library/reference/blackstone-commentaries-law-england/bla-101/.

[8]ClarkNeily & Dick M. Carpenter II. Government Unchecked: The False Problem Of "Judicial Activism" and the Need for Judicial Engagement(2011)[EB/OL].[2015-08-10].http://www.ij.org/images/pdf_folder/other_pubs/grvnmtunchkd.pdf.

[9]Lawrence B.Solum. What is Originalism? The Evolution of Contemporary Originalist Theory[EB/OL].[2015-08-1].http://ssrn.com/abstract=1825543.

后　记

本书脱胎于我的博士学位论文，选题受惠于导师刘连泰教授多年来在财产法领域的精耕细作。公共利益是一个历久弥新的话题，虽然现在相关讨论已经远不如《国有土地上房屋征收与补偿条例》实施前后那般热烈，修改后的《土地管理法》之公共利益条款也没有激起很大的水花，但是公共利益的司法审查正发生着令人欣喜的变化。在一系列征收案件中，最高人民法院越来越善于运用比例原则、立法遵从、正当程序原则形塑公共利益的司法审查标准，这无疑提供了更为丰富的本土研究资料。本书着力描绘美国征收法上的公用教义图景，期望能够提供一面观照中国问题的镜子，亦尝试就此作一些借鉴与比较性的讨论，希望能有抛砖引玉之效。

在博士学位论文写作以及后续修改过程中，我得到了诸多师友的帮助。首先且最重要的是，感谢恩师刘连泰教授。恩师如友，给予我诸多为学为人的真谛，如何对学问坚守赤子之心，如何对他人宽容诚恳，如何对生活乐观认真。恩师常常组织同门远途旅游，其间大家嬉笑怒骂，从来都毫无拘束，同门之间情谊深厚。恩师如父，为我们创造了最好的学习环境，其与师母李岚老师时常关心我与同门的生活情况，嘘寒问暖，常常在不经意间让人感动。性情中人多细腻，恩师正是如此。在恩师门下，我既收获了对学问的兴趣，更收获了相伴一生的朋友。

感谢厦门大学法学院朱福惠老师、李琦老师、孙丽岩老师、徐振东老师、王建学老师、李辉东老师、陈鹏老师、宋方青老师、郭春镇老师、周赟老师、刘志云老师、肖伟老师、刘巧英老师、宋磊华老师，以及那些人生路上遇到的或只有一面之缘或短暂相处的老师们，感谢你们辛勤付出，以身传道，授我为人为学之理。

感谢刘宁学姐、王丽晖学姐、王磊学长、左迪学长、周雨学姐、印美玉、陈凯、余文清、张腾飞、郭丹鹏、简方家、蔡玲晓、梁漪等同门,我们始终真诚相待,彼此间建立了深情厚谊;一直并肩奋斗,传承望山读书会精神。

感谢2013级法学院博士班的能萍、勤通、谢潇、占旭、全军、林烺、景顺、张继刚等同学,感谢考博小伙伴罗婕同学,我们因为纯粹的学术理想走在一起,亦秉持这样的信念走向未来。特别感谢一路伴我走过博士生活的冯源,我们一起激活枯燥的生活,探秘学术之境,穿越求职的泥淖,共同体验了学海生涯中的反复无常,在彼此扶持之下挺了过来。

感谢厦门大学出版社李宁老师,正是因为她的认真负责,本书才得以顺利出版。

感谢我的家人,我的父亲、母亲、姐姐和弟弟一直是我最坚强的后盾,他们都是淳朴平和之人,以身作则授我为人之理,鞭策我积极向上;感谢丈夫王云清,因为理解而支持,也因为你的唠叨才促成本书的出版。

人生路漫漫,老师、朋友、家人永远是最好的指南针、镇静剂。谨以此书献给他们。感恩有你们!

刘玉姿
2020年6月16日